U0095212

学术支持单位

本书受北京外国语大学比较文明与人文交流高等研究院、
中国文化"走出去"协同创新中心、中华文化国际传播研究院、江西理工大学优秀
学术著作出版基金资助出版。

本书为北京外国语大学"双一流"建设重大标志性项目"文明互鉴：
中国文化与世界"（2021SYLZD020）研究成果。

儒学与欧洲文明研究丛书　主编：张西平　罗莹

The Transmission of Neo-Confucianism of the Song
and Ming Dynasties to the West:
An approach to the European Enlightenment

宋学西渐

——欧洲迈向近代启蒙之路

〔日〕井川义次 / 著　刘绍晨 / 译

北京大学出版社
PEKING UNIVERSITY PRESS

著作权合同登记号　图写：01-2019-1114

图书在版编目（CIP）数据

宋学西渐：欧洲迈向近代启蒙之路 /（日）井川义次著；刘绍晨译 .—北京：北京大学出版社，2024.4
　（儒学与欧洲文明研究丛书）
　ISBN 978-7-301-32844-6

Ⅰ . ①宋…　Ⅱ . ①井…　②刘…　Ⅲ . ①理学 – 文化交流 – 研究 – 中国、欧洲
Ⅳ . ① B244 ② B5

中国版本图书馆 CIP 数据核字 (2022) 第 016727 号

书　　　名	宋学西渐——欧洲迈向近代启蒙之路 SONGXUE XIJIAN——OUZHOU MAIXIANG JINDAI QIMENG ZHILU
著作责任者	〔日〕井川义次　著　刘绍晨　译
责 任 编 辑	兰　婷
标 准 书 号	ISBN 978-7-301-32844-6
出 版 发 行	北京大学出版社
地　　　址	北京市海淀区成府路 205 号　100871
网　　　址	http://www. pup. cn　　新浪微博：@ 北京大学出版社
电 子 邮 箱	编辑部 pupwaiwen@pup.cn　　总编室 zpup@pup.cn
电　　　话	邮购部 010–62752015　发行部 010–62750672　编辑部 010–62754382
印 刷 者	大厂回族自治县彩虹印刷有限公司
经 销 者	新华书店
	720 毫米 ×1020 毫米　16 开本　27.75 印张　467 千字
	2024 年 4 月第 1 版　2024 年 4 月第 1 次印刷
定　　　价	139. 00 元

序言一

16世纪末以后中欧思想文化的交流互鉴及影响

中欧之间思想文化交流和互学互鉴的历史源远流长,对各自的发展都起到了取长补短、相得益彰之效。梳理和总结中欧思想文化交流和互学互鉴的历史,是一件有意义的事情。

从欧洲中世纪晚期以来,以儒学为主干的中国文明,就已通过来华的欧洲人和到欧洲留学的中国人,传入欧洲各国。意大利的耶稣会士利玛窦,是最早把中国历史文化介绍到欧洲的文化名人之一。他在中国生活了28年。1594年,利玛窦将儒学的经典著作"四书"即《大学》《中庸》《论语》《孟子》,翻译成拉丁文在欧洲传播,他认为孔子的儒家思想同基督教的教义如出一辙。在这之后的1626年,法国耶稣会士金尼阁又将"五经"即《诗经》《尚书》《周易》《礼记》《春秋》,译成拉丁文在欧洲传播。来华传教的耶稣会士们对中国儒学和其他历史文化典籍的介绍与提倡,在欧洲的思想文化界产生了很大影响。从16世纪末到18世纪将近二百年间,整个欧洲出现了"中国文化热"。一大批德国、法国、英国、意大利、俄罗斯等欧洲国家的著名学者,十分关注并不断研究中国的哲学、文学、历史和经济、政治、军事,发表了许多解读和推崇中国文明的卓识之见。

　　法国的启蒙思想家们，是最先研究中国儒学和中国历史文化并深受其影响的一批学者。1713年，孟德斯鸠曾同在法国皇家文库工作的中国福建人黄加略进行过长谈。他的《论法的精神》等著作，就受到儒学特别是宋明理学的影响。伏尔泰认为儒学的哲学思想没有迷信和谬说，没有曲解自然，是最合人类理性的哲学。狄德罗认为中国哲学的基本概念是"理性"，孔子的学说是以道德、理性治天下。霍尔巴赫认为"中国是世界上唯一的把政治和伦理道德相结合的国家"。以上这些学者都是法国百科全书派的领军人物。法国"重农学派"的创始人魁奈，也认为中国文明是欧洲政治经济应该学习的圭臬，他的重农主义思想就受到儒学"以农立国"的"自然之理"思想的影响。担任过法国财政部长的重农学派改革家杜尔哥，还提出过法国的发展需要借助中国文明的经验。

　　当中国的历史文化传入德国时，学者们的研究也是盛况空前。当时德国的不少学者不仅可以阅读到拉丁文本的中国先秦儒学典籍，而且可以阅读佛兰恺用德文翻译的董仲舒的《春秋繁露》。德国著名的思想家、哲学家、文学家，如莱布尼茨、康德、费尔巴哈、歌德、席勒等，都对中国历史文化进行过研究并发表了许多精辟的见解。莱布尼茨是欧洲第一位肯定中国文明对于欧洲文明十分有用的思想巨匠。在他倡导建立的柏林、维也纳、彼得堡的科学院中，探讨中国哲学与文化被列为重要的研究项目。他在1715年写的《论中国哲学》的长信中，表达了对中国先哲们的思想开放、独立思考、富于思辨、崇尚理性的尊崇和向往。他主张欧洲应该学习吸收中国的政治、伦理文化，中国则应该学习吸收欧洲的理论科学。莱布尼茨从《周易》中得到灵感而撰写的二进制学说，为德国哲学增加了辩证的思想因素。康德从儒家的哲学思想中受到启发而创建的用辩证的、联系的、发展的观点考察自然界的科学方法，开了德国古典哲学区别于英国经验主义和法国理性主义的先河。费尔巴哈认为孔子的"己所不欲，勿施于人"的思想，是"健全的、纯朴的、正直的道德体现"，是一种高尚的哲学伦理。被誉为德国文学史上最耀眼的"双子星座"的歌德与席勒，对中国文学怀有浓厚的兴趣，他们曾创作过《中德四季朝暮吟》《图兰朵》等关于中国的文学作品。

　　是不是可以这样说，中国儒家和道家、法家等诸子百家学说中的哲学伦理、政治思想、人文精神的精华，中国历史上的物质文明、精神文明、政治文明的精华，为欧洲的思想家、政治家所吸取和借鉴，对于冲破欧洲中世纪神学政治的禁锢，对于欧洲启蒙运动的兴起和欧洲近现代文明的发展，曾经提供过思想养料和政治动力，提供过四大发明为代表的物质技术条件，从而对欧洲文明的进步起到了积极的影响和作用。每忆及此，我们为中国文明能够对欧洲文明和世界文明作出重要贡献而感到光荣。

毫无疑义，思想文化的交流、传播及其影响，从来都是相互的。中国从欧洲的思想文化和经济、科学技术中，也学习、吸收、借鉴过不少进步思想、发展经验和先进技术。欧洲文明的精华，对中国文明的发展也起到过积极的影响和作用。对此中国人民是记忆犹新的。

就在利玛窦来华传教期间，中国明代的不少学者和官员，就向他学习过欧洲的思想文化和科学技术知识。其中最有名的是徐光启、李之藻。徐光启当过明朝礼部尚书，同时是一位杰出的农学家、科学家。1600年，他结识了利玛窦，抱着"一物不知、儒者之耻"的虚心态度向利玛窦请教西方科学。他同利玛窦合译了欧几里得的数学名著《几何原本》，并根据利玛窦的讲授撰写了介绍欧洲水利科学的著作《泰西水法》，还吸收欧洲的天文历法知识制定了《崇祯历书》。徐光启是明代末年中国学者中学习西方科学文化的领袖群伦的人物，是中西文化交流的先驱之一。李之藻精通天文、数学，也是明代杰出的科学家。他曾同利玛窦合作撰写和编译了《浑盖通宪图说》《同文算指》等介绍欧洲天文、数学等自然科学知识的著作，同葡萄牙人傅汎际合译了亚里士多德的名著《论天》和《辩证法概论》。这些欧洲的思想文化和科学技术知识在中国的传播，对于中国社会的发展和进步所起的促进作用是功不可没的。

近代以来，欧洲的各种思潮更是纷纷传到中国。欧洲各国的许多人文科学和自然科学的重要典籍，从哲学、历史、文学、艺术到经济、政治、法律、科技，先后在中国翻译出版发行。这些读物，其涉及领域之广、数量之多，可以用中国的一句成语来形容，叫作"山阴道上，应接不暇"。就德国而言，我想举出在文学艺术和哲学方面的几位大家及其作品，他们给中国人民留下了深刻印象与认识。歌德的《浮士德》《少年维特之烦恼》，席勒的《阴谋与爱情》《欢乐颂》，在中国几乎是耳熟能详的。王国维、梁启超、鲁迅、郭沫若等中国文化名家，对这些作品都曾给予高度评价。康德、费尔巴哈、黑格尔可以说是中国人了解最多也是对中国近现代哲学产生过重要影响的德国哲学家。在20世纪初，随着马克思、恩格斯的学说在中国广泛传播，作为其先驱思想来源之一的费尔巴哈、黑格尔的哲学思想在中国也传播开来，影响了中国的哲学界。中国的伟大领导者毛泽东的重要哲学著作《实践论》《矛盾论》，显然也是吸收了费尔巴哈、黑格尔的哲学思想中关于唯物论和辩证法思想的合理内核。马克思、恩格斯无疑是对中国现代文明的进步和现代历史的发展影响最大的德国人。在中国人民的心目中，马克思、恩格斯不仅是伟大的哲学家、思想家、经济学家，而且是为中国的革命和建设提供了科学指导思想的理论导师。1899年2月至5月《万国公报》第121—124期连载了英国传教士李提摩太翻译、上海人蔡尔康笔述的介绍英国社会学家本杰明·颉德的著作《社会进化》一书主要内容的文章，1899年5月这些文章结集出版，书名定为《大同学》。从这本书中，中国人最早知道了马克思、恩格斯的名字及马克思主义学说。其后，中国共产党的早期领导人李大钊、陈独秀、李达等人，成为马克思主义在中国的主要传播者。马克思主义学说一旦与中国实际相结合，包括与中国优秀传统文化相结合，就给近代以来积贫积弱的半殖民地半封建的中国，带来了翻天覆地的历史巨变。中国共产党领导中国人民经过长期奋斗和艰苦探索，终于成功地走上了建设中国特色社会主义的康庄大道。

历史发展到现在，世界已进入经济全球化时代，科学技术日新月异，各国的经济文化社会联系日益紧密，人类文明无论在物质还是精神方面都取得了巨大进步。但是经济全球化的发展和新自由主义的盛行，也带来了许多问题和弊端。诸如无限度地追逐高额利润、无休止地争夺和滥用资源、无节制地追求高消费的生活方式，以及脱离实体经济追逐金融投机等，由此造成资源破坏、环境污染和各种冲突不断，造成国家之间、地区之间、社会成员之间的贫富悬殊，造成物质至上而精神道德沦丧的现象，造成经济危机和社会危机。这些问题，是国际社会亟待解决的紧迫问题。解决这些问题的出路和办法在哪里？可以借鉴的历史经验和历史智慧在哪里？各国的政治家、有识之士和专家学者，都在思考和探索。要解决这些问题，当前最重要的是世界各国要加强平等协商，各种不同文明要加强对话和交流，要充分吸取不同国家、不同文明的思想文化精华。不论是经济还是社会的发展，都应实现同合理利用资源和保护环境相协调的可持续发展；不论是国家之间还是地区之间，都应消除政治军事冲突而实现持久和平；不论是发达国家还是发展中国家，都应实现互利互惠和共同繁荣。这是全世界人民所希望达到的目的。

在解决上述问题的过程中，儒学文化是可以而且能够发挥重要作用的。世界上一些有识之士已认识到了这一点。1988年，诺贝尔获奖者在巴黎举行主题为"面向二十一世纪"的集会。在会议的新闻发布会上，瑞典的汉内斯·阿尔文博士就指出：人类要生存下去，就必须去吸取孔子和儒家学说的智慧。美国著名学者约翰·奈斯比特在其著作《亚洲大趋势》中也指出：要重新重视以孔子为代表的儒家思想，借以抵御日下的世风，防止职业道德破坏、享乐式消费、个人主义膨胀以及政治狂热。他们的这些看法，可以说在不少国家的政要和专家学者中已成为共识。

儒学作为一种具有世界影响的思想文化遗产，蕴含着丰富的思想财富。这些思想财富，无论是对解决当今国家与社会治理和经济文化发展中的问题，还是对处理当今国家与国家关系、各种经济社会关系以及人与自然关系等方面的问题，仍然具有自己的价值。比如，儒学中包含着关于安民、惠民、保民、"以民为本"的思想，关于敬德、明德、奉德、"惟德是辅"的思想，关于中和、泰和、和谐、"和而不同"的思想，关于仁者爱人、以己度人、以德为邻、"协和万邦"的思想，关于自强不息、厚德载物、俭约自守、"天人合一"的思想，关于安不忘危、存不忘亡、治不忘乱、"居安思危"的思想等。从这些思想中，是可以找到解决经济全球化和新自由主义带来的问题和弊端所需要的重要智慧、经验与历史借鉴的。我们国际儒学联合会的同仁，愿意同各国的思想家、政治家和专家学者们一道，共同为此作出努力。

国际儒学联合会会长　滕文生

2019 年 7 月

序言二

在与西方思想的对话中展开儒学研究

一、全球史观下新的思考

在19世纪后由西方所主导的人文社会科学研究中，西方文化是人类思想的中心，它代表着人类的未来。其根据是现代化的社会发展模式和思想都是由西方人所确立的。西方之所以取得现代化的显著成就，获得这样的地位，那是因为西方有一整套的思想文化传统。文化的优越导致了发展的优越，文化的先进导致了社会的先进。西方文化的这种地域性的经验就成为全球性的经验，放之四海而皆准；西方文化的自我表述就成为全球各类文化的统一表述。希腊，文艺复兴，地理大发现，启蒙运动……西方成为所有非西方国家的榜样，西方的道路应是全球各个国家的发展道路，西方的政治制度和文化观念应成为全球所有国家的制度和理念。于是就有了目前被人们广泛接受的"东西之分""现代与传统"之别的二元对峙的模式。东方是落后的，西方是先进的；西方代表着现代，东方或者非西方代表着传统。东方或者非西方国家如果希望走上现代之路，就一定要和传统决裂，就一定要学习西方。"化古今为中西"，只有向西方学习，走西方之路，东方或非西方国家与民族才能复兴。

不可否认，西方文化中确有许多有价值的东西，也为人类的文明与文化提供了宝贵的经验和理念，有不少经验和理念也的确值得东方去学习。但中西对峙、现代与传统二分的模式显然有着它的弊端。仅就历史而言，这样的思路美化了西方的道路，把西方文化与精神发展史说成了一个自我成长的历史，把在漫长历史中阿拉伯文化、东方文化对其的影响与贡献完全省略掉了。特别是西方在启蒙时期的东西文化之间的交流与融合的历史完全被忽视了，当然同时，自大航海以后西方在全球的殖民历史以及对其他文化的灭绝与罪恶也统统都不见了。从全球史的观点来看，这是有问题的。

弗兰克和吉尔斯认为："当代世界体系有着至少一段5000年的历史。欧洲和西方在这一体系中升至主导地位只不过是不久前的——也许是短暂的——事件。因此，我们对欧洲中心论提出质疑，主张人类中心论。"①世界的历史是各个民族共同书写的历史，西方的强大只不过是近代以来的事情，而这种强大的原因之一就是西方不断地向东方学习。在希腊时期，"对俄耳甫斯（Orpheus）、狄俄尼索斯（Dionysus）、密特拉斯（Mithras）的崇拜充斥着整个希腊—罗马世界，这说明在耶稣之后的若干世纪里，基督教学说和信仰很有可能与印度宗教共享了一种遗产。这些问题都值得深思，关于孰先孰后的疑虑很难决断，但是有一点确凿无疑，即任何试图将西方剥离出东方传统的行为都是一种人为的划分"②。文艺复兴前的几百年中，世界文明的中心是阿拉伯文明，文艺复兴起始阶段就是意大利人学习阿拉伯文，从阿拉伯文中翻译回他们已失的经典。之后在佛罗伦萨的顶楼上发现了希腊文献的手稿，重点才回到意大利本土。③"就连像弗雷德里克·特加特这样的一些西方史学家，早在数代人之前业已批判过'以欧洲为中心的'历史著作，主张撰写单一的'欧亚地区'史。特加特1918年指出：'欧、亚

---

① [德]安德烈·冈德·弗兰克、[美]巴里·K.吉尔斯主编，郝名玮译：《世界体系：500年还是5000年？》，北京：社会科学文献出版社，2004年，第3页。

② [美]J.J.克拉克著，于闽梅、曾祥波译：《东方启蒙：东西方思想的遭遇》，上海：上海人民出版社，2011年，第55页。

③ 参见[英]约翰·霍布森著，孙建党译，于向东、王琛校：《西方文明的东方起源》，济南：山东画报出版社，2009年；[德]瓦尔特·伯克特著，刘智译：《东方化革命：古风时代前期近东对古希腊文化的影响》，上海：上海三联书店，2010年。

两大地区是密不可分的。麦金德曾指出过：若视欧洲史附属于亚洲史，即可非常深刻地认识欧洲史。……史学家们的老祖宗（希罗多德）认为，欧洲史各时期均留有跨越将东西方隔开的假想线而交替运动的印记。'"①有了这样一个长时段、大历史的全球化史观，有了对西方文化自我成圣的神秘化的破除，我再来讨论16—18世纪启蒙时期与中国古代文化的关系。②

二、关于18世纪欧洲中国热

关于西方思想和中国思想在启蒙时期的相遇，要从大航海时代开始，"任何试图弄清楚欧洲和亚洲思想会面问题的研究都必须在这一语境下展开"③。

从社会侧面来看，启蒙时期中国古代文化对欧洲的影响表现在18世纪的中国热。"启蒙时期正是中国清朝的早期和中期，这时中国在世界历史上的影响达到了巅峰。……中国在世界历史和世界地理上都引人注目，其哲学、花卉和重农思想受到密切的关注，其经验被视为典范。……世界历史上任何一个时期都没有像启蒙时期这样，使得中国的商业贸易相对而言如此重要，世界知识界对中国的兴趣如此之大，中国形象在整个世界上如此有影响。"④在社会生活层面，当时的欧洲上流社会将喝中国茶，穿中国丝绸的衣服，坐中国轿，建中国庭院，讲中国的故事，作为一种使命和风尚。Chinoiserie这个词汇的出现，反映了法国当时对中国的热情。这"突出地反映了这样一个事实：在一个相当长的时期中，各

---

① 安德烈·冈德·弗兰克、巴里·K.吉尔斯主编，郝名玮译：《世界体系：500年还是5000年？》，北京：社会科学文献出版社，2004年，第15页。

② 近来学界亦开始出现试图摆脱西方中心主义的视角，分别从中国与西方两个角度，来分析明清之际中国社会的转变，并将其与西方国家同期发展进行对比的出色研究，例如：[美]王国斌著，李伯重、连玲玲译：《转变的中国：历史变迁与欧洲经验的局限》（南京：江苏人民出版社，1998年）一书。

③ [美] J.J.克拉克著，于闽梅、曾祥波译：《东方启蒙：东西方思想的遭遇》，上海：上海人民出版社，2011年，第57页。

④ [英]S. A. M.艾兹赫德著，姜智芹译：《世界历史中的中国》，上海：上海人民出版社，2009年，第275—276页。也参见：Berger, Willy R., *China-Bild und China-Mode in Europa der Aufklärung*, Cologne: Böhlau, 1990. Chen Shouyi, "The Chinese Garden in Eighteenth Century England," *T'ien Hsia Monthly 2* （1936）, pp. 321-339; repr. in Adrian Hsia （ed.）, *The Vision of China in the English Literature of the Seventeenth and Eighteenth Centuries,* Hongkong: The Chinese Univ. Press, 1998, pp. 339-357。

个阶层的欧洲人普遍关心和喜爱中国，关心发生在中国的事，喜爱来自中国的物"①。

正如我们在前面所研究的，来华耶稣会士的关于中国的著作在欧洲的不断出版，特别是柏应理的《中国哲学家孔子》的出版，在欧洲思想界产生了深刻的影响。来华耶稣会士的这些介绍儒家思想的著作，所翻译的儒家经典，引起了欧洲思想界的高度重视。

德国哲学家莱布尼茨是当时欧洲最关心中国的哲学家。他和来华传教士有着直接的接触和联系，他见过闵明我，他与白晋保持了长期的通信；他出版了德国历史上第一本关于中国的书《中国近事》；在礼仪之争中，他明确站在耶稣会一边，写了《论尊孔民俗》这一重要文献；晚年他写下了他哲学生涯中关于中国研究最重要的文献《中国自然神学论》。

从思想而言，中国思想的两个关键点是和莱布尼茨契合的。其一，他对宋明理学的理解基本是正确的，尽管他并没有很好地看到宋明理学中"理"这一观念的伦理和本体之间的复杂关系，但他看到理的本体性和自己的"单子论"的相似一面。其二，他从孔子的哲学中看到自己自然神论的东方版本。在西方宗教的发展中，斯宾诺莎的自然神论开启了解构基督教人格神的神学基础，传统神学将自然神论视为洪水猛兽。从此斯宾诺莎只能生活在阿姆斯特丹，靠磨眼镜片为生。莱布尼茨通过自然神论来调和孔子与基督教的思想，在这个意义上，"莱布尼茨是当时唯一重要的哲学家，认为中国人拥有一门唯理学说，在某些方面可与基督教教义并存"②。尽管，莱布尼茨的理解有其欧洲自身思想发展的内在逻辑，但

---

① 许明龙：《欧洲18世纪"中国热"》，太原：山西教育出版社，1999年，第121页。关于18世纪欧洲各国中国热的专题研究，亦可参阅严建强：《18世纪中国文化在西欧的传播反其反应》，杭州：中国美术学院出版社，2002年。

② [法]艾田浦著，许钧、钱林森译：《中国之欧洲》（上），郑州：河南人民出版社，1992年，第427页。

他看到孔子学说中非人格神的崇拜是很明确的。[1]

如果说莱布尼茨从哲学和宗教上论证了孔子学说的合理性，那么伏尔泰则从历史和政治上论证了孔子学说的合理性。卫匡国的《中国上古史》《中国哲学家孔子》在欧洲出版后引起了思想界的轰动，这两本书中的中国纪年彻底动摇了中世纪的基督教纪年。[2]"《风俗论》是伏尔泰的一部重要著作，在这部著作中，伏尔泰第一次把整个人类文明史纳入世界文化史之中，从而不仅打破了以欧洲历史代替世界史的'欧洲中心主义'的史学观，……他说东方的民族早在西方民族形成之前就有了自己的历史，我们有什么理由不重视东方呢？'当你以哲学家身份去了解这个世界时，你首先把目光朝向东方，东方是一切艺术的摇篮，东方给了西方一切。'"[3]如果中国的历史纪年是真实的，基督教的纪年就是假的，梵蒂冈就在骗人，欧洲的历史也就是一部谎言的历史。借助中国，借助孔子，启蒙思想家们吹响了摧毁中世纪思想的号角。而伏尔泰这位18世纪启蒙的领袖是穿着孔子的外套出场的，他的书房叫"孔庙"，他的笔名是"孔庙大主持"。[4]

魁奈也是推动18世纪法国中国热的重要人物。魁奈对孔子充满了崇敬之情，他说："中国人把孔子看作是所有学者中最伟大的人物，是他们国家从其光辉的

① 参见[德]莱布尼茨著，[法]梅谦立、杨保筠译：《中国近事：为了照亮我们这个时代的历史》，郑州：大象出版社，2005年；李文潮编：《莱布尼茨与中国》，北京：科学出版社，2002年；桑靖宇：《莱布尼茨与现象学：莱布尼茨直觉理论研究》，北京：中国社会科学出版社，2009年；胡阳、李长铎：《莱布尼茨二进制与伏羲八卦图考》，上海：上海人民出版社，2006年；孙小礼：《莱布尼茨与中国文化》，北京：首都师范大学出版社，2006年；[美]方岚生著，曾小五译，王蓉蓉校：《互照：莱布尼茨与中国》，北京：北京大学出版社，2013年；张西平：《欧洲早期汉学史：中西文化交流与西方汉学的兴起》，北京：中华书局，2000年。Mungello, David E., *Leibniz and Conpcianism: The Search tor Accord*, Honolulu: Univ. of Hawaii Press, 1977, Mungello, David E., "Confucianism in the Enlightenment: Antagonism and Collaboration Between the Jesuits and the Philosophes", *in China and Europe* (1991), pp. 95-122. Gottfried W. Leibniz, *Discours sur la theologie naturelle des Chinois, à M. de Remont*. Translation of *Discours and Novissinw Sinica* in Daniel J. Cook & Henry Rosemont, *Gonfried Wilhelm Leibniz: Writings on China*, Chicago Open Court, 1994.
② 参见吴莉苇：《当诺亚方舟遭遇伏羲神农——启蒙时代欧洲的中国上古史论争》，北京：中国人民大学出版社，2005年。
③ 张西平：《中国与欧洲早期宗教和哲学交流史》，北京：东方出版社，2001年，第371页。
④ 参见孟华：《伏尔泰与孔子》，北京：中国书籍出版社，2015年；张国刚、吴莉苇：《启蒙时代欧洲的中国观：一个历史的巡礼与反思》，上海：上海古籍出版社，2006年；张西平：《中国与欧洲早期宗教和哲学交流史》，北京：东方出版社，2001年。

古代所留传下来的各种法律、道德和宗教的最伟大的革新者。"①他从孔子学说中找到自己经济学说的思想基础——自然法则。重农学派的自然秩序理论主要受益于中国古代思想,魁奈说:"中华帝国不是由于遵守自然法则而得以年代绵长、疆土辽阔、繁荣不息吗?那些靠人的意志来统治并且靠武装力量来迫使人们服从于社会管辖的民族,难道不会被人口稠密的中华民族完全有根据地看作野蛮民族吗?这个服从自然秩序的广袤帝国,证明造成暂时的统治经常变化的原因,没有别的根据或规则,只是由于人们本身的反复无常,中华帝国不就是一个稳定、持久和不变的政府的范例吗?⋯⋯由此可见,它的统治所以能够长久维持,绝不应当归因于特殊的环境条件,而应当归因于其内在的稳固秩序。"②这个内在固有的秩序就是"自然秩序",这正是他的学说的核心思想。

　　魁奈重农学派与中国古代思想之间的渊源和联系,这是经过学者反复研究得到证明的问题。利奇温认为,魁奈的学说"特别得力于中国的文化传统"③,中国学者谈敏认为:"重农学派创立自然秩序思想,其重要思想来源之一,是得自中国的文化传统;尤其是这一思想中那些在西方学者看来不同于欧洲主流思想的独特部分,几乎都能在中国古代学说中找到其范本。"④

---

① [法]弗朗斯瓦·魁奈著,谈敏译:《中华帝国的专制制度》,北京:商务印书馆,1992年,第37—38页。

② L. A. 马弗利克:《中国:欧洲的模范》,转引自谈敏:《法国重农学派学说的中国渊源》,上海:上海人民出版社,1992年,第162页。

③ 参见[德]利奇温著,朱杰勤译:《十八世纪中国与欧州文化的接触》,北京:商务印书馆,1962年,第93页。

④ 谈敏:《法国重农学派学说的中国渊源》,上海:上海人民出版社,1992年,第161页。有的学者从魁奈的书名《中华帝国的专制制度》(Le despotism de la Chine)就认为魁奈是批评中国专制主义,是法国中国热的一个转折点,正像看到孟德斯鸠对中国专制主义的批评一样。实际上即便在孟德斯鸠的批评中,他自己也感到把专制主义一词完全套用在中国是不完全合适的,在魁奈这里更是如此。这里并非为中国的制度辩护,只是在理解这些西方学者的思想时,要实事求是。把重农学派说成"回到封建的农业社会""从重农角度讲,他们是维护封建制度的""重农主义推崇中国重视农业",亚当·斯密比重农学派更加重视经济的自由发展等,这些议论基本上没有读懂重农学派的基本理论,不了解这一学派在西方经济学说中的地位。马克思对于魁奈的《经济表》,给予很高评价。他说:"重农学派最大的功劳,就在于他们在自己的《经济表》中,首次试图对通过流通表现出来的年生产的形式画出一幅图画。"([德]马克思:《马克思恩格斯全集》第二十三卷,北京:人民出版社,1972年,第648页)他还指出"魁奈医生使政治经济学成为一门科学,他在自己的名著"经济表"中概括地叙述了这门科学"。([德]马克思:《哲学的贫困》,《马克思恩格斯全集》第四卷,北京:人民出版社,1958年,第138页。)

在启蒙运动中始终有两种声音，从孟德斯鸠到卢梭，启蒙思想也在不断发生演进与变化，这种变化最终在1793年孔多塞（Marie-Jean-Antoine-Nicolas de Caritat, Marquis de Condorcet, 1743—1794）的《人类精神进步史表纲要》中表达了出来，此时，以进步为核心的启蒙观念确定了下来。此时中国成为与进步对峙的"停滞的国家"。如他所说："我们就必须暂时把目光转到中国，转到那个民族，他们似乎从不曾在科学上和技术上被别的民族所超出过，但他们却又只是看到自己被所有其他的民族——相继地超赶过去。这个民族的火炮知识并没有使他们免于被那些野蛮国家所征服；科学在无数的学校里是向所有的公民都开放的，惟有它才导向一切的尊贵，然而却由于种种荒诞的偏见，科学竟致沦为一种永恒的卑微；在那里甚至于印刷术的发明，也全然无助于人类精神的进步。"[1]

这样我们看到启蒙运动从伏尔泰到孔多塞，它走过了一个完整的过程，对中国从赞扬变为批判。其实中国仍是中国，这种中国观的变化是欧洲自身思想变化的结果。"中国形象发生颠覆性的转变，归根结底是欧洲人看待中国时的坐标已经斗转星移，从尊敬古代变为肯定当今，从崇尚权威变为拥戴理性，从谨慎地借古讽今变为大胆地高扬时代精神。因此中国曾经被作为圣经知识体系的从属物而被尊敬，被作为古老文明的典范而被尊敬，但瞬间又因为同样的原因被轻视。借耶稣会士之手所传递的中国知识在17—18世纪的欧洲人眼里堆积起的中国形象其实没有太大变化，只是这个形象的价值随着欧洲人价值观的变化而改变了。"[2]

应该如何看待启蒙时代的这种变化的中国观呢？中国思想在启蒙时代的影响应该如何评断呢？

三、中国思想在启蒙运动中的价值

历史说明了文化之间的互动和交错，单一的文化中心论是不成立的，无论是西方文化中心主义还是中国文化中心主义，当我们指出中国文化对18世纪欧洲的

---

[1] [法]孔多塞著，何兆武、何冰译：《人类精神进步史表纲要》，北京：生活·读书·新知三联书店，1998年，第36—37页。

[2] 张国刚、吴莉苇：《启蒙时代欧洲的中国观：一个历史的巡礼与反思》，上海：上海古籍出版社，2006年，第324页。

影响时，并不是倡导一种"西学中源说"，历史早已证明那是把中国文化引向封闭的错误思潮。在如何看待中国思想在启蒙运动中的影响时，有两个问题需要特别注意。

第一，中国思想是否传播到了欧洲，启蒙思想家们是否读到了中国古代哲学儒家的作品，这是一个知识论的问题。在这个问题上有的学者将其分为两种立场："研究西方的中国观，有两种知识立场：一是现代的、经验的知识立场；二是后现代的、批判的知识立场。这两种立场的差别不仅表现在研究对象、方法上，还表现在理论前提上。现代的、经验的知识立场，假设西方的中国观是中国现实的反映，有理解与曲解，有真理与错误；后现代的、批判的知识立场，假设西方的中国观是西方文化的表述（Representation），自身构成或创造着意义，无所谓客观的知识，也无所谓真实或虚构。"①不可否认，从后现代主义的理论出发，可以揭示出西方中国形象的一些特点，但将现代经验的知识立场和后现代的批判知识立场对立起来本身就是有问题的，尽管从后现代主义的立场来看，这种对立是天经地义的事。知识的传播和知识的接受是两个密不可分的阶段。知识是否流动？知识流动的具体内容如何？接受者如何接受和理解知识？他们的文化身份对所接受知识的影响如何？这些理解和他们所在的时代思想关系如何？这是一个问题的两个方面。"启蒙思想家在关于中国讨论时，绝大多数情况下是建立在误读基础上的"，这样的判断只说明了问题的一个方面。不能因为接受者对知识的理解受到自身文化的影响而产生了对异文化的"误读"，就否认知识在传播中的真实性，同样，不能因传播者在传播知识时受其自身文化的影响，对其所传播的知识附上自身的色彩，就完全否认了所传播知识仍具有真实的一面。中国后现代主义的知识立场夸大了知识传播和接受主体的自身文化背景对知识传播和接受的影响，并且将文化之间的交流、知识在不同文化之间的流动完全龟缩为一个主体自身文化背景问题，将丰富的历史过程仅仅压缩为主体自己的文化理解问题。这样也就"无所谓客观的知识，也无所谓真实或虚构"。显然，这种理解是片面的。

---

① 周宁：《西方的中国形象》，周宁编：《世界之中国：域外中国形象研究》，南京：南京大学出版社，2007年，第4页。

　　这涉及启蒙时期欧洲知识界所了解到的关于中国的知识，所接触到的中国古代文化思想究竟是真实的，还是虚假的。或者启蒙时期所形成的中国观和中国有关还是根本和中国没有关系，中国仅仅是一个方法，一个参照系，在这些学者看来："关于西方的中国观的客观认识与真实知识这一假设本身就值得商榷。我们分析不同时代西方的中国观的变异与极端化表现，并不是希望证明某一个时代西方的某一种中国观错了而另一种就对了，一种比另一种更客观或更真实，而是试图对其二元对立的两极转换方式进行分析，揭示西方的中国观的意义结构原则。"①西方对中国的认识自然有其自身的原因，但所接触和了解的外部因素的多少和真假当然对其内部因素的理解有着直接的影响。把外部因素作为一个虚幻的存在，其内部思想和文化转换的结构当然无法说清。

　　在笔者看来，尽管后现代主义的知识立场有一定的价值，但完全否认现代知识立场是有片面性的。中国知识和思想在启蒙运动中引起了巨大的思想震动，这本身是欧洲思想内部的原因所造成的，但正是在耶稣会士所介绍的儒家思想的观照下，儒家自然宗教的倾向，中国历史编年的真实性，中国政治制度在设计上比欧洲的更为合理，例如科举考试制度等，才会引起了欧洲思想的震动。如果中国思想文化不具备一定的特质，就不会引起启蒙思想家如此大的兴趣。就伏尔泰来说，毋庸讳言，伏尔泰论及中国、宣传孔子，在一定程度上是出于实际斗争的需要，即所谓的"托华改制"。这一点，尤其在"反无耻之战"中更显突出。但儒家本身的特点无疑是重要的，如孟华所说："孔子思想的核心是'仁'，它的基本含义是'爱人'。而伏尔泰终其一生不懈追求的，正是这种将人视为人，能够建立起人际间和谐关系的人本主义。"②就魁奈来说，中国的思想对他来说是真实的，是他经济思想的重要来源，如谈敏先生所说，他的研究就是"试图以确凿的事实和大量的资料，系统地论证法国重农学派经济学说甚至西方经济学的中国思想渊源，具体地勾勒出重农学派在创建他们的理论体系时从中国所获得的丰富滋养及其对后代经济学家的影响；展示中西文化交流对于18世纪经济科学发展的重要意义，驳斥那些无视东方经济思想对于世界经济思想的贡献与影响的荒谬言

①　周宁：《西方的中国形象》，周宁编：《世界之中国：域外中国形象研究》，南京：南京大学出版社，2007年，第6页。

②　孟华：《伏尔泰与孔子》，北京：新华出版社，1993年，第146页。

论，弘扬中国古代经济思想的光辉成就"①。

中国思想和文化在16—18世纪的传播是一个复杂的历史过程，欧洲启蒙时期对中国古代思想与文化的接受也是一个复杂的历史过程；中国思想和文化在16—18世纪产生如此大的影响，在欧洲形成了持续百年的中国热，这既是欧洲自身社会发展的一个自然过程，也是中国思想文化融入欧洲社会发展的一个过程；这既是欧洲思想变迁的内部需要的一个表现，也揭示了中国思想文化特点所具有的现代性内涵。我们不能仅仅将其看成欧洲精神的自我成圣，完全否认中国知识在启蒙运动中的作用，完全无视中国思想文化的现代性内涵对启蒙思想的影响，将此时的启蒙发展完全归结于欧洲思想自身发展的逻辑，这不仅违背了历史，也反映出了这种观点对欧洲思想自身成圣的神话的相信和迷恋。将欧洲的发展史神化，这正是欧洲逐步走向"欧洲中心主义"的重要一步。如果我们运用后现代的理论来证明这一点，按照后现代主义思潮来说，这才恰恰是"自我殖民化"。

我们必须看到，这段历史不仅彰显出了中国古代文化的世界性意义，同时"这段历史又告诉我们：中国的传统并不是完全与近现代社会相冲突的，中国宗教和哲学思想并不是与现代思想根本对立的，在我们的传统中，在我们先哲的思想中有许多具有同希腊文明一样永恒的东西，有许多观念同基督教文明一样具有普世性。只要我们进行创造性的转化，中国传统哲学的精华定会成为中国现代文化的有机内容。东方在世界体系中也并非无足轻重，在西方走向世界时，东方无论在思想上还是在经济上都起着不可取代的作用"②。因此，1500—1800年间是中西文化的伟大相遇，这是人类文明史上少有的平等、和平交流的一段历史，是中国和西方文化交流史中最重要、最具有现代意义的一段历史，它是中国与西方共同的文化遗产，"未来的中西交流将更多地呈现出1500年到1800年间中西方的互动与互惠"③。

第二，对启蒙运动后期所确立的进步史观应进行解构。孔多塞最终所确立的以进步为核心的启蒙观是欧洲思想走向自我中心主义的开始。孔多塞写于1793

---

① 谈敏：《法国重农学派学说的中国渊源》，上海：上海人民出版社，1992年，第366页。
② 张西平：《中国与欧洲早期宗教和哲学交流史》，北京：东方出版社，2001年，第492页。
③ [美]孟德卫著，江文君、姚霏译：《1500—1800：中西方的伟大相遇》，北京：新星出版社，2007年，第188页。

年的《人类精神进步史表纲要》，以进步史观为核心，将人类历史发展分为九个时期，由低到高，最终达到完美阶段。他把中国安排在人类历史发展的第三个时代，他对中国历史与文明的安排为以后黑格尔的《历史哲学》对中国思想的评价打下了基础。[1]正如学者所说："启蒙主义者努力在知识与观念中'发现'并'建设'一个完整的、体现人类幸福价值观的世界秩序，该秩序的核心就是进步，进步的主体是西方，世界其他地区与民族只是对象，这其中既有一种知识关系——认识与被认识，又有一种权力关系，因为发现与被发现、征服与被征服往往是同时发生的。启蒙主义者都是欧洲中心的世界主义者。他们描述世界的目的是确定欧洲在世界中的位置，他们叙述历史是为了确立自由与进步的价值，并将欧洲文明作为世界历史主体。启蒙运动为西方现代文明构筑了一个完整的观念世界，或者说是观念中的世界秩序。它在空间中表现为不同民族、国家、风俗及其法律的多样的、从文明到野蛮的等级性结构；在时间中表现为朝向一个必然的、目标的、线性的、可以划分为不同阶段的进步。启蒙主义者都是历史主义者，他们将世界的空间秩序并入时间中，在世界历史发展的过程中理解不同民族文明的意义和价值。其线性的、进步的历史观念已不仅是人类经验时间的方式，甚至是人类存在的方式。所有的民族、国家都必须先在历史中确认自己的位置，无论是停滞的或进步的，在历史之外或在历史之中，然后才在世界的共时格局——即文明、野蛮的等级秩序——中找到自己的位置。"[2]这个分析是正确的，指出了孔多塞所代表的后期启蒙思想家的问题所在——一种强烈的西方中心主义，说明了孔多塞的历史观的西方立场。

实际上当孔多塞这样来解释中国时，当时的中国并未停滞，不但没有停滞，当时的中国仍是一个强大的中国。1800年前的中国是世界上人口最多，经济规模最大、国民总产值第一的强盛大国，当时的中国正处在康乾盛世时期。弗兰克说得更为明确："整个世界经济秩序当时名副其实地是以中国为中心的。哥伦布以及在他之后直到亚当·斯密的许多欧洲人都清楚这一点。只是到了19世纪，欧洲

---

① 参见张国刚：《18世纪晚期欧洲对于中国的认识——欧洲进步观念的确立与中国形象的逆转》，《天津社会科学》2005年第3期。

② 周宁：《西方的中国形象》，周宁编：《世界之中国：域外中国形象研究》，南京：南京大学出版社，2007年，第49—50页。

人才根据新的欧洲中心论观念名副其实地'改写'了这一历史。正如布罗代尔指出的，欧洲发明了历史学家，然后充分地利用了他们对各自利益的追求，而不是让他们追求准确或客观的历史。"①

所以，揭示出启蒙时期思想的实际发展过程，说明欧洲思想不是一个自我成圣的过程，仅仅回到希腊，西方思想家发展不出来近代的启蒙思想观念。但西方思想的当代叙述完全不再提到这段历史，他们改写西方思想文化的发展史，并设置一个二元对峙的思想和文化发展的模式，将其作为训导东方国家的思想文化模式。在这个意义上，这种做法不仅无耻，也反映出西方思想自启蒙后的堕落，尤其至今一些西方文化思想领袖希望按照这样的逻辑继续改造这个世界时，将其称为文化帝国主义是完全可以的。后殖民主义理论的意义在于揭示出启蒙以来西方思想发展形成的真实历史和逻辑，说明了东方的价值和西方的虚伪。但绝不是用后殖民主义理论去论证西方思想的合理性、开放性，西方思想自我调节、自我成圣，西方近代思想自我发展的逻辑的合理性。我们决不能从这段历史的叙述中，按照后现代主义的理论框架，强化西方在启蒙后所形成的思想文化特征的合理性。这样的论述将重点放在西方思想的自我成圣、自我逻辑的发展，强调西方思想自身发展的逻辑的合理性、自洽性，东方只是一个没有实际价值的他者，西方近代思想的形成全在西方自身的内因。这样的一种研究实际上仍只是研究西方，东方只是个陪衬，中国只是个背景，从而没有真正从全球化的角度考虑文化与思想的互动，没有揭示在这个历史过程中东方思想的价值，没有用这段真实的历史去揭示当代西方思想和文化主流叙述的虚伪性。因而，这样一种用后殖民主义理论来论证启蒙思想的内在形成逻辑的合理性的做法，恰恰违背了后殖民主义理论的初衷，这是用后殖民主义逻辑为西方辩护的一种自我殖民化。对于这种思想和认识应该给予足够的认识。

这说明，当启蒙思想家以进步史观设计历史时，在历史事实上就存在问题，即便当时中国相比于欧洲发展慢了一些，但并未停滞。在启蒙后期孔多塞、马戛尔尼把中国说成停滞的帝国肯定是不符合事实的。历史是一个长时段的发展，

---

① [德]贡德·弗兰克著，刘北成译：《白银资本——重视经济全球化中的东方》，北京：中央编译出版社，2000年，第169页。

100年是一个短暂的瞬间，今天中国重新崛起，其道路和特点都和西方的道路与特点有很大的不同，历史已经对启蒙后期开始形成的欧洲中心主义和19世纪主导世界的西方中心主义做出了最好的回答。从今天反观历史，启蒙后期的思想家的傲慢是多么的可笑。

四、启蒙精神与中国传统文化

历史充满了复杂性。启蒙时期中国古代文化在欧洲的影响也呈现出多元的色彩。学术界在理解启蒙与中国文化的关系时，大都不注意启蒙运动真实历史与中国文化之间的多元复杂关系，从而对启蒙思想和中国文化关系不能做出学理与历史的综合性分析与解释。

通过弘扬启蒙思想，来批判中国传统文化——这是一种看法。这种思维实际上已经接受了现代与传统、东方与西方二元对峙的思维方式，加之缺乏比较文化的立场和对全球史研究进展的关注，因而，完全不知中国文化在1500—1800年间与西方文化的基本关系和状态，不知当时中国在全球化初期的地位。所以，当弗兰克说出当时的中国是世界经济中心时，在中国学术界引起轩然大波，一些学者极为震惊。这种看法自然无法理解中国传统文化，尤其是儒家文化为何被启蒙思想所接受、所赞扬。在他们赞扬启蒙之时，内心已经将中国文化作为启蒙思想的对立面，而完全不知中国文化恰恰曾是启蒙思想家的思想源泉之一，也无法理解从这段历史可以看出中国传统文化，特别是儒家文化具有现代思想的内涵，只要经过创造性转换完全可以成为中国当代文化的重要资源。在这个意义上，这些学者并未真正理解启蒙运动。历史的吊诡在于，20世纪80年代的文化热中，对启蒙的崇拜和信仰有其合理性，就是到今天启蒙精神仍有其文化和思想价值，因为，启蒙运动所留给人类的"自由""民主""科学""理性"仍有其重要的价值。但将这些启蒙精神和中国传统思想完全对立起来是对启蒙思想形成历史的不了解。同时，对启蒙时期思想家们所提出的"科学""理性""进步"的一味赞扬，说明这样的看法不了解启蒙思想家在形成这些观念时的缺失，尤其启蒙思想后期所形成的"进步"观念背后的"欧洲中心主义"的立场，从而缺乏一种对启蒙的反思，特别是对西方近百年来在启蒙思想下所走过的实际历史过程的反思。①

通过批判启蒙思想，来弘扬中国文化——这是另一种。很长时间以来，在西方思想文化上启蒙运动都是作为一场伟大的思想文化运动而载入史册的。正如著名的罗兰·N.斯特龙伯格所指出，18世纪为世界贡献了这样的观念："人类现在和将来都会'进步'，科学技术对推动人类进步起了最大作用，人类的目的就是享受世俗的幸福。虽然有越来越多的知识分子对这些说法表示怀疑，但大多数平民百姓可能还是信奉它们。与许多社会科学一样，现代自由主义和社会主义都是在18世纪孕育出来的。今天的公共政策的目标也是由启蒙运动确定的：物质福利、幸福。人们还会想到宗教宽容、人道主义、法律面前人人平等，言论自由以及民主和社会平等。所有这些都主要源于这个世纪。更深入地看，很显然，我们的基本思维习惯以及我们的语言方式，也主要受到启蒙运动的影响。"②

以批判当代西方社会思想为其特点的后现代思潮兴起后，启蒙运动的地位发生了变化，启蒙开始成为批判的对象。后现代主义是对启蒙的一种反思、质疑和批判。一些思想家"开始对现代性的总体观念提出批判，并提出'后现代'以同'现代'相对抗，这些思想家的思想被称为'后现代主义'。"③这样一种反叛倾向首先是从尼采开始的，在他看来现代社会不是一个健康的社会，它是由废物组成的病态胶合物。沿着这条思路，利奥塔、德里达、福柯、罗蒂等西方哲学家

① "'人本主义在上世纪（19世纪）末叶达到顶峰。帝国主义的欧洲统治全球，但文化的欧洲则相信这是对世界文明进步的贡献'；'一些欧洲人发觉他们的人本主义掩盖了和包庇了一场可怕的非人惨剧。他们还发觉自己所认为是惟一的文化其实只是世界文化之林中的一枝文化，而自己的这个文化曾居然认为有权蔑视其他文化并予以毁灭之。'"[法]莫兰著，康征、齐小曼译：《反思欧洲》，"文化批判与文化自觉——中文版序"，北京：生活·读书·新知三联书店，2005年，第7页；参见[英]汤林森著，冯建三译，郭英剑校订：《文化帝国主义》，上海：上海人民出版社，1999年。当下中国学术与思想界如何创造性地转化中国传统文化，如何在合理吸收西方近代思想文化精神合理内核的基础上清理"西方中心主义"，是一个根本性的问题。在中国即将成为一个世界性大国之时，思想的创造与独立、本土资源的发掘和百年西方中心主义的清理成为我们绕不过的一个重大问题。20世纪80年代的启蒙已经瓦解，思想已经分化，哪种思想方案更适合于崛起的中国，这要待历史回答。参见许纪霖、罗岗等：《启蒙的自我瓦解：1990年代以来中国思想文化界重大论争研究》，长春：吉林出版集团有限责任公司，2007年。

② [美]罗兰·斯特龙伯格著，刘北成、赵国新译：《西方现代思想史》，北京：中央编译出版社，2005年，第196页。

③ 姚大志：《现代之后——20世纪晚期西方哲学》，北京：东方出版社，2000年，第229页。

各自展开了自己的论述，从而形成了后现代思潮，而另一些哲学家如哈贝马斯将继续沿着启蒙的方向完善这个理论。

西方这样的思考自然引起中国学者的注意，学者杜维明认为："启蒙心态从18世纪以来，是人类文明史到现在为止最有影响力的一种心态。科学主义、物质主义、进步主义，我们现在熟悉的话语，都和启蒙有密切关系。社会主义和资本主义都是从启蒙发展出来的。市场经济、民主政治、市民社会，还有后面所代表的核心价值，比如说自由、理智、人权、法制、个人的尊严，这些价值也都从启蒙发展而来，而这个力量不仅是方兴未艾，而且在各个地方已经成为文化传统中间不可分割的部分。所以我进一步说，在文化中国的知识界，文化的传统之中，启蒙心态的影响远远要超出儒家的、道家的、法家的、佛教的、道教的、民间宗教带来的影响。"①启蒙的问题在于：第一，人类中心主义（anthropocentrism）；第二，工具理性（instrumental rationality）以及宰制性的科学主义；第三，个人主义；第四，西方中心主义。由此，杜先生认为："经过了西化，经过了现代化，儒家传统的人文精神，人文关怀，可以和启蒙所带来的最强势的人文主义进行深层的对话，现代西方启蒙所开发出来那么多的光辉灿烂的价值，特别是科学技术方面的价值，和人的个人的个性解放，人的精神的发展，儒家的人文精神和现代西方人文主义之间的对话和互动的空间有没有，有哪些课题需要讨论，这是我关注的问题。"②正如学者所概括的："作为儒家的现代传人，如何在启蒙反思中发挥儒家思想的积极作用，是杜维明相关思考的理论兴奋点之一。"③对此，一些学者的基本主张是："儒家天人合一的人文主义可以在自身、社群、自然和上天四层面为超越启蒙凡俗的人文主义提供思想资源。"④

启蒙思想还是中国传统思想？看起来似乎有些对立。但一旦我们进入实际的历史境遇，就会看到将启蒙与中国传统思想对立起来的认识是值得反思的。

从我们上面所介绍的启蒙思想家对中国文化的接受来看，儒家思想和启蒙思

① [美]杜维明：《"启蒙的反思"学术座谈》，《开放时代》2006年第3期，第6页。

② 同上文，第8页。

③ 李翔海：《杜维明"启蒙反思"论述评》，《中国社会科学院研究生院学报》2011年第5期，第33页。

④ 同上文，第29页。

想并不是对立的，儒家思想曾是滋润启蒙思想的重要外部资源，它与启蒙精神相连，而又有别于西方启蒙思想。因此，在重建中国文化传统的现代意义时，我们不能完全将儒家思想和启蒙思想对立起来，而是可以从启蒙思想家当年对中国文化的跨文化理解中，纠正其偏误，赋予儒家文化以符合现代生活的新意，开出启蒙思想之新意。

例如，启蒙思想家利用中国文化的理性精神来解构中世纪的宗教，这说明儒家思想中的理性精神有其合理的一面。但启蒙思想家在理解儒家的理性精神时，并不全面，启蒙思想所确立的理性最终演化成为工具理性主义。这样他们并未深刻理解儒家思想的理性精神和宗教精神的融合，儒家思想的半哲学和半宗教特点。儒家的理性主义和启蒙思想的工具理性之间有着契合与差别，这样如何在保持启蒙理性精神的同时，发挥儒家理性与神圣性合一的资源，人文理性主义的资源，克服启蒙以来的工具理性之不足；同时，如何学习启蒙精神，将儒家实用理性转化成为不同于工具理性的现代理性，这都给我们留下宽阔的学术空间。

又如，启蒙思想家通过耶稣会士所介绍的中国富足的世俗生活，赞扬了个人主义。因此，将中国传统文化说成是一个压制个人的专制文化史是说不过去的，即便在孟德斯鸠那里，他对中国的专制文化也做了特别的处理，而魁奈专制主义并非是在批评意义上的使用，如克拉克所说："必须记住，启蒙思想家口中的'专制'绝非批评之辞，在这里中国乃是被视为受开明统治者治理的国家典范，也就是说，这种类型的国家不会根据统治者的一时兴起而作出决定，它将视法律而定，它将以全体人民的幸福为目的，它将以社会一切方面的和谐运转作为统治者最关注的核心问题。魁奈自己和他的同时代人一样，把中国视为理想社会，它为欧洲提供了一个可供模仿的范本。"①

但中国文化中对个人的肯定又不同于启蒙所开启的物质主义的个人主义，或者说凡俗的个人主义，乃至人类中心主义。儒家的人文主义正如陈荣捷教授在《中国哲学文献选编》中指出的："中国哲学史的特色，一言以蔽之，可以说是人文主义，但此种人文主义并不否认或忽视超越力量，而是主张天人可以合

---

① [美] J.J.克拉克著，于闽梅、曾祥波译：《东方启蒙：东西方思想的遭遇》，上海：上海人民出版社，2011年，第71页。

一。"①按照这样的理解，中国的天人合一的人文主义既不是启蒙思想家所倡导的世俗个人主义，也不是后来由此演化成为的人类中心主义。

自然，孔多塞等后期启蒙思想家所提出的"进步"观念也有其合理性，进步总是比落后要好。但这种进步不是一种以欧洲为中心的线性进步观，不是一种人类中心主义的无限索取自然的进步观，不是以西方文化取代其他多元文化的进步观。在这个意义上，中国传统的"天人合一"的自然观，"和而不同"的文化观，都可以作为修正孔多塞所代表的启蒙思想家进步观的重要思想资源。

目前关于启蒙思想与中国思想的讨论大都是在纯粹理论范围内展开的，但思想是历史的思想，没有历史的思想是永远无法高飞的。历史是智慧的源泉，只有在一个长时段的历史中，我们才会体悟到真理。通过对1500—1800年间中西文化交流史的研究，通过对中国传统文化在启蒙时期的传播和影响接受研究，我们可以从根源上对启蒙做更为全面的反思，可以走出启蒙思想与中国传统思想对立的思考模式，克服后现代主义对启蒙片面批判和固守在启蒙思想内部发展思想的两种倾向，从中国的历史和启蒙的历史做出新的解释，将历史重新激活，将中西思想重新融合。这是我们的祈盼，亦是我们编订此套丛书的初衷。②

因应目前学界关于儒学研究的最新学术动向，一并汇总极具代表性的重要研究成果，本套丛书既收录有视野恢弘、横跨明清两代中西哲学交流史的通论型研究著作，例如张西平《中国和欧洲早期思想交流史》和堀池信夫《中国哲学与欧洲的哲学家》；亦有专门针对目前学术界未能给与充分重视、实则能充分体现儒家思想在启蒙现代性构建过程中的地位和作用的研究专题，例如井川义次的《宋学西渐——欧洲迈向近代启蒙之路》便侧重于考察18世纪儒学与启蒙运动之间的互动关系，探讨儒家以"仁"为核心的伦理道德观，以及"仁政德治"的政体主张，对欧洲启蒙思想家的启迪作用并为他们的宗教、社会、政体改革提供了精神养料和可资借鉴的模式。张西平和李颖主编的《启蒙的先声：中国文化与启蒙运动》则经由梳理"中学西传"的历史脉络，展现儒家思想与启蒙运动和西方汉学兴起的紧密关系。梅谦立《从邂逅到相识：孔子与亚里士多德相遇在明清》

① 陈荣捷编著，杨儒宾等译：《中国哲学文献选编》，南京：江苏教育出版社，2006年，第1页。

② 参见许纪霖、罗岗等：《启蒙的自我瓦解：1990年代以来中国思想文化界重大论争研究》，长春：吉林出版集团有限公司，2007年。

一书则反向探讨了明清来华耶稣会士用儒家术语翻译、书写的亚里士多德主义的汉语著作，经由这种经典的交织使亚里士多德思想在中国文化土壤上呈现出新的阐释可能和丰富内涵。此外，丛书亦关注目前国内年轻学者对"西文文献中的中国"的最新研究成果，例如韩凌《洛克与中国：洛克"中国笔记"考辨》一书借助英国经验主义哲学家洛克的"中国笔记"手稿，系统梳理洛克的"中国观"，进而弥补17世纪中西文化交流史研究链条中所缺失的重要一环，亦即洛克对中国的认识和评价；罗莹《明末清初拉丁文儒学译述提要与研究》一书在对明末清初来华三大天主教修会传教士拉丁文儒学译述进行文献编目整理的基础上，细致呈现出当时来华传教士内部围绕儒学宗教性问题，分裂为"支持中国文化适应政策""反对文化适应政策"及"文化调和激进派"等不同态度并试图分析其儒学观的根本性分歧所在。

我们期待借助不同文化本位和新老代际的研究者的多元研究视角，来呈现这一关注儒家思想的学术共同体，对其在不同历史阶段发展特点的审视及评论，从而反观中国人的哲学精神和宗教追求有别于西方的种种特点，经由文本上的旅行来实现横亘千古中西之间跨文化的对话，进而减弱自我认识的片面性，坦诚面对那个褒贬不一却始终具备丰沛生命力的儒家思想，及其在人类思想史进程中所蕴含的世界性意义。愿我们能以史为鉴，以更为广阔的胸怀迎接一个以文明交流超越文明隔阂、以文明互鉴超越文明冲突、以文明共存超越文明优越的伟大历史时代。

张西平　罗　莹

2019年7月

目　录

序　章

一

　　众所周知，16 世纪至 18 世纪，由耶稣会士传回的中国哲学思想对欧洲产生了巨大的影响[1]。耶稣会士入华传教之际，采用了温和的适应性传教策略——将基督教教义与当地的思想和宗教状况相结合。这一时期，秉持中国哲学有神论的神父们表现得十分活跃。中国哲学有神论主张在中国哲学中探寻与基督教的神·灵观念对应的存在，并发现其与基督教神学会通的适应性，以便推进在华传教。与此相对，中国哲学无神论则认为中国思想中不存在与"神"对应的神性概念，

①　参阅：Virgile Pinot, *La Chine et la formation de l'esprit phliosophique en France,* 1640-1740, Paris, 1932, Slatkine Reprints, Genève, 1971. Jacques Gernet, *Chine et christianisme: la première confrontation*, Gallimard, 1991. ジャック・ジェルネ『中国とキリスト教——最初の対決』（鎌田博夫訳，法政大学出版局，1996）；五来欣造『儒教の独逸政治思想に及ぼせる影響』（早稲田大学出版部，1927）；後藤末雄『中国思想のフランス西漸（1・2）』（平凡社，1969）；佐伯好郎『支那基督教の研究』（春秋社松柏館，四冊（東方文化学院研究報告），1943、1944）；福島仁『ヨーロッパ人による最初の理気論』（『中国社会と文化』四，1989）；堀池信夫『中国哲学とヨーロッパの哲学者上・下』（明治書院，1996、2002）；岡本さえ「「気」——中国思想の一争点」（『東洋文化』六七，1989）；张西平《中国与欧洲早期宗教和哲学交流史》（东方出版社，2001）；ボール・ドミエヴィル『哲学史から見た中国・ヨーロッパ初期交渉史』（福井文雅訳，福井文雅『ヨーロッパの東方学と般若心経研究の歴史』，五曜書房，2008）；张西平《欧洲早期汉学史：中西文化交流与西方汉学的兴起》（中华书局，2009）。

从根本上否定以往的中国思想，并将基督教视作全新的思想来开展传教活动。宣扬中国哲学有神论的神父们积极推进儒家典籍的翻译和研究，作为其在华传教的武器，而他们的著作也成为中国思想传入欧洲的重要渠道。这些关于中国思想的信息震撼了同时代的欧洲知识阶层，他们或赞成或否定，物议沸腾。很快，这些信息便引起了德国启蒙运动的先驱——克里斯蒂安·沃尔夫（Christian Wolff）的注意，并对他的哲学思想产生了深远的影响。本书旨在根据当时的文献资料，具体考察这一历史事件的真实情况，探讨中国思想对欧洲的影响，特别是中国思想在欧洲理性思想的形成中所起到的重要作用。

二

在讨论与本书有关的中国哲学有神论派传教士的著作之前，我们先简单回顾耶稣会在中国的传教活动和发展情况，这是在华传教士著书问题的前史。

沙勿略（Francisco Xavier）是耶稣会在东方传教，以及开展适应性传教政策的第一人。[①] 适应性政策为的是在华传教活动开展得更加顺利，旨在将基督教融入当地既存的宗教、哲学之中，使基督教适应当地的思想，从而不断发展壮大。

对西方文明而言，中国是一种异己的存在。中国有着悠久的传统根基，并在此基础上生发出自己的文化、思想及稳定的政治制度。对此，早在入华传教初期，耶稣会士们就已经认识到，一味灌输西方价值观的传教方式将会徒劳无功。因此，他们首先彻查了生成中国人世界观的古典文献，并努力习得其中的主要概念、逻辑关系。在此基础上，耶稣会士们意图找出中国哲学与基督教教义的可通融性，再向中国人阐述基督教的优越性，最后实现在华传教。

耶稣会士们调查研究中国古典文献的成果如下。

首先是罗明坚（Michele Ruggieri）所译之《大学》（1592），他是尝试翻译

---

① 参阅：ウィリアム·バンカート『イエズス会の歴史（1·2）』（上智大学中世思想研究所訳，原書房，2004）；河野純徳訳『聖フランシスコ·ザビエル全書簡（1·2）』，平凡社，1994。

四书的第一位传教士。[①] 在其译文中，罗明坚将《大学》的重要概念"明德"译作"Humanae institutionis ratio"，即"育人的方法"。在入华传教的最早期，中国哲学被认为是基于"ratio"（理性、原理、依据）产生的。罗明坚之后闻名于世的传教士当属利玛窦（Matteo Ricci）（1522—1610）。利玛窦认为儒家经典中存在与基督教的神灵相对应的概念，并主张中国哲学与基督教不矛盾的中国哲学有神论（Theism）。而利玛窦最重要的成果是其汉语教理书《天主实义》（1603）。[②] 在利玛窦看来，原则上能从基督教教义，乃至欧洲中心论出发，对中国的哲学和思想做出一定的评价，并认为中国哲学特别是儒家思想具有与古希腊罗马哲学——尤其是斯多葛主义——极其相似的哲学体系。[③] 而在欧洲，古希腊罗马哲学作为具有理性的异质思想，为基督教哲学奠定了基础。因此，将孔子作为祖师的中国哲学，具备接受基督教的有利条件。利玛窦将儒家思想导入自己的阵营，视

---

① 参阅：Knud Lundbaek, "The first Europian Translations of Chinese Histori-cal and Philosophical Works"（*China and Eroupe: Imageds and influences in Sixteen to Eighteenth Centuries*, Edited by Thomas H. C. Lee, Chinese U. press, 1991）。在该文中，龙伯格指出不是将"明德"译成"超自然之光"，也不能译成"启示之光"。但是，龙伯格将罗明坚所作"明德"的拉丁语译文"Humanae institutionis radio"，翻译成英语"the right way to teach human being"（教导人类生存的正确方法），反而弱化了"ratio"所含人类之本源能力——理性——的意义。罗明坚将"自然之光"译成"lumen naturale"，因而"明德"应是与理性"ratio"对应的用语。

② 参阅：後藤基巳訳『天主実義』（明德出版社，1971）；後藤基巳『明清思想とキリスト教』（研文出版社，1979）；柴田篤『天主実義』（平凡社，2004）；柴田篤『「天主実義」とその思想の影響に関する研究』（平成一五年度～平成一七年度科学研究費補助金基盤研究（C）(2) 研究成果報告書，2006）。

③ 后面列举的论文对《二十五言》和《交友论》被收进《天学初函》的经过做了详细讲解。利玛窦将罗马人埃皮克提图（斯多葛学派）的《纲要》汉译为《二十五言》，而《交友论》是模仿西塞罗《友情论》撰写的汉语著作。参阅：Jacques Gernet, *Chine et christianisme: la premiere confrontation* Gallimard, 1991. Christopher Spaltin, "Matteo Ricci's Use of Epictetus' Encheiridion", Gregorianum, 56, 1975；平川祐弘『マテオ・リッチ伝（全三巻）』（平凡社，1997）。关于斯多葛学派盛行于文艺复兴至 18 世纪初期一事参阅：エルンスト・カッシーラー『個と宇宙—ルネサンス精神史』（薗田坦訳，名古屋大学出版会，1991）；エルンスト・カッシーラー『デカルト、コルネーユ、スウェーデン女王クリスティナ』（朝倉剛・宇賀賢二訳，工作舍，2000）；チャールズ・B・シュミット、ブライアン・P・コーペンヘイヴァー『ルネサンス哲学』（榎本武文訳，平凡社，2003）；ミルチア・エリアーデ『ルネサンス哲学』（石井忠厚訳，未来社，1999）；エレーヌ・ヴェドリーヌ『ルネサンスの哲学』（二宮敬・白井泰隆訳，白水社，1972）；沢井繁男『魔術と錬金術』（筑摩書房，2000）。

其为敬重真神的有德思想。而且，利玛窦认为儒家思想有利于耶稣会士在华的传教活动，这一观点具有重要价值。究其原因，是由于对欧洲人来说，中国哲学本应是对立存在的他者，而利玛窦将其本质定为人本主义、尊重理性和德性，这恰与当时欧洲人的价值观重合。

利玛窦之后来华的耶稣会士们基本继承了他关于儒家的观点。然而，在利玛窦死后，因对其他教派批评中国哲学有神论反应敏感，加之为了保护基督教徒的纯洁性，继任的龙华民（Nicolo Longobardi）主张中国哲学无神论，认为必须否定利玛窦秉持的有神论观点。在《论中国宗教的几个问题》[1]（1676）中，龙华民以期待学问的正确性为名，在解释儒家经典时，提倡运用兴起于宋代的儒学新形态，宋学——元明以后被称为宋明理学，而利玛窦认为宋明理学是无神论学说，故而没有采用宋学的理论解释儒家经典。龙华民认为宋学对儒家经典的解释是无神论性质的，并以宋学作为理解中国思想的标准，从而演绎推论出儒家经典的内容都是无神论性质的。他强调作为宋学基本原理的"太极"或"理"，是与欧洲人所谓的被动物质和质料密不可分的。不仅如此，他认为宋学的理气二元论将自发的形成力和神妙的理智归结为与不具人格主体性和能动性的质料密切相关，是不合逻辑、自相矛盾的。龙华民的解释本身是在极力回避宋学所包含的无神论倾向。然而，对于敏锐的欧洲读者来说，龙华民的解释透露出一种信息，即从无人格性的质料中也可生成宇宙的秩序。

中国哲学是有神论还是无神论，都是相对的，在各种条件作用下会发生变化。在思考此类传教士内部的意见分歧时，可参考方济各会的利安当（Antonio de Santa Maria）所著汉语教理书《天儒印》（1664）。某种意义上，该书是站在基督教的立场，采用十分强硬，又天马行空的方式理解儒家经典，并将其与基督

---

① Nicolas Longobardi, *Traité sur quelques points de la religion des Chinois*（G. W. Leibniz, L. Dutens ed., Opera Omnia, Genève, 1769, Tom IV, pp. 89—144）. 另，福岛仁将该书由西班牙语译成日语，其成果有『〈中国人の宗教の諸問題〉訳注（上）』（『名古屋大学文学部研究論集』102，哲学34, 1998）；『〈中国人の宗教の諸問題〉訳注（中）』（『フェリス女学院大学紀要』24, 1989）；『〈中国人の宗教の諸問題〉訳注（下）』（『フェリス女学院大学紀要』25, 1990）。关于龙华民将对中国哲学的解释传播到欧洲的具体情况请参阅：福岛仁『ヨーロッパ人による最初の理気論』（『中国社会と文化』四, 1989）；堀池信夫『中国哲学とヨーロッパの哲学者下』（明治書院，2002）第五章第二節。

教教义相通融。① 方济各会的神学观点认为，所有神级别以下的精神存在都具有一定的精神质料。从这点上看，宋学的鬼神作为阴阳运动的结果，也属于可容许的范围，利安当的解释也因此得以成立。但是，利安当在讨论信仰的纯洁性时，却一反会通融合的立场，转而支持和维护纯粹正统的基督教教义。值得一提的是，受龙华民的中国哲学无神论的影响，利安当用法语撰写了《论中国传教事业的几个重要问题》（1668）一文。② 在该文中，利安当改判儒家思想具有无神论性质。不过，他对理和气的解释与龙华民不同，他没有贬低理气作为质料的作用，而是在某种程度上承认形成宇宙的"理"作为原理的主导性。即便如此，利安当从不认可"理"具有人格神性。因为在利安当看来，"理"缺乏神性的自由意志，尽管人们认为拥有基督教教义中的神性的存在者皆有自由意志。

从客观上看，利玛窦、龙华民、利安当三人的中国哲学观仅是评价上有所不同而已，这种评价是以儒家思想对基督教教义的亲疏关系为基准的。然而，这些信息传回欧洲后，却引起了轩然大波，深刻影响了新时局下欧洲人对异邦文化和思想的容受。莱布尼茨对中国哲学的解释便是其中一例。

在《论中国人的自然神学》（1716）中，莱布尼茨利用龙华民、利安当等人关于中国哲学无神论的观点，导引出与之完全相反的、儒家思想有神论的解释。不仅如此，针对宋学的"理""太极"等概念——这些概念曾被认为是导致无神论派阐释无神论的罪魁祸首——他甚至解读出与神的本质类似的内容，并予以积极正面的评价。更甚的是，莱布尼茨将中国哲学视作巩固其形而上学学说的具体证据和实例。③

在莱布尼茨看来，所有的存在者皆有其存在之理由，并在各自的立场上展现一定的表象，进而形成整个宇宙。因此，与其说中国哲学是莱布尼茨排斥的对象，倒不如说是他完成自己哲学理论时不可或缺的要素。需要特别提出的是，中国哲学除了作为一种要素存在外，对莱布尼茨的哲学观点亦具有启示作用。④

---

① 参阅：堀池信夫『中国哲学とヨーロッパの哲学者下』（明治書院，2002）第五章第二節。

② 参阅：崔维孝《明清之际西班牙方济会在华传教研究（1579—1732）》（中华书局，2006）；坂口ふみ『天使とボナヴェントゥラ』（岩波書店，2009）。

③ 参阅：堀池信夫『中国哲学とヨーロッパの哲学者下』（明治書院，2002）第七章第三節。

④ 参阅：堀池信夫「『理』と『気』とモナド」（『ライプニッツ著作集10』付録「発見術への栞6」，工作舍，1991）。

　　由于龙华民的中国哲学无神论的影响，在华传教活动曾一度式微。龙华民之后的耶稣会传教士决定，要复兴在华传教活动，不如接受利玛窦的中国哲学有神论，同时探寻中国哲学于传教的有利之处。其代表人物有柏应理（Philippe Couplet）、殷铎泽（Prospero Intorcetta）等人。为了能向欧洲充分阐明学问的正确性，他们与罗马保持一定距离，同时将路易十四作为后盾，编撰发行了自入华传教以来最专业的研究中国的书籍，即将在本书第一部分中讨论的《中国哲学家孔子》（1687）。① 因为得到了欧洲大国法国的支持，且使用拉丁语而非法语正式介绍中国哲学思想，所以该书席卷了整个欧洲。

　　《中国哲学家孔子》介绍了中国的历史、宗教和哲学等信息，受到大多数欧洲人的欢迎。该书秉持的立场是中国哲学有神论。然而，以理性为核心的国家却完全独立于《圣经》的描述而存在。这一信息致使人们对儒学的评价毁誉参半。② 既有人认为中国的哲人孔子要优于欧洲人，也有人提出儒学是不承认人性弱点的无良哲学。③ "礼仪之争"就是欧洲的这种混乱局面表面化的表现。多明我会和方济各会认为耶稣会的中国哲学有神论过于偏袒中国，他们批判中国人祭天祭祖的礼仪是异教行为，而罗马对此也予以追认，从而导致问题的扩大化。④ "礼仪之争"极大地关系着人们对基督教神学的理解，因而导致耶稣会的适应策略遭受重创。

　　与此相对，有人认为神的启示具有普遍性，即便在中国的历史中也应该能找到一鳞半爪，这就是索隐派的做法。于是，有人认为中国古代的圣人对应着《圣经》中的出场人物，也有人以为儒家经典，特别是《易经》的卦象中深藏着真神

---

① Prospero Intorcetta, Philippe Couplet et al, *Confucius Sinarum Philosophus*, Paris, 1687.

② 参阅：冈崎胜世『キリスト教的世界史から科学的世界史へ——ドイツ啓蒙主義歴史学研究』（勁草書房，2000）。

③ 参阅：堀池信夫『中国哲学とヨーロッパの哲学者下』（明治書院，2002）第六章第二節。

④ 参阅：『康熙帝典礼問題裁決報告』（ラテン語、漢文、満州語）（北京，1701）（天理図書館善本叢書，第 11 期，ヴァリアⅢ，1977）；今西春秋、八木よし子「康熙帝の典礼問題裁決上諭に関する略報告」について」（『ビブリア』第 23 号，天理図書館，1962）；矢沢利彦『中国とキリスト教——典礼問題』（近藤出版社，1972）；堀池信夫『中国哲学とヨーロッパの哲学者下』（明治書院，2002）第七章第一節。

泓邃的暗号。①

奋力做出上述解释的做法，其实是基督教内部自古以来就存在的一种倾向。但多数情况下都会因为缺乏实证性和客观性而最终难成气候。索隐派的特性亦是如此，所以耶稣会士也觉察到，要向欧洲介绍中国思想，就必须具备一定的客观性，以及内容自身能令人信服的合理性。本书的第二部分主要围绕卫方济（François Noël）展开论述。他试图从人的普遍理性，而非限于基督教价值观的角度介绍中国哲学，并著有《中华帝国六经》（1711）一书。②

在即将到来的理性时代，上述关于中国哲学的诸多信息引起了欧洲哲学家们的注意。在之后的第三部分——"儒学对欧洲启蒙运动的冲击"中，笔者将查证中国哲学影响德国启蒙运动领导人克里斯蒂安·沃尔夫的实际情况。

三

下面，笔者将简要阐述本书各部分实际讨论的内容。

第一部分是"柏应理《中国哲学家孔子》之中国哲学观"。柏应理是编撰《中国哲学家孔子》一书的实际负责人，在第一章"关于《中国哲学家孔子》'导言'的研究"中，笔者将探讨该书的"导言"部分，这也是柏应理正式介绍中国哲学的一篇论文。同时，笔者还将一探其中国哲学有神论思想的究竟。柏应理一方面秉持中国哲学有神论的观点，另一方面又积极响应当时在欧洲日益盛行的重视理性的思潮。由此，他发现中国哲学在本质上具有尊重理性的倾向，并对此大力宣扬。《易经》曾被认为是中国诸学问的源泉，而柏应理从中发现神性的概念，并且"证明"在中国也存在基督教十分重视的德目。据此，柏应理提出了中国哲学与基督教教义不矛盾的见解。

① 关于索隐法参阅：堀池信夫『中国哲学とヨーロッパの哲学者下』（明治書院，2002）第七章第一節、第二節；堀池信夫「中国文化西洋起源説と西洋文化中国起源説——フィギュアリストと清朝の学者たち」（『一八世紀における他者イメージ』，河合教育研究所，2006）。Horiike, Nobuo, "Thèse de l'Origine occidentale de la Civilisation chinoise et la Thèse de l'Origine chinoise de la Civilisation occidental: les Figuristes et Savants de la Chine des Qing", *L'Image de l'autre une d'Asie et d'Europe*, Honoré Champion Éditeur, 2007.

② Francisco Noël, *Sinensis Imperii Libri Classici Sex*, Pragae, 1711.

　　柏应理解释儒家经典，其依据是张居正的《直解》。在第二章"《中国哲学家孔子》对儒家经典的译释"中，笔者将考察柏应理如何选择和运用《直解》中的观点。换言之，柏应理在欧洲初次翻译四书（实际只有三书，即除《孟子》之外的《大学》《中庸》《论语》）之际，采用明万历大政治家张居正的注释作为翻译的标准，并据此认为中国古籍中确实存在与基督教至高者相当的存在。他强调儒家经典中的神性存在者的人格性、能动性，阐释基督教与儒家的亲和性。同时，他称赞孔子等古代圣贤通过自然之光（即理性）律己，带给天下以安定太平。此外，他认为自然之光在中国的传播是"福音的太阳光照大地的序曲和前提"，并对此不吝赞美之辞。曾几何时，古希腊哲学与基督教教义亦不相冲突，而且在某些场合还有助于基督教教义的理解，因而得到承认和运用。柏应理正是从这一点出发，主张中国哲学具有重要意义和价值。

四

　　第二部分是"卫方济《中华帝国六经》对儒家伦理的称扬"。与《中国哲学家孔子》一样，卫方济写作《中华帝国六经》时亦参照了张居正的注释。只不过，《中国哲学家孔子》的作者柏应理是为了论证中国哲学有神论而采用张居正的注释。而卫方济引用张居正，其目的是为有利于强调儒家经典内含的人的理性本性，及不断发展进步的、事物秩序的规律性。该书具有以下三个特点。

　　一、该书是四书的第一本欧语全译本。此外，该书还翻译了《孝经》《小学》，此二书在中国明清时期的大众教育中使用十分普遍。

　　二、该书译释了《中国哲学家孔子》中未翻译的《孟子》。尤其是《孟子》涉及了反对君权神授、绝对君权姿势等，可能在欧洲引起争议的诸多命题。但卫方济对此毫不忌惮，分别使用直译、意译，或者从注释中选择性地引证等各种方式，凸显《孟子》特有的论断。

　　三、该书没有直接明示神的存在，在译释儒家经典时基本继承了宋学理气论的解释。

　　在第二部分中，笔者把《中华帝国六经》中的五部典籍（《大学》《中庸》《论语》《孟子》《孝经》）的译文作为素材，用以实际验证卫方济采用上述翻译的倾向性。本书将用"《中华帝国六经》对儒家经典的译释Ⅰ·Ⅱ"两章论述以下几点。

一、在朱子学的确立上起到重要作用的《大学》三纲八条目，或朱熹的"格物补传"；

二、《中庸》中的天命、性、鬼神、诚；

三、《论语》中的天命和诸德目；

四、《孟子》中的性善和革命；

五、《孝经》中出现的宇宙论式的父子关系，国家与民族的类比关系。

总之，本部分主要考察宋至明（清）时期对上述古籍的解释，以及卫方济对这些解释的容受。

五

在德国的启蒙思想运动中，克里斯蒂安·沃尔夫为康德哲学奠定了基础。在第三部分"沃尔夫——儒学对欧洲启蒙运动的冲击"中，笔者将考察克里斯蒂安·沃尔夫对中国哲学的接受和消化，以及沃尔夫哲学思想的形成。1721年，沃尔夫在哈雷大学校长卸任时发表了纪念演讲。在第三部分中，笔者将以此篇《中国人实践哲学演讲》[①]为中心，论述这篇演讲稿、沃尔夫本人的注解，抑或作为注解资料的卫方济、柏应理的观点，以及宋明理学资料之间的联系。

中国拥有优越的统治模式，并有尊重人类理性的美德予以支撑，两者皆可溯源至孔子之前的古代圣王所创造的体制。同时，中国人很早就通过各种教育方法，将全国民众有效地教化成理性、有德之人。这些都是《中国人实践哲学演讲》讨论的主题。此时，每个人都可通过追求事物和事态的本质和原理，磨炼知性，深化见识，并由此加强自身的教养，完善自我人格。如此一来，中国人将变成自律的主体，实现自我形成。社会是由每个人的个性和能力组成的，人们通过在社会中全面发挥自身的作用，不断感化他人，进而构建理想的世界秩序。此外，沃尔夫以为，在人格陶冶上，理性处于精神作用的主导地位，指导人们的行动。与此类似，在国家层面，为政者处于统治地位，必须先于他人实现自我道德的完善。

---

① Christian Wolff, *Oratio de Sinarum philosophia practica*, übersetzt, eingeleitet und herausgegeben von Michael Albrecht, Hamburg: F. Meiner, 1985.

见诸此处的世界是启蒙主义的理想，抑或是沃尔夫哲学追求的事物的集合体。如此这般的中国哲学形象并非只是沃尔夫理想的投影。对沃尔夫来说，上述中国哲学形象的形成凿凿有据。柏应理、殷铎泽等耶稣会传教士对中国典籍的译释便是依据。

　　早在卫方济翻译《中华帝国六经》之前，沃尔夫就已经关注了他撰写的有关中国自然科学的著作——《在印度和中国所进行的数学及物理的观察》(1710)①。《中华帝国六经》(1711)刚刚公开出版不久，沃尔夫便将其作为自己理解中国的重要信息来源，对此书极为重视。另一方面，在1726年《中国人实践哲学演讲》出版阶段，沃尔夫大量引用柏应理著作中有关中国历史哲学的信息，以此补充卫方济学说的不足，同时将这些信息作为中国哲学与自己的哲学相契合的理论依据。通过卫方济和柏应理的翻译，沃尔夫在宋明理学中找到了自身哲学的发展方向，这也是因为沃尔夫发现的理念早就潜藏在儒学之中。

　　在使用柏应理和卫方济所译"人类本性"，乃至"理性"等词时，沃尔夫发现并强调说，这些概念是人类经过一定的过程获得幸福的原因所在。这一过程不以欧洲的先验启示或神性的依据作为前提，而是以全世界道德实践的无限提升为目的。换言之，沃尔夫试图利用中国哲学，论证理性自我约束的纯粹作用没有真神的"旨意"也可以存立。沃尔夫公开宣称，在使用"理性"这一"理"或"性"的译词后，独立的"理性"一经成立，便存在与以往的欧洲不同的可能性，而且欧洲需要这样的"理性"。与中国哲学相关的信息注定会影响理性时代的知识分子。

六

　　一旦概念被翻译，其译词就会引发人们的思考，这在哲学领域是很自然的。如此，对欧洲来说，中国的"理""性""德"等概念被翻译成 ratio（理性）、natura（自然、本性）、virtus（德）后，其译词满载着与以往截然不同的内容，即本为欧洲人所有的 ratio、natura、virtus，在翻译时导入了中国的"理""性""德"

---

① 　Francisco Noël, *Observationes Mathematicae et Physicae in India et China factae ab anno 1684 usque ad annum 1708*, Pragae, 1710. *Christian Wolff Gesammelte Werke*, 2. Abt., Lateinische schriften: Bd. 38.1—38.5, G. Olms, 2001.

概念。种种概念或其属性的内容和侧重点不同，或作为背景的思想构造不一致，又或在无意识下被同化。中国的概念输入欧洲之后，使欧洲获得了与以往不同的思维方式，并在有意无意间被编入欧洲思想之中。柏应理、卫方济和沃尔夫向欧洲传播中国哲学，恰恰揭示出这一现象的确发生过。

第一部　柏应理《中国哲学家孔子》 之中国哲学观

柏应理画像

（选自哲罗姆·韩德力编《耶稣会士柏应理》）

第一章　关于《中国哲学家孔子》"导言"的研究

序　言

《中国哲学家孔子》（1687）[1] 是 17 世纪后半叶欧洲关于中国哲学的研究著作，书中登载了四书（除《孟子》外）的拉丁语翻译合集。笔者将在第一部分对该书进行考察研究。《中国哲学家孔子》是以柏应理、殷铎泽为中心的耶稣会士研究中国哲学的成果，通过该书中国哲学第一次被大规模地介绍给欧洲的知识分子，对他们影响深远。

正如序章所述，在《中国哲学家孔子》之前，已有龙华民的《论中国宗教的几个问题》和利安当的《论中国传教事业的几个重要问题》问世。此二书对中国哲学已进行了相当深入的调查，只不过后者传世不广，而前者最初出版的是西班牙语译本（1670），而非拉丁语原著。此外，《论中国宗教的几个问题》法语译本的出版也要晚于《中国哲学家孔子》。因此，可以认为中国哲学思想渗入欧洲始自《中国哲学家孔子》一书。

法国学者毕诺曾在《中国对法国哲学思想形成的影响》（1932）一书中提及

---

[1]　Prospero Intorcetta, Philippe Couplet et al, *Confucius Sinarum Philosophus*, Paris, 1687.

《中国哲学家孔子》，并细致分析了儒学的合理化及欧洲对儒学的容受和抵触。另外，后藤末雄在其著作《中国思想西渐法兰西》（1933）介绍过《中国哲学家孔子》，讲述了该书在欧洲启蒙时期引起轩然大波的经过。最近，龙伯格（Knud Lundbaek）和孟德卫（David E. Mungello）关于《中国哲学家孔子》的研究尤其受到学界的关注，他们就该书的成书经过、相关人物间的人际关系，以及该书在欧洲的反响进行了考察。更重要的是，他们对柏应理等传教士在翻译儒家典籍时参照的张居正的注释也有所提及。[①] 孟德卫从上述历史角度出发，多方面分析了耶稣会传教士的译著，从而形成了东西思想交流史研究的重要环节。

　　站在世界哲学史的角度来看，在研究耶稣会传教士对中国典籍的译释时，龙伯格和孟德卫已觉察到张居正的注释正是东西交流中缺失的一环。然而，他们竟未对张居正的注释展开深入考察。在比较传教士的译文和原典时，一般都仅是直接将译文与原典作比较，偶有研究论及译文与朱熹注释间的关系，却极少有研究分析译文与关键的张居正注释间的关联。笔者以为，张居正的注释在世界哲学史上具有重要的意义，通过与张居正的注释——以及朱熹至张居正为止的宋明理学发展的历史背景——建立联系，并以此理解传教士的译文，是考察儒学对欧洲的影响上至关重要的条件。

　　基于上述理由，笔者将在第一部分围绕《中国哲学家孔子》，就古代典籍与其注释和翻译的关系展开研究，细致探讨当时的实际情况。

1　背景

　　1540 年，正值马丁·路德发起的宗教改革席卷欧洲之时，与之对立的天主教为寻找在世界范围内发展的突破口而成立了耶稣会。耶稣会传教士的传教方式极具战斗性，一方面为了快速改变当地人的宗教信仰而采取强硬态度，另一方面又系统研究传教地的语言，甚至风俗习惯用于传教。与此同时，他们通过书简和

[①]　Knud Lundbaek, "Chief Grand Secretary Chang Chü-cheng and the Early China Jesuits", *China Mission Studies (1550—1800), Bulletin* Ⅲ , 1981, pp.2—11; David E.Mungello, "The Jesuit's Use of Chang Chang Chü-cheng's Commentary in Their Translation of the Confucian Four Books (1687)", *China Mission Studies (1550—1800) Bulletin III, 1981*, pp.12—22.

论文的形式将所研究的内容传回欧洲。①

　　不言而喻，当时的中国已是拥有高度文明的国家，被派遣至中国的传教士们为探索中国各方面的情况而尽心尽力。这些传教士中最为著名的人物当数利玛窦。利玛窦精通汉语，与当时的士大夫们交往颇深。凭借对中国文化知识的深厚积累，利玛窦在中国传教时采用适应性策略。翻译四书是利玛窦所做研究的重要一环，由此他成为欧洲历史上翻译四书的第一人。然而，时至今日他的译本早已遗失，后人不能一睹其真容，更无法具体明确其对欧洲的影响。

　　利玛窦以降，中国古代典籍曾几度被翻译和介绍到欧洲。但是，直到《中国哲学家孔子》出版为止，对四书的介绍才算有了系统性。法国国王路易十四对中国哲学极为关注，应他的要求，柏应理出版发行了《中国哲学家孔子》。

2　关于柏应理和殷铎泽

　　柏应理和殷铎泽是编撰《中国哲学家孔子》的主要负责人。接下来，笔者将就他们二人的履历做一简单介绍。

（1）柏应理（Philippe Couplet）

　　柏应理1623年5月31日出生于比利时的马利纳（Malines，今安特卫普），他自小在当地的耶稣会学校求学。1641年，17岁的柏应理成为耶稣会的见习修士，其后的1642—1644年在比利时鲁汶大学学习哲学和神学。1654年，传教士卫匡国（Martino Martini，1614—1661）从中国回到欧洲，他所著的《中国上古史》（1658）是欧洲最早的中国历史著作，并向欧洲介绍了《易经》。受其影响，柏应理决定前往中国。1656年3月30日他随传教士卜弥格（Michel Boym，1612—1659）在里斯本登船，历时三年，于1659年平安抵达澳门。时年，柏应理35岁。

　　为了理解中国文化，柏应理到达中国之后开始学习汉语，并改用中文名柏应理。柏应理奉行利玛窦的适应政策，尊重中国的文化及风俗习惯，着中国服装，与文人学士交友。在学习汉语之外，他潜心研究中国的历史、哲学和宗教，积极

---

① 如沙勿略的书简集、李明（Louis Le Comte）的《中国现状新志》等。参阅：堀池信夫『中国哲学とヨーロッパの哲学者　下』（明治書院，2002）第七章第二節。

促进天主教教理与儒家思想的融合，并借此宣传天主教。1675 年，他在北京刊行了汉语著作《四末真论》。

自 1659 年始，柏应理在中国传教二十余载。其间，他先后在江西、福建、湖北、湖南、浙江及江南省等地传教，积极结交士大夫等中国高级官员和名人名士，通过他们扩大天主教在华的影响。迄至 1681 年，中国的天主教教徒数量凡 20 万人，所建教堂数量更多达 184 座。

1681 年，柏应理决定返回罗马报告其在华传教的成果，翌年（1682），柏应理返回欧洲后，赴罗马朝见教皇英诺森十一世，献上与在华传教有关的四百余卷汉文文献，这批文献遂入藏梵蒂冈图书馆，成为该馆早期汉籍藏本。

1684 年 9 月，柏应理赴凡尔赛宫晋见法国国王路易十四，向他陈述派遣传教士去中国的必要性，坚定了法国政府向中国派遣传教士的决心。结果法国于 1685 年派出白晋（Joachim Bouvet）、张诚（Gerbillon Jean François）、李明（Louis Le Comte）等一批传教士来华，后来他们对中国传统文化的西传起到重要作用。

此次柏应理回欧，有一名为沈福宗的中国教徒随行，他的衣着打扮、言谈举止无不让路易十四等西人称奇，极大地激发了他们对中国的好奇心。

1682 年至 1692 年，柏应理在欧期间先后发表多种拉丁语著作，向欧洲介绍中国，增进了西方对中国的了解。柏氏不仅著书立说，传播和介绍中国文化，而且教授汉语，并将有关资料、知识介绍和传授给一些有志于研究中国问题的专家学者，为他们的研究提供帮助。

1692 年柏应理从欧洲启程重返中国，途经印度果阿附近，遇风浪，船体颠簸，被船上所载货物击中头部，不幸身亡。[①]

（2）殷铎泽（Prospero Intorcetta）

殷铎泽 1625 年生于西西里岛，1659 年来华。殷氏首先在江西传教，1660 年在江西建昌修建教堂，两年间共使 2000 余名中国人受洗成为基督徒，并管辖着 7 个教徒集中的地区。然而，这一时期建昌知府和巡抚（地方官）仇视基督教，肆意进行破坏教堂等的活动。这次宗教迫害在两个月后扩散至全国，殷铎泽也惨

---

① 后记论文集对柏应理的诸多相关信息有详细论述。Jerome Heyndrickx (ed.) , *Philippe Couplet, S.J. (1623—1693) : The Man who brought China to Europe*, Steyler Verlag, 1990.

遭逮捕，被押送至北京，1670年又被移送至广州。之后，有人自愿代替殷铎泽服刑，并劝说他返回罗马汇报这次宗教迫害的情况。

殷铎泽于1671年抵达罗马，报告教难，并要求增加传教士入华。1674年殷铎泽重返中国。此时，迫害活动早已平息，所以他又被派至杭州。两年后，殷铎泽被任命为中国和日本的耶稣会的会务视察员。1696年殷氏殁于杭州，享年71岁。[①]

3　《中国哲学家孔子》的刊行情况

正如前文中所介绍的，《中国哲学家孔子》一书最终由柏应理完成出版发行。此前的1660年，已有葡萄牙人传教士郎安德（André Ferran）将《大学》《论语》翻译成拉丁语，后由郭纳爵（P.Ignacio da Costa）进行校订，殷铎泽增补孔子传记之后，于1662年在江西建昌用木版刻印刊行，命名为《中国之智慧》（*Sapentia Sinica*）。后来，柏应理认为这样的著作十分有益，遂与多名传教士对其进行改订。在新增《中庸》的拉丁语翻译后，于1667年、1669年分别刻印刊行于广州和印度果阿两地，书名为《中国政治伦理哲学》（*Sinarum Scientia Politico-moralis*）。1687年，在路易十四的应允下，柏应理大幅增补了关于中国哲学、历史和宗教的内容，并以《中国哲学家孔子》为书名，刊行于巴黎。[②]

4　《中国哲学家孔子》的内容构成

首先，笔者将概述《中国哲学家孔子》一书的内容。为方便说明，笔者在括号内注明了章节。

〔第一章〕呈给法国国王路易十四的献辞

---

① 参阅：Louis Pfister, *Notices biographiques et bibliographiques sur les jésui-tes de l'ancienne mission de Chine 1552—1773*, Imprimerie de la Mission catholique, Chang-hai, 1932—1934.（法）费赖之著，冯承钧译《在华耶稣会士列传及书目上》（中华书局，1995）。

② Virgile Pinot, *La Chine et la formation de l'esprit philosophique en France*, 1640—1740, Paris, 1932, Slatkine Reprints, Geneve, 1971. David E. Mungello, *Curious Land*, The University of Hawaii Press, Honolulu, 1985. David E. Mungello, "The Seventeenth-century Jesuit Translation-project of the Confucian Four Book", *East Meets West: The Jesuits in China, 1582—1773*, Ed. By Charles E. Ronan, S. J. Loyola University Press, Chicago, 1988.

〔第二章〕著述的缘由和目的，中国的书籍、解释、诸学派，人们称之为自然哲学的起源和目的

（一　导言　第一部）

第一节　古典文献和权威的第一性

第二节　关于古典文献的注释家

第三节　略述哲学家李老君（老子）及其被中国人称为道士的弟子们

第四节　略述佛教和佛教徒们

第五节　关于文人学士或曰哲学家们各自独立的学派。古人确立这些学派的
　　　　基础和原理、近代的注释家所确立之事

第六节　近代的注释家从何种源泉汲取新哲学

〔图一〕事物的两个原理

〔图二〕六十四卦图、名为《易经》的文献或曰变化之书

第七节　前述六十四卦图中的一个例子

第八节　对第十五卦——"谦"卦的解释

（二　导言　第二部）

第一节　古代和近代中国人认为，事物的原理是动因，是质料性的存在

第二节　学说和学派、文献和注释如此繁多且混乱，曾使神的宣告者（尤其
　　　　是利玛窦）感到何等困惑、烦恼

第三节　利玛窦对在华传播福音真理之方法的考虑，及他对古人的记录和纪
　　　　年的解读、研究

第四节　从中国人的权威文献可知，他们与其他民族毫无交流

第五节　真神的概念和礼仪印证了中国人是东方在大洪水过后的幸存者

第六节　真神的概念在中国人之中已存在了数百年

第七节　多方论证均可确证中国存在真神的概念

第八节　古代中国人以何名称呼真神。考察该名称的语源和特征

第九节　因为改革派低劣粗糙的解释，致使早期上帝——XAM TI 之名的意
　　　　思无法消除

第十节　从异邦使徒和早期教会的神父们的事例及其他理由可得出一结论，
　　　　即古代中国人因上帝之名而归附于上帝

第十一节　可知具有决定性作用的绝非近代注释家的权威性，而是尽可能原始的文本的权威性

第十二节　利玛窦神父出版了关于神之法则的书籍。利玛窦神父的成就和成果

（三　结论）

〔第三章〕中国哲学家之王——孔子——的生平

〔第四章〕《大学》的译文

〔第五章〕《中庸》的译文

〔第六章〕《论语》的译文

〔第七章〕中华帝国年表

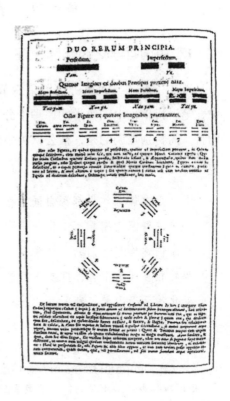

图1.1　《中国哲学家孔子》的孔子铜版画像及书中关于《易经》原理的解说（筑波大学藏）

该书的第一章"呈给法国国王路易十四的献辞"、第二章"著述的缘由和目的，中国的书籍、解释、诸学派，人们称之为自然哲学的起源和目的、第七章"中华帝国年表"三部分由柏应理撰写。

前述章节中，柏应理在第二章概括性地阐述了中国哲学。本节将重点讨论第二章"著述的缘由和目的，中国的书籍、解释、诸学派，人们称之为自然哲学的起源和目的"，即"导言"部分。尤其将以"导言"第一部第五节"关于文人学士或曰哲学家们各自独立的学派。古人确立这些学派的基础和原理、近代的注释家所确立之事"，以及第六节"近代的注释家从何种源泉汲取新哲学"为中心展开论述。①

第一节　真神与理性之光

1　中国哲学之源起和原理

首先，在"导言第一部"第六节"近代的注释家从何种源泉汲取新哲学"中，笔者指出，中国哲学的原理十分古老，甚至可以追溯到中国最古老的圣王。而且，需特别强调的是，被公认为中国人始祖的伏羲（包牺）——《易经》的创始人——所崇拜的对象是"真神"，与基督教的神相对应。

> 所有儒家学说都源自同一根源，即《易经》（Ye Kim），也称"变化之书"。……注释家（宋学家）们正是由此书开创出自己的观点。尤其基于此书，注释家们建构起他们的一切学说。创始人（伏羲，Fo hi）所以依据之物，必是事物相互间的组合，抑或分离与争斗。除此之外，（伏羲）还将影响、秩序、变化等示于人前。藉此，〔伏羲〕将尚处幼年的中国缓缓导引向他的原理的终极目标的概念、知性灵的概念。（《中国哲学家孔子》"导言"第一部

---

① 後藤末雄『中国思想のフランス西漸1・2』（平凡社，1969）。该书（1933 年初版）第二篇「二 孔子教の訳書とその価值」（二　孔教译书及其价值）是日本最早介绍《中国哲学家孔子》的文章。因此，后藤将无名氏的《中国哲学家孔子》法语抄译本（1688）、普吕凯（François-André-Adrien Pluquet）的《中华帝国六经》（卫方济著）法译本（1784）以及《北京耶稣会会士纪要》所收《大学》《中庸》的开篇部分（1776）翻译成日语，并对三者的内容做了比较分析。这项工作在世界范围内具有开创性意义。

第六节）

柏应理以为，儒学学说根源于"易"之哲学。事物的生成与变化、组合与分离均被认为是这一哲学理论上的根据。换言之，深入研究自然科学般的秩序和规律是"易"之哲学的根本。不仅如此，柏应理认为"易"的创始人是民族始祖伏羲。观点源自于《易经·系辞下传》。

> 古者包牺氏之王天下也，仰则观象于天，俯则观法于地，观鸟兽之文与地之宜，近取诸身，远取诸物，于是始作八卦，以通神明之德，以类万物之情。（《易经·系辞下传》）

据此可知，伏羲是一位圣人，他通过阐明事物的秩序和规律，最后得以通达，形成作为其根源的"神明之德"。于是，柏应理试图从这点出发说明中国人的始祖是"认识了神性"的。再者，他认为"包牺"一词具有献祭供奉品的意思，所以该词也表示向神进行祭祀仪式的意思。并由此判断，既然会献祭供奉品，就必定存在神明。

> （伏羲引导原始中国走向知性灵的概念……）人们曾向这一知性灵供奉牺牲和祭品。基于此种理由，伏羲别名包牺（Pao hi）。然而，包牺实为包裹牺牲的意思。从这一点也可证明，该民族自产生之初便已有祭祀真神（verus Deus）的活动。（《中国哲学家孔子》"导言"第一部第六节）

如此，柏应理从伏羲传说出发，认为中华民族自古以来就存在供奉真神的习惯。

下面将讨论的是"导言"第一部第五节——"关于文人学士或曰哲学家们各自独立的学派。古人确立这些学派的基础和原理、近代的注释家所确立之事"。

> 中国古代〔的人们〕（Prisca Sinarum aetas），……常感动于天地间叹为观止的秩序和始终如一性（coeli terraeque ordo et constantia），极欲效仿之。这一代人从中……寻得了适合国家统治的简单的统治方法。……为得到这一方法，他们先是全身心投入宗教，之后又专心致力于政治的统治方法。他们所称呼的上帝（Xam ti）——至高的天之主宰者（Supremus coeli

Imperator），是一种灵，是崇高的月下（地上）事物的保护者，中国古代的人们将其视作一种习惯，对其敬重有加。这一本质的秘密极为崇高尊贵，且不可被人们的凡眼所窥见，不可明确捕捉，不可明言表达。（《中国哲学家孔子》"导言"第一部第五节）

柏应理在此阐述道，古代中国人在关注政治统治之前，就已在崇拜具有神性的，或先验的事物。柏氏提取的"上帝"这一概念，确为古代中国人所信仰的对象，确为一种神性的存在。譬如《中庸》中就有明确记载，"郊社之礼，所以事上帝也"。

另外，"这一本质的秘密极为崇高尊贵，且不可被人们的凡眼所窥见，不可明确捕捉，不可明言表达"一文，阐述了中国古代的"天"这一概念超越一般认知。至高的天的统治者超越认知————这样一种表达方式令人想起《老子》的"无象之象"。搜寻中国方面的典据可知，柏应理的认识基本是儒家式的，前面的引文亦与同属《中庸》中的"上天之载，无声无臭，至矣"相呼应。

根据这些典据，柏应理认为古代中国人探求事物的终极规律，确实信仰终极规律的源泉——至高无上的神。

2　对宋学的评价

柏应理在书中还谈及宋学。他评价道，老子、杨朱、墨子，以及从印度传入的偶像崇拜（佛教）致使中国思想陷入极为混乱的时期，而此时宋学出现了，这有助于复兴中国思想。并且，柏应理对宋学的意义做了如下评价。

宋朝比之前任何一代王朝都更热衷于治学，更有志于学问。因此，无论在才能上，还是在权威性上，均涌现出杰出的注释家。他们不仅解释五经和历史，还亲自解说孔子和孟子。（《中国哲学家孔子》"导言"第一部第五节）

柏应理在对宋学做出上述历史定位之后，对其具体内容也有所涉及。他以周茂叔（濂溪）和程氏兄弟为例展开论述。

他们之中的主要人物是周子（茂叔，Chen çu）和程子（Chim çu）（两兄弟）。……在将他们与早于他们一千五百年的学者比较之后，我们可以确信他们是新学派。在这一千五百年间，历经的十五个王朝都热衷于国家战争、烦恼、阴谋、亲族相杀……为使自己正当化而不择手段，却摆脱不了立国后又遭灭国的命运。……在如此黑暗和混乱的时局下，会有多少人问津文艺和学术？……不必奇怪彼时的著述家寥寥无几，……不必惊讶朱熹等人曾毫不犹豫地宣称，在他们千年以前，或者更加遥远的时代，不存在真正的学者。对于这一新学派及注释家们，……宋朝的几位皇帝都曾明言，"孔子、曾子、子思及孟子殁后，尚未有人如宋朝这几位注释家一样，明确解释出古代书籍的意思，复兴古人被埋没数个世纪的学说"。（《中国哲学家孔子》"导言"第一部第五节）

该部分的论述与中国方面的资料基本一致。

　　周公没，圣人之道不行；孟轲（孟子）死，圣人之学不传。道不行，百世无善治；学不传，千载无真儒。……先生生于千四百年之后，得不传之学于遗经，以兴起斯文为己任……（《宋史·道学一·程颢传》）

　　由孔子而后，曾子、子思继其微，至孟子而始著。由孟子而后，周、程、张子继其绝，至（朱）熹而始著。（《宋史·道学三·朱熹传》）

柏应理认为宋学继承了中国哲学的正统，传播了中国哲学的本质。

然而，柏应理并未因此而全盘接受宋学。譬如，继承宋学的明代文人学士以强硬的自然学说观点否定人格神，柏应理对此持批判态度。总之，柏应理不认可明代已显现出的自然学说的合理化倾向。因为他不愿承认中国哲学是无神论。于是，柏氏为宋学祭出如下良方。

　　我认为应该更加谨慎。这一新学派的成员……只要他们不支持物质的、消极的事物，就不应断定他们持无神论。因为他们从古典文献中发现有关某种至高精神和神意（summa mens ac providentia）的内容时，都将其归因于太极（Tai kie）和理（Li）。关于这些，他们主张一切皆只用名称即可相互区分，不将原因（causa）分为质料因、形式因、动力因、观念上的原因和工具的原因。因此，他们才会将天与上帝、至高者与统治者比较推定为理与太极，抑或天地的自然流转和力（influxus et virtus naturalis）。（《中国哲

学家孔子》"导言"第二部第一节）

这样，柏应理认为宋学关心各种运动和秩序产生的原因，不否定支撑这些原因的（神）。他以为中国人不同于野蛮人和疯子，且不但对中国人抱有希望，而且希望中国哲学观念在欧洲生根发芽。

尽管如此，另一方面柏应理也并非完全忌避宋学的合理主义。对待与具有神性的存在相关的事情上，柏氏或是批判宋学，或是闪烁其词。但是，在对待关于人的理性本性之崇高性的看法上，柏氏随时随地都在宣传宋学，乃至宋明理学的观点。这一点将在之后的考察中更加明确。

3 中国人的神明观

不言而喻，对柏应理来说基督教的"神"才是最重要的。因此，柏应理在讨论中国的"神"时，也是以他自有的"神"的概念为前提的。于是，柏氏根据这一想法，将探索神在中国的存在形态作为自己的课题。为此，柏应理在直接论及神的概念时，或追溯至古典文本，或追索能与他的神的概念对应的注释中的记述。柏应理认为，既然宋学做的注释本就以古典文本为依据，那么古代典籍显然要更重要。如果宋学中没有明确说明"神"的内容，就应直截了当地回归载有相关记述的古代典籍。另外，柏氏认为在宋学做的注释中应该存在"神"。

请看下面这段文字。

> 也许你会这么问，"在那些极为古老，又最具权威性的（中国）文献中，难道不是常将理智、意志、天命、法、主宰、正义、慈爱等意义的词语，用于'天'（Tien），即 coelum，以及'上帝'（Xam Ti）和'至高主宰者'（Supremus Imperator）吗？"确实如此。Tien 即为"天"，这恐怕是最古老的名称和词汇，且与"上帝"应属同一时代。对此，笔者颇为赞同。……不论何时都能得出这样的结论，（中国人）的确以"上帝"和"天"的名义，认识和描述过真神（Verus Deus）。实际上，从事物的本质来看，没有人会否定比天更美丽，更崇高的事物。特别是危难之际，上帝会把所有必将死去之（人）的眼和心导引至自己身边。这样的话，即使人们把"天"之名冠于天之主宰者，也不会有人感到意外。……这类事情在其他民族中也都存在——在《圣经》中我

们也将"天"之名冠于救世主基督。如果想理解得更深入，则可参照《礼记》《尚书》《易经》等上古的古典书籍。……无论是过去还是现在，包括孔子在内的所有中国人都称上天是理智的，既恩泽浩荡又慈悲为怀，并称之为父母、为主。还阐述说正确的理性之光自天上注入人间〔lumen rectae rationis ab illo（coelum）mortalibus infundi〕。[①]上天奖励诚实之人，降罪于不诚实之人。[②]上天指派智者和国师降临，且在最后赐予君主以王冠和帝国，而且王冠和帝国可传于他人。（《中国哲学家孔子》"导言"第二部第八节）

可见，柏应理断定与"上帝"等同的"天"是可以替代"真神"和"天之主宰者"的概念。如此一来柏应理认为中国正统的哲学与基督教同根同源。柏氏认为，在"至高的天之主宰"——即"上帝"或"天"之名下，古代中国人确实认识到了真神的存在。而且，如"理性之光自天上注入人间"所示，他把真神理解为人类理性之根源。从这一观点可知，柏应理受到了支持赫尔墨斯主义——主张人类理性与神相关联——的神父们的影响。[③]

此外，柏应理强调作为至高主宰者的"上帝"这一名称是极为古老的。

> 上文中，我讲述了上帝是古代中国人用于表示真神的名称。该名称之古老可上溯至文字初创之时。中国文字始由民族始祖伏羲创造，而在第三代君王黄帝之时，仓颉按照一定规则对文字进行明确说明——汉字的创造。……黄帝始为上帝建造宫殿或寺庙。此事恰发生在亚伯拉罕诞生前 600 年左右。如果年代记载和《圣经》七十士译本中的计算正确可信的话，则可确定（上帝这一名称的）记载要远早于拉丁语 Deus 的希腊语译名 θεός。（《中国哲学家孔子》"导言"第二部第七节）

---

① 该文直接源自第一部第二章第三节所载《中庸》开篇句"天命之谓性"。

② 该词应该出自"天道福善而祸淫"（《书经·汤诰》）。

③ 参阅：D.P ウォーカー『古代神学——十五—十八世紀のキリスト教プラトン主義研究』（榎本武文訳，平凡社，1994）。该书"第六章 十七世纪法国古代神学的存续以及中国法国耶稣会传教士"中，Daniel Pickering Walker 介绍了柏应理的观点。即《中国哲学家孔子》"导言"第一部第一节"古典文献和权威的第一性"中的"恩宠之法"非但没有取代"自然之法"，反而使之臻于完美。因此，既然圣典作家和（拉克坦提乌斯）等神学者们乐于援引古人典籍中的自然之光，则他们也应引用过（赫尔墨斯）特利斯墨吉斯忒斯"单子（Monas）生成单子"的言论。这种认为恩宠有助于完善自然之光的观点与本书第三部中的克里斯蒂安·沃尔夫的观点具有共同之处。

而且，柏应理从古代典籍出发展开思考，进而阐述凭借"天"这一名称就能充分代表天之主人或主宰者的观点。

> 再者，从这些（古代典籍）中我们必能明确，古代的人们认识并崇拜山岳和河川之灵，以及城市之主等。这些灵或在某文献中被称为山川之灵，或者在其他文献中被称为山与河川、（民间信仰中的）守护城市之灵、城隍（chim hoan）、城墙和护城河等。因此，如果（中国人）通过他们的所在之处表现下级事物的主和灵的话，则谁可断言他们不用天这一名称来理解天之主或主宰者吗？（《中国哲学家孔子》"导言"第二部第八节）

柏应理将中国古典中的"天"或"上帝"比较推定为基督教的"神"。从历史论来看，柏氏的这一立场延续了利玛窦的中国古代哲学有神论观点。在柏应理看来，论证中国哲学的有神论性质极为重要。但是，对我们来说更重要的是他理解中国古典的"神"是人类理性的终极根源。并且可以认为，柏应理意欲根据神的普遍性来阐明中国人的理性也同样具有普遍性。

第二节　张居正——柏应理理解中国典籍的标识

1　柏应理对张居正的评价

在《中国哲学家孔子》的后半部，柏应理用拉丁文翻译了除《孟子》之外的四书（《中国之智慧》）。在此之前，柏氏在其"导言"的"结论"部分强调，说他们自己对古典的注释非肆意捏造，而是有理有据。即指柏应理等人注释中国哲学的依据源自明代首屈一指的政治家张居正，同时也表明他们翻译时的思想依据源自何处。

首先请看柏应理对张居正的介绍。

> 张居正（Cham kiu chim）是湖广省（Hu quam）荆州府（Kim cheu）江陵（Kim lim）人，他对孔子的注释，

图1.2　张居正像

即与《中国之智慧》中的注释密切相关。在注释语言的详细程度、丰富程度，或文体的明晰度上，（张居正之外的）所有注释者均稍逊一筹。因此，明代第十位皇帝万历帝对张居正尤为器重，并尊其为太师、太傅，甚至明帝国的首辅（primus Minister）。不仅如此，在（张居正）病重卧床之时，万历帝亲自为他准备汤药，甚至喂他服用，宛如学生侍奉老师一般。张居正病逝后，万历帝对其赞赏有加，赐谥"文忠"（ven chum），即学富五车，忠心耿耿之意。此外，皇宫还派遣重要官员前往他病逝之所，将其遗骸送回湖广祖坟安葬，送葬队伍浩浩荡荡。然而，在其死后第二年（此时仍处第十代皇帝万历帝治下），（张居正因反对者）嫉恨而招致谗害。于是，万历帝下诏削尽其官秩，取消其封号，剥夺其谥号，抄没其财产充缴国库。并且，翰林院在审查之后，决定销毁张居正的著作及其注释书籍。但万历帝此时却制止了翰林院的行为，并说到："书物无罪，且能为人所用。将无害之书物悉数焚毁又能如何？"。（《中国哲学家孔子》"导言"结论）

正如之后的"张居正的生平事迹"中所示，柏应理关于张居正生平的介绍十分准确。在《中国哲学家孔子》中，张居正是孔子之外第二个让柏应理对个人着墨如此之多的人物。由此也可看出，传教士们对他的信赖非同一般。而且，《中国哲学家孔子》"导言"随后也对采用张居正注释的理由做了说明。"为何我们从众多注释家中遴选出张居正作为主要的注释家？究其原因，是因为（人们）频繁使用他的所有注释，推崇者们亦交口赞誉之。而且，因为我们认为（他是）近代人中最接近现代的人物，且他不承认其他如奇美拉（chimera）〔由众多动物组成的怪物〕式的新注释。基于这些理由，我们才主要依据他〔的意见〕"（《中国哲学家孔子》"导言"结论）。由此可见，柏应理认为张居正反对宋学极端侧面，因而遵循他的注释。除此之外，柏氏还谈到一个原因，即传教士们在清康熙朝来华传教之时，张居正的《四书直解》流传甚广，受到人们的推崇。

如上所述，柏应理高度评价张居正，并以他的注释为依据。其理由有二：一是张居正的注释强调了具有神性的存在者的能动性和精神性，二是其注释褒扬了人的终极判断力——"理性"及基于理性的道德实践。

本书已多次讲述柏应理对张居正的注解是何等信赖。接下来，笔者想出示《中国哲学家孔子》中的四书译文之一——《论语》的最后部分。

> 我们在翻译时又压缩了《中国之智慧》的许多内容。虽然随处都能见到大篇幅的解说，但读者理应知道，我们主要遵循的张居正注释绝非完全值得参考。不过，正如其他地方所示，我们正坚实地踏着他的足迹。所以，基于学术上和明晰度方面的原因，除我们从该民族其他权威人士处引用登载的内容之外，其余皆是我们的注释家（张居正）的成果。也就是说，所有注释均出自阁老（张居正）一人之手，一切都是他的见解。即使放在欧洲的语言或文脉中，甚或是某一时代的欧洲哲学家的见解或格言中，恐怕也无人会怀疑这些见解是出自欧洲人之手吧。（《中国哲学家孔子》"第六章《论语》的译文"）

在柏应理等人看来，能说明张居正具有欧洲式的思维是一种莫大的称赞。而给张居正打上与欧洲哲学家为伍的印记，则表明他们在所有方面都以张居正的注释为依据。

2 张居正的生平事迹

张居正（1525—1582），字叔大，号太岳，谥"文忠"，江陵人。嘉靖二十六年（1547）中进士，授翰林院庶吉士，自此青云直上。其间，张居正得到内阁首辅徐阶等人的知遇之恩。隆庆元年（1567），张居正右迁礼部右侍郎兼翰林院学士，后又擢为吏部左侍郎兼东阁大学士，进入宰辅之列。此后，张居正历任各级官职，至万历元年（1573）神宗（万历帝）即位，他联合宦官冯保扳倒首辅高拱，取而代之出任内阁首辅（1573—1582），执掌政治大权。万历元年六月，张居正上疏实行"考成法"（即官吏政绩的考核方法），整饬官僚机构，任用支持改革的人才。另外，他还强化内阁职权，抑制宦官势力，整顿学政，禁止"讲学"——各地开展的非公认的教育活动。尤其为了抑制组织徒党批判政府的风潮，张居正严禁私自设立"书院"，意在加强中央集权。

张居正居宰相位十年，海内外皆称杨其治国有道，明王朝政治十分安定。万历帝称居正为元辅张少师先生，并待以师礼。然而，由于张居正处理政务独断专行，以致当时的人们对他的毁誉褒贬之辞颇多。特别是在其父张文明殁后，神宗以"为社稷苍生而夺情"为由，欲将张居正留任，不准他服丧守制，此即谓"夺情风波"。然此事有违儒学家本分，他也因此遭受众多非议。

万历十年（1582），张居正在毁誉褒贬之间病逝于北京。皇帝命太仆卿将居正遗骸送还江陵。然而，张居正死后，人们对他的褒贬之辞仍不绝于耳。此后张诚进谗，致使张居正被抄没家产。

那么，张居正的学术观又是如何？以往的张居正研究主要从政治层面展开，却未必明确了其学术观的实质。例如，中纯夫就阐述道："即便通读《张文忠公全集》也很难找到有关张居正思想立场的资料。……仅依据留存下来的资料，我们无法描绘出张居正的'思想家'形象。张居正果然自始至终都是一个政治人物"。并由此将张居正评价为纯粹的政治家，而非学者和思想家。[①]五十岚正一认为，尽管张居正在明朝教育史上的历史地位不容置否，但与他的政治功绩相比却要略逊一筹。[②]另一方面，沟口雄三[③]和小野和子[④]试图通过比较张居正与稍晚的思想家集团东林党，来确立张居正的政治思想史地位。此外，堀丰指出，张居正有一种"悟道"的经验，这是他应对包括政治在内的一切事务的依据。[⑤]

事实上，张居正没有留下任何系统论述自己思想的著作。但是，我们可以通过研究他对儒经的注释管窥其思想，而张居正为幼年万历帝进讲的《直解》系列书籍就是线索。为教育幼帝朱翊钧，经内阁审定后，张居正将其讲义编著成这套儒经《直解》。因此，这套书也被认为基本反映了张居正自己的理念。[⑥]

张居正所著《直解》包括《四书直解》《书经直解》《通鉴直解》《易经直

---

①　参阅：中純夫「張居正と講学」（『福山大学教養部紀要』第二十五卷第一号，1992）。

②　参阅：五十嵐正一「張居正の教育政策について（一）」（『新潟大学部紀要』第八卷第一号，1967）。

③　参阅：溝口雄三「いわゆる東林派人士の思想——前近代期における中国思想の展開」（『東洋文化研究所紀要』第七五册，1978）。

④　参阅：小野和子「東林党と張居正」（『明清時代の政治と社会』，京都大学人文科学研究所，1983）。

⑤　堀丰在论文「思想家としての張居正」（『日本文化研究所報告』第二五号，1993）中阐述道，张居正潜心钻研易学，并经历过佛教般的顿悟，而这些经验为其应对现实世界的多样性提供了可靠保障。不仅如此，该论文进一步指出张居正对《易经》的解释受到了宋代杨万里《诚斋易传》的影响。然而，在解释《易经》正文中的"天""上帝""鬼神"等时，杨万里却不像张居正一样力主自己的观点，而强调物力论正是张居正的独到之处。

⑥　参阅：佐野公治『四書学史の研究』（創文社，1988）第七章。

解》等。其中,《四书直解》是在张居正万历元年（1573）为万历帝进讲的讲义基础上,于同年十二月经过筛选后印行的。而康熙十六年（1677）——柏应理在华之时——又做了修订并刊行。[1] 该书在内容上是对朱熹《四书章句》做的注解,为便于年幼的皇帝理解,该书的文章采用了当时的口语。书中多次反映出张居正的理念——这些理念传承了宋明期间的学术潮流。

接下来,笔者将具体考证柏应理等传教士在解读翻译儒经时,如何利用张居正的注释（思想）推行他们自己的见解。

第三节　《易经》注解——围绕"谦"卦之有神论性的论断

1　以《易经》定位中国哲学

下面,我们将围绕与《中国哲学家孔子》中的《易经》有关的讨论,分析柏应理在运用张居正《易经直解》的同时,如何从中解读出神性存在。柏应理首先说明《易经》在中国哲学中占据何等重要的位置。为此,他摘引了六十四卦图。柏应理论述说:"即使孔子现已表明自己无意精确地观察〔六十四卦图〕,但这位先贤对其仍是称赞有加,并努力进行注解。故我不认为六十四卦图是迷宫,或无用的对照表。"（《中国哲学家孔子》"导言"第一部第六节）在《论语·述而》中,孔子说过"假我数年,卒以学易,可以无大过"[2],而柏应理则以其中显示出的孔子的权威性来强调《易经》的价值。

紧接着,柏应理论述道,文王、周公、孔子等古代圣人欲通过《易经》中的自然哲学原理,收获从个人至公共事务的所有道德教训。即,在柏氏看来以《易经》的道德法则为目标具有重大意义。

（孔子）对为(《易经》)作注的先驱——文王(Ven vam)及其儿子周公(Cheu

---

[1] 据孟德卫推测,巴黎国家图书馆所藏 3 册清代刊本（系最新的 1683 年康熙刊本）皆由柏应理传入欧洲。参阅: David E. Mungello, "The Seventeenth-century Jesuit Translation-project of the Confucian Four Book", *East Meets West: The Jesuits in China*,1582—1773, Ed. By Charles E. Ronan, S. J. Loyola University Press, Chicago, 1988, p271。

[2] 该译文依据的是朱子《论语集注》及张居正的《论语直解》。即,认为《论语》"假我数年,五十以学易,可以无大过矣"中的"五十"是"卒"的误写。

cum）〔的言论〕进行注释，而且孔子的解释明白晓畅，涉及面广，具有道德意义。同时，孔子意欲从诸多事物相互间的自然关联、秩序、变换和生成之力等，获取许多关于个人道德与家庭教育，特别是关于城市和地方公务以及整个帝国的管理方面的经验教训。（《中国哲学家孔子》"导言"第一部第六节）

如上，孔子认为，圣人们对总结出大自然的秩序和准则的《易经》同样抱有浓厚兴趣，并从中观察到人类世界的道德准则。另一方面，关于《易经》的占卜方面，柏氏认为孔子虽然认可占卜的意义，却并不将其作为一种习惯。不仅如此，孔子在现实生活中只专注于理性的事情。

> 然而，不管是何种占卜和预言的方法，孔子本人（注释者们皆有佐证）不会将其作为一种习惯。恰如他认为此类事物毫无益处，百无一用，自己绝不会与之产生任何关联，而是专心揖志于理性的引导——rationis unius ductu Contentus。现实生活中，孔子潜心于道德之光——lumine de una virtute hic laboravit，并为之尽心竭力。（《中国哲学家孔子》"导言"第一部第六节）

在基督教看来，除基于神之启示的预言外，占卜和咒术等一般被视作信心不纯的表现[1]。基于这一点，柏应理为弱化《易经》的占卜性质，而将孔子对《易经》的态度作为与之对立的观点进行阐释。笔者认为，尽管柏氏的解说出自"昔者圣人之作《易》也，将以顺性命之理，是以立天之道"（《易经直解·说卦传》），但其观点——认为孔子不认可《易经》的占卜性质——却并非直接源自"说卦传"的该部分内容。事实上，柏应理等人的解释应是源于张居正的观点。张居正认为《易经》的作用不仅限于占卜，而应当重视由占卜表现出的性命之理。

---

[1]　比如《申命记》第十八章九、一一四节说道："你们中间……不可有占卜的、观星象的、行法术的、行邪术的、施符咒的、招魂的、行巫术的和求问死人的。……凡做这些事的都是耶和华所憎恶的。"（引自日本圣经协会 1955 年版《圣经》，下同）此外，18 世纪前期的耶稣会会士马若瑟（J. H. M. de Prémare）在其草稿《儒家实义》（撰年不详）（吴相湘主编：《天主教东传文献续篇》（第三册），学生书局，1966）就否定了《易经》的占卜性质——"问，或为《易经》为卜筮算命之书，有诸乎？曰：否。不然也。忘（妄）言福祸，诬民术士为之也。羲、文、周、孔所不容，明君正法所宜诛者也。……凡读大易而不知象者，其力必不足以通易。"不过，在此之前的文艺复兴时期，占卜受到赫尔墨斯主义和卡巴拉思想的影响。

易不徒为卜筮之用，而性命之理实具于此。性是人之理，命是天地之理。（《易经直解·说卦传》）

2 强调"谦"德

柏应理曾提及六十四卦图，并讲解了其中最初的十七卦，即"乾 kien""坤 Quen""屯 Chun""蒙 Mum""需 Siu""讼 Sum""师 Su""比 Pi""小蓄 Siao cho""履 Li""泰 Tai""否 Pi""同人 Tum gin""大有 Ta yeu""谦 Kien""豫 Yu""随 Sui"。柏应理认为中国人尤其注重"谦"德，所以在这十七卦中，他特别关注第十五卦——"谦"卦，并且对此进行了极为详细的解释。

本书重点提示六十四卦中的第十五卦"谦"卦——其他各卦简而述之——有利于读者用自己的眼睛判明事实，而后从本书的某一部分展开判断，并最终知晓中国哲学之所至，且对不能发现问题的人来说益处良多。此外，根据文王和周公两位君主及孔子的注解，乃至张阁老注解的拉丁语译本，揭示出中国人如何先将"谦"理解为所有幸福的前兆，并置其于中心地位称赞有加，亦是大有裨益之事。（《中国哲学家孔子》"导言"第一部第七节）

在柏应理看来，中国古代圣人都以"谦"德作为成功和富贵荣华的基础，因而他建议人们参照孔子至张居正的注释，全面考察诠释"谦"德的卦辞、彖辞、彖传、象传。

图 1.3 Terra（地）之下有 Montes（山）是"地山谦"的固定搭配
（筑波大学藏《中国哲学家孔子》）

本书已就以上事项——"谦"卦之前的十四卦的内容——展开了概括性的解说。接下来，本书将解读前述三种注解。从其他的示例也可看出只有这个形式（谦卦）是唯一的用例，所以本书将就每种注解的说明进行论述。于是乎，所有人之中，文王是最先着手解开戈耳狄俄斯之结（难题）的人。他如斯说道，谦逊（Humilitas）不论在何处，皆为广博而光明之德。完美的人——"君子"（Vir perfectus）即使起先潜藏屈从，但最终都能获得成功，并富贵荣华。（《中国哲学家孔子》"导言"第一部第八节）

文中最后的"谦逊"，是"谦"卦的卦辞和象辞——"谦亨。君子有终"的译文。柏应理以为据此可确定中国人重视并亲近"谦"德，甚至施以他自己独到的释义。为此，他举出象传的"《象》曰，谦亨。天道下济而光明也。地道卑而上行……鬼神害盈而福谦。人道恶盈而好谦。谦尊而光，卑而不可逾。君子之终也"，并对此展开细致的解说。

孔子的注解简明扼要，言简意赅，并对谦亨（Kien hem）二字作了如下解释。同时，关于实体〔"象"〕（Substantia，意为力 vis，或谦亨二字）孔子作了如下说明。谦逊不论在何处皆广博而光明，乃天之理性（理法）或本性（"天道"）——caeli ratio est ac natura，并于万物之上极为崇高卓越。然而，因其影响力不同也会有所下落，降低自己。因而得与谦逊的地结合，其德行和成就通过创造和帮助事事物物而愈发光辉，最终彰显于万物。理性与地有部分相似之处。因为尽管理性似乎韬光养晦，在极低处隐藏着自身内部所积蓄之物，却通过与天的结合而将自我展现于高处。更甚者，此天之理性或本性减少特异之物，抑制高傲自大，限制放荡不羁。另一方面，通过恩泽深厚的影响力，爱护和充实谦逊且卑微不足之物，使其增强至极致。理性似地（"地之道"），因为理性制约并破坏了异常过分且高傲之物。反之，理性则会强化并完善节制且谦逊之物。（张阁老从天与地的作用角度，对此类事物做了极为详细的解说。不过，大概欧洲读者很容易理解张阁老的解说，所以在诸多事例中，唯独此项我们尽可能使之简单化，并特意略过不细讲。）最后，神灵（鬼神，spiritus）祝福谦逊之物，覆灭自大高傲之物。理性亦似人（"人道"），憎厌过度自大高傲之物，喜爱谦逊之物。谨慎谦逊之人若处尊位，纵然己所不欲，却能因其崇高光辉之地位所具之道德之光而名扬四海，颂声载道。纵使（谦逊之人）低微不显眼，却因其德行光辉耀眼，而必成显贵幸福之人，人们对其之赞誉亦无以复加。这即是为人谦逊、极为完美之人物（"君子"）幸福而荣耀的结局。（《中国哲学家孔子》"导言"第一部第八节）

首先，正如象传译文所示，柏应理将"谦"德归结为天地人的理性和本性，同时给予其极高的评价。而且，柏应理在后半部分论述道，神灵即鬼神也会祝福谦逊之人，而覆灭傲慢自大之人。总之，柏应理试图找到神灵（即鬼神）所具有的能动的人格性。这些都明确反映出柏应理坚信《易经》具有有神论性质。与此同时，他认为天之理法和神性并不矛盾。

因此，品读张居正《易经直解》关于"谦"卦象传的论述时，柏应理认为其中论述了天乃至鬼神主动进行干预，及其对为人谦逊之人的赞誉。此即谓对自我谦卑之人盛大的祝福。

> 言乎鬼神，则害盈而福谦。观那祸福之徵应可知。夫天地鬼神之损益且然。况于人乎。吾知恣满假之习者，人皆从而恶他也。如天地鬼神之损益者一般。尚卑逊之心者，人皆从而好他，就如天地鬼神之益夫谦者一般也。夫谦为人所当尚这样。故人而能谦，正天道之所益，地道之所流，鬼神之所福，人道之所好者也。又焉往而不善哉。以之居尊，则德因位而益彰。虽无心于君子之光，而道自无不光。以之居卑，则德不假势而自崇。虽未尝有上人之心，而人自莫能踰。是其屈之于先者，乃能伸之于后。所谓谦之鸣于当世者此也。（《易经直解·谦象传》）

在前述注解中，张居正主张上天和鬼神具有积极的主体性，他们嘉奖谦逊之人，赐其幸福，而柏应理采纳了张居正的这一观点。接下来，我们将通过"谦"卦"象传"的译文，进一步明确柏应理在主张《易经》有神论上是如何利用张居正的言论的。

> 关于这些事情，孔子综合这一形式（"卦"）的文字和含义，作了这样的概括："'伟大的形象'（'大象'，magna imago）——我们谓之德——的意思是大地之中有山，是为谦逊。"我将其称为受人诔赞的谦逊的象征，即从处于最下端的低平的大地高耸入云，直至至高之天之物。因此，众所周知，"完美之人（'君子'）"器重自己或己物，轻慢他物之行为是人之恶德。"人要抑遏精神的傲慢。首先从自身，而后从他者处剥离所有过分之物，远

离由自己的富足和荣光产生的自负和傲岸。以此方可每日赢得胜利，获得成功。反之，积极赞美和积累自己和他者所欠缺之物，并以此平等考量自我之物和他者之物。以惊人的平等态度让步他人，顺应他人。明智地赞誉谦逊之人，使傲慢——虽然有其力量——得到合理控制，须将一切归为平等，最大限度地驾驭好全局。"此即出自文王的解释，以及孔子——由张阁老（张居正）对孔子之诠释作的注解。（《中国哲学家孔子》"导言"第一部第八节）

将此处译文与"谦"卦"象传"的原文和张居正之注解比较即可知，这一译文是两者以不可分的形式结合在一起。在此先举出"象传"的原文。

《象》曰，地中有山谦，君子以裒多益寡，称物平施。（《易经直解·谦象传》）

紧接着，张居正作了以下注解。

那天气下降以济地，这是天之谦。惟其能谦。是以化育之功，光明宣著。……君子体之以为人己之间，本有当然的法则。惟视己的心恒多，视人的心恒寡。是以物我所施，不得其平，故必多者裒之。而凡视有余，而为上人之心者，使之日损焉。寡者益之。而凡视人不是，以为下人之心者，使之日益焉。裒多益寡。这等正所以称物的，宜以平其施耳。（《易经直解·谦象传》）

可见，柏应理之所以主张自己的注解，是因为他结合了"象传"和张居正的注解。然而仔细一想，柏应理认为在与他人的关系中君子应该保持谦卑的观点，与其说源自"象传"，倒不如说主要吸收了张居正的观点。明万历年间，张居正把持政治实权，借幼帝之手实现自己的政策。对张居正而言，这种解释应是与现实密不可分，但柏应理却将此当作一般真理进行介绍。柏应理在最后论述道："此即出自文王的解释，以及孔子——由张阁老（张居正）对孔子之诠释作的注解。"从这句话中可以看出，柏应理将张居正的注解与古代圣人置于同等高度，并试图以此证明自己观点的准确性。不过，可以认为，在柏应理所选取的张居正的言论中，投射了他希望圣人们作如此这般论述的愿望。又或许柏应理在解读文献时，牵强地认为圣人们应该持有这样一种见解。那么，"谦"卦只不过是六十四卦中的一种卦形而已，柏应理为何要如此强调"谦"卦之德呢？

3　"谦逊"与基督宗教

继前文之后，柏应理对"谦"卦六爻（构成卦的六根线）的注释、爻辞及其象传的含义逐一进行了细致的解说。正如柏应理自言，六十四卦中唯独对"谦"卦作了如此详尽的分析。其理由，一是柏应理认为从中可以看出"天"和"鬼神"等对谦逊之人十分赞赏，并有意识地积极地进行干预。然而，更重要的是，他想告诉人们，在基督宗教的德目中，"谦虚""谦逊"（Humilitas）之德最重要，基督宗教与中国人一样对"谦逊"之德极为重视。

基督宗教的德目之中，谦逊是诸道德之根本。《圣经·旧约》谈道："敬畏谦卑和主，必将报以富有、尊荣和生命。"[1]。《圣经·新约》也谈道："凡自我抬高者皆被人看低。凡自我谦卑者皆受人敬重。"[2] 又如耶稣在逾越节前为门徒们洗完脚后所言："然，吾身为主，为尔等导师，既替尔等洗脚，则尔等亦应为彼此洗脚。"[3] 这说明基督宗教同样将谦逊作为门徒们所应具备的最重要的必要条件。

最重要的是，谦逊是耶稣基督本人的德行。使徒保罗在《腓立比书》中写道："凡事不可结党，不可贪图虚浮的荣耀。只要存心谦卑，各人看别人比自己强。……基督本有神的形象，却不坚持自己与神同等，反倒虚己，取了奴仆的形象，成为人的样式。既有人的样子，就自己卑微，存心顺服，以至于死，且死在十字架上。所以神将他升为至高，又赐给他超乎万名之上的名。"耶稣基督受造肉体，化成为人，以及在十字架上受死，均被认为是谦卑至极的表现。[4]

经院哲学之父——奥古斯丁曾说过，"正因如此，一切病痛之因皆在傲慢，而神之子欲治愈之，因而放低自身姿态，成为谦卑之人。……神为着尔等而谦恭卑下。……神之子以人的样式降临，成为谦卑之人。这是神之子欲教尔等成为谦逊之人，而不是教尔等从人变成野兽。因此，神成为人的样式。"这里说的是人

---

[1]　参阅：《箴言》第二三章四节及第十五章三三节。关于《儒家实义》的研究参阅堀池信夫「『儒教実義』の思想」（『中国文化』第五六号，1998）。

[2]　参阅：《路加福音》第十四章一一节，同第十八章十四节，以及《马太福音》第二三章一二节。

[3]　参阅：《约翰福音》第十三章五节。

[4]　参阅：《腓立比书》第二章六一九节。天主教称耶稣的降世、受难及在十字架上的受死皆为谦卑的状态（sutatus exintionis），并认为耶稣由此最终到达被天父高举的状态（sutatus exaltationis），即复活与升天。

之救赎须要基督耶稣般的谦卑。^①此外，柏应理所属耶稣会创始人依纳爵·罗耀拉在其代表作《神操》中言明，万事须先赞美谦逊之德，此乃耶稣基督最具代表性的德行。他认为信徒通过谦卑方得以与耶稣基督化成一体。^②

显然，对于欧洲人来说，谦逊即是代表耶稣基督其人的概念。而且，柏应理正试图"证明"，在"谦"卦中存在谦逊之德，而只要是欧洲人就容易由此联想到耶稣基督。^③依照柏应理的思考，我们可从《易经》中观察到三种存在——"天"或"上帝"（损灭高傲者、福佑谦卑者的人格化主宰者），作为神灵（spiritus）的"鬼神"，以及体现"谦逊"之德的耶稣基督。当然，柏应理显然不是说在中国哲学中存在基督宗教三位一体的真神，但他至少说明了在《易经》中能找到两

---

① 《约翰福音讲解》（二六·一六）。引用自アンドリューラウス『キリスト教神秘思想の源流』（水落健治訳，教文館，1988）第七章"奥古斯汀"。同第七章中讲道，奥古斯汀认为爱与谦逊是回报神之爱的方法，藉此可达三位一体。

② 参阅：依纳爵·罗耀拉『霊操』（門脇佳吉訳，岩波文庫，1995）。

③ 庞迪我（Diago de Pantoja）著《七克》（1614 年刊，《天学初函》理篇）的"论谦德"篇将"谦"作为主要德目，但未论及"谦"与《易经》的关系。孟儒望（Joannes Monteiro）口述《天学略义》（《天主教东传文献续篇》第二册，1966）的"天主降世为人之义"篇中说"逊乃至深"，将作为天主耶稣的德行"谦逊"置于重要地位。

者相互亲近之处，并试图指出中国哲学与基督宗教之间具有极大的可融合性。[①]又或者，在《易经》和《圣经》关于"谦（逊）"之德的表述中，柏应理看到了意想不到的一致性，而这种一致性或许不只是偶然的巧合，而是神的旨意。即，神的现身具有普遍性，而且人类被赋予的理性和德性亦是普遍存在的。笔者以为，柏应理通过张居正的注解，认为古代中国人具备并称颂"谦（逊）"之德——即人格神天和拥有神性的鬼神，以及特别是耶稣基督其人所具备的德行。同时，他还认为从《易经》可看出中国哲学之本源与基督宗教的三一神信仰不相冲突。

---

① 在此之前，欧洲就已存在从基督宗教以外的异教信仰中寻三一真神的思潮。譬如，耶稣会的报告中曾记载道，释迦牟尼使我们知晓了名为大日如来佛（一身三头）的唯一真神。对此，16 世纪的法国文人吉约姆·斯特尔（Guillaume Postel）认为，此即是关于三位一体真神的传闻。（参阅：彌永信美「仏教と「古代神学」——ギョーム・ポステルの仏教理解を中心として」，新田大作編『中国思想研究論集——欧米思想よりの照射』，雄山閣，1986）。在专著《中华大帝国史》中，16 世纪入华的奥斯定会传教士胡安·冈萨雷斯·德·门多萨（Juan González de Mendoza）从象征三函教的三面偶像中领悟到三位一体真神的奥秘。（参阅：堀池信夫『中国哲学とヨーロッパの哲学者　上』，明治書院，1996）。

自然，人们对三一神信仰能否与中国哲学概念对应的问题有过争论。譬如，传教士之间就曾围绕汉语的"鬼神"是否对应"灵（spiritus）"而展开过讨论。关于宋学中的鬼神众说纷纭，既有人认为鬼神是气的屈伸，终将消散而去。也有人认为阴阳之气本具精妙，鬼神背后有实理不断作用，可与人相感应等（参阅：柴田篤「陰陽の霊としての鬼神——朱子鬼神論序章」（『哲学年報』第五十号，1991）然而，中国哲学无神论派传教士们断言，气属于苏格拉底哲学的四行（元素）（火、空气、土、水），乃至第一质料。另一方面，他们认为灵是非物质的。因此，对他们来说，与气有着千丝万缕的关联的宋学之鬼神不可为灵，这正是他们所抨击之处。但是，因为莱布尼茨主张即使天使也具有微弱的物质性，所以无神论派认为鬼神具有"物质性"的观点受到了莱布尼茨的接受。（参阅：《中国自然神学论》，《莱布尼茨著作集》十，《中国学·地质学·普遍学》，第 15—90 页）。在欧洲，一直倾向于探寻异教思想的三一性。特别是在《中国哲学家孔子》问世之后，"索隐主义"在欧洲兴起，索隐派坚信中国古代典籍中暗藏了象征圣经教诲和启示的内容（关于这一问题，参阅戴密微（Paul Demiéville）于 1966 年 3 月 15 日、16 日在京都大学人文科学研究所举办的演讲的记录——「フランスにおけるシナ学研究の歴史的展望（上）/（下）」（『集刊　東方学』三三、三四，大橋保夫訳，1967）。该讲演录是通观 16 世纪至 20 世纪法国中国学研究谱系的绝佳资料）。戴密微在讲演录中阐述了索隐派代表人物白晋（Joachim Bouvet）的观点。白晋试图从《易经》卦象中找寻象征人类共通之处的内容，并认为中国古代典籍中隐含了与造物主乃至神之子耶稣基督有关的信息（参阅：David E. Mugello, *Curious Land*, The University of Hawaii Press, Honolulu, 1985, p.325）。

第二章 《中国哲学家孔子》对儒家经典的译释

序 言

正如前章所述，孟德卫（David E. Mungello）和龙伯格（Kund Lundbaek）是研究耶稣会传教士翻译和解释四书的先驱。《中国哲学家孔子》吸收了张居正的注释，这一点极为有趣，但他们二人对此却没有进行深入研究和验证。孟德卫指出，出现在《中国哲学家孔子》的翻译中的人类自然本性论，依据的是托马斯·阿奎那（Thomas Aquinas）等的经院哲学，而非由张居正的注释推导而出，并且认为中国哲学没有对西方传教士产生哲学思想上的冲击①。

---

① 例如，孟德卫论及了本节中所论述的《大学》之根本论题——"三纲领"的问题，将《中国哲学家孔子》的译文译成英语，并对此进行了探讨。但他此时极少直接对照张居正注释进行论述，主要只是分析了《大学》原文与朱熹注释的关系。确实，围绕"三纲领"中疑问较多的"亲民"问题，孟德卫从基督宗教的"爱"的角度出发，联系"亲"作"亲"还是作"新"解这一解释史上的论题——这个问题本身当然也极为重要——进行说明。就算此时，张居正注释本身也未被列入他的考察对象，而只是谈及了没有直接关系的王夫之、钱穆、理雅各（James Legge）、杜维明等近现代学者的观点。此外，孟德卫对张居正注释的论证主要围绕《中庸》的"天命之性"的问题。但是，即使张居正并非单纯地认同朱熹注释的"性即理"的观点，这时的孟德卫也仅论述说，两者间不过是在强调的点上存在差异而已。（参阅：David E. Mugello, *Curious Land*, The University of Hawaii Press, Honolulu, 1985, p.278, p. 284.）

如孟德卫所述，在耶稣会传教士的拉丁语译文中，经院哲学式的用语俯拾即是。虽然欧洲读者或许能通过这些用语轻易接近中国哲学，但他们有时却是根据自己熟知的经院哲学的概念和框架，将欧洲的知识投射于中国哲学之中。

不过，孟德卫忘记了这样一个事实。即，尽管翻译时所用的拉丁语概念确是产生于欧洲，但在中国哲学文本被翻译之际，中国哲学固有的对问题的关切、思想史方面的积累及思考模式等早已渗透其中。极为可能的是，此前不存在于欧洲的内容已包含在被翻译的概念之中。而与此同时被译介的，既有赋予诸多概念固有意义的古代典籍的结构，又有与可相互参照的其他古代典籍的关联，还有标榜释义具有整合性的注释。因此，西方人从中发现的概念本身必然超越欧洲原有的范式。

下面，本章将以柏应理所译《大学》为中心，考察中国古代典籍的概念和思考框架，以及翻译和理解的实际情况。

因此，笔者将在第一节中，首先讨论所谓的《大学》"三纲领"及朱熹对此所作的注释。随后，出示张居正的注释及柏应理所译《大学》的译文（实际由郭纳爵和殷铎泽共同翻译），并通盘考察三者对此概念的解释。之后，笔者将探讨研究宋明理学家对纲领作出的释义，逐步论证柏应理借鉴张居正注释所作的解释，实为"三纲领"概念演变史（跨越宋、元、明、清四朝）中的一环。

第一节　理性·博爱·最高善——对《大学》"三纲领"的翻译

1　朱熹、张居正的注释及柏应理的翻译

（1）《大学》和《大学章句》

众所周知，《大学》原本是《礼记》中的一篇。宋代朱熹高度评价《大学》包含的理念和方法，称其可印证自己学说的妥当性，并将其重新补订后编入四书。此后，朱子学成为国家官吏录用考试[①]的考试内容，使得四书本身由知识分子向

---

① 译者注：即科举考试。

一般民众普及。不仅如此，即便在同属东亚文化圈的朝鲜、越南、日本、琉球王朝等地，朱子学也是家喻户晓，是人们相互认同所必备之修养的源泉。

可是，如前所论，耶稣会传教士对朱子学（宋学）的理气二元论思想的态度十分谨慎。因此，一般而言，他们通常将朱子学说作为无神论来批判。然而，柏应理翻译四书的行为却与前述批判意识背道而驰。其结果，必然导致柏应理的译文中不可避免地夹杂了宋学或宋明理学的思维。

首先，笔者将以《大学》及朱熹《大学章句》的开篇部分为例进行说明。括号内是朱熹在《大学章句》中作的注解。此处明确指出，大学之道在"明明德"、在"亲民""在止于至善"。

> 大学之道，在明明德，在亲民，在止于至善。（程子曰："亲，当作新。"大学者，大人之学也。明，明之也。明德者，人之所得乎天，而虚灵不昧，以具众理而应万事者也。但为气禀所拘，人欲所蔽，则有时而昏；然其本体之明，则有未尝息者。故学者当因其所发而遂明之，以复其初也。新者，革其旧之谓也，言既自明其明德，又当推以及人，使之亦有以去其旧染之污也。止者，必至于是而不迁之意。至善，则事理当然之极也。言明明德、新民，皆当止于至善之地而不迁。盖必其有以尽夫天理之极，而无一毫人欲之私也。此三者，大学之纲领也。）（《大学章句》第一章）

且看"大学之道，在明明德，在亲民，在止于至善"一文。如若没有任何注释，要理解其具体内容绝非易事。因此，若参照朱子作的注解——《大学章句》，即可知"明德"乃上天所赐之物，微妙精致，自由不受牵制，且具有照明之用——"虚灵不昧"。依朱熹之说，"明德"具众"理"，可应万"事"，但因人欲和对"气"的接受方式不同，"明德"有时会被遮蔽，不为人所见。因此，随着"明德"的激活，其自身也逐渐显现，并努力回归原始状态，即"明明德"。关于"亲民"，朱熹以为应循程子作"新民"读，并主张"明明德"者应敦促他人摒弃堕落的旧习。最后，朱熹认为"止于至善"是目的，是"事理当然之极"，如若达到这一目的就不可再有迁改。朱熹将"明明德""亲民"和"止于至善"作为《大学》的重要理念，即所谓"三纲领"。

柏应理于1656年（清顺治十三年）入华。彼时，在中国的知识分子看来，朱子的注解完全是常识性的知识，是他们理解《大学》的前提。而耶稣会传教士们却在这样一种环境下，从各种角度批判宋明理学。那么，在《大学》的解释方面又是如何呢？总而言之，柏应理认同朱子注解的合理性，并高度评价张居正——明代朱子学的代表——所作的系统性注释。随后，笔者将探讨"三纲领"各自涉及的问题。

（2）明德

首先，让我们来看看张居正《大学直解》中的一段文字。柏应理曾明确表示参考过《大学直解》。

> 昔孔子说，大人为学的道理有三件。一件在明明德，上明字是用工夫去明他。明德，是人心虚灵不昧，以具众理而应万事的本体。但有生以后为气禀所拘，物欲所蔽，则有时而昏。故必加学问之功以充开气禀之拘。克去物欲之蔽，使心之本体依旧光明，譬如镜子昏了，磨得还明一般。（《大学直解》第一章）

张居正以朱熹的《大学章句》为依据，且对各个词语进行详尽解说，又在其中插入自己的见解。阐释"明德"一处与朱熹几近相同，他添加了"学问"作为"明"的功夫，而这本身并未脱离朱子学的方法论。此外，他将"明德"喻为镜子，并将"明明德"比作"磨镜子"。不过，在后文可知，朱熹自己也使用过明德和镜子的对照。在宋明理学上，这一对照也得到了极为广泛的使用。并且，柏应理翻译"明德"是以张居正的注释为蓝本，其译文如下。

> 〔大学之道〕是人们理应知晓并学习的、既定的伟大原理。〔明明德〕在于磨砺上天赐予的理性本性（rationalis natura a coelo indita）——理性本性犹如明镜一般，其目的在于清除不正当欲求（appetitus）的污迹，使〔大学之道〕回归本来的光辉（pristina claritas）。（《中国哲学家孔子》"第四章《大学》的译文"）

柏应理翻译时认为，"道"是《大学》的主题，是任何人都应普遍学习的伟大原理。这就解释了四书开篇即讨论的对人类而言最重要的问题。而且，他认为磨砺"上天赐予的理性本性"是"道"的具体内容。如此一来，则说明柏应理主张"明德"是"理性本性"。朱熹和张居正都将"明德"解释为"虚灵不昧"的作用。而柏应理认为"明德"乃天与之，显然是对朱熹的"所得乎天"一文的承袭。同时，他将"明德"当作"心"的作用译成"理性本性"则是根据张居正的"人心虚灵不昧"。此外，他将"理性本性"即"明德"比作镜子，则明显沿袭了张居正的注释。

　　如此，柏应理在朱熹和张居正的基础上，将"明德"看作上天赐予的心的作用，即"理性本性"。若按照柏应理的理解（翻译），"理性本性"（rationalis natura）或直接说"理性"（ratio）即为中国哲学中的重要典籍的根本性原理。这点在柏应理翻译"三纲领"之后的《大学》"八条目"时也可窥见。即，柏氏认为《大学》的最终目的——"平天下"——的内容是"明明德于天下"，并将此译成"古代的人们想要在帝国之中磨砺理性本性（rationalis natura）〔明明德于天下〕，即他们自己想成为全帝国人民提升理性本性的典范"。他解释道，个人具有自律的人格，为完善自己的理智〔知性〕——即理智〔知性〕能力（potentia intellectiva），而洞察或穷尽所有的事物，或所有事物的理由（根据）（nationes），实现最终目的的条件便存在于此（《中国哲学家孔子》"第四章《大学》的译文"）。另外，他将《中庸》开篇的"天命之谓性"中的"性"，解释为自上天注入人类的"理性本性"（rationalis natura）（《中国哲学家孔子》"第五章《中庸》的译文"），或"正确的理性之光"（lumen rectae rationalis）（《中国哲学家孔子》"导言"第二部第八节）。由此亦可领会他所阐述的观点。

　　那么，明清时期入华的耶稣会士们又是如何理解"明德"的呢？活跃于明代的艾儒略（Giulio Aleni）在其教理书《性学觕述》（1634，明崇祯七年）[①]中认为，"明德"与"良知"和"未发之中"一样，相当于"理性的灵魂"（灵才）。而清代入华的利类思（Ludivco Buglio）在《超性学要》（1677，清康熙十六年）——托马斯阿奎那《神学大全》的汉文抄译本——中认为，"明德"相当于灵魂

---

① 参阅：钟鸣旦、杜鼎克、蒙曦主编《法国国家图书馆明清天主教文献》（第六册）（台北利氏学社，2006）第 107 页。另，柴田笃在「明末天主教の霊魂観について」（『東方学』七六輯，1988）中深入分析了利玛窦的《天主实义》和艾儒略的《性学觕述》中由耶稣会士阐述的中国灵魂观。

的"理智（知性）"或"理性"机能①。

在经院哲学中，"理智（知性）"被认为是以神的直观为顶点，是与实在相关联的直观认识，可认知更高阶的善，且比作为概念认识·推论认识的"理性"具有更高的机能。如此一来，传教士对"明德"的认知亦不同，他们或将其看作基督宗教的高级认识——"理智（知性）"，或将其看作低级认识——"理性"。

然而，不管是艾儒略还是利类思，其见解都是在汉语教理书中表明欧洲的概念，而不似《中国哲学家孔子》一般，直接面向欧洲知识分子。从这点看，面向欧洲读者的《中国哲学家孔子》对于"明德"——与"平天下"相关联的儒家的深层认识——的理解，仅止于"理性"（ratio）阶段，而非基督宗教中的高级认识——"理智（知性）"。诚然，这或许是一名基督教徒安分守己的表现。然而，根据柏应理的译文可知，欧洲读者认识到没有基督宗教佐证的"理性"光明，是实现自我，以及他者实现自我，乃至实现"平天下"这一中国最高善的根据。笔者认为，这一点对接受中国哲学思想的启蒙时代的欧洲人产生了巨大影响。

（3）亲民

接下来，我们试着分析关于"亲民"的解释。首先从张居正的解释开始。

> 我既自明其明德，又当推以及人，鼓舞作兴，使之革去旧染之污，亦有以明其明德。譬如衣服涴了，洗得重新一般。（《大学直解》第一章）

张居正认为，人如果能明了自己的"明德"，则可推己及人，使他者受到鼓舞，振作奋起，从而改正旧习恶癖，并努力明了自己的"明德"。此即如同衣服，即便污损，浣洗之后便又像新品一般。对此，柏应理做了如下翻译。

> 其次，〔亲民〕即通过表率（实例）和激励的作用，使民众得以再生更新。（《中国哲学家孔子》"第四章《大学》的译文"）

首先，柏应理认为"亲民"即使民众得到再生革新，这显然与朱熹或张居正"新民"的解释立场一致。不过，柏氏在"三纲领"拉丁语译文之后添加了补充说明。"不论中国的哪部字典，都不会将〔亲〕字读作 Sin，或将其意思解作'新'。

---

① 参阅:《超性学要》(公教教育联合会，1930)卷十八第35页。另参阅大鹿一正译《神学大全》第六册(創文社，1974)第119页。

正是缘于（朱子学的）解释的权威和恩惠，此一〔'亲'字〕才具有了前述读音和意义。因为çin〔'亲'字〕原本是指爱父母邻居的意思。如果在本书中，将'亲'字理解为这个意思的话，人们就不会认为〔原〕作者的〔《大学》〕文本与基督宗教相抵触而加以指责了吧。"①

　　尽管柏应理十分眷恋"亲民"这一说法，最后却依从朱熹——当时位居正统——的"新民"的说法。对柏应理来说，朱熹或宋学一般都是应当避讳的对象，但在解释经典时，为了便于理解而引用了朱熹等人的注释。但是，柏应理作为基督教徒显然更易接纳"亲近于民"的解释。因而，柏应理为此在后面作了补充说明，暗示着"亲民"的可能性。总之，从结果上看，《中国哲学家孔子》的作者们在他们当时生活的中国清代，接受并积极评价、译介了"新民"——被视作宋学正统，且意指他人的进步和提高——这一解释。从下面的"止于至善"的译文中我们亦可窥见这一点。

　　（4）止于至善

　　首先，让我们来看看张居正做的注释。

　　　务使己德无一毫之不明，民德无一人之不新。到那极好的去处方才住了。譬如赴家的一般，必要走到家里才住。这才是学之成处，所以《大学》之道在止于至善。（《大学直解》第一章）

　　自己的"德"变得清楚了然，且他者皆能自我革新——只有达到这样一种令人满意的终极状态，方才称得上"止"。张居正论述道，这如同对于归家的人来说，到家了才能止步。

　　柏应理的译文如下。

　　　最后止步于最高善（summum bonum），并保持这一状态。

　　　据此，解释者们期望人们理解所有行动同正确理性的高度一致性（summa actionum omnium cum recta ratione conformitas）。（《中国哲学家孔子》"第四章《大学》的译文"）

① 在前述 David E. Mugello, *Curious Land*, The University of Hawaii Press, Honolulu, 1985, pp. 278—279 中，将这部分翻译成英语，并考察了"亲民"的问题。

柏应理依据朱熹的"至于是而不迁"、张居正"要住"等语句，将"至善"看作终极目标"最高善"，并阐述止步于最高善的必要性。另外，柏应理按照"知"和"行"的关系，将"止于至善"译作"所有行动同正确理性的高度一致性"。如此翻译显然受到朱熹"事理当然之极"及张居正的"到那极好的去处方才住了"等语句的影响。然而，综合考虑传教士入华传教时中国正处于明清之际这一时代背景，笔者认为，柏应理的解释曾受到过当时盛行于世的阳明心学"知行合一"观念——即便不是如此——也是受到过标榜行动与知在"理"上一致的宋明理学的强烈影响。于是，后面我们将试着分析至张居正为止，或至柏应理和殷铎泽在中国停留的时代为止，以《大学》为中心的诸多概念解释在中国的发展情况。据此，我们可以明确，柏应理或耶稣会士们对中国哲学的解释并非单纯地套用经院哲学，而是在中国哲学的认识中存在着他们做出前述解释的根据。

如前所述，柏应理的译释依据的是张居正的解释。笔者认为，他之所以采用张居正的解释，一方面是因为理应被张居正采用的实质业已具备，另一方面是因为他的解释反映出了宋明之际各种注释的累积。

但是，在关于"三纲领"的命题中，每条纲领都有大量的解释。因此，正如《大学》的其他主要概念一样，简单地指出"正确的"解释是十分困难的。因为当时的学者们对概念的理解各式各样，每个人都不尽相同，都在尽力找出最为妥当的解释。姑且不论朱熹的门人后学以朱子学说为基础发展各自的学说，就连反对朱熹的学者们大多也都将朱子学说假想成反驳的对象，从而提出自己独到的解释。而这种情况从反面印证了朱子学说的影响力之强大[①]。

下面，在探讨《大学》的主要概念之际，笔者首先分析朱熹本人讨论相关概念的文章。其后，例举宋元时期的朱子后学，以及明清之际视朱熹为正统的或反对朱学的学者们的学说，并对其中具有特点的观点展开研讨。因为通过追溯宋、明、清三朝"理学"中各种概念的继承与发展、单一化与深化、赞成与反对等的踪迹，我们或许能明确柏应理所接触的士大夫们持有的各种见解主张的广度。甚

---

① 佐野公治在『四書学史の研究』（創文社，1988）"第三章　朱熹以降对《大学》之认识的变迁"中，就柏应理入华其时的四书学的实际情况进行了考察。

至能明确柏应理通过张居正引出对中国哲学的解释的理由^①。

接下来，笔者首先将焦点集中在"明德"这一概念上，并对其各种特性进行讨论。宋明理学的学者们决不会将三纲领分割开来论述，而是主张三者之间具有不可分割的有机关联性。下面，笔者将以此关系为基础围绕"明德"问题展开讨论。同时，根据需要探讨"明德"与其他的各种概念之间的关联。

我们先从《大学》开篇"大学之道，在明明德，在亲民，在止于至善"一文开始考察。

---

① 梵蒂冈图书馆馆藏的该时代的四书注释、讲章类书籍具体如下：

　（明）蔡清《四书蒙引》

　（明）张居正《四书直解》

　（明）陈仁锡《四书备考》

　（明）吴贞启评注《四书徵》

　（明）邓林《四书补注备旨》

　（清）吕留良《四书讲义》

　（清）李祯订《四书朱子异同条辨》

　（清）黄越编《四书或问语类大全》

　　除此之外，梵蒂冈馆藏了大量儒家经典、注释书及宋元明至清末与理学相关的书籍。譬如，宋学相关书籍《周濂溪全集》《二程遗书》《张子全书》《朱子大全集》；阳明学相关的《王文成公全书》和《朱熹晚年定论》的手抄本等。由此也可知耶稣会士在中国研究方面的彻底性。（参阅：Takata Tokio, *Inventaire sommaire des manuscrits et imprimés chinois de la Bibliothèque vaticane: a posthumous work by Paul Pelliot*, Kyoto：Istituto italiano di cultura, Scuola di studi sull'Asia orientale，1995；高田時雄『梵蒂岡図書館所蔵漢籍目録補編』第七冊（東洋学文献センター叢刊，京都大学人文科学研究所附属東洋学文献センター，1997）。

　　如果梵蒂冈所藏四书资料如此丰富，那么凡是当时驻守在当地的传教士们都应该看过科举考试对策等更为世俗的、普通的教科书和参考书。

2　朱熹与"三纲领"

《大学章句》由朱熹本人亲自编辑，而他从其他视角对《大学》进行的考察及其与弟子们的对话则记载于《朱子语类》和《大学或问》之中。本节将首先讨论朱熹的以"明德"为首的"三纲领"，及其各种概念间的相互关系。

> 天之赋于人物者谓之命。人与物受之者谓之性，主于一身者谓之心。有得于天而光明正大者谓之明德。（《朱子语类》卷一四）

朱熹像（筑波大学图书馆藏）

由上文可知，朱熹将天赋予人和万物（理）的机能称作"命"，并把人和万物接受（理）的一面看作"性"。同时，他将支配身体和行为的机能看作"心"，且认为天给予"心"伟大光明的作用即是"明德"。可是，尽管心的"明德"和"性"同为天赋之机能，具有共同点，但两者的表现有偏差，并非完全相同。

> 刘圻父说，人心之灵，莫不有知。而天下之物，莫不有理。恐明明德便是性。曰，不是如此。心与性自有分别。灵底是心，实底是性。灵便是那知觉底。如向父母则有那孝出来，向君则有那忠出来，这便是性。如知道事亲要孝，事君要忠，这便是心。张子曰，心，统性情者也。此说得最精密。次日，圻父复说过。先生曰，性便是那理，心便是盛贮该载、敷施发用底。（《朱子语类》卷一六）

朱熹弟子刘圻父引用《大学章句》的内容提问道，"知"内化于人心精致微妙的机能里，而内化于万物的单独的"理"却被称作"性"。既然如此，心明"明德"的作用也就是存在于人之中的"性"吧？朱熹否定了刘圻父的观点，并阐述两者之间存在区别。朱熹论述说，"心"是通过"气"的特殊性而形成的精致微妙的"知觉"作用。与此相对，"性"是完满的天赋之"理"。

朱熹就"性"的具体表现形态也做了分析。他说，譬如面对父母或君主这样的特定对象时，"性"即是条件反射似地表现出来的"孝"和"忠"等德性。另一方面，"心"的"明德"具备认识到"孝"和"忠"等是本分的能力。朱熹评价张载的"心统性情"是极为精确的表达，承认"心"统括了"性"和"情"。但朱熹认为，"性"即"理"是更为合适的表达。而"心"犹如贮存和兼具此二者的容器，是二者发挥机能的制约条件，乃至根据。

但是，关于"明德"的作用以及"明明德"的实践，朱熹的后学们多运用"镜"和"鉴"作比，此应是源于朱熹。先来分析下文。

> 曾兴宗问，如何是"明明德"？曰："明德是自家心中具许多道理在这里。本是个明底物事，初无暗昧，人得之则为德。如恻隐、羞恶、辞逊、是非，皆从自家心里出来，触着那物，便是那个物出来，何尝不明。缘为物欲所蔽，故其明易昏。如镜本明，被外物点污，则不明了。少间磨起，则其明又能照物。"（《朱子语类》卷一四）

朱熹认为，"明德"分有天的照明作用[1]，所以人心中具有与天相同的无数个道理，并能使其绽放光辉。仁、义、礼、智等德性也发端于人心中的"明德"，并会顺应状况自行生起，宛若外在事物接触镜子后其影像显现于镜中一般。又正如镜子的照明作用需通过研磨镜子方能表现一样，"明德"的显现也要求人们做出不断提高自我的努力。朱熹的解释实际上是前述张居正的注释——用镜子作比解释"明德"的先例[2]。可是，仅仅依靠占据特定空间位置的镜子作比，是不能充分阐释"心"的真实情况的。朱熹似乎认识到这一问题，所以又做出了如下解释。

> 或以"明明德"譬之磨镜。曰："镜犹磨而后明。若人之明德，则未尝不明。虽其昏蔽之极，而其善端之发，终不可绝。但当于其所发之端，而接续光明之，令其不昧，则其全体大用可以尽明……"（《朱子语类》卷一四）

也就是说，镜子在研磨的过程中释放光辉。与此相对，人的"明德"一直都

---

① 译者注：分有（Participation）是柏拉图的理论的一个核心观念，指现实世界的事物是对理念领域中的理念原型的模仿。

② 在『朱熹再読』（研文出版，1999）第一章"鏡・光・魂魄"中，木下铁矢详细考察了朱熹的心与镜子和灯火的类比，指出朱子认为在心按照气所产生的一定的约束，具有"照鉴"〔照明〕自他的性向、能力这点上，与镜子是相通的。

十分明亮光辉。即使处于极端混浊的状态，"明德"本有的善端却会永久持续显现。而重要的是，必须努力保持和维持"明德"的发端，使其发出光辉，而不被隐藏。如此，方能明晰心完整的本体和本质，及其伟大的作用和机能。由此可见，朱熹的解释愈加精细缜密。

除运用镜子的类推外，朱熹还将"明德"的机能比作"火"的光辉。

> 盖所谓明德者，只是一个光明底物事。如人与我一把火，将此火照物，则无不烛。自家若灭息着，便是暗了明德；能吹得着时，又是明其明德。所谓明之者，致知、格物、诚意、正心、修身，皆明之之事，五者不可阙一。若阙一，则德有所不明。盖致知、格物，是要知得分明；诚意、正心、修身，是要行得分明。然既明其明德，又要功夫无间断，使无时而不明，方得。（《朱子语类》卷一四）

在此处，朱熹认为"明德"具有自发的照明作用。宛如举着火把照亮物体，可使其呈现光辉一般。这里的火之光辉时而会有明暗的增减，甚至看上去即将消灭殆尽。此说法系寓意使"明德"晦暗，但看似消减的"明德"实可以再生，犹如努力向余烬吹气可使其复燃一样。

在我们看来，与"镜"相比，"火"的比喻更易让人联想到"明德"所具有的能动作用——从自己内部发光，并时常吸收烛蜡或灯油燃烧芯子，从而持续照亮自己和外界。紧接着，朱熹又论述道，其后的《大学》八条目中的致知·格物·诚意·正心·修身的行为有助于增强"明德"的光明，它们彼此相互关联，缺失其一都无法彰显弘扬"明德"。这种情况下，首先明确地"知"是致知·格物的必要条件，而自觉地"行"则是诚意·正心·修身的必要条件。这时，重要的是持久的努力，正如不断吹气以增强"火"的光辉一般。朱熹以为，只有通过这样的方法，"明德"才可恒常不变地彰显，方得完满。

朱熹还阐述道，置于人体来看，上述"火"的"光明"则直接属于"心"的机能。

> 问："五行在人为五脏。然心却具得五行之理，以心虚灵之故否？"曰："心属火，缘是个光明发动底物，所以具得许多道理。"（《朱子语类》卷五）

朱熹认为，"心"在人体中相当于五行中的"火"，所以"心"具备与"火"

的照明作用相呼应的"理"。这是因为"心"属于"火"，不受制约且绝妙精巧。而正因为"心"之光明驱动，所以"心"才得以具有各种各样的"道理"。

朱熹认为，"明德"的机能自身不断显现，诸德性由此而生。

> 明德未尝息，时时发见于日用之间。如见非义而羞恶，见孺子入井而恻隐，见尊贤而恭敬，见善事而叹慕，皆明德之发见也。如此推之，极多。但当因其所发而推广之。（《朱子语类》卷一四）

"明德"是一种恒定不变的作用和机能，并时时刻刻在日常生活中显现。羞恶而轸恤濒于危殆之幼儿，见贤者而必敬之，见情势美好则必赞美向往之。诸如此类皆源自"明德"的直接认知作用。而且，朱熹认为发展和拓展上述德性的发端是十分重要的。

> 今且以明德、新民互言之，则明明德者，所以自新也。新民者，所以使人各明其明德也。然则虽有彼此之间，其为欲明之德，则彼此无不同也。譬之明德却是材料，格物、致知、诚意、正心、修身，却是下工夫以明其明德耳。（《朱子语类》卷一五）

所谓"明明德"和"新民"，虽然作为现象形态各不相同，但两者都拥有"明德"作为共同的分母。不管是用"明"，还是用"新"，其差别仅是以自他哪种视角来彰显弘扬"明德"而已。也就是说，"明明德"是"革新"自我，而"新民"是他者自身"彰显弘扬"各自的"明德"。换种角度说，"明德"是连结自他的"材料"，即媒介、共同的基底和基础，是自他共同的或普遍的知识框架或形式。正如"既有这物事，方始具是形以生，便有皮包裹在里。若有这个，无这皮壳，亦无所包裹"（《朱子语类》卷一六）一文所述，对作为知识框架和形式的"明德"，朱熹赋予其"皮壳"这一具体表象。

接着，朱熹还说明了通过格物、致知、诚意、正心、修身等方法，彰显弘扬"明德"的理由。这之所以成为可能，主要是因为"明德"作为前述各种方法共同的框架和基底，潜在地、普遍地贯通于其中。而且，人有必要确切地理解这一点。

> 于格物、致知、诚意、正心、修身之际，要得常见一个明德隐然流行于

> 五者之间，方分明。明德如明珠，常自光明，但要时加拂拭耳。若为物欲所
> 蔽，即是珠为泥涴，然光明之性依旧自在。（《朱子语类》卷一五）

实践格物、致知、诚意、正心、修身之际，必须认识到"明德"普遍潜藏其中，正如打磨"明珠"一般，必须顺应时机，更加努力地使"明德"闪耀光辉。在此，朱熹在继"镜""火"之后又使用了经常发光的"明珠"，意图使"明德"的形象尽量鲜明清晰。朱熹在充分运用上述比喻物的同时，强调"明德"的恒常不变性——尽管"明德"有时会被物欲遮蔽，但其释放光明的作用绝不会变。

如此，朱熹反复主张多数德性的生发，皆源自天赐之"明德"的照明和直接感知机能。"仁义礼智"等"性"是站在总体的视角看德性，而"恻隐"和"羞恶"等"情"是德性在日常世界中的具体表现形态。对此，朱熹说："如此等德，本不待自家明之"（《朱子语类》卷一四），即认为德性不用有意识的反省，本可自行驱动。若有时"明德"之"光明"的作用发挥不了，是因为受到了天生的"气禀"——气的接收方式——的制约，或受到了"物欲"——对外界事物的欲求——的煽动。但是，如果马上努力去自觉地反省，锤炼"明德"，就可以恢复天赐的机能。换言之，此即为"明明德"。

此外，朱熹认为，自我与他者以天赐的"明德"为共同分母，具有共鸣实属必然。"明德"作为自我共通的框架而分别存在于两者之中，因此两者交流时能通过"明德"产生共鸣。所以，在此意义上的自他对立图式随处都在阐述原本不存在的事情——即普遍性存在的根据。而且他认为，在"明德"这一框架下，自他两者交流的可能性不仅是自己完善自我，也是他者完善自我，即使"新民"成为可能。

> 我既是明得个明德，见他人为气禀物欲所昏，自家岂不恻然欲有以新之，
> 使之亦如我挑剔揩磨，以革其向来气禀物欲之昏而复其得之于天者。此便是
> 新民。（《朱子语类》卷一四）

在自己得以彰显弘扬"明德"之时，每见他者像以前的自己一样，附庸于"气禀"（由天生的气质决定的倾向性）和"物欲"（对外界事物的欲望），自己的"恻隐"之"情"就会油然而发，并迫切希望人们像自己一样，自觉锤炼所拥有

的"明德",恢复天所赋予的状态。另外,这种迫切的期望以"明德"为共同基础传递给他人,这才是"新民"。朱熹将天赋的"性"立于"情"之前,而与他者的共鸣,甚至对他者的影响,作为经"明德"表现出的本初之物被置于首位。

朱熹认为,谋求自我改善及期待他人改善,最后都是超脱人为、遏制人为的自然表现。

> 然明德、新民,初非是人力私意所为,本自有一个当然之则,过之不可,不及亦不可。且以孝言之,孝是明德,然亦自有当然之则。不及则固不是,若是过其则,必有刲股之事。须是要到当然之则田地而不迁,此方是"止于至善"。(《朱子语类》卷一四)

这贯穿于自他的"明明德"的方法有一定规律。诸德性是"明德"的具体内容,而其实践上有法则,有分寸,不可有余缺。所谓"止于至善"指的是,在进行调节的同时,实现"当然之则"的定位,而不与其背离。由此可知,朱熹认为三纲领彼此密不可分,有机关联,并试图整体把握三纲领。

关于"止于至善",朱熹进而论述说:"至善是个最好处。若十件事做得九件是,一件不尽,亦不是至善"(《朱子语类》卷一四),并主张与所要求的最合适的程度哪怕只差一丁点都不是"至善"。朱熹并非否认善行,笔者认为这是朱熹告诫人们在达到完美状态之前,不能安于现状,并要求人们不断前进。下文对此有更清楚地阐述。

> 明德新民,皆当止于极好处。止之为言,未到此便住,不可谓止;到得此而不能守,亦不可言止。(《朱子语类》卷一四)

上文明确表述了不达到最终目的绝不止步的意思。此外,即使觉得达到了最终目的,却不能一直维持令人满意的状态,便不能说是真正的"止"。既然如此,就需要人们持续不断地努力。即便朱熹确实明确阐述过到达终极定位的可能性,但正因为终极定位本身不容易达到,所以他才强调需要不断地坚持①。

---

① 垣内景子在『「心」と「理」をめぐる朱熹思想構造の研究』(汲古書院,2005)第三章第三节中指出朱熹重视不断地提升。

从上述朱熹的解释，我们可体认"明德"（贯穿自他、作为共同基础的天赋之自觉和照明能力）与各德性间的关联，以及"明德"表现的规律性。也可清楚了解，朱熹曾一度标榜将经典与其中各种概念的有机关联摆在首位，并进行系统性合理化。

3　朱熹之后的三纲领

陆九渊像
（汤岛孔庙藏）

（1）宋元思想家与三纲领

下面，我们接着考察朱子后学对三纲领的理解及其发展历程。

陆九渊

与朱熹同时代的陆九渊（1139—1192）号象山，较朱熹年少，作为朱熹的论敌而广为人知。本节主要从其与《大学》的关联出发，讨论陆象山关于"心"与"理"关系的极具特点的学说。

> 古之学者为己（《论语·宪问》），所以自昭其明德（《易经·晋卦·象传》）。己之德已明，然后推其明以及天下。鼓钟于宫，声闻于外（《诗经·小雅·白华》），鹤鸣于九皋，声闻于天（《诗经·小雅·鹤鸣》）。在我者既尽，亦自不能掩。……心只是一个心，某之心，吾友之心，上而千百载圣贤之心，下而千百载复有一圣贤，其心亦只如此。心之体甚大。若能尽我之心，便与天同。为学只是理会。（《象山语录》卷三）

在这部分引文中，陆象山引用了《论语》"古代理想的学者都是为自己而学"一文，后与《易经》的"自昭其明德"关联，甚至结合《大学》的"明明德"一同理解。陆象山论述道，只要彰显弘扬了自己的"明德"，就能将"明德"推及天下。并通过结合《诗经》"鼓钟于宫，声闻于外""鹤鸣于九皋，声闻于天"中的美妙意象，阐述"明德"所产生的影响。即，一旦自身的"明德"达到极致，就会超越"自我"的界限，从而传递给他者。这也是因为"心"本身是一个宏大的本体，超越了自己和朋友这一空间限定，以及千百年的过去和未来的时间限定。

陆象山又说尽"我"之"心"，也就是与直接连接"心"的天合而为一。而理解这一点是为学的根本。象山认为，"心"是宇宙论式的直观能力，虽然超越自他的框架，但在"心"这一场域下，可直接与他者产生共鸣。极端强调了人类的"心"的能力和可能性。下文是直截了当地说明"心"是"理"的一段名文。

> 大人者，不失其赤子之心。四端者，即此心也。天之所以与我者，即此心也。人皆有是心。心皆具是理。心即理也。（《象山集》卷二）

上文开篇说的是完美的人不会丧失最初的"赤子之心"。诸如恻隐、羞恶、辞让、是非等，尤其是接触后会出现条件反射的机能便是"心"。这同时又是天赋的能力，是人类平等拥有的普遍的能力。"心"在这个意义上只能是"理"，也就是"心即理"。与朱熹一样，陆象山也认为天理贯穿于"心"。但是，朱熹认为心的驱动相当于"情"，而陆象山认为心的驱动是天赋之理的直接表现。这是突出强调心的生动性的一种解释。

黄榦

接下来将讨论朱熹的嫡系弟子、宋代黄榦（1152—1221）的学说。黄榦系朱熹的女婿，也是众弟子中与朱熹关系最密切的人。他因撰写了《朱子行状》——可称作朱熹的正统传记——而被人们所熟知，毫无疑问是朱熹的嫡系门生[1]。或许源于这样一层原因，所以他对《大学》的理解非常细致，且极具分析性，在某种意义上十分图式化。

> 虚灵不昧明也。具众理应万事德也。具众理者德之体，未发者也。应万事者德之用，已发者也。而所以应万事者，即具众理者之所为也。以其所以为德者，皆虚灵不昧，故谓明德。（《四书通·大学通》）

黄榦继承了朱熹认为"明德"是"虚灵不昧，具众理，应万事"（《大学章句》）的观点，分别对"明"和"德"进行了分析说明。即以"虚灵不昧"为"明"，以"具众理应万事"（即具备万事万物之理的能力及应对万事万物的机能）为"德"。

---

[1] 参阅：市来津由彦『朱熹門人集団形成の研究』（創文社，2002）第195页，以及垣内景子『「心」と「理」をめぐる朱熹思想構造の研究』（汲古書院，2005）第三章第一节。

其后，他推导出"德"的特质包括"具众理"启动之前的本体，以及"应万事"启动之后的机能两方面。他分析道，"明"是"虚灵不昧"的"体"，可从"用"的角度把握。而此"德"之为"德"的依据可从"虚灵不昧"中寻得，因而称为"明德"。可以说，黄榦的言论是对朱熹在《大学章句》中关于三纲领的具体解说，他意图使内化于人的天赋之"明德"的结构更加明晰。

如上，作为朱熹的门生，黄榦使注释的每个词都相互联系在一起，并且几乎是逐词注释。黄榦的解释妥当与否暂且不论，我们从中却能窥知朱子后学致力于系统性整合的强烈意愿。

关于拥有宏大机能的"明德"与"新民"和"至善"的关系，黄榦做了如下阐释。

> 惟在我者，既有以自明其明德，又必推以及人。而有以新之则亦纯莹、昭著而无不明矣。止于至善，止所谓归宿之地也。至善谓理之极致也。明德、新民皆当造其极焉。是则所谓至善也。（《勉斋集》卷三）

一旦我所具有的"明德"得以彰显弘扬，就应该推及至他者。在人类世界，朱熹的"明德"具有普遍性意义。而与此相比，黄榦的"明德"本身却出现了些许目的化的倾向。但不管是"明德"还是"新民"，都被认为是应该达到的终极规律。而且，在其中有对贯穿自他的"至善"的定位，即"理之极致"。黄榦认为最高善——"明德"和"新民"的归宿——即为极限的"理"，并试图在合理的系统性范围内对其进行说明。

陈淳

与黄榦一样，陈淳（1159—1223）也是直接受教于朱熹，并撰写了性理学的纲领性著作——《北溪字义》。陈淳对朱熹《大学章句》中的"虚灵不昧"一词做了如下分析。

> 人生得天地之理，又得天地之气，理与气合所以虚灵。然虚灵二字，只见得气，未见得理。到得不昧，处便见得理。虚灵以气言，不昧以理言。（《大学纂疏》引）

从宋学的脉络看，人类得天地之优良的"理"和"气"，因其理气相合，其"虚灵"之功用才成为可能。另一方面，陈淳认为"虚灵"始终是通过受到制约、存在偏差的"气"产生的作用，只有达到"不昧"——即照明的机能——方才能理解"理"。"虚灵不昧"意味着人类的"明德"。从这点看，天地之"气"和"理"在"明德"中得以统一。尽管陈淳自己对"虚灵不昧"的解释略嫌图式性，但毫无疑问的是，经过他这种极具分析性的说明，为后世读者深入思考人类及其心的构造和作用创造了一种契机。[1]

> 天下极其平而无一民之失所，则新民者之得止于至善，有以著明明德之效矣。（《北溪大全集》卷二十二）

天下太平至极，且民众依其能力和个性各得其所之时，则可说"新民"已止于"至善"之境。这是"明德"功效表面化的作用。"明德"是一种实现理想的能力，阐发其可能性之大，直接关联着对人类——由天地之卓越的理和气合成——的可能性之大的论述。

正如"至善是物事中极至之理，是所当止之地也"（《北溪大全集》卷四十）所说，陈淳主张"至善"是一种作为标准的终极之理，而应置于核心地位的"至善"则内在于"明德"和"新民"之中。

> 明明德者之止于至善，必知明明德之所当止如是，而后能得所止。新民者之止于至善，必知新民之所当止如是，而后能得所止。（《北溪大全集》卷二十二）

上文说的是，之所以能"明明德""新民"，是因为两者皆有可达成之"至善"。而要达成"至善"则需要事先了解"至善"，即知"理"。不管是"明明德"还是"新民"，都是指参照最合适的标准调整行为。可见，在陈淳的解释中，

---

[1] 佐藤隆则在「陳淳の学問と思想」（『漢学会誌』第二九号，1990）中指出，陈淳的主知倾向十分强烈。

概念间的联系更加紧密①。

王柏

　　宋代的王柏（1197—1274）②是一位承上启下的学者，他继承吸收了朱熹、黄榦的学说，又将学脉引向元代朱子学。王柏主张人类直接与天相关联，这一点与朱熹及其后学一致。但他更加明确了理与气两种观念之间密不可分的关系。

> 　　夫天命是理，为吾之性。天命是气，为吾之心。非是气则理无所寄，非是理则气无以灵。性合理气者也。心统性情者也。今教之以通明知识。谓之明理、明气、明性、明心，俱不可得。是理于心，谓之德，故曰明德。然此德本虚灵不昧，止曰明德，则体用混淆，故又添一"明"〔明明德〕字于上。下"明"字本体也。上"明"字教之之法也。既曰明德，则不见其孰为理，孰为气，孰为性与心也。明明德是大学之道之体，新民是大学之道之用，各止于至善，然后谓之全体大用也。（《鲁斋集》卷十）

　　由上文可知，王柏根据《中庸》的"天命谓之性"，认为"天命"既是"理"又是"气"。又说"性"是人类"天命之理"的反映，而"心"是"天命之气"的反映。他认为"理"是"气"的根据，而"气"之所以能表现精妙的作用又是依据了"理"，所以两者互不可分。同样，"性"是天命的"理"和"气"的融合。心是"性"和"情"的统一。虽然《大学》宣讲"明德"，但将其分析性地特定为"明理""明气""明性""明心"是错误的。之所以讲"明德"，是因为"现实的存在状态"——作为"气"的"心"获得了"理"——出了问题。

　　王柏主张应在本体和实践层面分析把握"明德"。在"明明德"中，"明德"是本体，而"明"是作为实践的"教导"。王柏认为，作为融合统一体，活跃的"明德"才是重要的，不应按理、气、性、心四方面对其展开分析，使其固化。

---

① 市来津由彦在「陳淳序論——「朱子学」形成の視点から」（『東洋古典学研究』第一五集，2003）中，论述了陈淳就朱熹学说的各种概念做出的解说，并认同陈淳在"朱子学"这门学问的形成上具有特殊的意义。也就是说，陈淳的工作是"重新构筑论述其解说对象的前提思考，并重新认识祖师之思考的一项工作"。在陈淳的努力下，朱熹的思想得以普及。

② 参阅：吾妻重二『朱子学の新研究』（創文社，2004），第376页。

当这种有机的、灵动的"明明德"被重新规定为《大学》的"道之体"时，"新民"就被定位为"道"的作用。并且，"明明德"和"新民"在最终定位上统一于"本体"和"作用"。而两者只有在"本体"和"作用"上完全施展后才算"止至善"。

王柏的学说虽然坚实地立足于朱熹式的概念框架，但他强调作为整体的、具体现实的"心"的状态与作为本源的"天命"一样，在理气两方面都不可分割。

真德秀

真德秀（1178—1235）是宋代政治家，号西山，其鸿篇巨制《大学衍义》在伦理政治层面发展了《大学》思想。以下是真德秀的主张。

> 盖学则有缉熙光明之功。凡人之性本自光明。大学所谓明德是也。惟其学力弗继，是以本然之光明，日以暗晦。今当从事于学，犹妇功之绩接续而不已，以广吾本性之光明。（《大学衍义》卷三）

上文开篇讲述了"学"的效用是"缉熙光明"，即学问靠夜以继日地广大积累，逐渐明了清晰，直至光明境界。真德秀将"缉熙光明"与"大学"的"明德"重合，认为其等同于原本光明的人之"性"。在他看来，人格本性也是发光的能力。而在朱熹看来，"明德"是人类之"心"

真德秀像

（汤岛孔庙藏）

精致透明的机能，"性"是包含在"心"这一场域内的实理。"性"本身被分为天赋的"本然之性"与"气质之性"（承受人类气质的个别化和偏差），真德秀认为"明德"是"本然"之"光明"。可以说，这一解释扩大了朱熹的"不昧"，实质上是向着天理，把人类之"心"的机能较朱熹提升到了更高的地位[1]。

---

[1] 本田济在「真德秀について」（『東方学』第九十辑，1995）中论述道，真德秀认为明德兼具心和性，因而与朱熹见解产生了分歧，不能将情作为各种恶性的根源。又指出真德秀无意中反驳了禁欲和复原的观点，并将重点放在了政治层面的实践行动上。前川享在「真德秀の政治思想」（『駒澤大学禅研究所年報』第五号，1994）中阐述道，真德秀重视"心"是指通过"心"这一共同概念，表现出一种"宽容地"包容佛教和道教的姿态。藉此，成功将朱子学由"反体制"转变为"体制内"的思想形态。

然而，真德秀认为，一旦"本然之光明"被搁置不顾，缺乏钻研，就会变得晦暗不明。他阐述说，正如妇女日日纺线一般，不断加持学问的功绩，扩大"本性之光明"，这种持续不断的姿态对人来说才是最重要的。

再者，真德秀在讨论"新民"问题上，引用了《书经》"王懋昭大德，建中于民"（仲虺之诰）一文。他论述说，君主努力彰显弘扬"大德"——即"明德"，并欲使民众确立于适当的"中"（即本然之性）（《大学衍义》卷二）①。

与此相关，真德秀认为国家机构各阶层的全体成员充分发挥其功能就是"止至善"。

> 大学之道，在止于至善。为人君为人臣，以至与国人交，各有所当止。止云者，必至于是而不迁之谓也。以君道言之，有一毫未至于仁，不可以言止。（《大学衍义》卷六）

换言之，人们在其各自的立场和职分上，如果未到达理应实现的理想的标准就不是"止"。真德秀本人具体参与政治，并实际上向皇帝建言献策。对处于这一立场的他来说，《大学衍义》不单是古代典籍的注释，更是在政治场上将其理念具体付诸实际的指南。据《大学衍义》所论，不仅是领导民众的统治者，就连所有民众，其内部都存在释放光明的本然之性。因此，可以说，在他看来，存在于统治和被统治之间的共同之物使统治成为可能。即他认为"明德"立于人类存在的普遍性之上。

---

① 真锅正昭在「真西山の思想について」（『九州大学中国哲学論集』第一二号，1986）中指出，因为较理而言真西山更重视"中"的概念，他以此构筑创造世界的基础，并标榜可灵活应对一切事态。

许衡

许衡（1209—1281）号鲁斋。即便在蒙古人统治下的元王朝，人们对"明德"的追索依旧没有中断。在忽必烈汗治世下复兴朱子学的许衡便是其中之一。下面，我们将对许衡的"明德"观做一考察①。

许衡像（汤岛孔庙藏）

> 　　古之圣人，以天地人为三才。天地之大，其与人相悬不知其几何也。而圣人以人配之何耶。盖"上帝降衷"（《书经·汤诰》），人得之以为心。心形虽小，中间蕴藏天地万物之理，所谓性也，所谓明德也。虚灵明觉，神妙不测，与天地一般。故圣人说，天、地、人为三才。明德虚灵明觉，天下古今，无不一般。只为受生之初，所禀之气，有清者，有浊者，有美者，有恶者。得其清者则为智，得其浊者则为愚，得其美者则为贤，得其恶者则为不肖。若得全清全美，则为大智大贤，其明德全不昧也，身虽与常人一般，其心中明德，与天地同体，其所为便与天地相合，此大圣人也……其清而美者，类镜之明而平；其浊而恶者，类镜之不明而又不平也。其清而不美者，类镜之明而不平；其美而不清者，类镜之平而不明也。清美之气所得的分数，便是明德存的分数。不敌浊恶所得的分数，便是明德暗塞了的分数。明德止存得二三分，则为下等人；存得七八分，则为上等人；存得一半，则为中等人。明德在五分以下，则为恶常顺……（《鲁斋遗书》卷三）

古代圣人将人与广大的天地并称为"三才"。许衡认为其原因之一是人虽小，但拥有包含天地万物之理的"心"，即"性""明德"。他主张"心""性"和"明德"是等价的。也就是说，"心"是"虚灵"有"明觉"，神妙不可测。其

---

① William Theodore de Bary 所撰「元代の朱子学と文教政策」（『文学論輯』第三八号，岡田武彦·吉武利和訳，1993）一文论述道，许衡轻视文学，认为忽必烈治下的新教育的目的是普及《大学》的八条目。同时，该文还指出忽必烈支持许衡的教育方针。

功能与宇宙的作用相同[①]。

明德本身就是"虚灵明觉",超脱时空的制约,它的表现因其所受的"气"不同而各异。"气"的清、浊、美、恶分别对应着人的智、愚、贤、不肖。其中,圣人是指接受了完美的气的人。他们心中的"明德"与天地同体,其行为也与天地相呼应。

在此,许衡同前人一样,以镜子作喻进行解释。在他看来,明德的发挥始终依据气的配合及透明度而有差异。而且,这种偏差相当于镜面的污浊度和歪斜度。许衡将气的清和美比作平滑的镜面,而将气的浊和恶比作模糊歪斜的镜面。他甚至认为,清、美的气的"分数"即数量上分布得越多,"明德"表现得越明显。反之,浊、恶的气的"分数"超出的话,"明德"的表现就会相应地受到抑制。可见,许衡试图使用透明度、折射等光学概念作喻,解释"明德"的反映。也就是说,他尝试着将自然科学式的说明应用于解释人类的"心"。尽管根据气的浓淡度、镜子的透明度等说明人的个性看上去略显死板、简单。但另一方面,圣人与愚人之间的差别不是绝对的,而是相对的。再者,他认为人心与天地在理气上相通。基于这一点,可以说在某种意义上他是持一种乐观主义的立场[②]。

胡炳文

元代的胡炳文(1250—1333)在朱熹注释的基础上,试着运用"明明德"的方法,统一把握《大学》整体的结构。

> 明明德一句是大学一书之纲领,所以章句释明明德一句亦该一书之旨。纔说具众理,已该格物致知。格物致知者即事穷理,而众理之具者无不贯也。纔说应万事,已该诚、正、修、齐、治、平。诚、正、修、齐、治、平者,以理应事而万事之应者无不当也。(《四书通·大学通》)

---

① 福田殖在「元代の経学者許衡」(『九州中国学会報』第三七卷,1999)中阐述道,许衡推动了朱子学的"心学化"。

② 三浦秀一在『中国心学の稜線』(研文出版,2003)第三章中,阐述了构成人的内心的"性中本然之理"与"气禀"的关系。他论述道,虽然许衡认为自我修养始于服从理的主动作为的行为,但从完成阶段来看,实践主体的天赋气质不受损害,毋宁说"气亦是善"。关于许衡,另参阅:堀池信夫『中国哲学とヨーロッパの哲学者　上』(明治書院,1996)第二部第一章第三节"元儒の性情論——許衡を中心に"。

胡炳文说道，"明明德"是《大学》之大纲，而朱熹《大学章句》也包含了《大学》整体的主旨。因为诚如朱熹所言，"明德"是"具众理"的话，此即包括了至"平天下"的"八条目"的出发点——"格物""致知"。而既然"格物""致知"是依照事物穷极其"理"，则此两者便贯穿于具备诸多理的万事万物之中。既然"格物""致知"对应万事万物，那么"八条目"中的"诚意""正心""修身""齐家""治国""平天下"也能连锁式地对应万事万物。总之，"八条目"的各项内容均基于"明德"之"理"。

"明德"以"理"为媒介，贯穿于诸多相位。为了解释"明德"的机能，胡炳文参照了朱熹《孟子或问》中对"知"的解释。

〔《孟子或问·尽心章》〕曰，知者心之神明，所以妙众理而宰万物。其释知字与释明德政自相应。盖此心本具众理而妙之，则在知此。心能应万事而宰之亦在知。……明德中自具全体大用致知云者欲其知之至而此心之全体大用无不明也。（《四书通·大学通》）

朱熹主张"知"是"心之神明"，激发众理，使其有意义，并主宰万事万物。胡炳文肯定朱熹的这一观点，并主张拥有这种机能的"知"与"明德"相对应。胡炳文强调"心"的总括性。他认为，"心"原本就具备众理，但"知"才具有激发诸理的作用。而"心"呼应万事万物并主宰之，这也是由"知"的机能决定的。

在胡炳文看来，心的精妙之"知"（即"明德"）不仅具有全体大用，其内涵也得到极大扩展——如果穷极其可能性，则万事万物都可变得清楚明了[1]。不用说，每一个人内部都可能存在这样的"明德"。这显然是宣称，在元代，人的"知"具有无限的可能性。

胡炳文认识到人与天地万物的本体和机能之间的关联，并对"至善"作了如下解释。

天下之理皆天实为之，莫不有一定之法。非人力所可增损故曰则。然则

---

[1] 冈田武彦在『宋明哲学序説』（文言社，1977）第六章中论述道，胡炳文、胡一桂和陈澔等人阐释"全体大用"时，偏重的不是政治、经济、礼制等现象，而是语言训释之学。

所谓事理当然之极者，事理当然之则也。下文曰，"有以尽夫天理之则也"。（《四书通·大学通》）

上文说的是，存在于天下的"理"皆由"天"来统括，但其中有一定的"法"。因这"法"非人力所能左右所以亦称"则"。从这点看，朱熹《大学章句》中的"事理当然之极"便成了事物之理的必然法则。如此，《大学章句》中对"止至善"的定义——"尽天理之则"，指的就是各事物穷尽其自身的"天理""法""则"。可见，虽然"止至善"容易让人联想起道德价值观的实现，但是胡炳文显然是从宇宙论的角度来认识"明德"之后的概念。

景星

元末景星（生卒年不详）撰写了《大学集说启蒙》一书，该书是他在适当参考朱熹及其以后诸学者的学说之后领会而得的。因此，有时很难明确判断他的文章孰是他自己写的，孰是他引用的①。因而，要讨论景星的独创性十分困难。但是，我们从中亦可窥知元朝知识分子在理解《大学》上具有代表性的学说。

> 当明明德，当新民，当止于至善也。明德即是心，心属火。缘他是个光明发动底物所以谓之明德。盖人之初，生得天地之理，又得天地之气。理与气合所以如此虚灵而光明。……须是到至当处而不迁，方是止至善。故自理之得于心者言，则曰明德。自理之见于事者言，则曰至善。求其初则非二物也。止者必至于是而不迁之意，言明德新民两事皆当止于此而不可迁也。总而言之，至善是明德本然之则，止至善又是明明德之则。（《大学集说启蒙》）

在本书的叙述部分，景星在大量引用和诠释朱熹及其他诸学派学者的学说的同时，将自己的观点引入其中并逐步展开。在某种意义上，他的解释是十分普通的整理排序及图式化。然而，或许正因为如此，我们才能够一窥至当代为止理学发展的顶峰及脉络。话说回来，通过引用折衷式的挖补及编辑，并在内容上做出独到的调整安排，均使得此理论架构更加明确。景星十分灵活有效地引用诸学派学说，并将其总括为人心所具的"明德"，从而使论述首尾一致，结构统一。在

---

① 《四库提要》（卷三六，经部六，四书类）记述道："非胡炳文等坚持门户者之比，盖犹能自抒心得者也"。

这点上，我们也能看到景星所持有的世界观。

"明德"是"心"，如果将其对应五行之气的话，则属"火"。火气对应照明和驱动性，故而特称其为"明德"。人生而能得优秀的"天地之理"和"天地之气"。只有理气合二为一，人的"明德"才能驱动"虚灵"的照明功能，这一解释基本遵照了朱熹的学说。虽然受限于一定的气的制约和框架，但反过来，只有突破这些限制，"心"的精致的机能才能发挥出来。

关于"止至善"，景星认为到达最好的地位，而不再变动，即是"止"。以"心"来看，他认为"心"所得之"理"即为"明德"，而使"理"表现为具体的真实现象便是"至善"。他阐释道，换个角度看，"明德""至善"不过是两个侧面，最开始本为一体，是一个整体的两个方面。他的观点揭示出了以心为根源的主观能动的世界观，这正好涉及了陆象山和王阳明等人的"心学"。

（2）明清思想家与三纲领

薛瑄

薛瑄（1389—1464）是明代朱子学中兴的第一人。他虽然担任了朱熹的"祖述者"，但也发展了自己重视人性的独到学说。

薛瑄像（汤岛孔庙藏）

> 《书》曰，"顾諟天之明命"（《尚书·商书·太甲上》），明命即天之"元亨利贞"（《易经·乾卦·象传》）。赋于人为明德。仁义礼知也。《中庸》所谓天命之谓性是也。（《读书续录》卷二）

在此，薛瑄认为《大学章句》第二章所列"天之明命"一词是《易经》中天的作用——元、亨、利、贞（据程伊川《周易程氏传》中的注解可知，此四者分别对应着天的始、长、遂、成的作用），而当这一宇宙论式的作用被授予人时，便成了"明德"。具体来说，就是人的仁、义、礼、智的德性，相当于《中庸》中的"天命"之"性"。薛瑄同时运用《易经》和《中庸》进行论证，以此强调人类"明德"的能力包含了宇宙论，而且"明德""新民"和"止至善"与这种宇宙论式的机能直接相关。对于此三者间的联系，薛瑄做了如下解释。

> 明德、新民、止于至善，无非尽己尽人之性各造其极。物理之极处，即
> 性之一原也。天下之物皆造乎极处，则吾心所知无不至矣。(《读书续录》
> 卷五)

三纲领各自通过穷尽自己和他者的性以达到极限和最高准则——薛瑄以此为
"善"，事物之理的极限是赋予万事万物的性和"一原"。关于天下之物，薛瑄
认为如果到达了作为极限的"理"，则我们的"心"的"知"可借此洞察一切。

接下来，我们看看薛瑄对"止至善"的实质是如何论述的？

> 止当内外动静交致其力，静而心不止于天理，非止也。动而事不止于天
> 理，非止也。天理者仁义礼智信而已，万事所以不治者，失其所当止也。万
> 事各止其止，则天下治矣。(《读书续录》卷二)

依据薛瑄的观点，"止"适用于所有范围。即他主张不管是人的内心、外在
行为及心的静态，还是行为的进行状态，都是用于"天理"，没有差异，否则都
达不到"止"。相反，只有在所有情况下都适用于"天理"时，天下才能得到治
理。在薛瑄看来，"止"并非指到达理想状态，使万事万物完结。而是指在所有
情况下，都要进行动态调整，以便与"天理"及其赋予的"性"保持一致[1]。

如上所述，薛瑄认为"止至善"是极为动态的。而从下文中也能理解他的这
一见解。

> 止非一定不移之谓。乃随时而止也。如当动而动，止在动上。当静而静，
> 止在静上。当止而止，止在止上。当行而行，止在行上。当语而语，止在语
> 上。当默而默，止在默上。以至万事万物各有当止之理。惟止得其时乃止之
> 义也。(《读书续录》卷二)

用我们的语感来理解的话，上文中的"止"指的是运动的终结。但在薛瑄看

---

[1] 李元庆在《明代理学大师薛瑄》(山西高校联合出版社，1993)"批判改造朱熹理学(上)"中指出，
薛瑄主张理气之间没有间隙，但理是永久的、绝对的，气是暂时的、相对的。既然如此，理气之间
就存在不可调和的矛盾。对此，罗钦顺和黄宗羲等人持批判态度。

来，"止"并不意味着"一定不移"，而是随着时间不断调整，并以此为前提条件。"止"包括了看似完全静止的状态，但即使在运动的情况下，从与状况恰好对应这一意义上看也是一种"止"。"止在动上"突出的是动态调整的方面，是一种动态的观点。也就是说，"止"某种意义上是指为达到最佳状态而做出的调整。在运动的所有场合下，都有与"止"对应的"理"。薛瑄的"随时而止"的观点应是基于《中庸》的"中时"的解释等。但由此可知，无论何种情况，明代理学绝非一直是对朱熹的简单祖述，而是伴随着一种强烈的主观能动的意向性——恰如其分地适应时代和状况。

罗钦顺

　　明代的罗钦顺（1465—1547），号整庵。他认为，宇宙间所能设想的一切都是"物"，其"理"是共通的，只是在宇宙间的分布和视点不同而已。

> 盈天地之间者惟万物，人固万物中一物尔。"乾道变化，各正性命"（《易经·乾卦·象传》），人犹物也，我犹人也，其理容有二哉？然形质既具，则其分不能不殊。分殊，故各私其身。理一，故皆备于我。夫人心虚灵之体，本无不该，惟其蔽于有我之私，是以明于近而暗于远，见其小而遗其大。（《困知记》卷上）

　　只要是存在于这个世界上的事物最后都叫"万物"。人类也不例外，也是其中"一物"。天的活动在变化，万物也相应地实现自己被赋予的使命。"我"属于"人"，"人"属于"万物"。既然如此，一切都是相同的。如此一来，作为统体的"理"也毫无差异。换言之，"理"贯通万物。

　　另一方面，万物形质上的差异是其受到区别待遇的原因。一旦差异形成了，万物就会固定"身"，并将其作为自己。然而，"理"本身是万物共同的"一"。既然如此，换个角度看，可以说"我"通过"理"具备了万事万物。可以认为，从"理"之本体这一点来看，人"心"这一特殊场域包括了万事万物[1]。罗钦顺认为，明暗、远近、大小等都是相对的，它们之间的区别只是各视点在受到肉体制约时产生的远近感的不同而已。

---

[1]　荒木见悟在『陽明学の位相』（研文出版，1992）「第二章　心の哲学」中论述道，罗钦顺在讨论心的本体时，对心与性的区别过分敏感，导致性（理）的固化。

王守仁

关于《大学》的诸多概念，明代的王守仁即王阳明（1472
—1528[①]）在许多方面与朱熹相左。他指责朱熹的解释不合
理，并主张自己学说的优越性。

首先，我们来看看王阳明与弟子（钱德洪）之间关于《大
学》"明明德"的问答。

王守仁像
（汤岛孔庙藏）

> 大学者，昔儒以为大人之学矣。敢问大人之学何以在
> 于明明德乎。阳明子曰，大人者，以天地万物为一体者也。
> 其视天下犹一家，中国犹一人焉。若夫间形骸而分尔我者，
> 小人矣。大人之能以天地万物为一体也，非意之也，其心
> 之仁本若是，其与天地万物而为一也。岂惟大人，虽小人
> 之心亦莫不然，彼顾自小之耳。（《王文成公全书》卷
> 二六）

上文说的是，人有小人和大人的区别。大人视天地万物与自己是一个整体，
视世界（和谐统一）为一个大家庭，视中国（所有人团结）犹如一个人，是有机
的，具有多重性。与此相对，小人则以人的身体为分界线，将人固定地区分为自
己与他者。之所以大人与"心"之天地万物会有浑然一体的感觉，不是因为人有
意识地那样做，而是"仁"的作用使人原本就与天地万物化为一个整体。

这种共鸣能力不仅是大人有，就连执着于自他有别的小人也有——尽管是无
意识的。但是，小人终究还是将自己限定在狭隘的形式中。如此一来，对王阳明
来说，使全人类复归自他、内外本自浑然一体的感觉才是最重要的。王阳明在后
文中接着论述道，这种共鸣能力不仅是对人类，就连拥有感觉的鸟兽和具有生长
能力的花草树木，以及砖石瓦块这类无机物等，只要是存在于世界上的一切事物，
都能起作用。

这种作用源自作为"天命"——被赋予个别存在者——的"性"，本自"灵
昭不昧"，即为《大学》中的"明明德"。诚然，王阳明的"灵昭不昧"依据的

---

① 译者注：一说 1529 年卒。

是朱熹《大学章句》的"虚灵不昧"，但是与《大学章句》相比，他的解释更让人联想到"明德"的照明能力的驱动。

> 是乃根于天命之性，而自然灵昭不昧者也，是故谓之"明德"。……明明德者，立其天地万物一体之体也；亲民者，达其天地万物一体之用也。故明明德必在于亲民，而亲民乃所以明其明德也。是故亲吾之父，以及人之父，以及天下人之父，而后吾之仁实与吾之父、人之父与天下人之父而为一体矣；实与之为一体，而后孝之明德始明矣！亲吾之兄，以及人之兄，以及天下人之兄，而后吾之仁实与吾之兄、人之兄与天下人之兄而为一体矣；实与之为一体，而后弟之明德始明矣。（《王文成公全书》卷二六）

"明德"被规定为与他者的共存，以及与之共鸣的能力。王阳明由此认为，"明德"必须通过"亲民"才能完成。也就是说，为了"明明德"，首先就要确立天地万物浑然一体这个本体。如果自他、内外的整体是本体的话，那么与之对应的机能必须是亲近爱护"他者"——从"自我"的立足点来看——的作用。这就是"明明德"的途径。

那么，要"彰显弘扬"具有共鸣能力的"明德"，具体应该如何做呢？正如通过"亲近"自己的父亲，"亲近""孝顺"他人的父亲，乃至天下人的父亲一般，通过亲近亲属中的年长者，通过实践关乎他人及全天下年长者的"悌"，"孝的明德"和"悌的明德"才会显现。即他认为"明德"是核心能力。而在个别情况下，各种德性会被放射和扩充，获得具体的内容。君臣、夫妇、朋友等自不必说，至于山川、鬼神、鸟兽和草木，皆可通过实际地亲近爱护他们，达成"我之浑然一体的仁"，使"吾之明德"发出光辉，并实现"以天地万物为一体"。这才是《大学》八条目的"明明德"，并与"齐家""治国""平天下"相关联。

接下来，王阳明这样解释"止至善"。

> 至善者，明德、亲民之极则也。天命之性，粹然至善，其灵昭不昧者，此其至善之发见，是乃明德之本体，而即所谓良知者也。至善之发见，是而是焉，非而非焉，轻重厚薄，随感随应，变动不居，而亦莫不自有天然之中。是乃民彝物则之极，而不容少有拟议增损于其间也。（《王文成公全书》卷二六）

所谓"至善"，是贯穿于对自己的"明德"及对他者的"亲民"的实践的终极原则和目的。《中庸》所说的天赋之"性"是"至善"的价值根据。毫无滞待的照明功能是"至善"的具体表现。这就是"明德的本体"，也是《孟子》所谓的"良知"。"明德""良知"是至善的"天命之性"的照明功能的外在表现。他们顺应事态变动带来的刺激，判断是非、轻重、厚薄等，并直觉最合适、妥当的极致——"中"。这是人和事物恒常的法则、基准，即"民彝物则"。

这是在阐明，天地万物浑然一体印证了"内"在的"良知"和"明德"，而从此二者中可获取价值判断的基准。而且王阳明认为，首先论述与照明作用无关的"外在"事物之理，只不过是受到限制的"个人智慧"而已。

> 后之人惟其不知至善之在吾心，而用其私智以揣摸测度于其外，以为事事物物各有定理也。是以昧其是非之则，支离决裂，人欲肆而天理亡，明德、亲民之学遂大乱于天下。（《王文成公全书》卷二六）

朱熹认为查明事物之理是"平天下"的前提条件。而从上文可知，王阳明对此显然是持批判态度的。朱熹的观点中预先设置了一个被限定的"私"的框架，因而最终落入窘境——揣摩臆测"外"在事物，不断追寻似乎自存于其中的"定理"的影子。因无法启动原有的"明德"能力，确立价值命题，以致天下大乱[①]。

王阳明自己认为，价值判断上的特权立场在于自我，"明德"是其规则准绳，并以此论述其机制。

> 故止至善之于明德亲民也，犹之规矩之于方圆也，尺度之于长短也，权衡之于轻重也。故方圆而不止于规矩，爽其则矣；长短而不止于尺度，乖其剂矣；轻重而不止于权衡，失其准矣；明明德、亲民而不止于至善，亡其本矣。故止于至善以亲民，而明其明德，是之谓大人之学。（《王文成公全书》卷二六）

王阳明认为"心"是能实现至高之善的机构。他用类比的方法阐述说，"止

---

① 在前列吾妻重二著作的第 368 页中，认为王阳明的这种观点舍弃了朱熹格物说的内外中的"外"，而只关心"内"，具有将客观世界包摄于主观世界的性质。另一方面，他论述道这种观点本身是内心方面在朱熹格物穷理学说上的独立发展，并指出其中的继承关系。

至善”与“明德”和“亲民”的关系犹如基准仪和度量衡与对象事物的关系。无论是自我的“明明德”，还是对他者的“亲民”，一旦脱离了适宜的程度，就会失去其根本。他认为，所谓“大人之学”即“大学”，指的是接近适当的目标和基准，与“他”者和“外”在事物动态关联，同时创造理想和价值。

王阳明阐述说，在具有实感的自我之“心”和“良知”中，存在着这种价值命题的“至善”。正因为如此，“志”被赋予了一定的方向性，不为“外”在事物支离、煽动，即便是“一念”的启动和“一事”的触发，都能审查出它们是否处于恰到好处的“至善”状态。

甚而，王阳明主张知行并进，认为“明明德”和“亲民”是并存又互相包含，且双向进行的实践。他批评道，若如朱熹所说，“新民”与“亲民”彼此有别的话，这本身就是将“明明德”和“亲民”中的“知”与“行”一分为二（《王文成公全书》卷二六）。

在明代，王阳明哲学从人与天地万物浑然一体的角度，标榜实现认识和行动直接关联的价值，得到了士大夫们的强烈支持。针对“心学”的学说，出现了各式各样的赞同和批评。明代至清代前期，以阳明学的兴盛为媒介，有关“知”和“心”的争论日渐白热化，不断趋于成熟。

王畿

王畿（1498—1583），号龙溪。他不仅继承了王阳明的良知说，而且接受并吸收佛教唯识思想的认识论，并以独特的形式将其纳入儒家概念之中[1]。在下文，我们将从王阳明学说固有的宇宙论式的“良知”与佛教的“识”的对比中，分析王畿“良知”论的特质。

> 知一也，根于良则为本来之真，依于识则为死生之本，不可以不察也。知无起灭，识有能所；知无方体，识有区别。譬之明镜之照物。镜体本虚，妍媸黑白，自往来于虚体之中，无加减也。若妍媸黑白之迹滞而不化，镜体反为所蔽矣。镜体之虚无加减则无生死，所谓良知也。变识为知，识乃知之用；认识为知，识乃知之贼。（《龙溪王先生全集》卷三）

---

[1] 参阅：马渊昌也「先後日本における王畿とその思想に関する研究と回顧」（『阳明学』第一〇号，1998）。

　　王龙溪在开篇即谈论了贯穿于万事万物的"知"。在他看来,人依据"良""知"可回到"本真"状态——原初状态。另一方面,他还言及了佛教的唯识论。即在依靠具有判断作用的"识"时,因执着于被分割的相而导致生、死两种状况持续发生。王龙溪援用"识"的概念,认为这是人类生死以及主动被动等差别形成的原因。但他认为"良知"等同于没有生起断灭、空间相位差别的"无分别智"。继而,他又将"知"比作明镜的照明作用,解释称其"体"虽然会出现差别相,但却不会增减。接着,他改变唯识论中"识"的作用,模仿获得"大圆镜智"的"转识得智"①,将"识"转换成"知",积极肯定地主张"识"的判断作用就是"知"的作用,但反过来他却不认可。如此,王龙溪主张固化被分割的相时,"识"便是"贼",应当回归"良知"的原初状态。

　　如上所述,王龙溪在儒、佛之间不设优劣之别,只要佛教对心的概念分析有说服力,他就认可并接纳吸收,积极主动地摸索妥当的"知"。

　　另外,柴田笃关于王畿"良知"的研究应值得关注②。柴田笃的论证十分详细,他主张在王畿看来,"良知"是气的天赋之能,是"人知所不可测知的奇妙作用",是"灵",并最后阐明"良知"是贯通天地,生发出连绵不断的理的实体。继而,柴田笃指出,王畿想出了灵气、灵魂、灵机、灵枢、灵体、灵穷、灵光、灵知、灵明、灵性等各式各样的同义词,用以形容"良知"的绝妙作用。这"灵"物与其说是灵妙不可思议的灵魂一般的"灵",倒不如说它代表了"知"的作用。

　　另一方面,联系本章的内容,柴田笃的结论非常引人注目。他阐述道,早期赴中国传教的利玛窦在其汉语教理书《天主实义》中,使用了大量带"灵"字的词语。究其原因,是因为该字在明末十分普及。笔者认为还有其他材料可以佐证柴田笃的观点,这就是先前介绍的艾儒略所撰的教理书《性学觕述》③。在该书中,作为良知、明德、性、未发之中的同义词,艾儒略列举了灵性、灵明之体、灵魂、灵心、灵才、本体自然之灵、灵台等,冠有"灵"字的词语。而且,这些词都与

---

① 荒木见悟在『陽明学の展開と仏教』(研文出版,1984)「明代における楞厳経の流行」中论述道,王畿学风之精髓在于悟修一体的顿悟。

② 参阅:柴田篤「明末天主教の霊魂観について」(『東方学』七六辑,1988);柴田篤「良知霊字攷:王龍渓を中心にして」(『陽明学』第一二号,2000)。

③ 参阅:《法国国家图书馆明清天主教文献》(第六册)(台北利氏学社,2006),第106—107页。

"心""知"或"性"有关系。甚至被认为是真我、元神和天君，是"天主赋我以为一身之君"之物。最后的一句话出自《朱子语类》，即"天之赋于人物者谓之命，人与物受之者谓之性，主于一身者谓之心，有得于天而光明正大者谓之明德"。（卷一四）。

从上述内容可知，围绕宋明理学（包含王畿在内）的"心"的种种言论，坚定了耶稣会传教士解释中国哲学的方向。

高攀龙

高攀龙（1562—1626），号景逸，与顾宪成、顾允成、邹元标、赵南星等，同为主张改革国政和制度的东林党领袖。本节中，笔者将讨论高攀龙关于"心"和"知"的主张。下文是高攀龙与弟子在关于"心"与"气"的相异之处的问答。

> 彦文问，心与气何以分别。先生曰，心之充塞为气，气之精灵为心。譬如日，广照者是气，凝聚者是心，明便是性。（《高子遗书》卷五）

根据上文可知，高攀龙认为"气"是使"心"满足充实之物，而"心"是顺应"气"的精致微妙的机能。就此两者与天赋之"性"的关联而论，他将辐射广泛的阳光比作"气"，"气"凝聚后形成了一定的整体和秩序就是"心"，而"心"的照明、自觉的机能就是"性"。

同样，关于"心"与"明德"的关系，高攀龙做了如下解释。

> 明德者何也。人之心也。人心本明，有不明者何也。心本明又须人自明之。故放于外则不明，复于身则明。着于欲则不明，循于理则明。……其明与不明，在一念转移间，如反复掌，无难也。（《高子遗书》卷七）

对于"明德"为何物的设问，高攀龙直截了当地回答说是"心"。他论述说，两者当然并非完全对应，"心"有两种状态，一种是本真的、鲜明的"心"和"明德"的状态；一种是非本真的、不甚明显的状态。"心"之所以会变得不鲜明，是因为向往着各种各样的外部对象。相反，如果将"心"收敛至身体内的话，它就会变得显豁。也就是说，受欲望束缚"心"会不彰明，遵照"理"行事①就会清楚鲜明。

---

① 参阅：中尾友则「高攀龍の理気論——東林党の歴史的性格をめぐって」（『社会思想史研究』六巻，北樹出版社，1982）。

> 反观者何物也。心也，明德也。性寂而静，心能观之。情发而动，心能
> 节之。此心之所以统乎性情，而明德之所以体用乎至善也。（《高子遗书》
> 卷九上）

上文中，高攀龙借用了邵雍《皇极经世书》卷一二的"反观"一词，认为"反观"即是"心"，是"明德"，并仍然强调两者具有相同的一面。当"性"处于静寂状态时，"心"的直接感知机能才会发挥出来。不仅如此，"心"在受外界事物触发之际，能正确调节"情"。如此这般，通过"心"的"反观"，"明德"成为实体的"性"，成为作为作用的"情"，发挥"至善"的理想状态。

以上是高攀龙对"明德"的理解，与此相关联，他对三纲领的认识也具有独特内容。

> 三纲非三事。一明明德而已。明明德者明吾之明德也。新民者明民之明
> 德也。止至善者明德之极至处也。然不知止德，不可得而明民，不可得而新
> 何者。善即天理。至善即天理之至精、至粹，无纤芥夹杂处也。不见天理之
> 至便有人欲之混，明德新民总无是处，故要在知止也。（《高子遗书》卷三）

高攀龙首先阐述了三纲领之间密不可分的关联性，并主张"明明德"总括了三纲领。因为"明明德"中不仅有"吾"的"明德"，也包含了彰显"民"的"明德"，而"止至善"则包含了"明德"的终极法则。然而，如果原先不了解"止"于"明德"的话，谁都不可能彰显弘扬"明德"。他还阐述说"善"是"天理"，"至善"则是"天理"最纯粹的菁华，如果不理解这点的话，"人欲"就会混入其中，使得"明明德"和"新民"都失去依靠。因此，他主张认识作为（应当知止的）"明德"终极法则的天理是十分重要的。[1]

那么，上述终极法则从何而得呢？高攀龙与王阳明一样，直接向人"心"求解。

> 有物必有则。则者至善也。穷至事物之理，穷至于至善处也。（《高子
> 遗书》卷一）

---

[1]　鹤成久章在「高攀龍の「格物」説について」（『集刊　東洋学』六八，1992）中论述道，高攀龙常常意识到"心"可能不合道理，他认为只有在"心"与"天理"（即"性"）以完全相同的状态表现出来时，才能视"心"为"至善"。

事物的规律性才是"至善"之所在，查明事物之理即查明"至善"，高攀龙认为两者同义，这基本依照了朱熹的学说。

一般来说，包括高攀龙在内的东林学派对阳明学左派——以"心"作为终极依据——过头的学说持批评态度，并尝试与朱子学折衷。高攀龙立足于朱熹的学说，强调"心"与客观事态在"理"上融为一体，但是，从他对"心"的积极态度来看，他明显受到了"心学"的影响。由此可知，明末朱子学在某些地方与阳明学接近。

葛寅亮

明代的葛寅亮（1570—1619）规定，只有通过"亲民"，"明德"才能作为精致微妙之"知"的"心"。

> 明德者，人所具灵知之心，湛然遍照者。明则以功夫合本体，不亏其量，而适还夫明也。民者，广众之称，凡对己者即是。亲则提醒其灵知，同归明德中而联若一体也。至善者，纯粹极尽之称，即人清净之心。止则摄纷散以归宁一。（《四书湖南讲·大学诂》）

上文中的"心"具有"明德"普照、洞察的功能。因"明"这一特性的缘故，人的行动和努力才与实体一致，以本真状态适应"明"。葛寅亮以共同普遍的"明德"为基础，认识自我和他者在明德上的关联。从这点看，"民"只是"广众"的相关概念而已，而"广众"仅是与"己"相对而言。于是，通过亲近原本自我相通的"他者"，使"灵知"觉醒，自他借此同在更广大的"明德"内部联动，并终归于一，成为整体存在。在他看来，"至善"指的是自他不可分的终极纯粹的极致状态，是"清净之心"。而且，达到极致的话，所有纷争都会停止，一切归于平稳安静，成为一个整体。

显然，葛寅亮在此设想了一个酷似佛教顿悟的语境[1]，但他的解释架构依旧是以宋明理学为基础。

---

[1]　关于葛寅亮及其注释四书的真实情况，参阅：荒木見悟『明代思想研究』（創文社，1972）「十四書湖南講について」。

陆陇其

清代考据学占据主流，历史上主要指乾隆嘉庆时期。而本章讨论的耶稣会传教士频繁活动的时代，是在此以前宋明理学尚被视作正统的时代。于是，陆陇其便进入了我们的视野，本节我们分析他的《大学》观。陆陇其（1630—1692）是与柏应理同时代的清初理学家，据称，他所撰的《四书讲义困勉录》普及程度十分高，对康熙朝以降的科举考试产生了决定性的影响[①]。

笔者将首先讨论陆陇其批评明代王纳谏《四书翼注》的部分。

> 明德新民人己两物也。而有本末焉，此大谬。盖本末是一物之本末也。始一株树有根与梢也。若两物则有两本末矣。要之君子以万物为一体故，人己总若一物。（《四书讲义困勉录》卷一）

王纳谏主张一分为二地看待在于己的"（明）明德"，及对他者的"新民"，认为前者是本源，后者是末节。陆陇其认为王纳谏的观点是谬误，因为本与末本应包含了属于"一物"的本和末，但如固定地认为自与他是本与末，那么两者就成了各自独立的存在。另一方面，与之相反，"君子"认为万物是一个整体，所以人和己可看作是一个事物的两个事项。

陆陇其视"明德"和"新民"为树木的本末，这种类比的使用延续了前人的做法。但他却未必像宋明理学一样，将存在于人类的"理"与存在于诸事物中的"理"直接挂钩。

> "物有本末"之物，指明德、新民。是以物之大纲言。格物之物，指事物之理。是以物之散殊言。虽其归则一而所指不同。今人牵合为一则误矣。（《松阳讲义》卷一）

陆陇其将"物"分成两种情况来把握。一种是用本、末分别对应"明德"和"新民"，两者包含于"物"中。另一种是对象性的"物"，可洞察作为天理之分的"理"。不过，他认为《大学》中作为大纲的"物有本末"——"明德"和"新民"，以及朱熹"格物"说讨论的"物"，两者殊途同归。并断言尽管如此，

---

① 参阅：滝野邦雄「李光地の眼から見た陸隴其と于成龍」（『経済理論』第三〇四号，2001）。

但既然指示对象不同，就不能牵强附会地将其混为一谈。在这点上，陆陇其的见解与以往的宋学相异，更加强调伦理与自然科学原理的区别。

> 讲明德，虽从天命之性说起，与中庸天命之性无二。至讲上明字，示学者下手工夫，则止日当因其所发而遂明之。不及未发，是格、致、诚、正、修，皆属中庸致和一边工夫。（《四书讲义困勉录》卷一）

在陆陇其看来，《大学》的"明德"与《中庸》的"天命之性"是同等的。只是，《大学》讨论如何"明明德"，是为了向学习者展示着手学习的方法。他认为这一点是《大学》的特色，《中庸》则与之不同，更具有形而上的性质。他指出，《大学》不讨论像《中庸》的"未发之中"一样的形而上的实在，而是结合人因真实事态受到的触发，探讨如何实践"明"。

陆陇其尝试着以宋、元、明三代关于"知"的宏大言论为基础，对形而上的问题不做讨论，同时根据古代典籍构建可以应对新的时代动向——清代——的具有整合性的理学论。

小　结

本节中，笔者主要结合以"明德"为中心的"知"，就《大学》三纲领在朱熹及其后学的"性理学"，以及陆象山、王阳明等人的"心学"的思想发展中的解释，进行了考察研究。在此，笔者结合诸学者所处时代的推移变化，在"知"的构造、作用及其性质等各方面，或将其作为客观考察对象或作为主观内容等，历经曲折，从多方面开拓了分析和理解"知"——人的本质机能——的方法和途径。

正是在这样一个时代，西方传教士入华传教。以西方的"知"为精神支柱的他们与经由宋明理学积累，并成熟起来的宏大的"知"的理论相遇。柏应理选择了这一宏大的"知"的代表之一——张居正，但他并不是惟张居正是从。展现在传教士面前的，是一个围绕"知"而发展起来的庞大的思想群。柏应理从中一眼就看出，张居正对中国哲学的解释占主导地位，因而重点向欧洲介绍了张居正的解释。此外，"明德"中包含了多重内容。对此，柏应理将其译成"理性本性"（rationalis natura）或"理性"（ratio）——因为宋明两朝之"明德"的内容具备了可以这样翻译的内涵——并传播至欧洲。

第二节　平天下与理性——《大学》"八条目"

1　朱熹、张居正的注释及柏应理的翻译

此前，笔者探讨了以"明德"为中心的《大学》三纲领。接下来，笔者将就《大学》八条目进行分析研究。《大学》八条目直截清晰地反映了儒家更为具体实际的方面——"修己治人"的理念。在此，先来看看《大学》原文，以及朱熹《大学章句》中与之有关的内容。括号内是朱熹《大学章句》的文本。

> 古之欲明明德于天下者，先治其国；欲治其国者，先齐其家；欲齐其家者，先修其身；欲修其身者，先正其心；欲正其心者，先诚其意；欲诚其意者，先致其知；致知在格物。（明明德于天下者，使天下之人皆有以明其明德也。心者，身之所主也。诚，实也。意者，心之所发也。实其心之所发，欲其一于善而无自欺也。致，推极也。知，犹识也。推极吾之知识，欲其所知无不尽也。格，至也。物，犹事也。穷至事物之理，欲其极处无不到也。此八者，大学之条目也。）物格而后知至，知至而后意诚，意诚而后心正，心正而后身修，身修而后家齐，家齐而后国治，国治而后天下平。（物格者，物理之极处无不到也。知至者，吾心之所知无不尽也。知既尽，则意可得而实矣，意既实，则心可得而正矣。修身以上，明明德之事也。齐家以下，新民之事也。物格知至，则知所止矣。意诚以下，则皆得所止之序也。）

《大学》的原文环环相扣，揭示了儒家的终极理想以及达到该理想所需的条件。现将该原文所述内容整理翻译成现代汉语，即：古时，想要使"美德"彰明于天下的（明明德于天下）人，先要治理好他的"国家"（治国）；要想治理好自己的"国家"的人，一定要先治理好自己的"家族"（齐家）；想要治理好自己的"家族"的人，一定要先努力提高"自身的品德修养"（修身）；想要提高自身品德修养的人，必须先端正自己的"内心"（正心）；想要端正自己的内心，必先使自己的"意念诚实"（诚意）；想要使自己的"意念诚实"，必先"达到认识明确"（致知）；而"达到认识明确"的方法就在于"推究事物的原理"（格物）。关于文中各种词汇和命题，每个历史时期都会出现各式各样的解释。其中，

尤其是对于"致知""格物"的解释，自古以来都是争论的焦点。我们将在后文中探讨争论的经过，这里暂且先来看看朱熹在《大学章句》中做的解释。

据朱熹的理解，所谓"明明德于天下"指的是全天下的人各自彰显自己的"明德"。而且，或许是因为觉得其后的"治国""齐家""修身"相对容易理解，所以他才没有做语义上的解释说明。随后，他又视"诚"为"实"，视"意"为"心"的驱动。并且，朱熹认为"心"是"身之主"，为了将驱动"心"的"意"变成"实"，就必须做到充实自己，不欺骗自己。"致"指的是究根问底，彻底钻研，直至达到极致。"知"即是"识"。朱熹认为努力钻研自己的知识，使之提升至极限，是希望通晓、悉知一切事情。"格"是"至"的意思，"物"泛指"事"。在朱熹看来，到达事物指的是"彻底钻研到达""事物"之"理"，也就是说希望到达一切事物的至极之处——事物之理。最后，朱熹强调"明明德于天下""治国""齐家""修身""正心""诚意""致知""格物"八项是《大学》的主要命题，即"（八）条目"。

返回《大学》文本可知，与上述内容相反，其后的文本阐述了"格物"之后走向终极理想状态的过程。此即，只有推究事物之原理，而后才能达到认识明确；只有达到认识明确，而后才能意念诚实；只有意念诚实，而后才能心思端正；只有心思端正，而后才能提高自身的品德修养；只有提高了自身的品德修养，而后才能整治好家族；只有整治好家族，而后才能治理好国家；只有治理好国家，而后才能使天下太平。对此，朱熹解释道，"格物"是指人掌握一切事物之理，而"致知"是指对自己内心的所有知识穷原竟委。"知"一旦穷尽了，就能使"意"充实；"意"一旦充实了，就能端正"心"的作用。而且，朱熹认为至"修身"为止的条目都是"明明德"，而"齐家"以后的条目都与"新民"有关。这样，只要穷尽事物的道理，发挥自己的"知"，就是"知所止"。据朱熹所言，《大学》中的"意念诚实"之后的内容都是在解释说明"知所止"。

那么，柏应理是如何翻译解释《大学》和朱熹对上述"八条目"的解释的呢？请看《中国哲学家孔子》中对《大学》八条目的翻译。

　　　　古代的人们想要在帝国之中磨砺理性本性（natura rationalis）〔明明德于天下〕，即他们自己想成为全帝国人民提升理性本性的典范，首先就要正确地管理好他们各自的王国〔治国〕。……要想正确地管理好自己的王国，就要很好地教育引导各王国的人民，就需要事先教育引导自己的家庭〔齐家〕。这就是说，进而要有能很好地教导和统治全王国人民的理念（idea）。这是因为所谓正确管理王国的根源（radix）或根源性的事物（principale），即是指受到正确教育和引导的家庭。因此，对于统治者来说，必须先努力学会正确地教育引导。继而，要想正确教导自己的家庭，就要端正（即整理）自己的身体（corpus）（根据〔身体〕这一名称来理解人格〔persona〕）——作为能够正确教导自己家庭的规范或典范。因为家庭得到正确的教导和引导，其根源或根源性的事物是指正确形成的，且经过优良的伦理〔道德〕（mores）改进的特有人格（propria persona）〔修身〕。那么，现在想要端正自己的身体——即人格的所有外在习惯（habitus），就要抑制，即正确地控制自己的情动（affectiones）和欲望（appetitus）——此两物会使"心"〔魂〕（animus）远离真正的善，并使其向恶而行，陷入恶德——首先端正自己的内心〔魂〕〔正心〕。因为正确控制魂的情动和欲望，是形成端正的身体——外表——的正确根源，或根源性的方法，应该首先考虑的事情。所以，人要保持自己人格外表的形成，就应该控制自己的内心。那么，〔他们〕想端正自己的内心，就要首先使自己的意图〔意念、意向〕（intentio），即意志（volumtas）真实可靠。也就是说，真实性、诚实性可使〔意图〕摆脱一切虚伪和虚构。……因此，我们意图的真实性（veritas）〔诚意〕，才是端正内心〔魂〕的根源，或可说是根源性的，必须首要注意的事物。因此，〔《大学》的〕作者阐述道："端正自己内心之人，应当首先在真实中确立自己的意图"。继而，想要使自己的意念真实，就要首先完善（perficere）自己的理智〔知性〕（intellectus），即理智〔知性〕能力（potentia intellectiva），并尽可能使其到达至极之处。也就是使之能洞察一切〔事物〕〔致知〕。因而，这种理智〔知性〕的终极洞察能力是使我们意念真实，并在真理中确立意志（volumtas）的根源，或者根源性的事物。这是由于在论述"希望使自己的意图和意志真实之人，必须首先完善自己的理智〔知性〕"时，作者希望意志〔发展的方向〕是可预测的。而后，基于这样的理由完善自己的理智〔知性〕认识能力（vis intellcetiva）——到达至极之处，就是要深入认识或彻底理解所有事物，或所有事物的理由〔根据〕（rationes）〔格物〕。然而，正因为一切事物和存在者（entia）都具有多样性，所以理应被认知的理由〔根据〕——哲学家称之为认识可能性（cognoscibilitas）——也具有多样性。所以，最终反映存在状态（modus essendi）的认知状态（modus cognoscendi）也是多种多样的。特别是在最后，人们认为理智〔知性〕的认识能力是依照一切认知可能性，竭尽人的能力去理解和认知万事万物的理由〔根据〕（rationes）和本质（essentiae）。这就是指到达知识（scientia），即认识（cognitio）的极致。于是，〔《大学》的〕作者写道："完善理智〔知性〕认识能力，即使其达到至极之处，就是要把握万事万物之理由〔根据〕，并用某种方法彻底理解和认知它"。（《中国哲学家孔子》"第四章《大学》的译文"）

在上文中，柏应理将开篇的"明德"译成之前我们所见过的"理性本性"（natura rationalis）。中国古代的人们——虽然文脉上指代王者，但文章的特点在于用"人们"将王者一般化——先于世人彰显"理性本性"，同时也希望他者在自己尚未成为典范的理性方面得到提升。柏应理正是基于这样的理解而后进行翻译。随后，他认为，国家得到整治是实现"理性本性"显明于世人的条件，而国家得到整治的条件是每个家庭受到良好的教育和引导。家庭受到良好的教育和引导的条件是按照外部状况形成和改善主体人的身体或人格。要实现这一点，就必须要正确控制心（魂）（animus）。其条件是使自己的意图（intentio）或意志（volumtas）真实并确立起来。意图真实的先决条件是"致知"，即完善自己的理智〔知性〕或理智〔知性〕能力的洞察机能。作为"致知"的条件——"格物"是指把握万事万物之理由（根据）（rationes），并彻底理解和认知它。

在此，柏应理采用了朱熹式的解释架构，视"具众理应万事"的天赋（而非神赋）之心灵能力为"理性本性"，且将"理"理解成内化于万事万物之中并使之形成的理由，乃至本质。朱熹认为在"理"方面，明德与万事万物之理相关联，柏应理认为朱熹的观点十分妥当，并在翻译世人熟知的人类"理性"及万事万物之"理据"时，选择了同一个词——ratio——将两者结合起来。

柏应理没有评价朱熹"无神论"式的倾向。但在翻译《大学》时，缺少了朱熹就不可能做出这种主知主义解释。并且，为了做出这般详细的翻译，柏应理在朱熹注释的基础上，又参考了张居正的解释。

> 在昔古之人君，任治教之责，要使天下之人，都有以明其明德者，必先施教化，治了一国的人。……然要治一国的人，又必先整齐其家人，以为一国之观法，盖国之本在家，故欲治其国者，先齐其家也。然要齐一家的人，又必先修治已身，以为一家之观法，盖家之本在身，故欲齐其家者，先修其身也。身不易修，而心乃身之主宰。若要修身，又必先持守得心里端正，无一些偏邪，然后身之所行，能当于理。所以说，欲修其身者，先正其心。心不易正，而意乃心之发动，若要心正，又必先实其意念之所发不少涉于欺妄，然后心之本体能得其正。所以说，欲正其心者，先诚其意。至于心之明觉谓之知，若要诚实其意，又必先推极吾心之知，见得道理无不明白，然后意之所发或真或妄，不至错杂，所以说，欲诚其意者，先致其知。理之散见寓于物，若要推极其知，在于穷究事物之理，直到那至极的去处，然后所知无有不尽，所以说，致知在格物。（《大学直解》第一章）

可以说，张居正的注释是对朱熹《大学章句》的解说。只不过，柏应理的译文大多基于张居正的解释。例如，朱熹《大学章句》中省略了"治国"的前提条件是"齐家"的部分。而在柏应理的译文中却出现了——"正确管理王国的根源（radix）或根源性的事物（principale），即是指受到正确教育和引导的家庭"，这依据的是张居正的"国之本在家"。此外，柏应理将"齐家"的前提条件是"修心"一处，翻译成"家庭得到正确的教导和引导，其根源或根源性的事物是指正确形成的，且经过优良的伦理〔道德〕（mores）改进的特有人格（propria persona）"，则是依据了张居正的"家之本在身"。进而，他将"修身"的前提条件是"正心"一处，译成"想要端正自己的身体……首先端正自己的内心〔魂〕〔正心〕"，根据的是张居正的"若要修身，又必先持守得心里端正，无一些偏邪，然后身之所行，能当于理"一文。之后，他将"正心"的前提条件是"诚意"，翻译为"真实性、诚实性可使〔意图〕摆脱一切虚伪和虚构。……因此，我们意图的真实性（veritas）〔诚意〕，才是端正内心〔魂〕的根源，或可说是根源性的，必须首要注意的事物"，参考了张居正的"若要心正，又必先实其意念之所发不少涉于欺妄，然后心之本体能得其正。……意之所发或真或妄，不至错杂"。

而后，使"意念"诚实先要"致知""格物"。对此，柏应理翻译道："首先完善自己的理智〔知性〕，即理智〔知性〕能力，并尽可能使其到达至极之处。也就是使之能洞察一切〔事物〕〔致知〕。……而后，基于这样的理由完善自己的理智〔知性〕认识能力——到达至极之处，就是要深入认识或彻底理解所有事物，或所有事物的理由〔根据〕"。与其说从朱熹的言论中也能推导出这样的意思，倒不如说张居正的"推极吾心之知，见得道理无不明白""理之散见寓于物，若要推极其知，在于穷究事物之理，直到那至极的去处，然后所知无有不尽"，此两处细致入微的注释才是柏应理译文的基础。

如是，可以说，在经历了朱熹首尾一贯的注释，及比之更细致的张居正的解释之后，由柏应理等人整合的《大学》译文方得以付梓问世。从译文中亦可知，柏应理对《大学》的理解和解释明显承继了朱熹至张居正的学脉。

不过，不管是宋明时期朱熹至张居正为止的学人，还是《中国哲学家孔子》成书之前的学人，他们对于《大学》八条目的意思、相互关系及逻辑上的前后关系的解释十分纷乱错杂。其中，朱子学与阳明学两派对"致知""格物"的解释最为引人注目，这已是中国思想史上众所周知的事实。下面，笔者将探讨柏应理入华之前，关于《大学》八条目的解释在中国的发展历程。首先，先来讨论朱熹本人的相关文章，接着再讨论宋元时期的朱子后学，以及明清时期的学人的学说。

2　朱熹与八条目

首先，我们先来看看《朱子文集》中朱熹本人对八条目的逐一解说。

> 此言大学之序。其详如此。盖纲领之条目也。格物、致知、诚意、正心、修身者，明明德之事也。齐家、治国、平天下者，新民之事也。物格致知，所以求知至善之所在，自诚意以至于平天下，所以求得夫至善而止之也。所谓明明德于天下者，自明其明德而推以新民，使天下之人皆有以明其明德也。人皆有以明其明德，则各诚其意，各正其心，各修其身，各亲其亲，各长其长，而天下无不平矣。然天下之本在国，故欲平天下者，必先有以治其国。

国之本在家，故欲治国者，必先有以齐其家。家之本在身，故欲齐家者，必先有以修其身。至于身之主，则心也。一有不得其本然之正，则身无所主，虽欲勉强以修之，亦不可得而修矣。故欲修身者，必先有以正其心。心之发则意也。不能纯一于善而不免为自欺，则心为所累，虽欲勉强以正之，亦不可得而正矣。故欲正心者，必先有以诚其意。若夫知，则心之神明，妙众理而宰万物者也。不能推而致之，使其内外昭融，无所不尽，则隐微之际，私欲萌焉。虽欲勉强以诚之，亦不可得而诚矣①。故欲诚意者，必先有以致其知。致者，推致之谓。如"丧致乎哀之致"（《论语·子张》）言推之而至于尽也。至于物，则理之所在，人所必有而不能无者也。不能即而穷之，使其精粗隐显究极无余，则理所未穷，知固不尽，虽欲勉强以致之，亦不可得而致矣。故致知之道在乎即事观理以格夫物。格者，极至之谓……（《全宋文》卷五六三六）

在此，朱熹认为八条目与之前的三纲领是有机联系的。正如上文中所说，朱熹认为，"格物""致知""诚意""正心""修身"的方法皆对应"明明德"，而"齐家""治国""平天下"则与"新民"相对应。至于"至善"，他认为"格物""致知"是知晓"至善"在何处的方法。再而，他又主张由"诚意"向"平天下"扩展、提升的过程是追求"至善"，并止于"至善"的方法。关于"明明德于天下"，朱熹以为，这其实是以某个人的"明明德"作为发端，进而感化他者并使其革新自我，最后连锁式地影响全天下人。"明德"之所以能像这样突破个人的界限和制约，是因为"明德"具有普遍性，普遍存在于所有人之中。之后，朱熹又从反方向按阶段推导，表明抵达"平天下"这一目的的条件是"治国""齐家"。而后，又阐述说"治国""齐家"的前提条件是个人的"修身"。接着，朱熹主张作为身之"主"的"心"应具有本真的正确性。朱熹认为"正心"的前

---

① "心之发则意也。一有私欲杂乎其中，而为善去恶或有未实，则心为所累，虽欲勉强以正之，亦不可得而正矣。故欲正心者，必先有以诚其意。若夫知则心之神明，妙众理而宰万物者也。人莫不有，而或不能使其表里洞然，无所不尽，则隐微之间真妄错杂，虽欲勉强以诚之，亦不可得而诚矣。"（《四书或问》）

提条件是将"意"的启动"纯一"于"善"。再者,"诚意"的前提条件是"致知"。这种情况下,"知"是一种"心"之"神明"似的功能,也是一种能肯定一切"理"作为有意义的命题,并赋予其活力,且同时掌管万事万物的功能。也就是说,在朱熹看来,"知"原本就具有普遍性的作用,人类的"知"是限定在人这一特殊"场域"中的"知"。朱熹认为,将"知"的作用追根究底至极限,是人突破"私"的框架及内外界限,与他者联动的基础。换种观点看,不管是"明明德"还是"致知",都只不过是自他所共有的同一个世界(同一个构架)的不同相位而已。各条目仅是各自特定对象的特定相位而已。

此外,"格物"被定位为各条目的终极前提。对此,朱熹认为作为对象层面的"物"是"理"之所在,研究清楚"物"与完全发挥认识层面的"知"的作用,两者融为一体。或者,从前述的同一个世界(同一个构架)这个前提来看,两者可视为同一个世界的极化、同一个框架的两极,或者融为一个整体的两个事项。可以认为,朱熹确信不同相位的极限的充实状态虽然内容不同,但确实是并行的。朱熹对《大学》八条目的解释具有一种宇宙论式——主观与客观、自我与他者直至与世界相联系——的视阈。

下面的文字都论述了各相位共同的"明德"的普遍性。

> 天道流行,发育万物。而人物之生莫不得其所以生者,以为一身之主……则其所以生之全体,无不皆备于我。而其方寸之间,虚灵洞彻,万理粲然,有以应乎事物之变而不昧,是所谓明德者也。……是以圣人施教,既已养之于 小学之中,而后开之以大学之道。其必先之以格物致知之说者,所以使之即 其所养之中,而发其明之之端也。继之以诚意正心修身之目者,则又所以使 之因其已明之端而致其明之之实也。夫既有以发其明之之端,而又有以致其 明之之实,则吾之所得于天而未尝不明者,岂不超然无有气质物欲之累,而 复得其本然之明哉。是则所谓明明德者,而非有所作为于性分之外也。然其 所谓明德者,又人人之所同得,而非有我之得私也。……今吾既幸有以自明 矣,则视彼众人之同得乎此,而不能自明者,方且甘心迷惑、没溺于卑污、苟贱之中,而不自知也,岂不为之恻然而思有以救之哉。故必推吾之所自明 者以及之。始于齐家,中于治国,而终及于平天下。

使彼有是明德而不能自 明者，亦皆如我之有以自明，而去其旧染之污焉。是则所谓新民者，而亦非有所付畀、增益之也。（《晦庵先生朱文公文集》卷一五）

上文开篇说，"天道"遍及一切事物、地点，并使万物生长。在此意义上，"人"和"物"都有自己生成的理由和根据，各自都具有主导其自身的机能。朱熹认为，人类是宇宙中能主动认知自己和万物生成理由及根据的特殊存在。存在于人的"方寸"——心脏中的"心"是自由透明的，是一种洞察能力，且具有明确认识一切"理"，准确应对事物变化的能力。朱熹主张这种能力就是"明德"。

朱熹的弟子问道，难道"平天下""治国"不是"天子、诸侯"等统治者的职责吗？对此，朱熹回答道，"天之明命"是所有人共同拥有的，是个人才能拥有的。因此，"新民"所有人的本分，与身份地位无关。

天之明命，有生之所同得，非有我之所得私也。是以君子之心豁然大公，其视天下无一物而非吾心之所当爱，无一事而非吾职之所当为。虽或势在匹夫之贱，而所以尧舜其君，尧舜其民者，亦未尝不在其分内也。（《四书或问》卷一）

朱熹认为，领悟到前述道理的君子突破一切限制，一视同仁。并视万事万物为君子自己的本分。再而，朱熹认为即便是处于社会底层的一介平民，也有义务努力使主政者和民众成为人格完善的人——像尧舜一样的理想圣人。也就是说，朱熹通过对《大学》的再解释，使所有人都能参与到"修己治人"这一儒家的终极理念之中。

可以认为，朱熹以自己独特的世界观——阐发宇宙与存在于其中的一切存在者之间的有机关联——为基础，更加综合性地叙述了原本就有条理的古代典籍——《大学》的结构和体系，并推动其理念的普遍化与合理化。

3 朱熹之后的八条目

（1）宋元思想家与八条目

吕祖谦

吕祖谦（1137—1181），号东莱，是与朱熹同时代的学者，他认为"修身"是八条目的前提条件。

> 为治之序，先亲而后疏，自内以及外。修身而后齐家，则明德在齐家之后可也。（《增修东莱书说》卷一）

上文中提到应当"由内及外"。首先要实现"修身"这一出发点，方能实现齐家，"齐家"之后是（向天下）（彰明）"明德"。在下文中，吕祖谦阐明了"修身"的前提条件。

> 大抵齐家治国至于平天下，皆自修身而出。故当修身之际，必深思永久之理，可久而后功用无穷也。（《增修东莱书说》卷四）

吕祖谦像
（汤岛孔庙藏）

从上文可知，"修身"是从"齐家""治国"到达"平天下"的条件，而实现"修身"的基础是洞察超越时空、普遍适用的"永久之理"。吕祖谦认为通过长期反思"理"，可知悉应对一切事态的方法。那么，对他来说，"理"是如何规定的呢？

> 物不外理，理不移物。故曰，"理会也得，不理会也得"（《二程遗书》卷一七）。"学上格物"（《二程遗书》卷一七），凡有体段形象可见可言者皆物也。（《东莱别集》卷一六）

吕祖谦视一切可能的知觉对象和意义对象为"物"，并直截了当地将其说明成"理"。他认为，通过形体和表象出现在我们的知觉经验中，并可用语言把握的即是"物"，而"物"的实际状态即为"理"。脱离"物"的"理"并非因继时性地向"物"移动，而是被赋予存在性和意义。事实上，两者是一种整体关系。如此一来，在吕祖谦看来，所谓"格物"就是主张全面如实地理解具体的现实事物和现象。这在他看来，应该是指亲身体会事物的实际状态，明确自己在物（理）的世界中的定位，并以此为出发点，走向理想状态——万事万物与普遍适用的永久之理相呼应。

总之，吕祖谦十分重视作为向世界发展的起点的"自我"，并深入探讨了重视"自我"的前提条件——作为理的具体表现的"物"。由此可知，吕祖谦的学说吸收了朱熹和陆九渊两人的优点①。

陆九渊

宋代陆九渊（1139—1192），号象山，虽为朱熹的论敌，但在解释八条目时，他认同"格物"是八条目的前提，这点与朱熹相同。

> 先生云，"古之欲明明德于天下者，致知在格物。格物是下手处"。伯敏云，"如何样格物"。先生云，"研究物理"。伯敏云，"天下万物不胜其繁。如何尽研究得"。先生云，"万物皆备于我"（《孟子·尽心上》），只要明理。然理，不解自明，须是"隆师亲友"（《荀子·修身》）。（《象山语录》卷三）

在陆象山看来，"格物"的解释是"研究物理"。如此一来，他与朱熹在这点上基本一致。可是，他的基本观点在于"万物皆备于我"。因此，他认为万物之"理"暗藏于"我"这个特异点之中，因而以事物和事态为焦点，并能够实际应对它们。而且，与其说他是从对事物的观照出发，倒不如说是通过尊师亲友，从可明确的具体的社会实践的观点出发，把握万事万物与"物之理"的关联性。在陆象山看来，实感通过行为深化的重点是钻研现实中的实践哲学式的道理。

袁俊翁

元代袁俊翁撰写的《四书疑节》作为应对科举考试的教科书，在元代流行甚

---

① 侯外庐、邱汉生、张岂之编《宋明理学史》上卷（人民出版社，1997）第351页引用了全祖望等人《宋元学案》卷五一"东莱学案"的文字，并指出吕祖谦的认识论与陆九渊基本相同，重视"存在""本心"，同时非常牵强地使之附和以程朱"穷理"为根本的"致知格物"的认识论。但是，笔者认为既然吕祖谦自身主张永恒之理，那么就不应当将其理论学说视作单纯的折衷，而是提示了一种包摄朱陆两者见解的视角。

广。据《四库全书总目提要》记载①，袁俊翁履历不详。可是，元代黎立武（《大学本旨》的作者）和明代宋应星（《天工开物》的作者）等，都曾为《四书疑节》作序。从这点看，他是当时较为知名的学者。

> 或疑此不曰平天下，而曰明明德于天下，明明德乃"为己"（《论语·宪问》）之学。于天下何与焉。吁，此本无足疑也。前言在明明德者，虽曰明在己之明德，而在人之明德亦在其中。此言明明德于天下者，正言明在人之明德也。岂特平天下为然哉。治国、齐家，无非所以明在人之明德也。此乃圣人言外之意，自可以类推已。……此物字，即经所谓"物有本末"之物。此知字，即经所谓"知所先后"之知。初不待于外求也。物者即天下、国家、身、心、意。是已知者不过知此平、治、修、齐、正、诚之理而已矣。夫岂自此六者之外，而别有所谓物与知哉。（《四书疑节》卷五）

袁俊翁认为，设想出来的提问人将"明明德"视作为自己而做的学习方法，与他人无关。与此相对，"彰明明德"的含义是，要同时彰显自己、他者乃至天下所有人的普遍"明德"。而且他阐述道，"治国""齐家"等对他者的实践也都是实现"明明德"的手段，不管在任何情况下，这种事情都需要积极主动地展开"类推"。

继而，在与"格物"的关系上，袁俊翁认为"物"作为因果关系是有本末的。在与"致知"的关系上，他认为"知"指的是洞察时间上的先后关系。他主张从这一视点来看，属于前述关系和系列的自我与他者原本就是相互关联的。之所以提出这样的观点，是因为"天下""国家""身""心""意"各个阶段是作为对象的、应该达到的"物"，而"知"是指具体参与到"物"之中，并体会"平""治""修""齐""正""诚"应有的"理"。也就是说，在他看来，除了这样的对象和"知"相互联动的情况外，是不可能有具体现实的，这样的形式揭示出一个统一的完结的世界观。

_____

① 《四库全书》经部八、四类提要。

许衡

元代的许衡在"八条目"的解释上，对"心"尤为重视。这与他在研究"三纲领"的"明明德"问题上立场一致。他与朱熹一样，都认为"八条目"是孔子本人的言论，并作了如下阐述。

> 孔子道，"修身在正心"。这的是大学里一个好法度。能正心便能修身。能修身便能齐家。能齐家便能治国。能治国便能平天下。那诚意格物致知都从这上头做根脚来。（《鲁斋遗书》卷三）

上文中，许衡首先评价说，作为各种行为的出发点——修"身"的前提，重视内心的活动，强调"正心"，这是《大学》中十分正确的原则。因为如果这原则是端正内心，提高自身的品德修养，那么很容易就可以实现至平天下为止的体系。再而，"心"作为开端和立足点，也是实现"诚意""致知""格物"的前提条件。

如前所述，许衡将"心"与具有照明能力的"明德"和天赋之"性"同等看待，根据每个人气质的不同，"心"的反映会有偏差。尽管如此，所有"心"的虚空混沌之处都包含了天地万物之"理"。他把心定位在由这种事物最深奥之处向万事万物伸缩的世界的交叉点上。他的这种思想，对一般大众来说是最寻常的，也是最切身的心的直接感知作用，并给予这种作用能连接或进出世界原理至具体现象的功能。在成为忽必烈汗的智囊后，许衡的这种对世界的认识才获得了变成现实的发端。或许可看作只是超越单纯理念的现实吧[1]。

许谦

元代许谦（1270—1337）从有形和无形的观点出发，就"格物"的对象——"物"的概念进行了深入细致的考察。

> 物即事也。事即物也。物有形而事无迹，故互举。就明德新民以己对人

---

[1] 三浦秀一在『中国心学の稜線』（研文出版，2003）第三章中认为，许衡的"德性用事"的见解是"通过被引向内心之理，就能主动适应万事万物的存在状态"。另外，堀池信夫在『中国哲学とヨーロッパの哲学者 上』（明治书院，1996）中指出，许衡在国子祭酒拜命其时，向元朝宣传儒家思想的意愿十分强烈。而且，三浦也认为这时是朱子学普及的绝佳机会，他阐述道，在向帝国表示恭顺之意的同时，许衡将在学问上可信赖的门生培养成自己的助手、羽翼，从而达成了普及朱子学这一预期目的。

言，故曰物。五者，是一事之始终故曰事。（《读四书丛说》卷一）

在此处，许谦虽然认为"物"同"事"在根本上相通的，但他仍着眼于两者的不同之处——是否以具体形态出现。也就是说，"物"指可认识的有形之"物"，"事"指的是无法指明特定形迹的、原因—结果体系的事态。而且，许谦认为，彰显明德的主体与被革新的他者（新民）被设定成可视的形态，并被置于彼此的对立面。此时，两者处于"物"的关系。另一方面，从涵括整个事态的角度看，"物"与"本末"、"事"与"始终""先后"两组对立项也只不过是"一事"的相关项，揭示出一种将世界理解为"事"的概括性视点。总而言之，在许谦看来，"格物"的对象——"物"包括了一切的主客观、时空规定，是一种总括性的存在。

通过考察可认知的有形事物，以及包含了历史的、因果论式的事态的万事万物，许谦阶段性地探讨了一个人的规律化，以及应对以此为起点的万事万物的可能性。

圣贤之意，盖以一物之格便是吾之心知于此一理为至。及应此事便当诚其意正其心修其身也。须一条一节逐旋理会，他日凑合将来遂全其知，而足应天下之事矣。（《读四书丛说》卷一）

从上文可知，特定的事物·现象之理得到充分理解，主观一方的"心知"也同时相向而行，变得充实完满。此时，通过应对一定的事态，"诚意""正心""修身"等条件得以确立。在这些条件下，渐进地积累了对事物的理解，充分发挥出"知"的功能和作用，并相应地能够顺应外部事态。

《大学》的文本不是以原来的终极目的"平天下"为开篇，而是先论述了"明明德〔于天下〕"。许谦对其理由进行了分析，原文如下。

欲平天下，先治其国。而曰明明德者，是要见新民是明德中事，又见新民不过人各明其德而已。（《读四书丛说》卷一）

"新民"被认为是明德中对他者的当为。另外，"明德"的具体内容是指各人彰显各自的明德。"明德"和"新民"融为一体，密不可分。总之，在许谦看来，"平天下"是所有人相互实现全面发挥自我的明德与他者的明德。

由上可知，许谦的八条目观是以"格物"观——将世界视作从可认知的方面和因果关系的概念方面了解的一个事态——为媒介，主张"明德"和"新民"的可能性。

（2）明代思想家与八条目

薛瑄

明代薛瑄主张通过"明德"将八条目贯彻到底。

> 大学经传一明德贯之。明明德者，明德明于己；新民者，明德明于人；止至善者，人己之明德各造其极。格物致知，穷尽此明德之理也。诚意者，实其明德于心之所发也。正心、修身全此明德于身心也。齐家、治国、平天下者，明德明于家、国、天下也。（《读书续录》卷五）

薛瑄认为，不论是《大学》文本——"经"，还是曾子的注释——"传"，都能通过"明德"做出统一的解释。"明明德"是发挥自身的明德，"新民"是发挥他者的"明德"，"止至善"则是指完全施展自他的"明德"。"格物""致知"是指直截了当地研究清楚"明德"之"理"；"诚意"是指"心"体现出的"明德"的充实完满；"正心""修身"是指"明德"在一个人的身心上发挥的作用；"齐家""治国""平天下"是指"明德"在"家""国""天下"中发挥的作用。

正如前章所述，"明德"与普遍存在于万事万物的天赋之"性"相同。可从这一点说明他在此所做的解释。只是从薛瑄的情况来看，与其说他认为"性"是万事万物被赋予的存在根据，倒不如说他是从重视人类本性的角度进行理解的。于是，他从朱熹及程颐的学说中引用了支撑自己见解的内容。

> 致知、格物者，欲推极知识以知性也。故朱子曰，"知性则物格之谓，尽心则知至之谓也"（《大学章句》）。……观大学经致知、格物，连诚意说则格物先欲格身心之理，而后诚意之功可施。故程子曰，"格物莫若察之于身"（《二程遗书》卷一七）。其得之尤切。（《读书续录》卷一一）

薛瑄详述了朱熹借《孟子》中的话所做的解释①，即"知性是物〔之理〕显现于我，而尽心是知达到至极的状态"。他将"致知""格物"理解为彻底认知外物之"理"及同时"知晓"天理之分有——"性"。

罗钦顺

明代罗钦顺指出了"格物"之"格"字的多样性，同时他自己将其解释为"通彻无间"。

> 格字，古注或训为至。……愚按，"通彻无间"，亦至字之义，然比之至字，其意味尤为明白而深长。……格物之格，正是通彻无间之意，盖工夫至到，则通彻无间，物即我，我即物，浑然一致，虽合字亦不必用矣。（《困知记》卷上）

上文说，"格"字意为透彻没有间隔，并主张这才是对其最合适妥当的解释。这一见解表示主观认知和对象认知是融合成整体的一个事态的两个方面。

这首先是从不能严格区分主客的世界观出发的。"通彻无间"表示主观显现的事物与作为对象出现的事态两者是绝不可分的关联体。如果事物的理性面和意识的确定性达到极限的话，一致的状态——无须特意用"合"字表示——就会显露。这极大地扩大延伸了朱熹的"格物"论，换言之，前述状态几乎只是"理"显现的状态。罗钦顺又说，

> 格物致知，学之始也。"克己复礼"（《论语·颜渊》），学之终也。道本人所固有，而人不能体之为一者，盖物我相形，则惟知有我而已。有我之私日胜，于是乎违道日远。物格则无物，惟理之是见。己克则无我，惟理之是由。沛然天理之流行，此其所以为仁也。始终条理，自不容紊。（《困知记》卷上）

罗钦顺将"格物致知"视作"学"的开始，认为最终目的是"克己复礼"。关于《论语》的"克己复礼"众说纷纭，但他依照的是朱熹的解释，即认为"克己"

---

① "尽其心者，知其性也，知其性，则知天矣"（《孟子·尽心上》）。

是超克因私欲引起的据为己有、自我划定的意思，"复礼"是指"回归"于"理"①。据他认为，"物"和"我"中普遍存在原本没有对立的"道"，但人们却体会不到这点，两者便不能合二为一。之所以如此，是因为人以外在形态为轮廓线，区分"物"与"我"，并一直固执地尝试保持自己的架构。

但是罗钦顺认为，如果将"格物"——即物和我两者视作不可分的一个事态的两个方面的话，那么此时只有"理"显现出来，自我的架构则消失殆尽。这是以克服自我的范围化，及"我"的消解为条件。一旦对自我中心化的意识作用得到克制，则唯"天理"盛行于世。他认为，如此一来，曾为自他之秩序的"仁"的相关性就得以实现。罗钦顺视其状况为"物我兼照，内外俱融，彼此交尽"（《困知记》卷上），认为以心见理，则内外、彼此之别消失殆尽，形成了相互反照的关系。

关于这种以"理"为媒介的"格物致知"的最终效果，罗钦顺做了如下论述。

> 夫此理之在天下，由一以之万，初匪安排之力，会万而归一，岂容牵合之私。是故，察之于身，宜莫先于性情，即有见焉，推之于物而不通，非至理也。察之于物，固无分于鸟兽草木，即有见焉，反之于心而不合，非至理也。必灼然有见乎一致之妙，了无彼此之殊，而其分之殊者自森然其不可乱，斯为格致之极功。然非真积力久，何以及此。（《困知记》卷上）

也就是说，罗钦顺认为理分成万事万物的方法不需要"安排之力"，而是在自然的形态下普及开来。他指出，其前提是同一准则普遍存在于万事万物之中，而统合万事万物之理，从而推导出同一准则只能是牵强附会。这显然是在批判朱熹归纳式的"格物"论。在罗钦顺看来，从自己最直接的"性情"出发去体察理是最合适不过的，此后使其适应"外"在事物，方能验证体察到的理是否稳妥。再者，鸟兽、草木等一切存在者都可以观察理，也就是说理是能直接感知到的。这种情况下，如果所获得的理不反照于心并适应之，也就称不上是终极之理。即他认为有一种准心可在物我之间来回转移。如果自他之间的理——仿佛置于灼热

---

① 若与朱熹对比即可知，罗钦顺的"礼"指的是天人一体的理，较朱熹而言更接近于程颐，但其理解又比程颐更具超越性。

的阳光之下——以一种绝妙的形态达成一致，同时彼此之间的差距消失的话，动态运动就会在此时生成，其差别相也会有序鲜明地表现出来。而且罗钦顺认为，只有在多方位集中至所设想的各事物之理——包括自己的意识——这一努力的习惯性积累成为条件后，前述状态才可能实现。此时，对他而言，这种状态下不存在自他和内外价值的差别。所谓格物，就是在这种自他和内外之差别脱离之后，伴随着实在性的"理"本身就显现出来了。

> 余所云物格则无物者，诚以工深力到而豁然贯通，则凡屈伸消长之变、始终聚散之状、哀乐好恶之情，虽千绪万端而卓然心目间者，无非此理。一切形器之粗迹，举不能碍吾廓然之本体夫，是之谓无物。孟子所谓尽心知性而知天，即斯义也。天人物我，其理本一，不容私意安排。若有意于合物我而一之，即是牵合之私，非自然之谓矣。（《困知记》卷上）

在上文中，罗钦顺再次阐述了"格物则无物"，即前文所述主客观的有机联动使得轮廓线消失，或对立消融。若因实践的深化和能力的聚集能爆发性地成就这一洞见，那么"气"的屈伸、盛衰变化、开始和终结、集结和逸散等运动形态，以及喜怒哀乐、好恶等感情的多样性就都原原本本地成了"理"的表现。一切外部的有形事物的形态，都不可能限定不受制约的本体——"理"。罗钦顺称之为"无物"，并引用了《孟子》的"尽心知性而知天"。完全发挥出"心"的功能，并通过直接感知"性"而最终知晓理的本源"天"——他将此视为"物"消失不在的状态。也就是说，"物"本身不具独立性，而是在以"天"为准则的直接认知中自发生成的。在此阶段，宏观的"天"与微观的"人"、客观的"物"与主观的"我"这两组恣意的架构消失，唯独"理"得以显露。在罗钦顺看来，"理"终究不可能还原为大小、主客这类特定视角，这不是"理"的自然运动。他的这种世界观，实可称为一种唯理论。

王守仁

明代王守仁即王阳明，主张"明德"和"新民"之间是密不可分的整体关系。继而，众所周知，他提倡与朱熹相抗衡的"格物致知"论。

> 心者身之主也，而心之虚灵明觉，即所谓本然之良知也。其虚灵明觉之

良知，应感而动者谓之意；有知而后有意，无知则无意矣。知非意之体乎。意之所用，必有其物，物即事也。如意用于事亲，即事亲为一物；意用于治民，即治民为一物；意用于读书，即读书为一物；意用于听讼即听讼为一物：凡意之所用无有无物者，有是意即有是物，无是意即无是物矣。物非意之用乎。……如"格其非心"（《书经·冏命》）、"大臣格君心之非"（《孟子·滕文公下》）之类，是则一皆正其不正以归于正之义，而不可以"至"字为训矣。且《大学》格物之训，又安知其不以"正"字为训，而必以"至"字为义乎。如以"至"字为义者，必曰穷至事物之理，而后其说始通。是其用功之要全在一"穷"字，用力之地全在一"理"字也。若上去一"穷"、下去一"理"字，而直曰"致知在至物"，其可通乎。夫"穷理尽性"，圣人之成训，见于《系辞》（《易经·系辞·下传》）者也。苟格物之说而果即穷理之义，则圣人何不直曰"致知在穷理"，而必为此转折不完之语，以启后世之弊邪。……"穷理"者，兼格致诚正而为功也；故言"穷理"则格致诚正之功皆在其中，言"格物"则必兼举致知、诚意、正心，而后其功始备而密。今偏举"格物"而遂谓之"穷理"，此所以专以"穷理"属"知"，而谓"格物"未常有行，非惟不得"格物"之旨，并穷理之义而失之矣。此后世之学所以析知行为先后两截，日以支离决裂，而圣学益以残晦者，其端实始于此。（《传习录》中）

王阳明主张主导"身"的"心"是"虚灵明觉"，即拥有不受制约的、纯净的自我觉悟的功能，并将这种功能视作本真的"良知"。如上文所示，王阳明的"良知"即"明德"，而"虚灵明觉"则因袭了朱熹《大学章句》的"虚灵不昧"，是一种更加强调"明德"照明作用的表达。而且，王阳明将应对内外一切刺激的"良知"的启动规定为"意"，并认为"良知"是本体，"意"是"良知"的作用。

"良知"与"意"之间存在相互关联性，"意"与"良知"互不可分，其作用并不是空洞无意义的，它既有适应各种场合的状况和对象，诸如侍奉双亲、治理民众、阅读书籍、审判诉讼等。同时又认识到与之紧密相连的当为。王阳明将这种事态和与之关联的对应的意识内容视作"物"，并主张"物"与"意"是相融的整体。如若不将"意"设定为条件，则无法阐释"物"；如若不以作为内容的"物"为前提，则无法阐释"意"。两者是一种相互指引、相互转换的关系。

王阳明规定"物"是"意"赋予的内容，并以此为基础，对"格物"做出了与朱熹不同的解释。他引用《书经》和《孟子》的"格"字的用例，并将其解释为"正"。在他看来，"格物"具有当为的含义，即使"意"所赋予的特定对象和状况纠正至理想状态。

不用说，"正"字本身就伴有为之行动、实践，即"行"的含义。因此，"格物"是一种必然要求行动和实践的动态实践伦理。

王阳明的动态的"格物"观认为，朱熹的"穷理"论——将格物解释为极尽一切事物之理——是不合理的。王阳明认为，朱熹用"穷"（作为"至"的解释）表示"格"，与"理"是有关联的。但是，直接原文读作"至""物"的话，就词不达意。"穷理尽性"确实是《易经》中的用词。然而，《大学》原文所阐述的不是"致知在穷理"，古代圣人不会使用如此迂腐浅陋的言辞。

"格""致""诚""正"应当各自含有具体行动和实践的意义。谈及"格物"，只有兼具了"致知""诚意""正心"等内容的方法才是完整的。如果认为"穷理"专属于"知"，而单在"格物"中却预想不到"行"，龃龉随之产生。如斯，王阳明认为朱熹的构想是一种暴行，强行分割"知"与"行"的有机关联，并将其硬性划分出"先""后"。换言之，在王阳明看来，行动贯穿于一切事态，知本身应是一种能动的知。

王艮

明代王艮（1483—1541）号心斋，王阳明的弟子。他主张"安心立本"，即八条目的出发点汇集到个人主体中。此时，他以为"格物"中的"物"指的是《大学》"本末在物"的"物"，并将其与整体关联考虑。而且，王艮视物的根本为自我，进而认为"格"是"格式"乃至《大学》中的"絜矩"，是符合标准的意思[1]。王艮所说的"格"既不是朱熹的"格"，也不是王阳明的"格"[2]，他试图找出第三种"格"的读法。也就是说，他的观点是依照标准规范成为本源的主动行为，

---

[1]　《王心斋语录》卷三。

[2]　译者注：用日语训读时，朱熹的"格"读作"いたる"，同日语"至"的读音；王阳明的"格"读作"ただす"，同日语"正"的读音。

并通过这种行为的确立，连锁式地实现"平天下"。

> "物格知至"，"知本"也，"诚意、正心、修身"，"立本"也。本末
> 一贯，是故爱人、治人、礼人也，格物也。……格物然后知反己，反己是格
> 物的功夫。反之如何？正己而已矣。反其"仁"、"治"、"敬"，正己也。
> "其身正而天下归之"，此"正己而物正"也，然后"身安"也。知"明明
> 德"而不知"亲民"，遗末也，非"万物一体之德"也。知"明德""亲民
> "而不知"安身"，失本也。其"本乱而末治者否矣"，亦莫之能"亲民"
> 也。知"安身"而不知"明明德""亲民"，亦非所谓"立本"也。（《王
> 心斋语录》）

王艮认为"物格知至"是"知本"，即自觉作为世界起点的主体性。这在个
人的实际生活中，采用的是"诚意""正心""修身"的形式。因为"本""末"
贯穿其中，主体性的确立与爱护、整治和礼遇他者直接关联，这其实是"格"（即
规范）存在于整体关联中的"物"。

为了规范动态事态的联系及作为其起点的自我，当下有必要将意识转向自我。
回归自我才是"格物"的方法，与此同时，这与规范自己的意识和行为密不可分。
在将"格"看作"絜矩"这点上，王艮与自己的老师——王阳明的"格＝正"论
是相通的，但他更加突出了时空上的因果关系[1]。之所以如此，是由于在自我作
为"本"的局面下，即使"明明德"得以实现，如果亲近他者的行为——与本不
可分的"末"——不够充分的话，"明明德"也就不完善。他认为这种情况不能
直截了当地套用于"万物一体"的理念。再而，相反地，即使理解了"明明德"
和"新民"的理念，如果"身"——实现行动的出发点——不能确定的话，就会
迷失本源。因为无法认识到起点，缺乏自我约束，所以不可能实现后续的理想状
态。此外，"明明德"是指面向自我的自觉，"新民"是指面向他者的共鸣，两
者皆是人们应当达到的理性状态，而人们欠缺对这种理想状态的展望，这导致本

---

① 龚杰《王艮评传》（南京大学出版社，2001）"第五章　王艮的'格物'论及其人生价值学说"指出，
　　"这是他对王守仁'无心外之物'思想的发展，把它从自然界推及家庭、国家、社会，强调没有个人，
　　就没有社会上的一切活动。这虽是脱离经济基础、脱离群众的空泛之论，但在人民没有基本权力的
　　中国封建社会，无疑起着激励平民百姓，鞭笞统治阶级的积极作用"。

源无法确定。

如斯，王艮对"格物"的理解，是在"万物一体"这一世界的整体构造中，发现自他间的因果关联，并以确立认识到前述展望的行为主体为目标。可以说，他在密不可分的世界的构造联系中，重新定位了《大学》的理念。

焦竑

明代政治家焦竑（1540—1620）号澹园，先师从于阳明学左派，后又师从于罗汝芳。是一位秉持儒释道三教合一论的学者。他的著作有《澹园集》《焦氏笔乘》《老子翼》《庄子翼》《隐符经解》《易荃》《法华经精解评林》等[①]。焦竑主张根据"明德"来综合性地解释"八条目"。

> 明德字，是八条目之主。格物致知者，此明德。诚意者，实明此明德。正心修身者，明此明德于心身也。齐家治国者，明此明德于国家，而独于天下云明明德者，以一而例余之意也。（《焦氏四书讲录》卷一）

从上文可知，焦竑认为"格物""致知"都指的是"理解"彰显"明德"之功能一事，将八条目的根据视作对"明德"能力的自觉。再而，他认为"诚意"指的是实现明德能力，而通过"正心""修身""齐家""治国"等行为，可以具体地实现明德能力。此外，他认为可关联式地实现对"明德"的"知"和"行"。相对于他的这一解释，《大学》八条目开篇只在关于"天下"的内容中论述过"明明德于天下"，因为这里是从整体角度阐述"明明德"的影响作用。可以说，焦竑多方位地提示了明德的各种相位的状态，同时又揭示出存在于明德中的统一视角[②]。

---

① 从与本论文的关系看十分有意思的是，利玛窦等早期入华传教士在讨论李卓吾的同时，还谈及了焦竑。参阅利玛窦『中国キリスト教布教史』（川名公平、矢沢利彦、平川祐弘訳，岩波書店，1982）。据该书所述，焦竑潜心论述中国三教，倡导儒释道三教合一学说。

② 荒木见悟在『明代思想研究』（創文社，1978）中论述道，焦竑与杨起元、周汝登等人一起，站在将佛教明心见性说与儒家明德论相融合的立场，否认成功者优于世人，而是认为两者是平等的，并谋求恢复各自的职业和领域中的伦理。

顾宪成

明代顾宪成（1550—1612）与高攀龙、钱一本、杨涟、左光斗、黄尊素、周顺昌、周起元等同为东林党，并积极开展政治活动，对明代末期的政治场产生了巨大影响。顾宪成极力批判阳明学中过度的心即理学说和无善无恶说等。另一方面，顾宪成等人与耶稣会传教士也有交流，并积极努力地吸收西欧的先进知识。

顾宪成在解释《大学》时，选择取舍前人的学说，并运用朱子学和阳明学中他认为有用的概念，提出了综合性更强的理论学说。

> 必先推良知之天，以尽此心之量，全体大用无不明，而致其知焉。致知之功又果何在乎。盖天下之物，莫不有理。人心、物理相为流通。欲致知者，又在乎即物穷理。究其所当然与其所以然，本之身心、性情之微，推此天下、国、家之大，而莫不有以考之也。（《大学意》上卷）

顾宪成认为，如果推动阳明学式的天赋之本真作用——"良知"，充分发挥"心"的全部能力的话，则宇宙论式的整个本体及广大作用就会显明，就能使"知"到达至极之处。关于实现"知"的方法，顾宪成做了论述。可能之处的存在者，具有适应一切之"理"。不管是人心，还是事物，都通过"理"流通。两者是一种相对关系，人心和物理在"理"上是相互关联的。于是，在这种相对关系中，为了发挥"知"的能力，就必须紧密把握对象——任意的"物"，并研究清楚其中的"理"。朱熹在《大学或问》中提到了两种局面，一是作为秩序和法则的合乎目的的"所当然〔的法则〕"，一是作为根源和根据的"所以然〔的原因〕"，我们从中可以掌握"理"的具体内容。即指彻底研究根据和目的之理，对身心两方面的细微功能进行验证。此外，在"心"方面，则是对"性"和"情"的细微功能进行检验。一旦基础整备完毕，接下来就转移方向，使"理"向更宏观的相位——"天下""国""家"——发展，并将其运用于其中[1]。

---

[1] 鹤成久章在「顧憲成による無善無悪説批判の経緯について」（『哲学』第四三集，1991）中指出，相较于对客观事物进行格物，顾宪成更主张对自己的心的本体进行格物。但经过与志同道合的高攀龙等人讨论之后，他转而倾向于重视体认本体，认同既不偏向"理学"又不偏向"心学"的"性学"的立场。关于这个情况，另参阅吴瑞「高攀龍の格物説」（『九州中国学会報』第四四卷，2006）。

　　明末顾宪成的"致知格物"论与其说是朱子学和阳明学的简单折衷，不如说是对两者的主动融合，乃至扬弃的一种尝试[①]。

葛寅亮

　　明代葛寅亮将有志于彰显"明德"于全天下的人比作"大宏愿之人"——这与佛教中的佛，或者菩萨的"誓愿"相似——进而展开解说。

> 　　欲明明德于天下者，尽天下人皆明其明德也。是发大宏愿之人也。明明德即下致知，乃直贯于天下，则意、心、身、家、国、天下，皆一知之所贯者。……心乃主宰乎身者，故先端正其心。意乃萌动乎心者，故先诚实其意。若知则意之明处，而能照乎意、心、身、家、国、天下者，故又先推致其知。至于物即物有本末之物。格者通彻无间、致知之功，究归格物，乃完前虑止之义耳。（《四书湖南讲·大学诂》）

　　葛寅亮认为"明德"和"致知"是"一"，并评价说两者有直接关联，成为"一"的"知"是贯穿于"意""心""身""家""国""天下"体系的根据。葛寅亮主张道，如果依照作为主体的人来说的话，"心"主宰"身"，所以应当先端正"心"；"意"是"心"的表现，所以要先使"意"诚实，以此呈现两者间的优先关系。并且，对于"心"与主体相关一事，他认为"知"是"意"的照明能力，"知"超越主体的框架，其涉及范围从"心"到"身""家""国"，直至"天下"。因此，"知"为了对"外"部产生作用，就必须将其机能推至极致。

　　此外，在解释实现"致知"的"格物"上，葛寅亮认为"物"是有"本末"的"物"，即包括自他、主客的整体关联，并像罗钦顺一样，将"格"解释为"通彻无间"。从此意义上看，可以认为"格物"在他看来是对自他、内外互不可分、

[①] 据中纯夫「心と矩——顧憲成における朱子学と陽明学」（『中国思想研究』第二〇号，1997）一文所述，顾宪成未必是肯定朱熹，否定王阳明，其态度具有一定的灵活性。顾宪成以论述的重点是在于主体的"心"，还是作为规范的"矩"来辨别朱子学和阳明学。他高度评价了王守仁的致良知说，对无善无恶说表示怀疑，阐述了"心"与"矩"原本不存在矛盾的观点。此外，中纯夫指出从方法的角度来看，相较于阳明学重视"悟"，顾宪成更认同朱子学重视"修"的立场。

有机关联的自主认知①。葛寅亮认为，自主认知自他、主客和内外相位差，同时将这几方面理解为密不可分的整体的各种局面，这就是实现《大学》的"虑"（思虑）和"止"（达成目的的意识）。

小　结

柏应理将八条目的具体内容，解释翻译为人类理性的普及、作为世界构成单位的各国的安定、作为国家组成单位的家庭的秩序，以及作为家庭组成单位的自律的行动主体的自我克制、规制。他解释说，为了实现这些内容，首先要完善知，并彻底研究事物的本质和本性。自朱熹的注释开始，直至张居正为止，宋明时期形成了庞大的八条目解释群，柏应理的理解正是以此为前提。尽管在八条目的解释上会有变动，但是在近 500 年的时代变迁中，通过传教士的努力，已具有了与欧语相同或可对译的内容。《大学》体系化的观点（包含三纲领和八条目在内）经由宋明理学的发展打磨，更具合理性和整合性。而正是在彼时，柏应理等耶稣会传教士们使用欧语将《大学》的理念体系也介绍到了欧洲。在这种尝试下，宋学的基本思路——人类个体与社会、国家、世界有机关联，个人的意志和理智〔知性〕与阐明宇宙万事万物的根据和本质密不可分——被介绍到欧洲。通过柏应理的翻译介绍，欧洲的理智〔知性〕首次与中国体系及涵括其中的各种概念（柏应理将其译作 ratio 等）直接碰面。

---

① 沟口雄三在『中国前近代の屈折と展開』（東京大学出版会，1980）第三章「清代前葉における新しい理観の確立」中论述道，这种一体观意味着万物生长在一种秩序中成为一体。放诸人类社会，则可认为是所有个体的人在共同体秩序下的串联，其主要表现是宗族、乡村等家父长制度的设定。

第三节 性理与理性——《中庸》的"天命"和"性"

1 朱熹、张居正的注释及柏应理的译文

与《大学》一样，《中庸》是朱熹从《礼记》中抽取出来编入四书的，但却是四书中最具思辨性和哲理性的文献。柏应理自然不会错过代表中国人高度学理的《中庸》。不言而喻，彼时波及传教士们的《中庸》注释浪潮是在宋明理学的基础上产生的，而朱熹的《中庸章句》是解释《中庸》的根基。可以认为，当时的状况是，没有这个基础就无法翻译和解释《中庸》。

柏应理反对朱熹的无神论式的解释，但他在朱熹的解释中穿插了更易容受的张居正的注释，他利用这种缓冲效果向欧洲介绍中国哲学。事实上，除关于《中庸》神性概念的解释外，在中国人的人伦道德，及心性和"知"的问题上，柏应理虽然隐去了朱熹之名，但结果还是介绍了朱熹的观点及其发展[①]。

下面，笔者将围绕《中庸》的开篇部分，考察宇宙论式的天和天赋与人和物的"性"。首先笔者将举出《中庸》原文，接着在括号中介绍朱熹《中庸章句》的内容，其后再举出张居正《中庸直解》的解说，以及柏应理的译文。最后，通过原文、注释和译文的互相比照，探讨柏应理关于中国心性论的解释的方向性及其特点。

（1）天命·性·道·教的相互关联

《中庸》原文和朱熹的《中庸章句》

首先，我们来看看《中庸章句》开篇中特点鲜明地揭示出天人合一的宇宙论的部分。

> 天命之谓性，率性之谓道，修道之谓教。（命，犹令也。性，即理也。天以阴阳五行化生万物，气以成形，而理亦赋焉，犹命令也。于是人物之生，因各得其所赋之理，以为健顺五常之德，所谓性也。率，循也。道，犹路也。

---

① 依据朱熹《中庸章句》的详细注释理解词汇语句，在明清时期的中国知识分子中被认为是一种常识，就连批判朱熹的阳明左派的王畿同样也受到了其思考框架的影响。关于这一点，参阅：吉田公平「朱子の＜中庸章句＞について」（『中国古典研究』第四八号，2003）。不言而喻，柏应理自然是在对彼时的中国有了一般性认识的基础上解释中国哲学的。

人物各循其性之自然，则其日用事物之间，莫不各有当行之路，是则所谓道也。修，品节之也。性道虽同，而气禀或异，故不能无过不及之差，圣人因人物之所当行者而品节之，以为法于天下，则谓之教，若礼、乐、刑、政之属是也。盖人知己之有性，而不知其出于天；知事之有道，而不知其由于性；知圣人之有教，而不知其因我之所固有者裁之也。故子思于此首发明之，而董子所谓"道之大原出于天"（《汉书·董仲舒传·贤良对策》），亦此意也。）（《中庸章句》第一章）

根据朱熹的解释，可如此理解《中庸》"天命之谓性，率性之谓道，修道之谓教"一文。首先，所谓"命"就是"令"。"命"是天授予人和物的命令和教令。再而，"性"是"理"（性即理）。"天"通过"阴阳""五行"生成万事万物，并通过"气"造出形。此外，"天"又同时下命令似地将"理"赋予人和物。人和物在得到各自被赋予的"理"之后，生发出"健顺""五常"等"德"，即机能、作用和功能。就是"性"。"率"是跟随、跟从的意思。所谓"道"是必须遵循的途径。人和物遵从各自"性"的"自然"，其中存在着日常事物间自然的道理和条理。"修"指的是制定秩序。即使人和物各自的"性"和"道"在根源上无二，但是两者对与生俱来的"气"的受容方式各异。于是，在个别人和物上会产生差异和不平衡。圣人根据个别人和物所应践行之处，设置等差，做出适当调整，视其为天下之法。这就是"教"，是礼乐刑政等。

朱熹认为，人类的"性"的基础是"天"，事物的"道"源自"性"，圣人的"教"是依据人格固有的"性"而做的调整。而且，作为总结，朱熹引用了董仲舒（将儒家置于汉王朝的主导地位）的"道之大原出于天"。与此同时，他阐述说各个局面总体上看都是由"天"生发出来的①。

---

① 据前列吉田公平「朱子の『中庸章句』について」所述，主张性善论的《孟子》没有明言具有普遍性的根据。与此相对，朱熹则以《中庸》——提倡"天命"以证明人未发的本体是完美的——为根据。由此，人不需要超然的救世者就可实现完美的本体。但是吉田指出，以"天命"为论据证明"未发的本体原本完美"，实际上不等于证明人性完美，这完全取决于"信与不信"。从以"天命"为依据这点看，吉田认为朱子学是一种宗教思想。笔者认为吉田的评价是稳妥恰当的，只是朱熹的"宗教"绝非启示宗教。硬要说的话，可以认为朱子学类似不以信仰高次元的存在为前提的自然宗教。

张居正的注解和柏应理的译文

张居正的《中庸直解》基本上是以朱熹的《中庸章句》为基础的。

> 天下之人，莫不有性，然性何由而得名也，盖天之生人，既与之气以成形，必赋之理以成性。……天下之事，莫不有道，然道何由而得名也？盖人物各循其性之自然，则其日用事物之间，莫不各有当然的道路。……教又何由名也。盖人之性道虽同，而气禀不齐，习染易坏，则有不能尽率其性者。圣人于是因其当行之道，而修治之，以为法于天下。（《中庸直解》第一章）

张居正的注解与朱熹的注释基本没有大的出入。那么，在朱熹和张居正基础之上产生的柏应理的译文会如何呢？ ①

> 〔天命〕是人生来就被天所赋予之物（inditum），人们称其为理性本性〔性〕（natura rationalis）。自然本性（natura）与理性本性一致，遵循自然本性被认为是符合规则〔道〕（regula），即符合理性（consentaneum rationi）的行为。藉此调整自我及与自我相关的事物，同时不断反复直至熟练规则，此即为准则即各种德目的教育〔教〕（disciplina virtutum）。（《中国哲学家孔子》"第五章《中庸》的论文"）

这段译文与一般传教士否定宋学的态度截然相反，很大程度上依照了极具宋学特点的张居正的注释。在这一意义上，可以认为这段译文基本上是以朱熹的理解为基础的。

在译文中，柏应理将"性"译作由"天"先天注入的"理性本性"。这样一来，与《大学》中的"明德"一样，《中庸》的"性"是人类所固有的特性和能力——"理性"。这就意味着，柏应理借鉴了"性"在儒家宇宙论中的定位，并认为人类的理性本性具有连接天人的特别功能，从而将其介绍到欧洲。柏应理认为，尤其是每个人的自然本性与理性本性一致的情况，便是对"规则"遵守，也

---

① 孟德卫就《中庸》首章、第二章、第十二章、第十七章、第二十五章、第三十三章做了相关说明（David E. Mungello, *Curious Land: Jesuit Accomodation and the Origins of Sinology,* University of Hawaii Press, Honolulu, 1994）。不过，孟德卫特别将首章译成了英语，参考性强，但在此笔者依照拉丁语译文的原文翻译成了日语，译者又将其译为中文。

就是"道"。而"教"是按照规则调整、重复自己及归属自己的事物的"准则"，即"各种德目的教育"。

（2）道的不可分割性

《中庸》原文和朱熹《中庸章句》

《中庸》原文中接着讲述了"道"与人的密不可分的关系。下文同时附上朱熹《中庸章句》的内容。

> 道也者，不可须臾离也，可离非道也。是故君子戒慎乎其所不睹，恐惧乎其所不闻。（……道者，日用事物当行之理，皆性之德而具于心，无物不有，无时不然，所以不可须臾离也。若其可离，则岂率性之谓哉。是以君子之心常存敬畏，虽不见闻，亦不敢忽，所以存天理之本然，而不使离于须臾之顷也。）（《中庸章句》第一章）

上文开篇即说人片刻也不能离开"道"。反言之，凡是可以离开的就不是"道"。因此，君子常常与"道"相伴，所以对于视听感官捕捉不到的事物，君子也总是保持十分谨慎和戒惧的态度。"道"中包含的内容不同，文句的意思有时也会随之各异。朱熹认为，"道"指的是必然运行的于日常事物之中的"理"，并且既然"道"是"率性"的，那么一切存在者片刻都离不开"道"。换言之，"道"与存在者通常是融为一体的存在。于是，朱熹认为君子谨慎对待、戒惧且无法离去的"道"就是"天理之本然"。也就是说，他将我们必须遵循的行为规范——"道"，直接视作"理"或"天理之本然"。

张居正的注释和柏应理的译文

张居正吸收了朱熹的论说，并做了更加详细的解说。

> 道既原于天，率于性，可见这个道与我的身子合而为一，就是顷刻之间也不可离了他。此心此身方才离了，心便不正，身便不修。一事一物方才离了，事也不成，物也不就，如何可以须臾离得。若说可离，便是身外的物，不是我心上的道。道绝不可以须臾离也。夫惟道不可离，是以君子之心长存敬畏，不待目有所睹见而后戒慎。虽致静之中未与物接，目无所睹，而其心亦常常戒慎而不敢忽。不待耳有所听闻而后恐惧。虽至静之中未与物接，耳

无所闻，而其心亦常常恐惧而不敢忘。这是静而存养的功夫，所以存天理之本然，而不使离道于须臾之顷也。（《中庸直解》第一章）

笔者认为，上文中张居正特别强调的是，"道既原于天，率于性，可见这个道与我的身子合而为一，就是顷刻之间也不可离了他"一文。换言之，上文显示了张居正强烈的天人合一观，即他认为当我们的行为以"天"为准绳，以"性"为依据之际，我们的身体便与"道"相一致。而且，身外的事物也离不开我们心上的道。

另一方面，柏应理的译文明显依据了朱熹和张居正的注释，尤其承继了张居正强烈的天人合一的主张。然而，基督教很难认可人类直接与"天"一体化的观点。因此，柏应理做了如下转换，即人类不能离开的是"天赋"之"理性本性"，而非"道"和"天理之本然"。

〔在此〕所说的规则〔道〕（regula）内在于理性本性（natura rationalis），因此确实哪怕是一瞬间都不能远离人类，而且也不应该离开。如果可以远离，即便是一次，都已经不是规则，或者是天所植入的理性本性〔道〕了吧。而且，这才是完美的人物〔君子〕（vir perfectus）常常留意，且慎思自我（attendere sibi）的理由，也是如最细微的心〔魂〕的启动（minimi motus animi）一般，对于连眼睛都感知觉察不到的事情都十分谨慎的理由。与此完全相同，这也是对于连耳朵都感知觉察不到的事情，都无不战战惶惶〔戒慎〕的理由，以便做任何事情时，都绝不会有片刻偏离刻印在自己身上的正确的理性规范（norma rectae rationlis sibi impressa）。（《中国哲学家孔子》"第五章《中庸》的译文"）

如上所述，柏应理认为"道"与"性"基本相同，是理性本性。他阐述道，人格完善的君子正是为了片刻都不偏离理性本性或理性规范，而如临深渊般地慎思自我。从译文中可知，柏应理将理性理解成与人类密不可分的本性，这也的确是柏应理为了吸引读者才做出的翻译。然而，通过柏应理的翻译，朱熹和张居正的注释又显得十分突出明白。

（3）慎独

《中庸》原文和朱熹《中庸章句》

接下来，笔者将就"慎独"展开论述。虽然作为耶稣会传教士，柏应理必须批判宋学，但实际上这却是明确表明柏应理深受宋学影响的依据之一。先来看看《中庸》中对"慎独"的表述及朱熹的注释。

> 莫见乎隐，莫显乎微，故君子慎其独也。（隐，暗处也。微，细事也。独者，人所不知而己所独知之地也。言幽暗之中，细微之事，迹虽未形而几则已动，人虽不知而己独知之，则是天下之事无有著见明显而过于此者。是以君子既常戒惧，而于此尤加谨焉，所以遏人欲于将萌，而不使其潜滋暗长于隐微之中，以至离道之远也。）（《中庸章句》第一章）

上文开头说道，没有比隐微之物更加明白清楚的了。因此，君子要节制"独"的状态。上述原文本身就可以做出各式各样的解释。朱熹对此是如此解释的："隐"是"暗处"，即难以感知之处；"微"是细微之事；"独"指的是他人领会不到，只有自己一个人意识得到的状态。这是一种明确的意识分节产生以前的细微状态。是"几"（《易经·系辞上传》），即朝着可能的意义分化的萌芽已渐渐启动的状态。而且这是可从内在明确证明的自我觉悟，在世界范围内，没有比这一经验更加明白清楚的了。因此，君子可能会偏向某种可能的状态发展，而在这种"独"的状态下君子才更要多加考量。

张居正的注释和柏应理的译文

另一方面，从整体上看，张居正的注释依旧是对朱熹注释的简单易懂的注解。但是，其特点是明确说明了人类的意识作用可以直接认知"善""恶"。

> 人于众人看见的去处，才叫做著见明显。殊不知，他人看着自己只是见了个外面，而其中织悉、委曲反有不能尽知者。若夫幽暗之中细微之事，形迹虽未彰露，然意念一发则其几已动了。或要为善，或要为恶，自家看得甚是明白。（《中庸直解》第一章）

上文说的是，在世间人们把已经认识理解的事物叫做显明清楚之物。但是，这不过是从外部看到的。人内在的实际情况实际上无法从外部了解。当符合人类幽暗微妙的意识面之际，意念发出时可向着善恶分化的"几"就已经启动。意识主体自身对此是以一种明白清楚的形式直接认知的。

柏应理的翻译正是以张居正的注释为依据的，他将"隐微""独"与直接认知善恶的"心"的精细作用关联起来。

> 原因有二，一是因为心〔魂〕的启动几乎是隐蔽的，只有自己一个人才知道，所以显现不出来；同样，二是因为它极为精妙、微妙，所以不会显现出来。因此，完美的人物〔君子〕十分忧虑的同时，又非常注意自己的内心深处，且自己一个人对直观的内在事情态度十分谨慎〔慎独〕。之后会发生后面的事情。向他人隐瞒情况的人，在其最内在的，即内心的最深处对他一个人来说都是清楚明白的。同样，不管是非常敏感的人，还是几乎觉察不了的人——最为微妙的，即心的启动〔几〕（motus animi）——对这样的一个人来说不论善恶都是完全明白清楚的。（《中国哲学家孔子》"第五章《中庸》的译文"）

也就是说，柏应理规定主语——"隐微"（即所谓"独"）——是"心〔魂〕的启动"，认为其作用是关于细微的善恶分化（几）的直观判断。这种善恶判断显然是以张居正"意念之法"的注释为基础的。然而，如前节所述，在解释"道"的时候，柏应理曾用"心〔魂〕的启动"的译词 motus animi，解说君子基于理性本性慎思自我。可以说，柏应理这样解释前后的文章，是对宋明理学的观点有了深入的理解[①]。由此可以明确的是，柏应理受到了宋明理学的概念架构和世界观的巨大影响。

（4）中和

《中庸》原文和朱熹《中庸章句》

《中庸》将喜怒哀乐的各种情感尚未启动的状态定为"中"，又将情感启动且达到合适的状态定为"和"。"中"的状态是天下之"大本"，"和"的状态

---

① 难波征男在「『明儒学案』における「慎独」の展開」（『福岡女学院大学大学院人文科学研究科紀要』創刊号，2004）中评述道，《明儒学案》系黄宗羲（1610—1695）整理明代儒学动向后所撰，该书以"慎独"为中心，自宋学起述，经王阳明的"致良知"说，直至黄宗羲之师明末刘宗周（1578—1645）的"以慎独为工夫的诚意说"，称其为一部慎独史亦不为过。

是天下之"达道"。根据不同的解释，我们可以或狭义或广义地理解《中庸》的叙述，但朱熹则是在宏大的宇宙论式的天人合一的脉络上对其进行解读。

> 喜怒哀乐之未发，谓之中；发而皆中节，谓之和。中也者，天下之大本也；和也者，天下之达道也。（……喜、怒、哀、乐，情也。其未发，则性也，无所偏倚，故谓之中。发皆中节，情之正也，无所乖戾，故谓之和。大本者，天命之性，天下之理皆由此出，道之体也。达道者，循性之谓，天下古今之所共由，道之用也。此言性情之德，以明道不可离之意。）（《中庸章句》第一章）

根据朱熹的理解，喜怒哀乐的情感尚未启动之时，人类本性处于以天赋之"性"为基础的"中"的状态；启动后实现了恰当的程度，即是"正确"的"情"，是达到和谐状态的"和"。由此可得"理"的"天命之性"是"大本"，是道的本体。如果人类本性符合"天命之性"，就能与"天"的本体——"中"直接关联。同时，天赋之"性"和"情"的作用完全一致的状态就是"和"，是"达道"，且本身就是道的作用。朱熹依据《中庸》的言辞，同时阐发了性和情同"体""用"一起，与天及其道合而为一的宇宙论逻辑。

张居正的注释和柏应理的译文

相较朱熹而言，张居正的注解更加细致深入地分析了人类心理的机制，并阐明了这些机制启动的根据在于"天"。

> 凡人每日间与事物相接，顺着意便欢喜，拂着意便恼怒，失其所欲便悲哀，得其所欲便快乐，这都是人情之常。当其事物未接之时，这情未曾发动，也不着在喜一边，也不着在怒一边，也不着在哀与乐一边，无所偏倚，这叫做中。及其与事物相接，发动出来，当喜而喜，当怒而怒，当哀而哀，当乐而乐，一一都合着当然的节度，无所乖戾，这叫做和，然这中即是天命之性，乃道之体也。虽是未发，而天下之理皆具，凡见于日用彝伦之际，……莫不以此为根底。……所以说天下之大本也。这和，即是率性之道，乃道之用也。四达不悖，而天下古今之人，皆所共由，盖人虽不同，而其处事皆当顺正，其应物皆当合理。譬如通行的大路一般，人人都在上面往来，所以说天下之

达道也。（《中庸直解》第一章）

上文中说道，人的情感与外部事物相联系，如果是自己想要就会喜笑颜开，否则就会悲愤交加。一方面，接触事物之前，没有偏向喜怒哀乐中的任何一种感情的状态就是"中"。当感情接触事物之际，能与之相符合并适当表现出来的情况称为"和"的状态。处于"中"状态的人之"性"与"天命之性""道"的本体无异。在"中"的状态未启动之时，作为可能性的"天下之理"业已完备，也可称其为"天下之大本"。"和"的状态指的是，"情"的启动"顺应"适当的"性"，即按照"道"发挥作用。这是不受时空制约的、人类共同的、普遍的基础，因而又被称为"达道"。并且，张居正认为人尽管彼此不同，但各自在应对事情时都需要符合"正"和"理"，这就犹如人们来往行走于"大路"上一般。可见，这部分也基本以朱熹的解释为基础，并通过浅显易懂的比喻展开解说。

柏应理在翻译时参照了朱熹和张居正的解说。尽管如此，在使意思更加明确时，他则以张居正的解释为准。

> 然而，对于人类本性来说，情感的根源（radix passionum）是最深奥的事物，或者不如说自然本性本身就是其根源。因此，进一步讲，其根源是指自然本性的运动状态，或是自然本性向情感的不断喷发（prorumpere assidue）。所以，只要自然本性是理性和思辨力的原理（rationis et discretionis principium），完美的人物密切注意自我，慎思自我（attendere sibi），以便掌控自然本性，调整情感。因幸福而喜悦〔喜〕（gaudium），因身处逆境而愤懑〔怒〕（ira），因痛苦而悲伤〔悲〕（tristitia），因享受获得的事物而愉悦欢快〔乐〕（hilaritas seu laeta），这些心〔魂〕的情感产生并发展至活动状态之前〔未发〕，当中〔中间〕或处于正中央〔中〕（medium seu esse in medio）。因为这种状态对于走向过剩或欠缺的事物来说都是一样的。然而，当情感滋长，万事达成正确的理性指令〔节〕（rectae rationis dictamen）时，这被认为是符合理性（consentaneum）的，即与各种情感间的理性所产生的某种共鸣〔和〕（quidam passionum inter se et cum ipsa ratione concentus）。而且，当情感确实处于正中央时，这被认为是全世界〔宇宙〕的伟大原理，以及所有善行的基础〔天下之大本〕（universi magnum principium ac omnium bonarum actionum fundamentum）。〔情

感〕符合理性之际，则被认为是全世界〔宇宙〕的规则（orbis universalis regula），即人类普遍的道〔天下之达道〕（humani generis via）。（《中国哲学家孔子》"第五章《中庸》的译文"）

柏应理认为，对于人类来说"情感"扎根于最深奥的"自然本性"之中。他阐述道，所谓具有完善人格的主体，是指调整自己的自然本性并使之符合"理性"和"思辨"原理，同时又谨慎思考自我的人。而且，此后柏应理对喜怒哀乐四种感情做出的解释，正是依照了张居正的注释。并且，柏应理将各种情感活动状态之前的不均衡状态译成处于正中央。即他将"中"理解成了意义分化之前的"中央〔中〕"状态。

柏应理阐述道，人类的情感滋长之际，可通过"正确的理性指令"对万事加以调节。此时，可与"理性"产生"共鸣"的状态就是"和"。他的论述并不奇怪，只是其后的翻译不能简单地理解。此即情感处于正中央（的状态），就是"全世界〔宇宙〕的伟大原理"，及"所有善行的基础"一文。另一处是他认为情感符合理性的状态是"全世界〔宇宙〕的规则"及"人类普遍的道"。由此可知，柏应理认为，各种情感表露之前的状态作为诸德目潜在可能性的状态，是符合天理的，因而人类德性中存在宇宙论式的基础。不仅如此，当与理性一致之际，人类可实现与宇宙法则的契合。柏应理对宇宙论式的理性本性的解释，明显依据了朱熹的《中庸章句》和张居正的《中庸直解》。总之，柏应理吸收了宋明理学的"性""理"学说，将具备宇宙论基础的理性这一概念——不是"神"——介绍到了欧洲。

（5）天地位，万物育

《中庸》原文和朱熹《中庸章句》

《中庸》以更加宏大的宇宙论阐发"中和"的观点。

致中和，天地位焉，万物育焉。（致，推而极之也。位者，安其所也。育者，遂其生也。自戒惧而约之，以至于至静之中，无少偏倚，而其守不失，则极其中而天地位矣。自谨独而精之，以至于应物之处，无少差谬，而无适不然，则极其和而万物育矣。盖天地万物本吾一体，吾之心正，则天地之心亦正矣，吾之气顺，则天地之气亦顺矣。故其效验至于如此。此学问之极功、圣人之能事，初非有待于外，而修道之教亦在其中矣。是其一体一用虽有动静之殊，然必其体立而后用有以行，则其实亦非有两事也。故于此合而言之，以结上文之意。）（《中庸章句》第一章）

对于《中庸》"致中和，天地位焉，万物育焉"一句中的"致中和"，为何能推导出"天地位，万物育"的结论，不是简简单单就可以理解的，这里存在着逻辑上的飞跃。从朱熹对此文的解释可知，他试图在此使其与前述天人合一的思想首尾呼应。人通过戒惧惶恐使意识集中，达到更加稳定的"中"的状态。如此一来，按照他的理解，我们也可以在应有的秩序中定位、理解天地。自"慎独"开始逐渐集中精力去思考，以至意识变得可准确应对事物。此时，对事物的处理就变得精密至极。这时，万事万物就参与到"育"——完善每个个体生命——的状态中了。朱熹的观点并非简单地论述人的"主观"状态。正如"天地万物本吾一体"一文所说，主观和客观在这个图式下只不过是一个整体的两个方面。在朱熹看来，主观方面的"吾之心"的正确性与客观方面的"天地之心"的正确性相互对应。而且，构成万事万物的共同的"气"、主观方面的"吾之气"，以及客观方面的"天地之气"三者是对应、和谐的。应该把两者看成是同一事态的两种局面。

张居正的注释和柏应理的译文

上述朱熹的天人合一思想确实为张居正所承继，并且得到了相当大的拓展。

> 由是吾之心正，而天地之心亦正，吾之气顺，而天地之气亦顺，七政不忒，四时不忒，山川岳渎，各得其常，而天地莫不安其所矣。少有所长，老有所终，动植飞潜，咸若其性，而万物莫不遂其生矣。盖天地万物，本吾一体，而中和之理，相为流通，故其效验至于如此。（《中庸直解》第一章）

上文阐述道，因为主观的心端正，主体的气调和，所以同时相应地，天地的心也变得端正，天地的气也会调和。接着，作为实例张居正首先列举了日、月、水、火、金、木、土星的天体现象——"七政"，春夏秋冬的四季——"四时"，甚至山川丘壑等地形，而所有这些都保持着固定状态，非常稳定。其次，他又列举说幼者成长，老者必将逝去；虫鱼鸟兽、花草树木等皆以其原始本性存在，万物照此终其一生。总之，他举出了与人类和宇宙相关的一切事态的完美化。张居正吸收了朱熹的观点，认为前述事态得以实现的根据在于天地万物与"我"为一体，且"中和之理"畅通无阻，遍及每个角落。

那么，论及柏应理的译文可以发现，虽然他的译文在一些细节处与张居正有所不同——如语句的顺序前后相反等，但是基本上依照了张居正的注释。

> 因此，当观察到中间〔的状态〕和适宜〔的状态〕之际〔致中和〕。此时与天一样，地的状态最终也稳定下来〔天地位〕（Coeli quoque ac terrae status quietus），且万物一同增长繁殖，显现强大的生命力〔万物育〕。之所以如此（注释者们附言道），或许是因为如果人类的行为常常遵照正确的理性的话，这个人此时恰如与世界〔宇宙〕融为一体（unum veluti corpus cum universo），天地也会按照自身具有的规范（indita sibi norma）运动，众星准确地施加影响力（planetae influant），四季完美地循环往复，年轻人尽享人生的欢乐岁月，老年人顺应自然、寿终正寝。而且就这些事态而言，万物可获得合适的状态和场所吧。（《中国哲学家孔子》"第五章《中庸》的译文"）

或许，对于初次接触儒家特有的天人合一宇宙论的欧洲人来说，很难立刻理解吧。但是，传教士们通过解释注释的书籍，尝试着先综合理解其含义，再将其传播到欧洲。儒家天人合一的宇宙观也就由此传播到了欧洲。

2　朱熹与"天命"和"性"

宋明理学围绕天与人乃至与万物间的关系展开了极为精密细致的思考。《中庸》尤其从天人合一的视角阐发了人类本性。各个时代的许多学者也对此进行了广泛考察。

接下来，笔者将沿着学者们（宋、元、明三代）关于《中庸》各种概念的主张的轨迹，探讨他们是如何理解并把握这些概念，以及如何展开论述的。藉此，比起单纯得出柏应理的翻译依据了朱熹和张居正的注释而言，更具意义的是，从柏应理运用欧洲式理智〔知性〕解读两者并由此引出他自己的翻译这一点，管窥中国方面的历史背景。

朱子学又称性理学，朱熹十分重视"性"。对他来说，《中庸》首章的"天命之谓性"正是形成其理论基础的思想来源。"天命"是以作为本体的"天"与万物的生都具有赋予"理"的作用为焦点来阐述的。"性"是从万物接受"天命"的视角来论述的。但是，朱熹不管在任何场合都阐述了两者原本是密不可分的。例如，从记录了他与弟子们讨论过程的《中庸或问》中就可窥见《中庸章句》的观点。

> 天命之谓性，言天之所以命乎人者，是则人之所以为性也。盖天之所以赋与万物，而不能自己者，命也。吾之得乎是命，以生而莫非全体者，性也……盖在天在人虽有性命之分，而其理则未尝不一。在人在物虽有气禀之异，而其理则未尝不同。此吾之性所以纯粹至善。（《四书或问》卷三）

从人的视角看，天所"授命"于人的，是人之所以为人的根据——"性"。除了赋予人类"性"之外，天还赋予万物"命"，这是万物维持和保持自身存在的根据。而"性"是"吾"得此"命"，并作为整体得以存续的根据。从根本上看，不论是"命"还是"性"，在同一的"理"上都是相通的。此外，就人类和万物而言，从分歧和偏差的观点来看，分别都是特殊的存在体，但从贯通其中的天赋之"理"来看，却还是统一的。

另一方面，对万物来说，天赋之"理"是最终根据。也就是每个事物得以存在的根据。

> 《（大学）或问》："万物各具一理，万理同出一原"。曰，一个一般道理，只是一个道理。恰如天上下雨：大窝窟便有大窝窟水，小窝窟便有小窝窟水，木上便有木上水，草上便有草上水。随处各别，只是一般水。（《朱子语类》卷一八）

"理"是万物存在的根据，而究其根源可知，它又是源自天理的"一原"。从一般与个别相对立的观点看，"理"或是作为同一的"道理"显现，抑或就只是"性"。朱熹将其比作雨水及地上形态各异的窟窿中的积水，加以说明。尽管大小窟窿的容量及雨水所处场所等具有个体性差异，各自得到的"理"会因此具有特殊性及排他性。但是，就雨水来看的话，全都是同样的水。

再者，朱熹认为，"性"作为天理的分有，在每个人看来都是以终极的、理想的形态显现，而此时的"性"就与圣贤所阐释的等同了。

　　此三句是怎如此说？是乃天地万物之大本大根，万化皆从此出。人若能体察得，方见得圣贤所说道理，皆从自己胸襟流出，不假他求。（《朱子语类》卷一二一）

朱熹认为，《中庸》的"天命谓之性，率性谓之道，修道谓之教"是为了表示，天地万物一切现象变化都是基于唯一的"大本""大根"。"天"是终极的依据，人如果认识到这一点，就如同圣人贤者的道理主动从其胸中"流出"一般。因此，不应当在"外部"寻求这一依据，而应当从"内在"的天赋之"性"寻求。朱熹本人认为天理与人密不可分，人通过其自身特殊的视角可以充分发挥和实现理[①]。

3　朱熹之后的"天命"和"性"

（1）宋元思想家与"天命"和"性"

张栻像（汤岛孔庙藏）

张栻

　　宋代张栻（1133—1180），号南轩，是与朱熹同时代的学者，深受程颢、程颐的影响。下面是他关于"性"的论说。

　　窃谓人之情发莫非心为之主，而心根于性，是情亦同本于性也。今曰若"既发则可谓之情，不可谓之心"（《二程遗书》卷一八）。然则既发之后，安可谓之无心哉。岂非情言其动，而心自隐然为主于中乎。又孟子曰"乃若其情则可以为善矣"（《孟子·告子上》）。（《南轩集》卷二九）

　　如前所述，《中庸》主张"性"是"喜怒哀乐"之"情"显露之前的"中"，"情"是恰当应对外部事物的状态——"和"。关于"性"和"情"的关系，张栻之前的程颐阐述道，受外部事物诱发而表现出的"情"不

[①] 前列吉田公平「朱子の『中庸章句』について」中指出，朱熹所列举无过不及的圣人——"以本真状态存在"的完美之人——终究是理想型的人物，他的着眼点在于具有发展潜力的"学者"或"人"。

是"心"的本真形态，即"既发则可谓之情，不可谓之心"。另一方面，朱熹认为源自天的未显露状态——"中"相当于"性"，并将已显露状态作为"情"，并认为在"心"方面，"情"应当随"性"而动。程朱二人都将以心之作用的功能性差异为焦点展开论述。

另一方面，程颐主张"情"脱离了"心"的本真形态，在此意义上的"情"不是"心"。

而张栻并不认为程颐将已显露的"情"论作"无心"，是正确的。他认为"情"始终是"性"的表现状态，"心"是其稳定状态，且必须成为主导。张栻认为，"情"表现之时"心"就是主导，而"心"本身又是以天赋之"性"为根源的。因此处于显露状态的"情"也是源自"性"。于是，他引用了《孟子·告子上》的"乃若其情则可以为善矣"，并将"若"训作"顺"。由此可见，他认为"情"本身可以是"善"。对此，他在下文中有更加明确的论述。

> 自性之有动谓之情。而心则贯乎动静而主乎性情者也。程子谓"既发则可谓之情不可谓之心者"（《二程遗书》卷一八）。盖就发上说。只当谓之情，而心之所以为之主者，固无乎不在矣。孟子谓"乃若其情则可以为善者"，"若"训"顺"，人性本善由是而发，无人欲之私，焉莫非善也。（《南轩集》卷二九）

总而言之，"情"是天赋之"性"的显露状态，而"心"则贯穿并统领外显的"情"及处于静态的"性"。张栻以一种积极主动的形式理解"情"，他采用了汉代赵岐的训诂法，将《孟子》上文中的"若"字训作"顺"[1]。如果"遵循"符合天赋之"性"的"情"，就会没有"人欲之私"，就能成"善"。朱熹在其《孟子集注》中将"乃若"看作"发语词"，认为该词意义浅薄。相比而言，张栻则对人性之"情"给予了更加重要的评价[2]。

胡寅

宋代胡寅（1098—1156），号致堂，胡安国之养子，师从杨时。他运用一元

---

[1] 汉赵岐《孟子注·告子上》。

[2] 福田殖在「張南軒に関する二、三の考察」（『文学論輯』第二三号，1976）中认为，张栻属于胡安国、胡五峰结成的湖南学派，他继承了胡氏学以心为中心的倾向，主张以在一念发动的已发瞬间直觉天机的心为中心。

化的"天"解释万事万物。

> 赋予而言曰天命。自禀受而言曰天性。自流行不息而言曰天道。自道中条理而言曰天理。自主宰而言曰天心。自徧覆而言曰天体。自昼度而言曰天文。自可推而言曰天数。自甚美而言曰天休。自可法而言曰天则。自感应而言曰天变。自不可犯而言曰天威。宇宙间无有一能外于天者。子思所谓性道教，亦无有一不本于天者。学者能知此身此心所自来者，皆天也。其学自不能已矣。(《四书通·中庸通·引》)

胡寅依照各种情况下的功能描述了《中庸》中的"天"。他认为《中庸》开篇中赋予万物成立的根据的作用是"天命"；而换个角度看，接受"天命"的情况为"天性"；万物不断普及即"天道"；存于道的"条理"是"天理""主宰"，即统领作用称为"天心"；万物的轮廓称为"天体"；太阳规律性的运行是"天文"；可推论出的规律称作"天数"；天的完美和谐称为"天休"；人类应当遵循的秩序为"天则"；天地万物与人之间的感应现象则为"天变"；不得侵犯的威严和尊严为"天威"。胡寅将"天"比作一切事态的终极解释原理，而对于世界上所有的作用、主动和被动的运动、样态、条理、形态、规律性、相互关系、意义和价值等，他将这些看作整体的关联构造，尝试着在"天"的范畴内赋予其意义[1]。

元代胡炳文在《四书通》中引用了上述关于"天"的学说，说明胡炳文继承了胡寅的"天"的一元化思想。

---

[1]　小岛毅在『宋学の形成と展開』(創文社，1999)中指出，胡寅在批判汉代儒学家们的天谴报应论的同时，将"顺天"理解为"顺理"，主张人要通天必要穷理。此外，该书中还列举了其弟胡宏认为没必要在北郊祭地，只要祭天就足够的观点。可见，胡氏兄弟二人逻辑上都主张天的一元化。

（2）明代思想家与"天命"和"性"

胡居仁

对于《中庸》及朱熹《中庸章句》极具整合性的解释，明代胡居仁（1434—1484）试图进一步强化两者综合统一的一贯性[1]。

> 在天曰命，在人曰性，在物曰理，在五常为道。其实非有二也。然道又通乎天地人而言，故曰天道地道人道。（《居业录》卷八）

关于"命""性""道""教"四者，胡居仁认为以"天"为焦点时叫作"命"，以"人"为参照标准时叫作"性"，将全体"物"作为对象时叫作"理"，符合仁、义、礼、智、信的德性时叫作"道"，而这一切都指向一个根本原理。换言之，他认为"命""性""道""教"四者是应对所意向的对象性事物的各种表现，它们都与一个根源相互关联。

胡居仁像
（汤岛孔庙藏）

不过，与其说胡居仁与胡寅和胡炳文一样，意欲运用一元化的"天"表示终极原理和根据，不如说他是从整体上把握终极原理和根据——将其看作是事物和现象在个别情况下的有机的整体关联中的模态和相位。

薛瑄

明代薛瑄虽然采用朱熹的框架，但他以自己独特的形式丰富概念和内容，密切概念间的联系。尽管他主张"复性"论——人回归本真性，但"天"这一概念在其"性"的实际内容和可能性方面具有十分重要的地位。薛瑄认为，人之"性"永远根源于"天命"。

---

[1] 吉田公平在「胡敬斎の思想」（『集刊 東洋学』第二一号，1969）中论述道，胡居仁认同理的超脱性、实体性和根源性，综合心和性的超历史性来看，他认同朱子学超然于历史之上的普遍性和有效性。吉田认为他是超然的理等于朱子学观念体系的忠实学徒。另一方面，吉田进一步论述道，胡居仁主张理气心的一体性论理与穷尽主体内在道理的王阳明思想有关联。由此可见性理学与心学的延续性。

　　　　天命之流注于人心而为性者，其来"源源"（《孟子·万章上》）无穷。
　　人能常存此性，则天命无时不流注而其本无穷矣。（《读书续录》卷九）

　　"天命"是人之"性"的本源，"流注"是指"天命"持续不断的运动，而
人之"性"正是源于"天命"恒常无穷的"流注"。再者，如果人能领悟这个道
理，并不断保持自己的"性"，则"天命"就会愈加频繁地流注"人心"。

　　薛瑄以张载的《西铭》、朱熹的注解及陈淳的见解为依据，主张人应当以人
的身份实现天地阴阳的运动变化及其原理。

　　　　"知化则善述其事"（《张子全书》卷一"西铭"）。化者天地之化。
　　一过而无迹，如阴阳之变化是也。知阴阳之变化，则凡率性而行，见诸事为
　　之间者，无非天地之事。犹孝子之善述其事也（《中庸章句》第一九章）。
　　"穷神则善继其志"（《张子全书》卷一"西铭"）。神者妙而不测，如天
　　命之神明是也。有以穷之，则吾性之全体无非天地之志。亦犹孝子之善继其
　　志也。化以气言，故曰知化则善述其事。志以理言。故曰穷神则善继其志。
　　谓之知，犹知化育之知，默与之契非但闻见之知也（《北溪大全集》卷一四
　　"取意"）。谓之穷则洞见天地之心。犹易所谓"通神明之德"（《易经·
　　象辞下》），心与之相合无一毫之间也。（《读书续录》卷一）

　　天的运动变化只会出现一次，其后则踪迹全无，销声匿迹。这对应的是"气"
（从质料方面把握宇宙的场合）的"阴阳"状况所具有的持续运动性。人要洞察
阴阳变化之原理，就必须依照自身承载的"性"来行动。因为关于天地的一切事
体都会表现在事物和行为上。关于前述人对天的规律性的理解和行为，薛瑄引用
了《中庸》"夫孝者，善继人之志，善述人之事者也"一文，认为这就如同孝顺
双亲的"孝子"继承双亲的意志一般。天所具有的"神明"功能精湛奥妙，如若
要彻底查明这一功能，则人之"性"本身必须成为"天地之志"。

　　此外，薛瑄认为"知"指的是认知由天引起的万物变化生养，是"天"冥冥
中与人之"知"相互契合，而不能简单地概括为见闻等经验知识。也就是说，认
知天的生成机制就等同于洞察"天之心"，这种情况就是《易经》中所说的"通
神明之德"。由于"心"与之相符，因而两者之间就会变得没有分毫间隙。心遵

循前述天的机制，将视角转向"心"一边，正是指的遵循自己本有的"性"，总体而言也是在遵循"理"。

> 循理即率性也。自一身之耳目口鼻手足百体各顺其则，以至人伦庶事各得其宜，皆循理也。（《读书续录》卷一）

如上文所述，薛瑄认为遵循服从自己的"性"，就是遵循"理"。将焦点集于一身时，又是从顺应身体各部位及感觉器官的规律开始，再扩展至全身、社会，直至人伦关系及各类的事务，在这一过程中执行最适宜的行动也是在遵循"理"。薛瑄关于"理"与"性"（"天理"的分有）的相互关系的信念，在下文中也有较为清楚的体现。

> 天以一理而贯万物，圣人以一性而贯万事。（《读书续录》卷三）
> 天人之理同条而共贯者也。（《读书续录》卷一）

由上文可知，薛瑄将贯通统领天人的"理"的条理（条）作为根据，从自上而下和自下而上两个方向，将两者作为有机统一体进行理解和把握。而且，薛瑄论述道："性命合一，即学贯天人矣"（《读书续录》卷一），认为学问的终极完成态指的是人之"性"产生的矢量与天命之"理"的矢量相互作用，融合成为运动体态贯穿于人和宇宙之中。

罗钦顺

明代罗钦顺号整庵，他深入细致地对心的作用做了分析性思考，并就其与"理"的关系做了统括性的解释说明。

> 此理在人则谓之性，在天则谓之命。心也者，人之神明，而理之存主处也。岂可谓心即理，而以穷理为穷此心哉。良心发见，乃感应自然之机，所谓天下之至神者，固无待于思也。然欲其一一中节，非思不可，研几工夫正在此处。（《困知记》附录）

罗钦顺认为，对朱熹来说，以人为基准来看"理"是"性"，而以"天"这一源泉为基准的话，则"理"对应的是"命"。不过，他认定"心"是人的"神明"，是一种无法推测的、精湛奥妙的照明能力，是起主导作用的"理"的存在场所。藉此，他不认可将"心"与"理"等同看待，同时批判"心即理"——将陆象山和王阳明等人的"穷理"解释为"穷心"——学说。不如说，罗钦顺试图在人本真的"良心"的机制中，按照无内外分别的主客观感应的具体样态捕捉"理"的表现。他阐述道，作为机制来看时，前述内外呼应是极为精妙的，几乎可以不需要具有反省和思考作用的"思"。

然而，另一方面，他并不觉得凭借"良心"的功能就可一劳永逸，而是认为对于恰当地应对和质询每个具体事态和状况来说，彻底的反省和思考是不可或缺的。而这种反省和思考是专研探索"机"——现象的奥义和征兆——所必要的努力和方法。

如此，罗钦顺指出仅有"良心"这一人本真的直观能力是不充分的，与事物相应的"意"的反省作用非常重要。不过，这样一来，罗钦顺是如何把握与朱熹的"性"和"情"相对应的"人心""人欲"和"道心""天理"等概念的呢？对此，他如是说道。

> "人心，人欲。道心，天理。"程子此言，本之乐记，自是分明。后来诸公，往往将人欲两字看得过了，故议论间有未归一处。夫性必有欲，非人也，天也。既曰天矣，其可去乎。欲之有节无节，非天也，人也。既曰人矣，其可纵乎！（《困知记》三续）

依据程颐关于"心"的对立图式——"人心""人欲"对"道心""天理"，后世的论者对"人欲"产生了误解，因而就不存在统一的解释。"人欲"是"性"——与"道心""天理"相对立——必然的附属产物。"人欲"伴随着"性"而生，归根到底仍是由"天"决定，而不是人为的。"人欲"是自然的，重要的是人如何调节"人欲"。总而言之，在罗钦顺看来，无论是"良心"，还是"人欲"，都根源于"天"，因此其本身就具有充分的存在理由。朱熹聚焦于心中的"性"，王守仁则将"心"的功能与"理"等同视之，而罗钦顺则与二者划清界限，主张发挥"心"的各种样态和功能的特性，实现动态调和。

王守仁

明代王守仁，号阳明，在《传习录》中，他言简意赅地阐明了自己对《中庸》重要概念的见解。

子思性道教，皆从本原上说。天命于人，则命便谓之性。率性而行，则性便谓之道。修道而学，则道便谓之教。率性是"诚者事"（《中庸》）。所谓"自诚明，谓之性"（《中庸》）也。修道是"诚之者事"（《中庸》）。所谓"自明诚，谓之教"（《中庸》）也。圣人率性而行，即是道。圣人以下，未能率性于道。未免有过不及。故须修道，修道则贤知者不得而过，愚不肖者不得而不及。都要循着这个道，则道便是个教。此"教"字与"天道至教"（《礼记·礼器》）、"风雨霜露，无非教也"（《礼记·孔子闲居》）之"教"同。"修道"字与"修道以仁"（《中庸》）同。人能修道，然后能不违于道，以复其性之本体。则亦是圣人率性之道矣。下面"戒慎恐惧"便是修道的工夫。中和便是复其性之本体。如《易》所谓"穷理尽性，以至于命"（《说卦传》）。中和位育，便是"尽性至命"。（《传习录》上）

王阳明论述道，《中庸》的"性""道""教"等各种概念，在"天"这一本源上都是相互关联的。将"天"视作主体时，从接受方的角度来看，"天"的授予作用"命"即为其固有本质"性"。因此，遵从"性"而行动即为"道"。将"道"作为学习对象就是"教"。由此可知，天命、性、道、教等概念是可从各种相位理解的本体、运动的能受、有意识的实践、习得内容等一系列的事态。遵从"性"的状态指的是圣人"自诚明，谓之性"的状态——这完美呼应了《中庸》后半部分论述的"天道"。"自明诚，谓之教"意为贤人以下的庶人通过理性理解到达"诚"的境界，是"道"的实践。他认为，圣人完全遵循"性"体现了"道"自身的内容，圣人之下的人们必须以"道"为实践"对象"努力学习[1]。

高拱

高拱（1512—1578），号中玄，明朝文渊阁大学士，官至礼部尚书，隆庆帝首辅，因与张居正不和而后被罢免。学术上，他反对程颐、朱熹以降的"性即理"学说。

问，性即理也。然欤。曰理者脉络微密，条派分明之谓。天下之理皆理也。而性字从生从心，则人心所具之生理也。性乃定名，理为虚位。性含灵

---

[1] 《传习录》下第三十条论述道，圣人、贤人和一般人的差别不是质的，只不过是量的。普通人也可顺着本性而为，而圣人也需要修道。

而能应理，具体而无为。性存郛廓之中。厥惟恒秉，理随事物而在，各有不同。谓"性即理"未敢为然也。且性即是理，则理即是性也。而世有称伦理者焉，亦谓之伦性可乎。有称文理者焉，亦谓之文性可乎。固可识已。（《问辨录》卷二）

高拱认为，"天下之理"的脉络细小紧密，非常明显，是万物共同的，具有普遍性。然而"理"是不受制约的、抽象的一般性。另一方面，"性"是特定名称之下，赋予事物个性和特殊性的、限定的"定名"。继而，根据"心"这一特性，人之"性"是在普遍的"生"中增加了限制。然而，他又解释道，"人心"所具有的活着的"理"，即"生理"。

这个人心的"性"正好包含了应对各种事态的精妙能力。另一方面，即使设想"理"具有本体，也只不过是"无为"（不存在以本体为起点的运动）、无制约的东西。

"性"最终作为一定的对可能性的制约，存在于"郛廓"之中。通过这种情况，才能发挥出与条件相对应的卓越功能和作用。个体接受"理"时，得到的是各事物的排他的"性"。但是，这种作为个性原理的"性"及普遍性的"理"，因为逻辑上的上下关系，所以不能认为两者同源。他认为"伦理"一词虽然妥当，但没有"伦性"一词；虽然可以说"文理"，但却不能用"文性"这种表达。这是宋学惯用的暗度陈仓式的解释，源于理学，又从内部突破理学架构。

而且，高拱的谈锋愈加锐利。他指出《中庸》的论述始终仅限于学习者（即人），轻而易举地击败了一直以来的主流注释——宇宙论式的解释。

中庸为学者作。皆人理也。而伊川、考亭动兼人物言之。夫人有人之性，物有物之性，岂以人之性犹牛之性，牛之性犹犬之性欤。且盈天地之间，惟万物凡草木土石诸件皆物也。若谓人物之生各得所赋之理，以为健顺五常之德，则不知草木土石其健顺五常之德若何。若谓人物各循其性之自然，日用事物之间莫不各有当行之路，则不知草木土石其当行之路若何。理，难通矣。（《问辨录》卷二）

高拱虽然身居文渊阁大学士，是明朝文教行政机构的领导人物，但他却与程颐和朱熹保持距离，否认人与物之间有共同的理。他认为《中庸》中的"性"并非指万物普遍的性，而应仅作为人之理来理解。朱熹在《中庸章句》中阐述道，"人"各自获得自己的天赋之"理"，拥有与之相应的"气"的"健顺"运动，并具有与之相融合的五常之德——"仁义礼智信"。诚然，此时朱熹的论述是以人为焦点的。虽说如此，"德"也可扩及至"物"。高拱抓住这一点并认为不能将非人的"牛""犬""草""木""土""石"——不能自觉明证前述德性与当为之"路"——与人（能自我反省的独特存在）相提并论。

高拱讨论了有别于其他存在者的人的"性"的秉性。那么，他是将人理解成西方近代意义上，独立于宇宙和自然的、有意识的存在者了吗？非也。倒不如说他是以宋明理学传统的"天人合一"的宇宙观去理解的。继解释《中庸》的"天命""性""道""教""慎独""未发"之后，他又阐述道：

> 一理浑然更无偏著故谓之中，中则发皆中节矣。无所乖谬故谓之和。中虽具于吾心，然天下之理皆由此出。是为大本。和虽发于吾心，然天下之事皆由此处。是为达道。可见，此心之中万理皆备，而天地万物不能外焉者也。若能以是中和推而极之，自行己之间以至于应物之际，以施政教，以兴礼乐，以御于家邦，以推之四海，"以范围天地，以曲成万物"（《易经·系辞·上》），无往而非中和之运用。（《问辨录》卷二）

首先，高拱将"一理"视为浑然不可分的整体，并视其无丝毫偏差的状态为"中"。而作为显露状态的"情"凭借"中"就可保持适度，变成恰到好处的"和"的状态。并且，他认为作为自觉能力的"吾心"具有天的"一理"。站在发出一方的角度看，"吾心"可视作"天下之理"的起点，即"大本"。此外，"和"可为"吾心"所经验，因而"天下之事"亦源自最广义的"此处"，由此可将这理解为普遍的道——"达道"。他认为"此心"的"中"里具有万理，天地万物与之相关联。在这一世界观之下，若能使"中""和"达到极致，既能实现"己"范围内的行为，又能从应对万物的施政、振兴礼学、统御国家出发，实现《易经》"以范围天地，以曲成万物"的理想。而这些效果皆是因为运用了"中和"。

如此，高拱的观点源自他对儒家传统的天人合一思想的深信不疑。在被张居正排挤掉之前，他曾是国家核心机构的重要人物。可以想见，高拱的言论中包含了他实现理念的强烈信心。总之，理学又向着更深层次进发了。

罗汝芳

明代罗汝芳（1515—1588），号近溪，与阳明心学关系密切，主张《中庸》的理念绝没有脱离人类的日常生活。

> 盖此书原叫做《中庸》，只平平常常解释，便是妥帖，且更明快。盖"维天之命，于穆不已"（《诗经·周颂·维天之命》），命不已则性不已，性不已则率之为道亦不已，而无须臾之或离也。此个性道体段，原是浑浑沦沦而中，亦长是顺顺畅畅而和。我今与汝终日语默动静、出入起居，虽是人意周旋，却自自然然，莫非天机活泼也。即于今日直到老死，更无二样，所谓人性皆善，而愚妇愚夫可与知与能者也。中间只恐怕喜怒哀乐或至拂性违和，若时时畏天奉命，不过其节，即喜怒哀乐总是一团和气，天地无不感通，民物无不归顺，相安相养，而太和在宇宙间矣。此只是人情才到极平易处，而不觉工夫却到极神圣处也。噫！人亦何苦而不把中庸解释《中庸》，亦又何苦而不把中庸服行《中庸》也哉？（《明道录》卷三）

如上文所述，《诗经》有句话说道，"天之命"深奥纯粹，延续不断。罗汝芳将这句话与《中庸》直接联系在一起来理解。如此一来，从宇宙论角度看，不论是与"天命"直接关联的人之"性"的作用，还是"率性"之"道"，都是连续不断的，片刻都不会解离。在本体方面，"性"与"道"的结构关系构成浑然一体的"中"；在作用方面，"性"与"道"的结构关系又可实现理想顺畅的"和"。一般认为，你我之间的语默、动静、出入、起居等行为都是人类意志的表现。但是，罗汝芳却主张应将其定位为"自然"的、天的灵动机制，是"天机"的一个环节。而且，前述"性"始终存在于从现在至"衰老""死亡"等人生的各个阶段。[①] "性"贯通天地万物的整体和局部、全过程和某个瞬间，罗汝芳认为"性"从根本上看是遵循儒教传统的"善"。一般认为，"性"是人类本真之物，就连

---

① 关于罗汝芳与"天"的关系，参阅：冈田武彦『王陽明と明末の儒学』（明德出版社，1970），上田弘毅「羅近溪に於ける天」（『集刊　東洋学』第六八号，1992）。其中，冈田的论文阐述说，罗汝芳的天被视作存在根据、主体的成立依据之时，视听言行即天；人的修养成为论题之时，天作为人的作用展现自己，天与人似二而一。

能力较弱的普通男女也都能自觉和实践。因此，在行动的过程方面，即使喜怒哀乐的情感可能会偏离合理的"性"，变得不协调，我们也要时常"敬畏"所依据的"天"，奉行其"命"，保持节制。如此这般，情感的表现也会变稳妥，藉此则可"感通"天地。再而，彼此满足，互相涵养，在"宇宙间"实现伟大的和谐。这些正是始于人的"情"，其效果可以一直通达最"神圣"的境地。最后，罗汝芳主张应当按照《中庸》所表示的人类的日常生活，转而实践《中庸》的思想。[①]

罗汝芳阐发了人类的极限可能性，他的这一主张似乎直接触动了弟子门生们。之后，他的弟子阐述道，"今日方晓得中庸是个人也。……愿先生为我更详言之，我将为先生即遍告之，庶使一世之人、人尽自知之也"（《明道录》卷三）。在明代，阳明学派通过"讲学"传播"心学"。这种说教是对人类能力无限的信赖，具有巨大的影响力，极大地促进了"心学"的传播。

汤显祖

明代汤显祖（1550—1616），号海若，文学家、戏曲家，有《牡丹亭还魂记》等多部作品留世。[②]汤显祖与张居正不和，因抨击朝廷而获罪，被流放至广东，最后调任浙江的知县，在此结束了他的官宦生涯。在汤显祖的思想里，他高度评价了人与天的融合，而《中庸》各种概念的解释中也明确体现出这一点。

> 天人未分之先，则天道含人道，不能秘此道于"冲漠"（《易经·系辞·上》）。求之性教既分之后，则人道合天道，不能益此道于毫厘。（《四书讲义困勉录》卷二）

就天人未分化的状态而言，作为整体的"天道"包含了作为内在焦点和视角的"人道"。面对"天道"，即可预想到与之相关的"人道"。"天道"是"冲漠"，即不可能止于不确定的状态。"性"由"天"所赋予，"教"是道的实修。也就是说，"人道"符合作为整体的"天道"，所以"道"在总体上是一定的，

---

① 如此这般，罗汝芳认同儒家经典论述的是作为自我本心的良知。另一方面，他批评王阳明将心置于儒家经典之上，认为儒家经典是对古代圣贤依照时、处、位，由各自的良知作出判断的记录，主张将儒家经典当作规范——自他共同的标准——学习是非常重要的。参阅：上田弘毅「羅近溪に於ける修証の立場」（『集刊 東洋学』第七二号，1994）。

② 参阅：阿部泰記「湯顕祖の戯曲観——情の重視」（『人文研究』第五九輯，1979）。

未必会因人的实践而增强。上文以人道为中心，同时阐释了天、人两种概念密不可分的关联性。

高攀龙

明代高攀龙隶属于东林党，他强调作为整体的"天"，同时藉此不停地强调与天相关联的人类本性。

> 天在眼前。人岂不知？只为说了天命，不知如何为命，连天也不知了。天只是天，一落人身故唤做命。命字即天字也。（《高子遗书》卷五）

"天"在"眼前"。人因为没有仔细理解"天"赋予各事物的"命"，所以不能很好地理解成为"命"之出处的天。可是，说到"天"的话，仅仅是指（作为苍天的）"天"。因为注意到它体现在人身上这一点，才特别称其为"命"。"命"即为此种意义上的"天"。高攀龙认为，作为事实被赋予人的当下的"天"才是重要的。

因此，"性"和"情"是高攀龙思索的具体与件，对此他进行了更加严密的分析。

> 中者天命之性。"天命不已"（《诗经·周颂·维天之命》）岂有未发之时，盖万古流行，而太极本然之妙，万古常寂也。可言不发，不可言未发。《中庸》正指喜怒哀乐未发时，为天命本体，而天命本体，则常发而未发者也。情之发，性之用也。不可见性之体，故见之于未发。（《高子遗书》卷三）

"天命"直接关联的"性"指的是显露于"情"之前的"中"的状态。无论是从《中庸》的文句，还是从朱熹的注释，都可知其是理学的标准理解。对此，高攀龙认为，既然"天命"的作用实际上是前赴后继、持续不断的，那么就不可能"未"表现出来。"太极"作为万物的核心，其作为原理的、本真且超克的精密性具有超越时间的潜在性。而因为这种潜在性是"不发"的，所以也就谈不上"未发"。"天命"之本体才是问题所在，而并非与前述现实相背离的形而上的层面。继而，"天命"之本体即便未表现为喜怒哀乐，在其常欲真实表现的态势看也是一种"常发"。因其处于"常发"的态势，所以绝不是非存在。高攀龙认为，天命之本体由"性"与"情"组成，并将"情"的表现定位为"性"的作用。

而且他认为，即便不能通过感觉和意识认知"性"的本体，但其表现为"情"的倾向性是可觉知的。

高攀龙的解释源于朱熹式的思考架构——"中""天命""性""情""未发""已发""体""用"等。然而，他对这些概念的内涵和重点的认识却有别于朱熹。其学说经过阳明学的洗礼，变得更加倾向于重视人的现实性。[1]

> 有友论天人。先生日，天人原是一个。人所为处即天譬之命该做官者，必须读书做文字。读书做文是人。然肯读书做文，又是天。彦文日，命之所有先天也。人之肯为后天也。无先天不起后天，无后天不成先天。先生日，然。（《高子遗书》卷五）

他认为天、人是同一关系。天是整体，人的行为是"天"的一部分，人在"天"的范围内活动。譬如，有为官之命的人当然必须阅览与其职务相应的书籍，学习相当程度的知识，具备写作文章的实际经验。学习和实务本身是属于人力所为。但是，从天人的整体关系来看，这种必须由人进行的行为和实践，实际上是"天"的具体现象。针对高攀龙的发言，其弟子发问道，如果"命"的根据是"先天"的，人必须进行的行动实是"后天"的；那么"天"确实是优先于行为的前提条件。然而，若没有人的行动，"天"的潜能不就显示不出来了吗？对此，高攀龙表示赞同。

高攀龙认为，人的行为是明示"天"之力所不可或缺的必要条件。而且他也是按照这一标准进行解释的。高攀龙站在天人相待的视角，尤其在以人为中心、为起点的行为中观察到作为能动行为的"天"。

管志道

可以说，宋、元、明三代在"天命"和"性"的关系上，形成了数量众多、丰富多彩的解释群体。而且，其中的大多数人视"天"为宇宙法则，探究其与"性"的关联性。明末的管志道（号东溟）就是其中一人。他根据先学们关于"天"的

---

[1]　沟口雄三在「いわゆる東林派人士の思想——前近代における中国思想の展開（上）」（『東洋文化研究所紀要』，1978）中指出，高攀龙将"理"视作社会契约式的法律功能，不将其规定在自己外部，而是认为"理"最终根据自己的道德实践确立。此外，高攀龙论述道，在天地之间万人都生活在共同的生生之理中，彼此认可这些道理，并应该按照道理生活下去。

各种学说的发展，从王学左派的儒释道三教合一的观点出发，尽情讨论"天"的各种相位和作用，最终形成了统一于"上帝"的独特思想。

> 天有四义，曰理，曰象，曰气，曰数。圣经各指其所之。"乾元"（《易经·乾卦》）指理，统乎"象帝之先"（《老子》第四章）。"性与天道"（《论语·公冶长》）之天以之。上帝指象，立于仪象之后，"郊祀配天"（《孝经·圣治章》①）之天以之。象帝既立，理运于数，是曰天命。则孔子"五十之所知"（《论语·为政》）者是。象数载理，"积气"（《列子·天端》）上浮，是曰天形。则子贡之所谓"不可阶升"（《论语·子张》）者是。然，举上帝则必通理气象数，而一以贯之无疑也。独儒者多认乾元为虚理，而不知上帝实象，反足以夺人之信心敬心耳。（《四书湖南讲·中庸湖南讲·引》）

"天"包含"理""象""气""数"四种意思，根据其各自的指示对象，对其进行论述的经典会有不同。比如，在《易经》中"乾元"指代了天作为万物开端的主要作用，相当于"理"。而在《老子》中，"乾元"指的是"象帝之先"，即为概括天优先于主宰者的作用，对应于孔子极少论及的《论语》中的"性与天道"的天。此外，作为主宰者的"上帝"与前兆性的、象征性的"象"相关，而"象"仅次于形而上的实在，与形而下的事物的属性相呼应②。"上帝"是"〔两〕仪〔四〕象"，具有成为天地万物构成要素的能动力量，及形成"气"的"阴阳"排列的征表和样式的作用。在《孝经》中，"上帝"指的是与王朝祖先合祭的祭祀对象。"帝"与"象"相互联系而存在，且"理"依照"数"——作为秩序的法则——运行时，此为"天命"。而《论语》中说道，孔子年过五旬时已洞察"天命"。再而，承载着"象""数""理"的"天"作为"气"积蓄到上方的形体，称为"形天"。与此相呼应，在《论语》中孔子的弟子子贡论述道，"犹天之不可阶而升也"。

管志道从综合原理、对象性、规律性及自然形体等方面，将上述"天"与各

---

① "昔者，周公郊祀后稷以配天，宗祀文王于明堂，以配上帝。"（《孝经·圣治章》）。

② 辛贤在「「象」の淵源——「言」と「意」の狭間」（「大阪大学大学院文学研究科紀要」第四八卷，2008）中，按照战国时代以来的道器论的发展，细心地追溯了"象"——认知实在的"道"的端绪——的理论化的历史。

类经典相对应，以此说明其特性。其特点是管志道将"天"的各种相聚焦于某种人性化的"上帝"，并试图将所有的属性归结为"上帝"。这一点体现在"举上帝则必通理气象数，一以贯之无疑也"一文中。他又补充指责道，在"天"的问题上，当时的大多数儒者只承认没有实质的"乾元"之"理"，没有理解作为实体的"上帝"，这夺走了人们的信仰之心和崇敬之意。也就是说，他视"上帝"这一神性主宰者为包含了现实的质料性、形而上的规律性及媒介的表象性等所有属性的总括者 ①。

笔者认为，管志道如此强调主宰者一般的"天"，潜藏在其背后的是明末儒释道三教合一世界观。然而，另一方面，明代以前业已成熟的宋学的概念作为思考框架，被用于解释"上帝"。从此意义上看，与古代的"上帝"不同，管氏的"上帝"可以说是以宋明理学为媒介的新发现的"上帝"。

葛寅亮

明代葛寅亮继承了阳明心学的流派，主张在天人合一的框架内领会人之"性"，并将其定义为"人的灵觉之心"。

> 天命者，上天之生人，犹命令使之也。性者，心之所毓生，即人灵觉之心也。性虽自有，而受生于天，借言天之命令。为人之禀性，以见天人之合一。（《四书湖南讲·中庸诂》）

"天命"是"上天"赋予人"生"之际，命令并敦促其获取一定倾向的相位。"性"是依靠"心"的功能而产生的，是人所特有的"灵觉心"，即精妙的"心"之根本性的自觉作用的相位。首先"天"接受"生"因而叫做"天命"。于是，葛寅亮从人接受"性"这一事实出发，倡导天人合一。至此，可将此看作宋明理学常用的解释，而话题就此转向"天"的人格化。

> 岂惟人有灵觉之心。天亦有灵觉之心，人惟把天人形相分视了，所以说

---

① 荒木见悟在『明末宗教思想研究』（創文社，1979）「九　東溟と屠赤水」中论述道，管志道正面否定了宋儒的"天是理"的争论，并强力主张天的主宰性。此外，同时代的屠赤水也不认同人类的历史是独自发展而来的，他主张人类的历史终究要受到超然的主宰者的监管。尽管说明的方法相异，但是在这个时代，他们与提倡三教合一思想的林兆恩等人一起，都夸大了天和上帝的人格性及主宰者的性质。

天只认做日月星辰风雨露雷，说人只认做耳目口鼻四肢百骸。苟除了日月星辰风雨露雷，天在那里？除了耳目口鼻四肢百骸，人在那里？岂非人与天同此一点灵光，互相涉入而不分彼此耶。譬如一盏大灯，燃于中央钜室，光固遍满一室。百千万小灯，俱燃室内，光亦各各遍满一室。无有盈亏，无有障礙，又何小大殊劣之有，人性之与天命相通，或当如是。（《四书湖南讲·中庸湖南讲》）

葛寅亮认为并非只有人才具有"灵觉之心"，"天"本身也具有"灵觉之心"。人之所以不这么认为，只不过是因为"天""人"的"形相"将两者区分开了而已。具体来说，是因为人只能通过日月、星辰、风雨、露雷等可感知的自然现象去认知"天"。我们只能通过身体构造及其机能、具体的感觉器官来指示说明人，而"天"亦是如此。换个角度看，天与人之间在根源上具有共通性。

葛寅亮使用天人共有的"一点灵光"这一光的形象说明天人间的融合。在这个光上面，天人互相关涉、相互融合，彼此的分节逐渐消融。这就有如在照亮自己的同时又光照周边的明灯。大明灯可遍照大房间的每个角落，无一遗漏。不过，哪怕是微小的明灯，如果有千百万盏聚集在一起的话，其光辉也可洒遍整个房间。仅就照明而言，光是不多不少，恰到好处。照明作用不受阻碍就不会有大小优劣之别[①]。葛寅亮阐述说，受限的"人性"同作为总体的"天命"所共有的东西应

---

① 　"灵光"一词王畿也使用过，但主张儒释道三教合一的宗教思想家林兆恩所论尤多。据佐藤鍊太郎在「林兆恩『四書標摘正義』」（松川健二編『論語の思想史』，汲古書院，1994）所论，林兆恩认为"仁"是生生不息的本体"真心"，是生命之基础，又是人出生后所具备的灵妙之气的作用，是"一点灵光"。这一点灵光的仁亦称"元神"，林兆恩认为这是人出生后完善天赋之善性的精神活动，于林兆恩来说是一种暗藏宗教神秘性的用语。关于林兆恩视作"一点灵光"之"仁"的"元神"，参阅：横手裕「全真教と南宗北宗」（『道教の生命観と身体観』，雄山閣出版，2000）。葛寅亮将前人提出的"一点灵光"的概念引入了自己的"性"学说中。此外，依着我们所关心的来说，可以推断，耶稣会士在阳明学末流的关于"气"的论述上不置可否，只着眼于光辉能动的"灵"的作用，并用"灵"字翻译作为人的实体的"灵魂"。再者，堀池信夫在「『省迷真源』初探——最初期の中国イスラーム哲学と道教の思惟」（『東方宗教』第一一一号，2008）中考察了成书于明代的汉语伊斯兰教教理书——《省迷真原》中出现的"穆罕迈德之灵光"一词，并指出"穆罕迈德之灵光"相当于伊斯兰教神秘主义中的阿拉在创造万物之际的媒介——"穆罕默德的神性"。"穆罕默德的神性"是生的源泉，是神的属性显现前的"神之光"。堀池认为，作为"穆罕默德的神性"的译词"灵光"常见于道教经典之中，是在修养"内丹"工夫的最终完成阶段（某种出神状态）产生的气的变化，这样的词语在当时已经普遍使用于日常生活中了。

该与这光相同。亦可说这就是光的天人合一观点。

　　总之，这个光对我们来说，具体可以理解成人类特有的反照、自觉作用。葛寅亮认为天之主宰——"上帝"——也存在这种作用。

　　　　就是人身上看，少不得有个灵觉之性，难道天只是个不灵之气，便会得主宰万化。这极灵的是什么，乃是上帝。……这上帝正是那证修已到的圣人。人若致中和以位育，则搏挽"六气"（《左传·昭公元年》[1]），呼吸"万灵"（《史记·封禅书》[2]），皆其性中包括所以那证修已到的圣人，他灵觉就遍满了世界，则举世界民物。无不在其"降鉴"（《诗经·国风、王风、黍离、毛传》[3]）之中也。后章鬼神正指上帝。（《四书湖南讲·中庸湖南讲》）

　　"灵觉之性"在人的存在和形成上是不可或缺的。这样的话，"天"就更是如此。"天"绝非单用一个"气"就能说明。倒不如说，"天"就是主宰万象变化，精致微妙以至无穷尽的"上帝"。如此，葛寅亮直指"上帝"的人性化特点。"上帝"在人格上是指达到开悟的极致境界的圣人。这也就是指宇宙的圣人化，或者也可说是圣人的宇宙化。作为"圣人"的"上帝"，其"灵觉""遍满"世界，照见详察万物的一切。可以说这一观点几近人格神的有神论。

　　葛寅亮进而又将上帝与《中庸》中的"鬼神"等同视之[4]。葛寅亮的思想主张的是，在将宋明理学的合理学说推向极致之后产生的具有自觉和明证性质的"上

---

[1]　"天有六气……六气曰阴、阳、风、雨、晦、明也"（《左传·昭公元年》）。

[2]　"黄帝接万灵明廷"（《史记·封禅书》）。

[3]　"自上降鉴，则称上天；据远视之苍苍然，则称苍天"（《诗经·国风、王风、黍离、毛传》）。

[4]　荒木见悟在『明代思想研究』（創文社，1978）「十　四書湖南講について」中阐述道，葛寅亮反驳说宋儒的天理天命说已成了人心的障碍，但在《中庸湖南讲》中，他认为历史的发展基于造化鬼神的意志，人应该仰仗鬼神的鉴临而生存下去，并希求人力所不能为的超然于历史之上的世界。此外，荒木见悟又论述道，葛寅亮认为人的生命一旦终结，携带其生前意识情感的鬼神将会永恒不灭。再而，荒木阐述道，葛寅亮本对父母未生前的真神一念尚且迷悟，可却受管志道三世因果论的影响，主张灵魂不灭，实亦可见心学的式微。不过，明末这一时代下，作为精神实体的灵魂观，以及与人类的历史过程相关的天和上帝，或者鬼神的存在都极具现实感，可真切感知。笔者以为这一点十分值得关注。

帝"，体现出一种精神实体的绝对者论调①。

明代末期，秉持前述"天""上帝"观的葛寅亮遇到了使用相同用语和概念，却完全异质的思想——新来的基督宗教的"上帝"观。

> 袁蔚先问，天是上帝，则今世奉天主之说，似当信从矣。答曰，尊事上帝原屡见于六经。何时彼来阐发。且上帝最重忠孝及好生，彼谓祖宗不必祀，禽兽应杀食。敢于诬罔。是岂能知天道者。（《四书湖南讲·中庸湖南讲》）

门人袁蔚先提问说："如果天是上帝的话，那么当下出现的天主教的学说应是值得信受奉行的吧？"针对这个问题，葛寅亮答道，在中国的古代典籍中，原本就明确记载了要恭敬侍奉"上帝"，因而来历正统清楚。另一方面，基督教徒不知是在何时进入中国，对此当是不甚明了。"上帝"注重"忠孝"，爱惜生灵。然而基督教徒却信口胡说，既教人不要祭祀祖先——孝的对象，又教人残杀、食用动物。可见，他认为基督教徒们应该不知道"天道"。在葛寅亮所处的时代，正值利玛窦推进在华传教的时期。葛寅亮于万历二十九年（1601）考中进士，而利玛窦刊行《天主实义》是在万历三十一年（1603），两人同一时期都在北京。作为士大夫的葛寅亮对外来宗教充满理智的好奇心，极有可能获取与基督教宗教相关的信息。《天主实义》论述说祖先次于上帝，并允许食肉②。由此可知，葛寅亮通览过《天主实义》的盖然性极高。

---

① 佐野公治在「明代における上帝·鬼神·霊魂観」（『中国研究集刊』辰号，総第一三号，1993）中指出，作为最高神的上帝是实际存在的，这在明代知识分子中已是不言自明的事情，并提示了数个实例佐证。王阳明认为，作为人心之灵明的良知即是宇宙天地本身，生成上帝鬼神，生发出天地。从这一思想看，他认为天地鬼神不单是人的主观意识的投影。其弟子王龙溪更明确地意识到了上帝鬼神的存在性，他常常思考人与上帝对峙之事，同时不断反省，认为鬼神一直在监管着人。王心斋主张天自有其意识，其表现手段之一就是驱使雷神的人格神性质。胡直主张"一切惟神"，但他又认为既然儒家古代典籍论述上帝鬼神的实际存在，那么上帝鬼神就不是幻想，具有不可抹杀的实在性。再而，胡直还认为众多的鬼神与众多的神明相当，而上帝则位居鬼神的顶端。李卓吾视朱熹的天为理，批判视鬼神为阴阳二气之良能的学说，认为天和鬼神具有神灵的性格，进而从理为万人所共有的性质出发，抨击由皇帝主导的祭天特权。

② 参阅：『天主実義』（柴田篤訳，平凡社，2004）第三篇、第五篇、第八篇。

小　结

柏应理关于《中庸》的"天命"和"性"，尤其是人的"性"的解释具有这样一种性质，即欧洲知识分子将自己的理智与《中庸》的"性"相持，藉此做出自己的理解。而且，他把"性"视作理性的人类本性（ratio），认为其与天的理据、原理（ratio）有关联。不管柏应理如何将"天"视作天主，我们透过他的译文终究可以看到可与宇宙秩序融合的人类本性的无限可能性。此外，柏应理的译文之所以能成立，首先自然是因为有朱熹和张居正的注释，继而就是他为了传教而广泛涉猎的中国哲学，以及与当时的士大夫们的对话和交谈。也就是指从朱熹至张居正，以及其后的思想信息。当时的士大夫们通过宋、元、明、清的科举考试所共有的理学。而且，在这共同的基础上，产生了丰富多样的理解。当时的理学经过磨炼，已是十分成熟。"天命""性""道""教""慎独""中和""位育"等概念，也会因学者不同其样式也会产生些许不同。有人从"知""德性""理据"去理解，也有人从神性论方面论述，还有人从宇宙论的存在论的角度展开。可以说，人的思维模式的大部分转变都完全显现出来。柏应理的解释建立在自己的欧洲式的知识基础之上，他充分运用宋明理学的注释和信息，在翻译中将他的解释明确表达了出来。柏应理翻译的内容，正是他以欧洲的知识理解宋学的一种形式。通过柏应理的翻译，欧洲读者所获取的是以天为根据的、与宇宙合而为一的"人类理性"——不以神为依据的理性存在，抑或是他所赋予中国哲学中无比崇高的人本身的意义。

第四节　"灵魂"的真实存在——《中庸》里的鬼神

1　朱熹、张居正及柏应理的翻译

鬼神论是宋学中极有意思的问题之一。鬼神被视作是一种超感觉的存在，而宋学基本上认可在一定条件下存在鬼神，即认为鬼神可由"理"和"气"来证明。为此，鬼神被视作从属于生成之理。此外，鬼神也是经常更新的运动体——气。由此，一般认为鬼神终究难免要消散。与此相对，传教士们对宋学式的鬼神论持否定态度。其中一个重要理由就是传教士们认为朱子学主张神一般的存在者也要遵循自然法则，并与质料——传教士们认为"气"是受动的质料——密不可分。在柏应理的《中国哲学家孔子》中，随处可见对朱子学的批判。尽管如此，在柏应理看来，很难在没有任何头绪的情况下，就以与朱子学对抗的方式理解中国哲学。为此，柏应理在解释《中庸》时也采用并认可了张居正的注释。其理由之一是张居正强调鬼神的实在性和精妙。那么，接下来笔者将考察张居正的鬼神论，以及柏应理的译文解释鬼神的实际情况。作为方法，笔者将选取以鬼神为中心话题的《中庸章句》第十六章的内容，并以此章为中心比较研究朱熹的《中庸章句》、张居正的《中庸直解》及柏应理的《中庸》译文和解释。在本节的后半部分，笔者将追溯宋明时期的思想家们（包括朱熹、张居正在内）所主张的鬼神观的发展轨迹。

（1）鬼神具有灵一般的特性

《中庸》第十六章开篇的原文如下。

> 子曰，鬼神之为德，其盛矣乎。（《中庸》第一六章）

对此，朱熹就其中的鬼神做了解释，认为鬼神是"气"的主动运动和作用。

> 程子曰："鬼神，天地之功用，而造化之迹也。"张子曰："鬼神者，二气之良能也。"愚谓以二气言，则鬼者阴之灵也，神者阳之灵也。以一气言，则至而伸者为神，反而归者为鬼，其实一物而已。为德，犹言性情功效。（《中庸章句》第一六章）

程颐认为鬼神是天地（即宇宙）的运动，甚至是世界生成的印迹。张载将鬼神理解为阴阳——气的两个方面——的运动作用。朱子继承了两者的学说，将鬼神视作阴阳二气的作用、一气的伸缩。

尽管张居正大多数场合都是以朱熹的注释为依据，但针对朱熹的这一理解，他试图用自己的语言解释说明鬼神。

> "鬼神"即是祭祀的鬼神。如天神地祇人鬼之类。"为德"犹如言性情功效。孔子说，鬼神之在天地间，微妙莫测，神应无方，其为德也，其至盛而无以加乎。（《中庸直解》第一六章）

张居正开篇并没有像朱熹的注释一样，径直用构成万物的要素——"气"及其运动说明鬼神。他强调鬼神是"祭祀"的对象，具有神的性质。在认为"气"是受动的质料（materia prima）的柏应理看来，或许更宜采用张居正对鬼神的解释吧。于是，柏应理在接受张居正注释的同时，将《中庸》做了如下翻译。

> 灵魂（spiritus）的内部存在发挥作用的德性（virtus）和机能（efficacitas）。啊，这是何等的卓越杰出，何等的丰富多样，何等的崇高伟大啊。（《中国哲学家孔子》"第五章《中庸》的译文"）

总之，在原文的翻译中，表达了对具有神性的存在者的作用和德性的敬畏之情。继而柏应理针对原文的翻译，补充了长段的注解（如后文所示），表现出他严厉拒绝用物理的或套用事理的方法说明鬼神的态度。

> 不论是分开，还是合成一词，鬼神（quei xin）二字在他们的字书中被赋予了〔作为属性的〕各种各样的意义。在此，我们的解释者阁老〔张居正〕（Colaus）① 摈弃了其他注释者们——错误百出，自己人之间相互争斗，甚至自相矛盾——的注释的空乏无味。他同许多人一样，将鬼神一词理解为因其尊严或力量的缘故，为得救赎而供奉牺牲之灵。那么，在整个帝国，阁老应是支持两个词〔鬼和神〕作为同义词被接受的事实吧。因为大多数古人的文本对此都是支持的，现在我们解释的这个文本〔《中庸》〕尤其是〔支持的吧〕。这个文本〔《中庸》〕中，哲学家〔孔子〕明确对此〔灵〕及其诸多作用下了定义，并授予它们某种事项，这事项只有具备理智〔知性〕的灵才能承受。再而，〔这个文本〕应该是认可每个时代各地都〔存在着〕根据日常习惯而供奉鬼神的数不胜数的寺院、礼仪及牺牲的吧。关于鬼神一词，如果〔后世的解释者们〕仅将其理解为"阴"（Yn）、"阳"（Yam）两种性质（qualitates），即"冷"和"热"，或者"完全"和"不完全"等自然的各种作用（naturales operationes）又会如何呢？此外，仅理解成这诸多作用的"衰减"和"增强"，而不做出更深入的理解的话，不就没有人去抨击〔这种〕后世的解释者们了吗？另外，这些纯物质性的、无生命的各类性质

---

① Colaus 是对内阁首辅张居正的称呼——"阁老"的音译上，添加了拉丁语阳性名词词尾—us 组合而成。

值得我们献上敬意，供奉牺牲吗？值得我们通过断食来表达崇敬之情吗？再而，祈愿和誓愿能因此得到应允吗？在德行方面能因此得到祝福吗？反之，与恶行和无礼相关的事情能受到惩罚吗？而且，人人都说灵是非物质性的，说在人的感官上灵没有留下任何印迹，作为物体无法测量位置和量。这是为何呢？……

　　然而，在此〔中庸〕，一般认为神应当援助和保护被造物，而定为保护者或援助者的灵和理智〔知性〕才是需要讨论的事项。在其他场合，解释者称之为上帝之神（Xam ti chi xin），即至高无上的统治者的仆从和臣下（supermi Imperatoris clientes et subditi）……。（《中国哲学家孔子》"第五章《中庸》的译文"）

柏应理的翻译确实是批判朱熹的，甚至反对朱熹的前辈学说——程颐的"造化之迹"和张载的"阴阳二气"——对鬼神的解释。相反，他完全肯定张居正的立场，并以张居正的学说为基础，撰写了如此之长的文章进行论述。可见，柏应理对张居正鬼神论之信赖着实具有重要的意义。译文末尾出现的"上帝之神"一词依据的是《礼记》的记述[①]。在《礼记》中，"黄天上帝""山川"及"四方"之神是并列存在的。但是，柏应理却似乎将其理解成了侍奉唯一真神的"天使"般的存在。

（2）鬼神的不可认知性

下面，笔者将讨论《中庸》关于鬼神的不可认知性的论述。

　　视之而弗见，听之而弗闻，体物而不可遗。（《中庸》第一六章）

对此，朱熹做了如下注释。

　　鬼神无形与声，然物之终始，莫非阴阳合散之所为，是其为物之体，而物之所不能遗也。其言体物，犹《易》所谓"干事"（《周易·乾文言传》）。（《中庸章句》第一六章）

在此，朱熹依旧认为鬼神是阴阳二气的分合，构成各种事物并使之成立（"体

---

① "以共皇天上帝、名山大川、四方之神"（《礼记·月令》）。

物”）。

与之相对，张居正的观点如下。

> 鬼神虽无形无声，而其精爽灵气昭著于人。心目之间，若有形之可见，声之可闻者，不可得而遗忘之也。夫天下之物涉于虚者，则终无而已矣。滞于迹者，则终于有而已矣。若鬼神者，自其不见不闻者言之。虽入于天下之至无，自其体物不遗者言之。又妙乎天下之至有，其德之盛为何如哉。然其所以然者，一实理之所为也。（《中庸直解》第一六章）

这段文字揭示出，鬼神不会“遗忘”使无限接近于无的存在者完全成立，且鬼神超越了可感知的存在者，并具有意志。这个注释强调了鬼神精妙的作用。然而，张居正在末尾引入了高于存在者的根据——“实理”。张居正认为“实理”使鬼神以前述方式存在，是事物存在的终极根据。总之，张居正认为“理”是高于鬼神的根源。这就意味着他将“理”置于具有神性的鬼神之上。也就是说，张居正在这个范围内承袭了朱熹的见解。

柏应理对《中庸》原文做出了如下翻译。

> 孔子告诉上述之灵，其内部存在某种非同一般的、极为特别的力量。之所以这么说，是因为拥有一切形体的物质（res omnes corporeae）深入感觉之时，有且只有灵神从那〔感觉〕逃脱。孔子说：“诚然，只要在其作用下时常出现，我们确实能通过视觉在某种程度上察觉它们〔灵神〕。然而，却不是真的看见。进而，与和谐（harmonia）一样，只要从那些灵神中冥想到产生和谐中的不和谐（concors discordia）的绝大多数作用，我们确实能通过听觉在某种程度上辨别它们。然而，却不是〔真的〕听见”①。（《中国哲学

---

① 此外，法国人文学者尼古拉·弗雷烈（Nicolas Fréret）将《中庸》的这个译本与本书第二章所列卫方济的翻译相比照，得出了下面的结论：“这是与万物紧密结合又与之不可分的灵，是只有通过那种效果才可理解的灵，是生发并破坏事物的灵，这与我们所说的灵——les Esprits——确实没有那么大的差别。再者，应当认为这与斯宾诺莎主义者的世界灵魂（âme du monde），或者能动力（la vertu active）相类似”。柏应理的《中庸》关于鬼神的译文，推导出了与他预想之外的反方向的解释。这也反映了至张居正为止的宋明理学对欧洲知识分子的显著影响。Virgile Pinot, *La Chine et la formation de l'esprit philosophique en France, 1640—1740*, Paris, 1932, Slatkine Reprints, Genève, 1971.

家孔子》"第五章《中庸》的译文")

柏应理采纳了张居正的解释，即认为鬼神的层次远高于作为拥有形体的物质。但是，张居正认可的鬼神是精妙且可照明的气，即"灵气"，而柏应理完全没有谈及其作用的终极根据是"理"。

（3）祭祀与鬼神

接下来，笔者将探讨祭祀时鬼神应有的状态。

> 使天下之人齐明盛服，以承祭祀。洋洋乎！如在其上，如在其左右。（《中庸》第一六章）

就上述原文来看，鬼神被赋予了极高的神性。对此，朱熹引用《礼记·祭义》的内容，提及了鬼神是如何在祭祀中显现的。

> 齐之为言齐也，所以齐不齐而致其齐也。明，犹洁也。洋洋，流动充满之意。能使人畏敬奉承，而发见昭著如此，乃其体物而不可遗之验也。孔子曰："其气发扬于上，，为昭明焄蒿凄怆。此百物之精也，神之著也"（《礼记·祭祀》），正谓此尔。（《中庸章句》第一六章）

可是，实际上《礼记》附加了一个条件——"其气发扬于上"。若是那样，即便鬼神是"百物之精"，令人联想到神性，可在朱熹看来也依然没有脱离"气"的范畴。

张居正说：

> 齐是斋戒。明是明洁。盛服是盛美的祭服。洋洋是流动充满的意思。左右是两旁。孔子说，何以见鬼神之体物而不可遗。观于祭祀的时节，能使天下的人不论尊卑上下，莫不齐明以肃其内，盛服以肃其外。恭敬奉承以供祭祀。当此之时，但见那鬼神的精灵，洋洋乎流动充满。仰瞻于上，便恰似在上面的一般。顾瞻于旁，便恰似在左右的一般。夫鬼神无形与声，岂真在其上与左右哉。但其精灵昭著，能使天下之人肃恭敬畏，俨然如在如此。所谓体物不遗者，于此可验矣。（《中庸直解》第一六章）

在此，张居正认为鬼神才是令人心生敬畏的"主体"，不具特定的空间位置，并且极力主张其超越感觉的一面。此外，张居正甚至将"鬼神的精灵"视作《中庸》原文和朱熹的《章句》中均未注明的主语。同时，他在结论中指出，《中庸》的原文仅是以鬼神为直接对象加以讨论而已。

柏应理对《中庸》原文做的翻译如下。

> 而且，这才是灵神（spiritus）使本性上被赋予感恩之心的世人们不断远离（尤其是）恶行，又净化其心〔魂〕（animus），使之纯洁，并使世人们着装肃穆的根据。作为结果，当饱含应有敬意供奉牺牲之际，人们便可直观许多灵神，宛如满足一切的某种海洋一般。如此，人们敬重它们〔灵神〕，似乎它们正降临在自己上方一般，又如同它们存在于自己左右一样。（《中国哲学家孔子》"第五章《中庸》的译文"）

柏应理直接采用了张居正的注释，认为"灵"是具有实体性的名词，之后基本上是将关于鬼神的灵性、主体性及能动性的内容直译出来，加以论述。

（4）关于鬼神的作用

下面，笔者将就鬼神的作用（功能）比较分析朱熹和张居正的观点。先来看一下《中庸》原文。

> 夫微之显诚不可揜如此夫。（《中庸》第一六章）

"微"意味着超越感觉之物，"显"表示可感觉之物。也就是说，一般认为不可能感觉到的鬼神实际上具有十分明确的实在性。这一现象真实可靠，毫无虚假之处。

对此，朱熹做出了下面的解释。

> 诚者，真实无妄之谓。阴阳合散，无非实者。故其发见之不可揜如此。（《中庸章句》第一六章）

也就是说，仅根据朱熹的注解来看，鬼神到底是阴阳之气的分合，其表现状态符合无"非实"的"实理"。朱熹认为，鬼神的作用终究是以"理"为前提。虽然鬼神可以通过某种形式发挥作用，但"理"才是重要的。

另一方面，张居正认为显著的事物是由隐微的鬼神成形的。总之，朱熹在总体上认同事物是因"实理"而表现出来的。可是，相较于此，朱熹的论点会更进一步。

> 诚是实理。孔子说，鬼神不见不闻可谓微矣。然能体物不遗又如是之显，何哉？盖凡天下之物涉于虚伪而无实者，到底只是虚无。何以能显？惟是鬼神则实有是理，流行于天地之间而司其福善祸淫之柄。故其精爽灵气，发现昭著而不可拚也如此。夫看来《中庸》一篇书，只是要人以实心而体实理，以实功而图实效，故此章借鬼神之事以明之。盖天下之至幽者莫如鬼神，而其实亦不可拚如此。可见天下之事，诚则必形，不诚则无物矣。然则人之体道者可容有一念一事之不实哉。（《中庸直解》第一六章）

在上文中，张居正坚持鬼神是"实理"之表现的观点。同时，他引用《书经》的内容，论及了鬼神的人格化神性。也就是说，鬼神具有人格化神性，它甚至有权赋予为善者幸运，赋予为恶者灾祸。当然，柏应理采纳了这个注释。

> 这个灵神如此神秘的精妙之处（arcana subtilitas）在于，不管灵神如何隐去，都必将因其作用而显现。显露于外且明了。（《中国哲学家孔子》"第五章《中庸》的译文"）

柏应理又继续做了如下论述。

> 从这个文本和哲学家〔孔子〕的意见可知，显然灵神是真实存在的。但是，在此，关于灵神张阁老提出了怎样的意见呢（特别是关于哲学家的意见），我想用他自己的话语向读者说明他阐述了怎样的意见。他做了这样的论述："灵神是存在的。这件事根据理性来看，完全是真实可靠的。因为根据永久的运动（perpetuus motus），〔灵神〕在这天地之中努力工作，作为自己的职务，行使赋予善人幸福，重罚不善之人的权能（potestas）。因此，这些（即灵神的）活动性（agilitas）和理智〔的实体〕（intelligentia）显现出来，变得清晰明了，绝不可能隐匿，就是如此"。（《中国哲学家孔子》"第五章《中庸》的译文"）

柏应理承继了张居正的解释，认为拥有权能裁决人之善恶的鬼神确实是理智

〔知性〕的、能动的存在者。他的理解是，即使"根据理性（ratio）"来判断也是十分明显的，换言之，这是中国人在阐明自然神学式的"灵神"是真实存在的。柏应理一定是觉得张居正的注释中有过非物质的超脱的灵神的概念。

如上所述，张居正的《中庸直解》对耶稣会传教士产生了重大影响。但是，张居正也是接受宋学历史的一员。这反映了朱熹以降的宋学家们总体上认可使用朱熹的框架。耶稣会传教士所遇到的中国状况，是受了经过宋元明清四朝推敲、琢磨出来的"宋学"或"理学"的影响。采纳张居正的注释正是在这种大背景下产生的。因此，接下来，我们将一窥从朱熹鬼神论至宋元鬼神论，乃至明代鬼神论的发展历程。

2 朱熹的鬼神论

如前所述，耶稣会传教士们反对朱熹的鬼神论。《中庸章句》第十六章的朱熹的鬼神论，是以阴阳之气的"灵神"的角度理解"鬼神"。朱熹将这种阴阳之气"往来伸屈"的作用视作"理"的自然表现，并做了如下论述①。

> "鬼神者，二气之良能"。是说往来、屈伸乃理之自然，非有安排布置，故曰"良能"也。（《朱子语类》卷六三）

就是说气的运动所受的不是外界某种事物之意图的影响，而是受其内发性的、能动性的作用——"良能"的影响。而这种自然科学式的、物理物质性的合理化对作为人类精神作用和生命原理的"神"和"魂魄"来说也是非常彻底的。

> 窃谓人之精神知觉与夫运用云为皆是神。但气是充盛发于外者，故谓之"神之盛"；四肢九窍与夫精血之类皆是魄，但耳目能视能听而精明，故谓之"鬼之盛"。"曰："是如此。这个只是就身上说。"……又曰："运用动作底是魂，不运用动作底是魄。"又曰："动是魂，静是魄。"（《朱子语类》卷八七）

在此，人的"精神"和"知觉"作用是"气"炽盛热烈的结果。此外，感觉

---

① 关于朱熹鬼神论的研究，参阅：三浦国雄『朱子と気と身体』（平凡社，1997）。另参阅：柴田篤「陰陽の霊としての鬼神——朱子鬼神論への序章」（『哲学年報』第五〇号，1991）。

器官能明显察觉是源于"神"——"气"的炽盛热烈的作用。再者，人运动作用的动态方面是"魂"，静态方面是"魄"，朱熹试图以这种气的运动样态，解释说明统合的生命现象。

那么，如何解释我们"死"时所经验的各种现象呢？也就是说，某种发光现象及香气被感知，甚至陷入凄惨的氛围等事态是怎样的呢？朱熹在此依旧贯彻着合理的说明方法。

> 问，"其气发扬于上，为昭明、焄蒿、凄怆"。曰："此是阴阳乍离之际，仿佛如有所见，有这个声气。昭明、焄蒿是气之升腾，凄怆是感伤之意"。（《朱子语类》卷八七）

朱熹认为这终究只不过是阴阳之气的上升、音声、光亮、香气及附随其上的感觉而已。

3　朱熹之后的鬼神论

（1）宋元思想家与鬼神论

真德秀

宋代真德秀在认识"鬼神"方面，谋求自然的运动及其法则与人的道德本性的重合。

> 问："鬼神二气之良能。"（《张子全集》卷二）曰既有阴阳二气，则自然有往有来，有阖有辟，有消有息，有聚有散。盖其理自然如此。故曰良能。此乃借孟子良知良能之名以形容二气。孟子本意谓孩提之童莫不知爱其亲，及其长也莫不知敬其兄。此本然之性如此，非出人为。阴阳二气屈伸亦是本然之理。（《西山文集》卷三〇）

"鬼神"即阴阳二气的"往来""阖辟""消息""聚散"等对称的理是与自然相对而成的。张载用《孟子·尽心上》的"良能"一词形容这种自然运动，但真德秀主张这指的是"阴阳二气的屈伸"与"本然之性"——爱亲、敬重年长者等——并无不同，是"本然之理"。值得注意的是，与朱熹一样，真德秀将鬼神还原为阴阳二气，进而认为其运动之理与道德本性的表现是平行关系。可见，在此他几乎忘却了鬼神的神秘性。

魏了翁

宋代魏了翁（1178—1237），将宇宙论式的鬼神论发挥至极致，并试图将一切从合理的光明中引出。

> 凡宇宙之间，气之至而伸者为神，反而归者为鬼。其在人焉，则阳魂为神，阴魄为鬼。二气合则魂聚魄凝，而生离则魂外为神，魄降为鬼。……古之圣贤所贵乎知者，亦惟知此，而已知之。故一死生，通显微，昭昭于天地之间，生为贤智，没为明神。固安有今昔存亡之间也哉……是理之在世间，则阅千载如一日也。（《鹤山集》卷三九）

上文即说，存在于宇宙间的是作为气之屈伸的鬼神，人身上的阳魂相当于神，阴魄则相当于鬼。二气聚合则形成生命，一旦分离魂则脱离人化成为神，分离魄则下降成鬼。不管是何种情况，皆是气的作用所致，如果知晓这种机制的话，生前则成为贤人智者，死后则可成为明神。他认为生死的道理是亘古不变的事实，在这道理中才可寻得安身立命的境地。

许谦

元代许谦的解释与魏了翁相同[①]。

> 前以天地造化，二气一气以言鬼神，是言鬼神之全是大底鬼神。后所谓承祭祀者，如天神地祇人鬼及诸小祀，亦皆鬼神。却是从全体中指出祭祀者是小底鬼神，使人因此识其大者。（《读四书丛说》卷二）

由上文可知，不管是作为气的作用（关系天地及其生成作用）的鬼神，还是天地人的鬼神，两者肯定都是鬼神。不过，前者是大鬼神，后者是小鬼神。他认为，作为祭祀对象的鬼神终究不过是个引子，为的是让人知晓作为天地作用的鬼神。从中感受不到对具有神性的灵妙之物的惧怕和虔敬。在许谦看来，生死也仅仅是宇宙论式的阴阳分合的一个事例罢了。

[①] 许谦十分信赖朱熹的解释，其实际情况在三浦秀一『中国心学の稜線』（研文出版，2003）「附論元朝南人における科挙と朱子学」「四　知識人による諸対応」「（一）許謙——朱熹説への意図的投入」中有详细论述。

> 物之终始，莫非阴阳合散之所为。阴与阳合为物之始，阴与阳散为物之
> 终。……言阴阳二气合而生，离而死，是就中间混同处说，阴阳鬼神无往不
> 在。只要人看得活。（《读四书丛说》卷二）

许谦认为，阴阳分合是万物之终始，人的死到底只是中间的现象形态，而不
是消亡。这是因为作为阴阳之气的鬼神的作用普遍存在于任何地方。人往往将不
是消亡的中间存在形态视作消亡。然而，实际上这种普遍的气的持续生成才是重
要的。

（2）明代思想家与鬼神论

薛瑄

薛瑄也继承了宋元朱子学的合理性，并进一步发展了这一学说。

> 鬼神即阴阳屈伸往来，充满天地，贯彻古今。无物不有，无时不然。此
> 所以体物而不可遗也。（《读书续录》卷三）

上文说，所谓鬼神，正是指阴阳之气遍迹空间和时间，并完全贯穿于事物之
中。薛瑄的观点更加明确了朱熹的学说。而且，他的鬼神遍迹空间和时间的见解
又标示了理的普遍性。

> 浑然一致，流行不息，皆鬼神之理。（《读书续录》卷三）

薛瑄说的是，鬼神自身的理是阴阳之鬼神的作用的根源和原理[1]。

关于作为理气不可分的统一体的鬼神，他又做了如下说明。

> 鬼神是合太极阴阳而言。（《读书续录》卷三）

也就是说，既然鬼神是实际存在的现象，那么"太极"（根源和原理）与"阴
阳"（气的两极）是密不可分的统一体。他对普遍存在的阴阳之气和原理的普遍
性又做了如下解释。

---

[1] 岩间一雄在『中国政治思想史研究（第二版）』（未来社，1990）第146页中论述道，薛瑄否定了认
为相对气而言理是根源性的"理先气后"学说，并认为理气不可分，或者两者的距离十分接近。这
样一来，就等于强调理的可能性之大与鬼神现象之精妙成正比。

> 自人之一身呼吸动静，以至天地万物之消息始终。皆阴阳屈伸往来之所为。此鬼神体物而不可遗之实也。小人以隐恶为可以欺人，殊不知有昭昭不可欺者。此心是也。（《读书续录》卷三）

自人的呼吸和各种运动开始，直至天地万物的生成、消亡、开始、终了，其根据都是阴阳之气的屈伸和往来，即鬼神不遗余力地支持事物。他主张鬼神的作用亦要贯穿于伦理法则的层面，尤其要在我们的"心"的层面去明确把握和理解。

胡居仁

明代胡居仁（1434—1484）虽然坚持理气的理论架构，但仅将鬼神视作气。从这点看，他的思想较前人发生了些许变化。

> 万理咸备之时。然此时未有所感，鬼神安能知之。思虑既发，气便感，理便通，近而旦夕，远而千万岁，一思即在。近而目前，远而千万里，一思即到。心神感通之妙如此，鬼神安得不知。（《居业录》卷八）

即便具备了作为贯穿人与鬼神之间的可能性的理，也依然需要由人诉之于鬼神（感受）。假设鬼神是气也是理，一旦作用于鬼神，则不论时空的远近、长短，鬼神此时都会瞬间出现。胡居仁论述了以贯穿万物的理气为依据，则人心与鬼神能够相互感应。总之，胡居仁论及了对鬼神的作用及对此作用的应对。可以认为，他对鬼神的认识出现了些许变化[①]。

蔡清

明代蔡清（1453—1508）赋予了"鬼神"特别的作用。

> 鬼神体物，非谓造化生物也。体字该生死。（《四书蒙引》卷三）

蔡清将宇宙的生成作用从万物生成和人的生死两个层面做了区分。同时，仅从执掌生死的方面去理解《中庸》中的鬼神的"体物"作用。在此，鬼神被特地理解成有效利用生命体的作用。若是这样，可以认为在蔡清看来鬼神的确是作为生命原理的灵魂。

---

① 荒木见悟在『明末宗教思想研究』（創文社，1979）"序章"第18页中论述道，胡居仁虽然主张"心学"，但他不认同如"使自我意识扩张至宇宙级规模，并将理的操作权完全委托给绝对一心"这样的心学。

虽说如此，蔡清也站在宋学的立场将鬼神解释为阴阳的分合。

> 鬼神虽无形也，而有以形天下之形，又并其形而反之。虽无声也，而有
> 以声天下之声，又并其声而收之。故曰物之终始，莫非阴阳合散之所为也。
> （《四书蒙引》卷三）

鬼神是无形的，却能使有形的事物保持有形，又可使其还原为无形的状态，继而掌控这一变化的全过程。虽然这是非感官的，但却正是生成感官对象的阴阳分合的作用。从根本上来说，蔡清也依旧没有脱离宋学的范畴[①]。

王廷相

明代王廷相（1474—1544）以自己独特的气的哲学思想解释鬼神。

> 诸儒于体魄、魂气，皆云两物，又谓魄附于体，魂附于气。此即气外有神、
> 气外有性之论。以愚言之，殊不然。体魄、魂气，一贯之道也。体之灵为魄，
> 气之灵为魂。有体即有魄，有气即有魂。非气体之外别有魂魄来附之也。且
> 气在则生而有神，故体之魄亦灵；气散则神去，体虽在而魄亦不灵矣。是神
> 气者又体魄之主，岂非一贯之道乎？知魂魄之道，则神与性可知矣。（《雅
> 述》上篇）

诸多学者采用的是诸如“体魄”“魂气”这种二元对立的分类，而因为这种分类认为除了气之外还有“神”的作用和“性”，因此王廷相指出这一分类是错误的。之所以这么说，是因为“体魄”和“魂气”是相互贯通的，尤其是仅仅将体的精妙作用称为魄，气的精妙作用称为魂。气和体之外不应有魂和魄。人的生死亦是如此。人因有气而化生，之后方才有神。藉此体之魄的精致微妙才能发挥作用。气散尽了，当然神也就离散了。此时即便有体，也发挥不了其精致微妙的作用。王廷相强调“气”的一贯之道的立场[②]。他认为神气对体魄起着主导性作用。

---

① 荒木见悟在『中国心学の鼓動と仏教』（中国书店，1995）第 10—11 页「気解釈への疑問」中阐述道，蔡清不赞同“理先气后”学说，而是坚持理气一体的观点。在蔡清看来，强调鬼神的作用直接与强调理所具有的能力相关联。

② 张立文主编《理》（中国人民大学出版社，1991）第八章第六节“王廷相理生于气的思想”中阐述道，王廷相主张理生于气，认为天、地、人、物、幽、明等万事万物的道理，皆是在气的运动变化过程中形成的有区别的规律。

所以，只要明白这一点，就能理解这才是生死"一贯之道"的意义，也就自然能够理解神与性的作用。

高攀龙

高攀龙视人类为宇宙间最为精妙的存在者，人类本身就是活着的鬼神。

> 人之灵，即天地之灵。原是一个却是个活鬼神。倏然言，倏然默，倏然喜，倏然怒。莫之为而为非鬼神而何。（《高子遗书》卷五）

在此，高攀龙从宇宙论的角度解释人是精致微妙的存在。不过，他却将人形容成活的鬼神。人的一切活动都没有意念的介入，而是必然的自发性结果。高攀龙或许是想通过将合规的活人的作用比作具有卓越动力性的鬼神，以此激发其跃动感。

葛寅亮

明代葛寅亮在天、上帝、鬼神及祖先之间建立有机联系，用以说明这四者的关系。

> 天命难明，鬼神有祭时可指点，故以鬼神之德发之。体物不遗，正天命之降鉴处。借祭祀时之感格，能于微者使显点出诚字。……此一诚字，实人心与天地鬼神相通之。其最切处莫先于孝，而亦无处不贯。舜以大孝受天命，武〔王〕周〔公旦〕以达孝祀上帝祖宗。……鬼神谓上帝。《记》曰："鬼者阴之灵，神者阳之灵"（《中庸章句》第一六章、《礼记大全·祭义》）。谓之灵者，以其精灵不昧，而能主张造化，纠察人寰。所谓"上帝临汝"（《诗经·大雅·大明》）者此也。首章天命谓性，即体物之鬼神，至此方为道破。……祭祀不专指上帝。凡山川、社稷及古先圣贤、忠臣义士，或自己祖考，既设为祀典，岂漫然无谓。（《四书湖南讲·中庸湖南讲》）

上文中，葛寅亮一开始便说理解天命实非易事，接着又说在祭祀中可以指示鬼神，因此可通过鬼神的功能明确其作用。也就是说他认为鬼神具有连接天的作用。鬼神遵循天命维持物的存在，祭祀鬼神之际，鬼神的作用是与祭拜一方相互感应，并使不可视的状态变为可视状态。借助鬼神的这一作用，葛寅亮视之为《中庸》的根本概念，并将其比作"诚"（作为生成的合规性）的作用。

在此，上文的论点发生了变化，主张"诚"——朱熹所谓"真实无妄"之"理"——才是贯通人心与天地鬼神的关键和要点。对葛寅亮来说，最真切的"诚"莫过于"孝"。此外，他还将上帝和鬼神同等看待，并认为它们之所以被称为"灵神"，是因为精灵显然可以主宰天地生成，查明人世善恶。如此一来，不仅是上帝，就连山川、社稷、古代圣贤、名臣义士，抑或自己的祖先都可成为祭祀的对象，他强调说他们各自都具有充分的理由。可以说这是一种极为牵强的统一性解释。

最后，笔者将列举出极端体现前述主张的实例。

> 柴世埏问，阴阳是气，何以谓阴阳之灵。答曰，灵者神而非气也。宇宙间，神生气，气生形。如日月星辰、风雨露雷、山川乔岳、水土木石者，是天地的形。其暑往寒来，氤氲阖辟者是气。形气俱必消灭。惟有神宰之，故能生生不已。……一呼一吸，贯彻周身是气。其能知觉能思想的是神。神在生为性灵，在死为鬼灵。……人的神灵与造化神灵并非有隔，……就如将一个黑漆桶罩了他，其光始不能与别灯相通。若撤去其桶，彼此更有何障？盖人原具有精气神。宋儒只认得个精气，说人死气归太虚便完了。若知有神在，则自不疑于鬼神矣。（《四书湖南讲·中庸湖南讲》）

阴阳是气，但为什么（鬼神）会被称为"阴阳之灵"呢？针对这一提问，葛寅亮阐述道，精致微妙的是"神"而非"气"。他强调说，神是高于气的上层概念，神生成气，气是世界的有形之事物、现象。形气会消亡，而神可主宰之，不断进行生成变化。经由呼吸而在人的体内循环的是气，但起认知和思考作用的是神。这个神在人活着的时候成为"性灵"，当人死去的时候则称为"魂灵"。再而，葛寅亮认为人之"神灵"与天地生成的"神灵"原本就是等同的。只是，如果人埋没了自己的"真心"，好比用漆黑的漆桶覆盖其上一样。但是，一旦拿开那个桶，"真心"之光便无任何妨碍，与造化之神彼此相通。宋儒视鬼神为气，终归"太虚"，至此事已毕。但葛寅亮认为这是不对的，因为他认为人之"神"不灭。

小　结

通观宋代至明代的鬼神论，将张居正的鬼神论置于其中时，可以发现张居正在依据朱熹注释的同时，在鬼神论方面，他认同鬼神是可激发能动的人格性和主体性的祭祀对象。笔者认为，与其说这一观点体现了张居正学说的特性，倒不如说这是宋代至明代的一种动向。对万物的合理化思考经宋元两朝发展而来，但作为某种牵强地使鬼神合理化的直接反作用，张居正及其他能动性的鬼神观得以发展起来。不过，从大的框架来看，张居正的注释本身并未超脱宋学。只是因为从（在欧洲的）自然神学的角度看，其注释尚有可取之处，因而受到柏应理的青睐。

尽管如此，在气的运动方面，与万物关联，并可设想到的一切存在者——甚至鬼神——都具有存在的充分理由和依据。这一宋明理学的世界观不以柏应理的意愿为转移，注定会神不知鬼不觉地进入柏氏的译文中。而进入其中的宋学世界观就这样通首至尾不断注入欧洲大地。

第五节　理性认识之书——柏应理的《论语》译释

1　《论语》的标题

《论语》是一部广泛流传于中国及深受中华文化影响的东亚各国的儒家古代典籍。了解柏应理对《论语》的评价及定位，或许就能清楚当时的欧洲是如何理解东亚文化圈的理念了。

柏应理在翻译《论语》时首先就书名进行了探讨，提出了《论语》的音译——Lun Yu，并对应地在两个字音正旁边逐词附上译词——Ratiocinantium sermones。这两个词直译出来就是"展开理性讨论的人们的话语"。而且，他就书名的含义做了如下解说。

> 这本书是四书的第三本，但在中国却拥有至高权威，被许多人引用。十卷，即指被分成十个部分。这本书一部分包含了孔子自己的言论，一部分包含了他的弟子们的关于道德的警句和格言。这些不是在同一时间同一场所说的。《论语》的书名指的是彼此之间理性地讨论，抑或进行哲理性沉思的人们的话语（Ratiocinantium seu philosophantium inter se sermones）。（《中国哲学家孔子》"第六章《论语》的译文"）

可见，柏应理在极力表示《论语》这一古代典籍是理性地沉思、思索的人们的话语。这表明，柏应理认为《论语》的内容——甚至在《论语》得到普及的东亚文化圈——及"理性讨论和理性认识"或者"哲理性沉思"都十分普及。

下面，笔者将选取《论语》的几个重要概念，并从柏应理的翻译方法及其对译文的注解中，考察他们理解这些概念的实际情况。

2 关于《论语》诸多概念的考察

（1）仁

《论语·雍也》"子曰，回也，其心三月不违仁"一文是孔子评价他英年早逝的爱徒颜回（颜渊）的话。对此，柏应理做了如下翻译。

> 孔子说，只有——其魂当为胜利者的——〔颜〕回三个月也断然不会丧失仁的德性（virtus Gin）。（《中国哲学家孔子》"第六章《论语》的译文"）

其后又附上了如下解说。

> 仁的德性是指彼之内在的、实质性的"心"〔魂〕的完满性。因此，我们恰如片刻都不会偏离行进的道路一般，恒久地遵循天降的内在的自然之光。Virtus Gîn est illa interior et solida animi perfectio qua fit ut naturale lumen coelitus inditum constanter sequamur，sic ut a suscepto cursu ne exiguo quidem temporis momento desistat.（《中国哲学家孔子》"第六章《论语》的译文"）

> 上述解说依据了张居正的注释。

> 孔子说，仁乃吾心之全德，必纯乎天理。……若有一私之杂一息之间，皆非仁也。（《论语直解·雍也》）

柏应理明确认为，在依据张居正注释的同时，中国至高之德——"仁"是灵魂的完善〔心之全德〕，本源上源自"天"。遵循我们人内部的自然之光，即人类理性。

（2）孝弟

在《论语·学而》"君子务本，本立而道生。孝弟也者，其为仁之本与"一文中，孔子的弟子有子论述道，君子应当专心致力于主要的事物，主要的事物确立了也就达成了道。此时，与仁有关的"孝弟"之德就成了主要论题。柏应理在翻译该文时，补充了大量的文字。

> 有子（*Yeù çù*）应是要确证更加卓越的学说，而这般说道："完美的人〔君子〕（Vir perfectus）要致力于钻研更重要的根源性的事物，或者致力于在某种根本和基础的事情上的主要事物〔本〕。因为一旦根基确立扎实了，紧接着德和义务的法则〔道〕（virtutis officiique lex）就会宛若从坚强、有生命力的根处开始发芽生长一般开花。如我所说，这种个人对自己父母的慈爱和孝顺〔孝〕（pietas et obedientia erga parentes suos），以及在门第出身上对年长的兄弟们的爱和尊重〔弟〕（amor et observantia erga fratres majores natu），（我想说）这两者都是对祖国的慈爱行为，也是对合法的国家管理的尊重，因而是公共的和平（publica pax）和稳定的根源、基础。"（《中国哲学家孔子》"第六章《论语》的译文"）

相较《论语》原文的言简意赅，柏应理的补充完全是多余的。将完善人格的过程比作植物从根到开花的过程，可以说有种诗一般的超脱。然而，实际上这并非柏应理的创新，而是依旧以张居正的注释为基础的。

> 君子凡事只在根本切要处，专用其力。根本既立，则事事物物处之各当，道理自然发生。譬如树木一般根本牢固，则枝叶未有不茂盛者。本之当务如此。（《论语直解·学而》）

但是，前述"孝弟也者，其为仁之本与"中的"孝弟"应看作"仁之本〔仁的根本〕"，还是"为仁之本〔施行仁德的根本〕"，自古以来都争论不休[①]。朱熹继承了程颐的学说，认为仁是本体（体）的理，孝弟是仁的作用（用），因而主张孝弟是"实行仁德的根本"，并否定将其视作"仁之本"的"孝是本，仁是其结果"的学说，以及"孝＝仁"的学说。张居正的注释依照了朱熹的解释，将其视作"施行仁德的根本"。

不过，尽管柏应理通常都是引用张居正的注释，但在这里却明确主张"孝

---

① 参阅：松川健二『宋明の論語』（汲古書院，2007）「七 孝悌と仁」。

弟""是对自己父母的慈爱和孝顺","是对年长的兄弟们的爱和尊重",即是"仁"的"根源、基础"。这应是承续了有子先前的发言——"为人孝弟又犯上喜乱的人是不存在的"。柏应理直接认为"孝弟"是"对祖国的慈爱行为,也是对合法的国家管理的尊重"。可见,他反朱熹和张居正的学说而论之,认为"孝弟"是"仁之本"。也就是说,柏应理将对近亲中的上位者的"敬爱"视作"仁之本"。柏应理没有遵循朱熹和张居正的观点,而以"孝弟"即"仁"的古注言说为依据[1],认为在爱他人的基础上实现和平就是"仁"。如此一来,柏应理认为通过《论语》及其注释,在以对他者的爱为根基的理性本性的指导下,可实现公共社会及国家的安全稳定。

(3)采纳"礼—理"学说与批判理学之间的矛盾

在《论语·颜渊》中,针对颜渊"仁"是什么的提问,孔子解释说"仁"是"克己""复礼"。

> 颜渊问仁。子曰,克己复礼为仁。一日克己复礼,天下归仁焉。为仁由己,而由人乎哉。(《论语·颜渊》)

柏应理将上文翻译成如下内容。

> 颜渊向先生〔孔子〕询问恢复心的无垢状态和完满性〔仁〕——与生俱来的、内化于每个人——(cordis innocentia et perfectio nulli non mortalium indita caelitus)的方法。孔子回答说:"战胜自己〔克己〕(Vincere seipsum),恢复朝气蓬勃的理性本性的法则和秩序〔复礼〕(redire ad primaevum illud temperamentum naturae rationalis),这就是实现心的无垢状态和完满性。所有人只要有一天能做到战胜自己、恢复节制,整个世界就能回到与生俱来的(nativus)无垢状态和完满性。但是,要恢复到这种完满性,则完全在于人或与人相关。又怎能以他人为根本、依靠他人呢。"(《中国哲学家孔子》"第六章《论语》的译文")

柏应理主张"复礼"是"恢复朝气蓬勃的理性本性的法则和秩序",并同"克

---

[1] 譬如,包咸的"先能事父兄,然后仁道可大成"(何晏《论语集解·学而》),邢昺疏"君子务修孝弟以为道之基本"等语句。

己"一起回归"心的无垢状态和完满性"。他的这一理解源自朱熹的注释。

> 仁者，本心之全德。……礼者，天理之节文也。……盖心之全德，莫非天理……故为仁者必有以胜私欲而复于礼，则事皆天理，而本心之德复全于我矣。……一日克己复礼，则天下之人皆与其仁。（《论语集注·颜渊》）

值得注意的是，柏应理继承了朱熹阐发"礼"是"天理之节文"的"礼即理"学说。他将"礼"理解成"理"，这一观点最早可追溯至《礼记》①。诚然，《论语·颜渊》的"礼＝理"的解释是源自朱熹的主张——认为形而下的"礼"与形而上的原理在根本上是相通的。

但是，柏应理关于《论语·宪问》中的"子张曰，《书》云，高宗谅阴三年……"一文，却是一边引用朱熹的论点，一边严厉地批判"理"。

> 朱熹〔朱子〕（Chu hi）对此〔神一般的存在〕事实上是这般无知。但是，从这种无知和他自己的错乱中，他勉强默认了神〔神性〕的真理或神的意志（Veritas Prudentiaque Numinis）。"理"（Li）这一无神论的形象是〔从信仰神一般的存在的殷朝高宗开始〕40 世纪〔四千年〕后的革新者们所作的解释的发明。当然，〔革新者们〕根据"理"而理智地认识到某种德性（virtus），抑或是不含精神和意志的自然的流入（influxus naturalis mente et voluntate destitutus）。但是他们追索古代典籍的记录，朝着有利于自己意见的方向，歪曲致力于万物回归的所有事物的始源〔本来〕的意思。（《中国哲学家孔子》"第六章《论语》的译文"）

也就是说，柏应理认为"理"是（距存在神灵信仰的古代十分遥远的）后世想出来的事物，被认为是一种德性，只不过是由"自然"流向人类的非精神性的事物，并指责"理"曲解了古代典籍的无神论形象。这表明，柏应理也认为以"理"

---

① "礼也者理也"（《礼记·仲尼燕居》）；"礼也者，理之不可易者也"（《礼记·乐记》）；"礼也者，合于天时，设于地财，顺于鬼神，合于人心，理万物者也"（《礼记·礼器》）。小岛毅在「朱子の克己復礼解釈」（『宋代の規範と習俗』，汲古書院，1995）中指出，在朱熹看来，克己复礼指的是"克身之私欲，复天理之节文"。这一见解与程颐的不同——后者认为礼等同于与生俱来的理，并与作为个别具体的身体动作的礼制密不可分。

和"太极"为中心的近代哲学（宋学）是无神论，这是自利玛窦以来的耶稣会士的基本立场。

尽管柏应理十分排斥"理"，但他在"颜渊"篇的解释中几乎完全遵照朱熹的学说，认为"礼"是"理"和"心的完善"。柏应理阐述道，尽管"理"是万物枢纽这点可能使人联想到神性属性，但它不过是"非人格性"的"原理"而已。不过，可以认为，在"颜渊"篇中从具有理性的本质秩序（节制）这个意义看，柏应理对"理"——作为与"礼"相关的"理"——有了一定程度的认识。仅从柏应理将"理"解释成作为人内在能力的"理性"这点看，就可说明他是以朱熹为依据，并认可"理"的。另一方面，在"宪问"篇的翻译上，"当然，〔革新者们〕根据'理'而理智地认识到某种德性，抑或是不含精神和意志的自然流入。但是他们追索古代典籍的记录，朝着有利于自己意见的方向，歪曲致力于万物回归的所有事物的始源〔本来〕的意思"这部分虽然具有批判性，但不容忽视的是，其中包含了这样的信息——即让人们知道对欧洲读者来说所谓"新的解释"会是怎样的一种解释。

（4）天

《论语·子罕》中记载了孔子罹患重病的故事。门人子路为预备孔子的死，便让门徒们做好准备，假扮孔子的家臣，以便使孔子的葬礼看上去高于其身份地位。孔子恢复健康之后否定了子路的做法。

> 子疾病，子路使门人为臣。病间，曰，久矣哉。由之行诈也，无臣而为有臣。吾谁欺。欺天乎。且予与其死于臣之手也，无宁死于二三子之手乎。且予纵不得大葬，予死于道路乎。（《论语·子罕》）

这段文字中，孔子，他的思想可以说没有背叛他自己内在的道德意识。
对此，朱熹引用了范祖禹和杨时的言论，并做了如下阐述。

> 范氏曰，曾子将死，起而易箦。曰，吾得正而毙焉，斯已矣。子路欲尊夫子而不知无臣之不可为有臣，是以陷于行诈，罪至欺天。君子之于言动，虽微不可不谨。夫子深惩子路，所以警学者也。杨氏曰，非知至而意诚，则用智自私，不知行其所无事，往往自陷于行诈欺天而莫之知也。其子路之谓乎。（《论语集注·子罕》）

相对于孔子重视内心的倾向性，朱熹更强调"欺天"——背离自己客观规范。在孔子看来，"天"是内心的投影。而在朱熹看来，"天"具有极强的规范性——具有限制人的作用，是人应当遵守的规范。

张居正的观点如下：

> 二三子指门人说。夫子又晓子路说道，汝之欲用家臣，岂欲以是而尊我乎。不知君子当爱人以德，处人以礼。且如我今日与其死于家臣之手而以非礼自处。岂如死于二三子之手而以情义相与之为安乎。就使我无家臣不得举行大葬之礼，岂至死于道路终弃而不葬乎。一般是死，一般是葬。乃不待我以师弟之情，而欲强为君臣之礼，以至于行诈而欺天亦独何心哉。由之此举，盖非惟不当为，则亦不必为矣。夫圣人于疾病危迫之中而事天之诚，守礼之正。一毫不苟如此，此所以为万世法也。（《论语直解·子罕》）

张居正以朱熹的解释为基础，但强调圣人孔子侍奉天的诚意没有丝毫的虚假。由此可知，朱熹明确表示畏惧欺骗具有规范性的天，与之相反，张居正则强调了孔子侍奉天的诚意。在某种意义上，可以说天是对《论语》原本所体现的孔子重视内心的一种回归，同时，与其说天是要遵守的规范，倒不如说它是值得积极尊崇的对象。

柏应理首先对《论语》原文做了如下翻译。

> 我到底欺骗了谁呢？即便欺骗了应死者〔人〕的眼睛，我也不会欺骗上天吧！……的确，虽然我不知道会有气派的、作为臣子当有的葬礼送行，但若是死在你们中间，难道我就会躺倒在大路上，无处葬身吗？（《中国哲学家孔子》"第六章《论语》的译文"）

而且，柏应理尤其对张居正注释的"圣人于疾病危迫之中而事天之诚，守礼之正。一毫不苟如此，此所以为万世法也"一文显示出强烈的兴趣，所以，他用拉丁字母转写了这部分原文，甚至标记了当时的声调，之后又附上译文。

> 解释者〔张居正〕用下面这句话总结了以上三个段落。
>
> Xím gîn yû çié pím guêi pé chi cum, lh sú tien chi chîm, xeù lì chi chím, yé hâo pú keù jû çù çu sò y guêi ván xí fá yè.〔圣人于疾病危迫之中而事天之诚，

守礼之正。一毫不苟如此，此所以为万世法也〕。即圣人哪怕身处重病的危机之中，其在意念真诚地敬事上天方面，在正直诚实地保守理性所教之事方面——正如此处明确所示——甚至不会出现如发丝一般细微的疏忽。（《中国哲学家孔子》"第六章《论语》的译文"）

如此，柏应理通过张居正认识到，圣人孔子不管在何种极端的状态下，都虔诚地侍奉至高的天，坚决不会欺骗天。进而，他认为张居正的"守礼之正"是指保守理性所教之事的正直诚实，将其译成遵守内心的理性。柏应理的翻译虽然强调了事天，但另一方面在张居正注释的引导下，他倾向于认为事天是指忠实地遵循理性的判断。

（5）天命

在此，笔者选取了孔子谈论自我成长和人格形成的"为政"篇中的名句。

　　子曰，吾十有五而志于学，三十而立，四十而不惑，五十而知天命，六十而耳顺，七十而随心所欲，不逾矩。

柏应理十分关注孔子五十岁时的境界——"知天命"。柏应理在强调"天"的至高无上的同时，对仅有六个字的原文——"五十而知天命"——的内容做了如下翻译。

　　一到五十岁，我便领会了天的意志和命令（coeli providentia et mandatum），理解了天所赋予每个事物的本性、力量、理性〔法则〕（a coelo indita natura，vis，ratio）。于是，我自己细细体会本性的完满性和精致，继而又想探索其起源，最后理解其原因。（《中国哲学家孔子》"第六章《论语》的译文"）

柏应理将孔子描绘成一个对神的意志和天命十分虔诚，热切探究万物之本性及赋予本性的天的完满性，追求本源的人物。这种解释是以张居正"至于五十，则于天所赋的性命之理，有以充其精微，探其本原，而知乎所以然之故矣"（《论语直解·为政》）一文为基础的。

然而，柏应理将"天"一词视作基督教中与神亲近之物（甚至几近于神）。孔子是中国正统哲学（儒学）的开山鼻祖。但这样一来，等于说柏应理认为孔子最终希求的、所以立足的正是神。只是，就算柏应理有此想法，可欧洲的读者一般都会质疑异教徒是否有"神"吧。因此，从译文可知，毋宁说孔子是一位至死都在不断寻求人类理性、万物原理及其终极根据的贤者。

（6）孝与敬

自古代至近代，"孝"都是中国哲学独特之处，且对东亚文化圈产生了决定性的影响。在此，笔者将考察柏应理关于"孝"这一概念的翻译。柏应理对《论语·为政》的"子曰，今之孝者，是谓能养。至于犬马，皆能有养。不敬，何以别乎？"的翻译如下。

> 弟子子游（cù yeû）继而向孔子提问道，真正的顺从〔父母〕的法则〔孝〕（verae obedientiae ratio）的根据是什么？孔子回答道，在我们生活的时代，一般来说，顺从〔孝〕者指的是能养育自己父母亲的人。但是，除此之外别无其他要求的话，那究竟谁又能得到比野兽或家畜之间的顺从更好的顺从之名或赞许呢？因为就犬马来说，会有人饲养它们。因此，如果没有尊敬之情的话——我想说——，如果赡养父母的这种思虑不是由爱和作为孩子的敬意生发出来的话，赡养父母与饲养家畜和犬马之间到底有何不同呢。（《中国哲学家孔子》"第六章《论语》的译文"）

"孝"即对父母之爱的本质，不在于表面的赡养之厚薄，而在于敬意这一内心的、精神上的姿态。这个内容本身极具普遍性，不仅在亚洲，在欧洲也同样可唤起共鸣。柏应理在其中试图找出东西方共同的土壤，并根据张居正的注释做了如下翻译。

> 如今世俗之所谓孝者，只是说能以饮食供奉父母了。殊不知饮食供奉岂但父母为然。虽至于犬马之贱一般，与他饮食都能有以养之。若事亲者不能尽尊敬奉承的道理，而徒以饮食供奉为事，则与那养犬马的何所分别乎。（《论语直解·为政》）

（7）异端（杨、墨、道、佛）

《论语·为政》中就异端进行过探讨——"子曰攻乎异端，斯害也已"。柏应理将此文译成了下述内容。

孔子接着又论述说："不管是谁，如果是与所有圣人的学说都相左，且致力于离奇怪异的教条，鲁莽地确立异端学说，这种革新者不仅对国家，而且对其本人来说，也同样是有害的吧。(《中国哲学家孔子》"第六章《论语》的译文")

在孔子的言论的基础上，柏应理开始了对存在于中国的异端的考察。

在此，阁老（Colaus）〔张居正〕列举了中国的（如果可以这么说的话）四个异端（haereses）教派。他及其他解释者都使用了十分严厉的话语问罪于这些教派。所以，在此花费若干时间就这些教派进行讨论，或许也是有辛苦的价值的吧。(《中国哲学家孔子》"第六章《论语》的译文")

《论语直解》中的"非圣人之道，而别为一端者，叫做异端。如杨氏、墨氏及今之道家、佛家之类，皆是害"一文，是柏应理考察异端的端绪。所谓异端指的就是杨（朱）、墨（子）、老（子）和佛（陀）。

在此，〔张居正〕接着论述道，不同于圣人们传授给我们的法和学问称为异端。其中，具有代表性的是杨和墨（yâm et mè）。在我们的时代，还存在着被普遍称为道家（táo kiá）和佛（fe）的〔教派〕。（佛的偶像名称由印度传入中国。日本人用别的名字，即尊称其为释迦（xaca）。）(《中国哲学家孔子》"第六章《论语》的译文")

下面，笔者将就柏应理对各个"异端"的翻译作一探讨。

杨朱

柏应理断定杨朱的学说是利己主义（为我），其介绍如下。

异端者杨墨生存在基督纪元前六百年左右的周王朝——已濒临没落——的时代。前者〔杨朱〕的错误之处如后面所述。即不管对谁来说，担心自己就足够了，且无以复加，决不应当为他人的事情所乱。因此，不论是对国家、君主和官吏，还是对自己的父母亲，都不应当为之努力、受苦，贡献才智。这种不正当的思想将使人类分崩离析，致使世界走向荒芜。因为从共同体和国家的完美统一体，以及（共同体的）各个部分开始，都会变得自由散漫，并命令自己只专注于自己的事情，断然拒绝〔为他者〕谋利益。（《中国哲学家孔子》"第六章《论语》的译文"）

这段文字描写了古今东西受人唾弃的利己主义者，并表明就连在中国，这种人性观的基底也不会有变化。

墨子

接着，柏应理介绍了宣扬以他者为对象的自我牺牲精神的墨子。

与之完全相反的是之后被称为墨〔家〕的学说。也就是说，〔这是指〕应当为了他者竭尽全力，奋不顾身。应当不作朋友或父母亲的分别，对所有人都要付出同等的关心和好意。（《中国哲学家孔子》"第六章《论语》的译文"）

柏应理概括了上述说明，并对杨、墨做了如下评价。

这两个愚钝之人在规避恶行的限度方面，南辕北辙，相背而行，一方面过度地爱惜自己，另一方面过度地否定自己。（《中国哲学家孔子》"第六章《论语》的译文"）

对杨朱做出评论是理所当然的。但是，毋宁说墨家思想接近倡导为他人牺牲自我的博爱精神的基督教。实际上，19 世纪以降，诸子百家中的《墨子》在欧洲的评价极高，出现了数量可观的欧语译本，比如马伯乐（Henri Maspero）的法译本、林语堂的英译本，还有德译本等。《中国文献西译书目》中列举了九种译本[①]。值得注意的是，托尔斯泰也十分关注《墨子》，曾与日本人合作翻译过该书[②]。自不待言，在诸如鬼神崇拜等细节方面，无法否认墨子与基督教教义的不

---

① 参阅：王尔敏编《中国文献西译书目》（台湾商务印书馆，1975），第 47—49 页。

② 托尔斯泰如是说："现在，按照理雅各的翻译，称呼其为墨子。……人要么是自私的个人主义者，要么是博爱主义者，至于会成为哪种人，我想在此好好讨论一番。于我而言，这极为有趣，且意义重大。我想写本书，以便让大家都知道"，继而他又显示出非同一般的关心"我觉得孔子的书也很不错，孟子之中有各种哲学家的解释，其中墨子的最为有趣，亦十分重要"。参阅：「老子解说」（トルストイ、小西増太郎訳『老子』，日本古書通信社，1968），M.L. チタレンコ『墨子』（飯塚利男訳，東京経済，1997。

同之处。但是，从博爱精神的相似性来看，或许可以说柏应理对其给予了极高的评价。只是，柏应理最终还是遵照中国儒家的传统价值观，将墨子归为异端学说。在某种意义上，可以说通过儒家的价值观，柏应理的见解变得多元化了。

道教

接下来，笔者将考察异端学派之一的道家。不过，柏应理对道家的评价略显复杂。

> 第三个教派名为道家，其创始人是与孔子同时代的李老君〔老子〕（Li lao kiun）。他认为财富、名誉，甚至过量的、多余的、看似明白的事物都不足取，并以固定的稳固的理性〔法则〕（ratio）为依据，对其持轻视态度，继而通过观想各种事物传授使自己自由的方法。但是，恐怕教派的继承者们会因其迷信、欺诈的魔法，使这个原本健康且未曾远离真理的教派（secta haec principio fortassis integra，nec longe aberrans）走向衰败，也会因其极端丑陋、猥琐的侮辱使之扭曲。现如今，实可称之为具有破坏性的有害的异端。（《中国哲学家孔子》"第六章《论语》的译文"）

上文前半部分论述了道家的始祖——老子的思想。柏应理阐述道，"财富、名誉，甚至过量的、多余的、看似明白的事物都不足取""观想各种事物传授使自己自由的方法"等，这种态度散见于《老子》各处。诸如第四章的"道冲而用之或不盈，渊兮似万物之宗。挫其锐，解其纷，和其光，同其尘，湛兮似若存。吾不知谁之子，象帝之先"，第二九章的"圣人去甚、去奢、去泰"，以及第一六章的"万物并作，吾以观其复……知常曰明"等等。

不管是哪种情况，柏应理对《老子》的形而上学本身并没有过多的否定。而且，他在翻译老子的终极原理"道"时，选用了 ratio 一词。至少在翻译与基督宗教教义毫无共同点的异教邪说的最高概念时，选用 ratio 这个词并不恰当。这样的话，可以说柏应理并不是那么否定地理解老子的思想。从形而上学的观点来看，笔者认为柏应理在与某种神的属性相类似这点上是认同《老子》的"道"的。这在《中国哲学家孔子》"导言"第一部第三节"略述哲学家李老君及其被中国人称为道士的弟子们"这一对老子和道家的评论中也可看到。

只有一件事情是清楚的，这就是存在某种根源性的至高的神〔神性〕的认知——primi ac supremi cujusdam Numinis habuisse notitiam——尽管〔老子〕坦言正如相对于家臣来说王是主要的一样，神〔神性〕（Numen）对于其他各神来说是主要的。但是，他却认为〔其神性〕是物体性的（corporeus），在这点上确实是错误的认识。〔显然老子具有根源性的至高的神性认知。〕（《中国哲学家孔子》"导言"第一部第三节）

另外，这个词是以先前列举的第四章"帝之先"、第二五章"有物混成，先天地生"等为依据。

从结论上讲，柏应理指出，道家鼻祖老子拥有直观真理的卓越洞察力，但是最后却错误地认为神是"物质性的"——或许是"气"。另外，其思想又因为不肖的后学们而被糟蹋。柏应理肯定了《老子》的一部分思想，但从整体上看应该是将其作为异端否定的。

佛教

从前文可知，柏应理对老子存有一定的好感。相反，他对佛教的发难可是毫不留情的。为了论证佛教异端性，他引用了朱熹的先达——程子的话语。

解释者程子（Chîm çù）接着记述道："四个教派中最后的〔佛教〕，是祭拜〔佛〕像的教派。与前三者不同，它实际上提倡与真理和理性相适应的许多事情。但是，正因为如此，由于表面上很真实，所以更容易隐藏毒害，又是流行甚广的极危险的教派。因而致力于德性和睿智的人，不管是谁，都要如拒绝不纯洁的、极具蛊惑性的教条，或受玷污的〔佛〕像一样，拒绝并远离其教义。否则的话，其毒害立刻会进入粗心大意的人们的腹中吧。"（《中国哲学家孔子》"第六章《论语》的译文"）

朱熹的《论语集注》和张居正的《论语直解》都引用了程子的话。其原文其文如下。

程子曰，佛氏之言，比之杨墨尤为近理。所以其害为尤甚。学者当如淫声美色以远之。不尔，则骎骎然入于其中矣。（《论语集注》卷一）

"偶像崇拜"的佛教对基督教的传教来说是一个极大的障碍，柏应理以宋学权威为援军，对其进行了极为猛烈的批判。

实际上，柏应理极具攻击异端的意识。因为在《中国哲学家孔子》中，他对《论语·为政》的"攻乎异端"一文做了别样的翻译，由此我们可以清晰地感受到他的反异端意识。这就是"呈给法国国王路易十四的献辞"。在该部分中，"攻乎异端"一文在引用时被转写为拉丁字母，其译文如下。

> 诚然，最具智慧的哲学家〔孔子〕只不过是通过自然和理性之光（naturae ac rationalis lumen）去认知。古代的人不需要宗教。只会遵循自己的见地，专注于自己的教条和学说——"应死者〔人〕"通过至高的神的法（supremi Numinis leges）才能成就完整的生命"。所以，在孔子看来，没有比由国民破灭和君主的腐败——他反复阐述——生发出来的破坏一切的异端教义更不祥，更暴力的了。这即便在今天也是中国人之间津津乐道的言语。Cum hu y tuon〔攻乎异端〕，即"攻击异端的教义"（Oppugna heretica dogmata）。所以，如果他到访这个受法之恩惠的最幸福的时代〔路易十四的法国〕，那么您的符合王者身份的行为——保护和传播宗教的，根除异端，关心虔诚的布告，将会给充满爱的人带去何等巨大、虔诚的喜悦啊。（《中国哲学家孔子》"第一章呈给法国国王路易十四的献辞"）

既然是呈给赞助其赴华传教的法国国王的献词，就要赞扬路易十四及其统治，并同时称赞孔子，这一做法是可以理解的。而引证《论语》的文句，赞同压制加尔文派、杨森主义、寂静主义和胡格诺派，这又是作为耶稣会士必然的行为①。但是，这些行为都具有政治性。再者，关于"攻乎异端"一文，朱熹和张居正都将其训诂成"攻〔治〕异端"，即"学习"的意思。尽管如此，柏应理将其单纯

---

① 关于路易十四对异端的镇压，参阅：ユベール・メチヴィエ『ルイ十四世』（前川貞次郎訳，白水社，文庫クセジュ，1998）「第六章　信仰深い国王」；エメ＝ジョルジュ・マルティモール『ガリカニスム』（朝倉剛・宇賀賢二訳，白水社，1987）「第六章　ルイ十四世治下のガリカニスム〉」「Ⅱ　ジャンセニスムから収益徴収権論争まで」；愚座ヴィ江・ド・モンクロ『フランス宗教史』（波木居純一訳，1997）「第四章　宗教改革から啓蒙主義まで十六—十八世紀」「一つの王国に二つの教会か」。

地理解为"攻"击的意思。这恐怕是有意的误读 ①。

如上所述，"异端"被认为是过度地爱自己、否定自己，或是巫术性质的行为，以及将神圣视作物体，是攻击的对象。对此，儒家虽然与基督宗教不同，但作为遵循"天的意志""至高之法""自然和理性之法"的学派，而未被列入异端。笔者认为，这种认知方法在某种意义上是将儒家融入基督宗教，是为了让欧洲知道存在着仅凭不具宗教性的"自然和理性之法"就成为正统的学说。

小 结

综上所述，柏应理认为儒学是中国哲学的正统。柏应理对儒家的介绍是以宗教为大背景的。儒家思想使人确信不管大洋东西，人的本性和德性都是相通的，因而受到了当时注重理性（人类的本性）的欧洲思想界的欢迎。但是，在柏应理看来这个理性终究仅是神赋予人的。柏应理没有认识到宋学之所谓人的本性是人对非人格的"理"的分有的观点。因此，他一方面采用张居正的注释——可从宋学的发展中领会有神论的倾向，摒弃朱熹的注释。另一方面，尽管张居正的注释确实带有有神论的倾向，但他的基础仍然是朱熹的学说。既然如此，张居正的注释并未脱离作为大框架的宋学理气论的立场，张居正的注释又是承续了宋明期间朱子学的发展脉络，其中包含了朱子学的内容。凡是强烈认识到张居正的注释带着有神论倾向，以及发现比张居正的注释更能读到孔子敬神的资料时，柏应理都会采纳使用，并将中国正统的儒家作为适合欧洲的思想传播到欧洲，柏应理掀起的这股从东至西的大风，载起宋明理学（不存在"神"）发展的芳香，将其传播至欧洲大地。

---

① 前列松川『宋明の論語』「一九 異端」中列举了任昉《王文宪集序》、孙奕《示儿篇》将"攻"训诂成"攻克"之意，而张载将其解作"难辟"之意的例子。

第二部　卫方济《中华帝国六经》对儒家伦理的称扬

卫方济亲笔记录的《中庸章句》"序"及其拉丁语译文

（《中华帝国六经》比利时皇家图书馆藏）

第三章 《中华帝国六经》对儒家经典的译释（Ⅰ）

序 言

继柏应理的《中国哲学家孔子》（1687）之后，又有一本四书的拉丁语译本问世——卫方济（François Noël）的《中华帝国六经》（1711），笔者将在第二部分对此进行考察。

《中华帝国六经》翻译了柏应理未翻译的《孟子》，在这一点上，它是四书的第一本欧语全译本。另外，卫方济又增补了在当时的中国十分普及的《孝经》《小学》的译本。因此，可以说它是将彼时中国学问的基本全貌具体传播至欧洲的第一部作品。

首先，笔者将就《中华帝国六经》的作者——卫方济的经历做一介绍。

1 卫方济（François Noël）其人

卫方济（François Noël），1651年出生于比利时的埃斯特吕城（Hestrud）。1670年19岁的卫方济进入位于图尔奈（Tournai）的耶稣会修道院。青年时代的卫方济十分关心自然科学和各种人文科学。他用拉丁语撰写了大量诗文、戏曲和戏剧论，并在比利时教授了七年的文学和修辞学。

其后，卫方济志愿前往东亚传教。他原本计划到日本传教，但因了解到日本实行锁国政策无法进入而放弃了。1684 年，卫方济乘船离开里斯本，向中国进发。

1685 年，卫方济抵达澳门之后，起初在江南一带传教，后来又被派遣至淮安。在淮安，他应徐光启——奉教士大夫兼利玛窦的支持者——的孙女徐夫人的侄子邀请到五河县传教，并在此开设教堂。之后，1700 年初期，卫方济的传教区域已扩展至江西、江苏、安徽等地。

1702 年，卫方济作为中国耶稣会的代表之一，远赴欧洲。他于同年抵达英国，之后又前往罗马。在关于礼仪之争方面，面对索邦神学院的责难，卫方济为耶稣会进行了辩护。1707 年卫方济返回澳门，但最终未能回到传教区，这是因为康熙皇帝指名让他陪同新派遣的皇帝使节前往欧洲。于是，卫方济于 1708 年经由巴西返回欧洲，同年抵达罗马，并再次加入了围绕礼仪的争论之中。1709 年卫方济在返回自己所属的比利时的教区之前，在布拉格停留了一段时间，并在此出版了《中华帝国六经》等数部著作。1729 年 9 月，卫方济在离他的出生地不远处的利尔逝世，享年 78 岁。

其著作有用汉语撰写的《人罪至重》（1698）、自然科学方面的著作《印度和中国的数学物理观察》（1710）、本章中选用的儒家古代典籍的译作《中华帝国六经》（1711），甚至他死后方得以刊行的、有关弗朗西斯科·苏亚雷斯（Francisco Suárez，1548—1617）——神学家、发展了自然法和国际法学说——思想的《神学大全》（Summa Theologia，1732）[①]。

2 《中华帝国六经》的刊行情况

关于《中华帝国六经》的刊行情况，孟德卫在论文《四书在西欧的最早全译本》有详细论述，并在此指出卫方济在出版《中华帝国六经》之前的 1700 年，他就在

---

① 参阅：Louis Pfister, *Notices biographiques et bibliographiques sur les jésuites de l'ancienne mission de Chine 1552—1773*, Chang-hai, Imprimerie de la Mission catholique, 1932—1934., （法）费赖之著，冯承钧译《在华耶稣会士列传及书目 上》（中华书局，1995）；David E. Mungello, "The First Complete Translation of the Con-fucian Four Books in the West", *International Symposium on Chinese-Western Cultural Interchange in Commemoration of the 400th Anniversary of the Arrival of Mattei Ricci, S. J, in China*, Taipei, Taiwan, 1983.《孟子》《中庸》抄本的分类号分别是 19930, 19931——孟德卫根据费赖之（L.Pfisters）和索默弗戈（C.Sommervogel 所定的分类号，但三人都有误。

南安预备着翻译了《中庸》《孟子》，这些翻译手稿现藏于比利时皇家图书馆①。

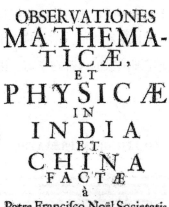

代表卫方济自然科学造诣的著作

这些著作考察了十干十二支、中国主要城市的经纬度等、数学、地理及天文

---

① 参阅：David E. Mungello, "The First Complete Translation of the Confucian Four Books in the West", *International Symposium on Chinese-Western Cultural Interchange in Commemoration of the 400th Anniversary of the Arrival of Mattei Ricci, S. J, in China*, Taipei, Taiwan, 1983.

卫方济在《中华帝国六经》的序文中，就翻译四书及《孝经》《小学》的理由做了如次说明。他首先阐述道，本书不单是介绍中国古代典籍的实际情况，更希望它能帮助欧洲读者理解真正的中国思想。接着又补充道，不光只有中国人学习这些典籍，南北方的越南人、朝鲜人及其他亚洲国家的人都在学习，因而考虑让欧洲读者知道这一情况是十分值得的 ①。

THEOLOGIÆ

R. P. FR. SUAREZ,

E SOCIETATE JESU,

SUMMA, SEU COMPENDIUM,

A R. P. FRANCISCO NOEL EJUSDEM SOCIETATIS CONCINNATUM

ET IN DUAS PARTES DIVISUM;

Duobusque Tractatibus a Suarez omissis adauctum : primo scilicet de
Justitia et Jure, secundo de Matrimonio.

PARS PRIMA,

NOVEM PRIORES DICTI AUCTORIS TOMOS COMPLECTENS :

I, De Deo uno et trino ; II, De angelis ; III, De opere sex dierum ac de anima ; IV, De Deo ut fine hominis ;
V, De ultimo ac Deo excellentiæ ; VI, VII, VIII, De gratia ; IX, De fide, spe, charitate.

ACCURANTE J.-P. MIGNE,
BIBLIOTHECÆ CLERI UNIVERSÆ,
SIVE
CURSUUM COMPLETORUM IN SINGULOS SCIENTIÆ ECCLESIASTICÆ RAMOS EDITORE.

VOLUMEN PRIMUM.

VENEUNT DEO VOLENTE 16 FRANCIS GALLICIS.

PARISIIS

APUD GARNIER FRATRES, EDITORES, ET J.-P. MIGNE, SUCCESSORES
IN VIA DICTA : CHAUSSÉE DU MAINE, 127,
1877

AD LECTOREM PRÆFATIO.

[拉丁文序言正文]

卫方济编纂的苏亚雷斯神学提要
序言中说是在入华传教后的闲暇时间写就的（1877 年刊本，筑波大学图书馆藏）

从《中华帝国六经》自身极少能获得关于刊行过程的信息。孟德卫指出，《中华帝国六经》是入华传教 125 年以来最后的果实，并揭示了当时的历史状况和背景，论及了该书成书为止的各种可能性。虽然卫方济谈及了前人在翻译四书方面所做的工作，但并未说明在实际翻译中是否有合作者。据孟德卫研究，主持编撰《中国哲学家孔子》的殷铎泽和柏应理等人与卫方济来往的盖然性极高。因为卫方济在华期间，殷铎泽曾担任过中国教区的副区长（1687—1696），两人之间极有可

---

① 参阅：佐野公治『四書学史の研究』（創文社，1988）序章。

能存在某种联系。此外，他认为殷铎泽十分欣赏卫方济的才能，因而有可能建议卫方济翻译中国的典籍。另外，孟德卫指出同为比利时人的柏应理与卫方济接触的可能性更高。柏应理1682—1692年在欧洲招募前往中国传教的传教士。其间，柏应理返回过家乡比利时马林（Malines）。在返回家乡的途中，他经过了卫方济的家乡埃诺（Hainaut）。此时，柏应理在埃诺或许也开展过招募赴华传教的新传教士的工作，而柏应理在欧洲享有极高的声望，十分引人注目，所以卫方济当时应该注意到了柏应理的来访。孟德卫论述道，尤其是从柏应理1682年返回欧洲到卫方济自里斯本启航为止的两年间，两人来往的盖然性应该更高。

1692年，卫方济转到南昌传教，而南昌是全中国的耶稣会士培训汉语并学习四书的地方。孟德卫由此认为卫方济可能是在南昌初次学习中国典籍，这暗指卫方济有可能阅读过殷铎泽、柏应理等人的译文。孟德卫又分析了柏应理与卫方济在翻译方法上的不同。即柏应理基本上否定了朱熹的注释，而采纳了张居正的注释。另一方面，虽然卫方济采用了张居正的注释，但他并没有否定朱熹，而是几乎同时使用了两者的注释。孟德卫认为，这是因为在卫方济开始翻译的1700年前后，清王朝已经公开支持朱熹的解释，不允许清朝士人对朱熹有异见或折衷的理解，特别是极度忌避朱熹的态度。另外，《中华帝国六经》中极少具体谈及朱熹（Chu Hi）之名。孟德卫推测道，这是因为卫方济着手撰写《中华帝国六经》之时，正值礼仪之争的白热化时期，这么做是为了避免引起不必要的嫌疑。

孟德卫周密详尽地研究了《中华帝国六经》成书的历史背景。可正如他所述，实际上几乎找不到直接相关的资料，以证明传教士之间在中国哲学问题上的具体影响关系。基本上都是依据环境证据做出的推测。另外，卫方济自己并未论述传教士之间的信息交换、关于从朱熹至张居正时期的宋明理学的思考，以及与基督宗教的关系。于是，在第二部分中，笔者将通过实际分析《中华帝国六经》，就他翻译的中国典籍的实际情况，以及宋明理学对其翻译的影响等，做进一步考察。

3 《中华帝国六经》的内容结构

首先就《中华帝国六经》的内容结构概述如次。

序言　致读者
章节目录一览
《大学》译文
《中庸》译文
《论语》译文
《孟子》译文
《孝经》译文
《小学》译文

其中，四书和《小学》的开篇全都附上了朱熹的序文。即《大学》译文附上的是朱熹《大学章句》的"序"；《中庸》译文附上的是朱熹《中庸章句》的"序"；《论语》译文附上的是朱熹《论语集注》的"序"（含《史记·孔子世家》）；《孟子》译文附上的是朱熹《孟子集注》的"序"（含《史记·孟子列传》）；《小学》译文附上的是朱熹"小学书题"，而且全都被翻译成了拉丁语。但是，只有《孝经》（见于第三节所述之原委）没有使用朱熹的序文，而只是极为简单地为欧洲读者介绍了"孝"的理念①。

第一节　卫方济与《大学》——对朱子学的接受和译释

首先，笔者将以《中华帝国六经》中的《大学》译文为例进行阐释。卫方济翻译的《大学》不仅在耶稣会士中国研究史上具有重要意义，而且在把朱熹自己

---

① 卫方济的《中华帝国六经》后由与百科全书派过从甚密的法国神父普吕凯（François-André-Adrien Pluquet，1716—1790）翻译成了法语——但相当一部分都是意译或略译。参阅：後藤末雄『中国思想のフランス西漸 1·2』（平凡社，1969）第三编「一　フランス知識階級の孔子に関する著書」。另外，普吕凯利用卫方济的翻译及其他资料撰写了《儒教大观》，该书解释说明了儒家"孝"的思想和德治主义，在理解 18 世纪西方人对儒家的解释上具有参考价值。参阅：後藤末雄訳『儒教大観』（第一書房，1935）。

的语言直接传达给欧洲这点上，亦有极为重要的世界哲学史的意义①。

正如第一章所述，《大学》原本为《礼记》中的一篇，朱熹十分重视其中所包含的哲学意义，故而将其与《中庸》《论语》《孟子》合编为四书，显扬其名。朱熹同程子一样，按照自己的解释校订《大学》。不仅如此，他还添加了原文所没有的"补传"，并在此之上构筑了性理学的基础。但是，以这种特定的哲学观点进行编辑，以及尝试根据不同情况使用一种文字代替另一种文字进行解释，都必然会导致众议纷纭。众所周知，如何解释《大学》的文言是朱子学和阳明学的分界点。

从这点来看，值得注意的是，卫方济第一次向欧洲世界介绍了朱熹《大学章句》的"序文"，及阐述了关于"格物致知"的观点的"补传"。而且，在欧洲吸收中国哲学这个角度来看，也具有十分重要的意义。

1　《大学》的理想

卫方济把《大学》的标题，翻译为《大人〔成人〕的学校》（Adultorum schola），并附加了副标题——"被称为中华帝国的《大人的学校》，或汉语 TA HIO〔《大学》〕的古代典籍的第一卷"。接着，卫方济面向欧洲读者，对《大学》这一典籍在中国哲学中所占的地位做了如下解说。

> 致读者
>
> 《大人的学校或学说》（Adultorum schola seu doctorina）由孔子〔孔夫子〕）（Confucius）撰写，并由其弟子——曾〔子〕（Tsem）加以详述、解说。这本小论文阶段性地论证了自他的习俗〔道德〕（mores）。通过任何人在任何地方都能感到满足，且能充分享受最高层次的和平与和谐的形式，至上的家庭、王国或君主及其最后对整个帝国的统治，都会自其所获得的完美性（perfectio）中涌流而出（emanare）。
>
> 这本小论文中论述了对善恶的认识、对善的爱和对恶的避忌、自我的完

① 孟德卫在前述 "The First Complete Translation of the Confucian Four Books in the West" 中，关于卫方济翻译的《大学》，围绕"修身""正心""致知"的问题展开了相关论述。但是在中国哲学史上，《大学章句》远超孟德卫所论述的范围，其中包含了极多严肃的问题。

美性、家庭和君主的善，以及帝国的统治等若干事项，而且通过这些事项就足够认识上述事情了。关于这本小论文，中国的注释者朱熹（*Chu hi*）做了如下序论。（《中华帝国六经·大学·致读者》）

卫方济认为，《大学》揭示了能够将自我及他者，甚至整个帝国导向理想的完美状态的规范。这种观点最后极为明确地表现在结尾处涉及的朱熹的"绪论"中。这个"绪论"即为下文所示《大学章句》的"序"。

2　朱子学受容宣言——《大学章句》"序"

那么，我们实际考察一下卫方济所译《大学章句》的具体情况。在《大学章句》原文的引文之后，是笔者对卫方济的拉丁语译文的翻译。若要感受卫方济的翻译态度，其翻译就要极为忠于朱熹的原文。

> 《大学》之书，古之大学所以教人之法也。盖自天降生民，则既莫不与之以仁义礼智之性矣。然其气质之禀或不能齐，是以不能皆有以知其性之所有而全之也。一有聪明睿智能尽其性者出于其间，则天必命之以为亿兆之君师，使之治而教之，以复其性。此伏羲、神农、黄帝、尧、舜，所以继天立极，而司徒之职、典乐之官所由设也。

首先，朱子认为《大学》是关于自古以来的教育方法的书。一旦世上出现了克服秉性的倾向性，完善天赋之"性"的优秀人物，那么天必命定立他为君主、教师，使其治理和教育万民。古代之圣王们都是"继天"（《春秋·谷梁传》，宣公十五年）、"立极"（《尚书·洪范》）的人物。

卫方济的翻译如次。

> 《大人的学说》〔《大学》〕注解的序
> 　　对于古代的人来说，记录大人的学说的书〔《大学》〕是大人的学校〔大学〕的教育规范。天自降生人以来，必会赋予每个人以某种本性（quaedam naturalis），即慈爱〔仁〕（pietas）、公正〔义〕（aequitas）、礼仪〔礼〕（honestas）、思虑〔智〕（prudentia），但天赋之才觉〔智力〕的本性（natura ingenii）和才能（indoles）这些条件一般具有多样性，且因人而异，有的会

被裹挟在人的愚钝和欲望之中。因此，大多数人都不能充分认识到要具备与自己应尽责任完成的自然本性相关的性格，但是，因洞察力〔聪〕（perspicia）、理解力〔明〕（intelligentia）、智慧〔睿〕（sapientia）、思虑〔智〕（prudentia）而为世人所知的若干人物——完成自身理性本性的所有任务〔尽其性〕的人们在后世出现之时，天必将派遣任命其为无数人民的指导者、教师〔君、师〕，希望他们能引导教育人民，使之恢复自身理性本性的原本的充分完整性（primitiva naturae suae rationalis）和善性（bonitas）〔复其性〕（《中华帝国六经·大学章句·序》）

天降生人类之时，赋予了所有人以仁、义、礼、智的本性。但因各人对气的接受方法不同，很难完善天性。不过，如果竭尽本分的话，天则会将其作为君主、教师，使人民"复性"，教育他如何实现自我。这忠实地显示出了儒家最基本的观点。

接着，卫方济翻译了关于古代中国的所有圣人教化民众的实际情况。通过具体实例，例示了传说中的圣王在历史上如何展示并教授人们应当遵守的法则。

如此这般，古代君王伏羲（Fo hi）、神农（Xin num）、黄帝（Hoam ti）、尧（Yo）、舜（Xun）执行天之使命（Coeli legatio），遵循天之法〔则〕（Coeli lex），通过言行教授至高的完美性的规范（summa perfectionis norma）〔继天立极〕，并任命市民纪律的最高监督者〔司徒〕教育人民善的伦理实践〔习俗〕（mores），给予德性的规定。

此外，不仅要小心翼翼地教授贵族、长官的每一个子弟生活中共同的礼仪，更要格外注意教授他们与乐器和唱歌相关的所有事情。为此，特别任命了官吏或教师〔典乐之官〕（magistratus, ac maistri）。（《中华帝国六经·大学章句·序》）

在此，值得注意的是，卫方济将圣人"继天"译作"执行天之使命""遵循天之法〔则〕"。藉此，又将"立极"译作能够亲自向民众"传授至高的完美性的规范"。卫方济把这里的"天"的译词——Coelum的开头字母大写，试图将其与基督宗教的天——"神"——关联起来。也就是说，卫方济试图将中国古代帝王理解成忠实于"神"之法则的圣人。不仅如此，在这种帝王的统治之下，在古代中国的现实社会中，官员被任命掌管教化。

接着，他阐述了《礼记》之外的其他典籍所论述的古代学制的实际情况——且不论是否符合史实——欧洲人只能选择相信这些信息。即古代中国早已普及教育，实现了全民皆学的理念。

> 三代之隆，其法寖备，然后王官、国都以及闾巷，莫不有学。人生八岁，则自王公以下，至于庶人之子弟，皆入小学。而教之以洒扫、应对、进退之节，礼乐、射御、书数之文。及其十有五年，则自天子之元子、众子，以至公、卿、大夫、元士之适子，与凡民之俊秀，皆入大学。而教之以穷理、正心、修己、治人之道。此又学校之教、大小之节所以分也。（《大学章句》"序"）

卫方济的译文如次。

> 夏（Hia）、商〔殷〕（Xam）、周（Cheu）三个帝国得以兴盛的规律，将统治之法一点点导向至高的完美性（ultima perfectio）。彼时，在整个中国，放眼帝王的官殿、统治者的房屋，或者王国的首都和小国的王〔诸侯〕们的宅邸，或者村落、地区，没有一处地方不设立学校。凡是年满八岁的儿童，不管是帝国或小国的达官贵人〔的子弟〕们，还是平民没有文化的孩子们，都一定会聚集在儿童学校〔小学〕（Parvulorum Schola）。之后，首先要在适当稳健的法规指导下，学习应当如何在鸡鸣时〔清晨〕洒水、打扫房屋，如何迅速地应答搭话的人、如何稳妥地应对提问的人，如何优雅招待客人、为其送行，如何必恭必敬地进见或离开父母。其后，按照学龄的理解能力学习礼〔法〕（ritus）、〔音〕乐（musica）、〔弓〕射、御〔马〕、书〔法〕、〔算〕数的学问（jaclandi, aurigandi, scribendi, numerandi Artes）。
>
> 之后，儿童长至十五岁时，帝王的嫡子和其他所有帝王的子弟、小国的王和大臣〔公卿大夫〕的子弟、帝王的臣僚〔士〕之子，以及在才能、学识和头脑上出类拔萃的平民之子都一样进入大人学校学习。在此，他们学习了洞察诸多事物之理法和本质，端正自己的心的机能，提升自己、统治他人的各种学问的规定〔教之以穷理正心，修己治人之道〕。ad rerum

rationes atque essentias penetrandas，ad motus sui cordis dirigendos，ad seipsum componendum，ad alios regendos，varia doctorinae praecepta illis tradebantur.

而且，这才是两种学校被划分为较小的学说和伦理〔礼仪〕（honestas）之法及较大的德性之法的理由。（《中华帝国六经·大学章句·序》）

若按照卫方济的译文，在古代中国，初等教育已经是一视同仁，无身份阶级的区别了。这依据的是《大学章句》"人生八岁，则……皆入小学。……其十有五年，则……皆入大学"一文。朱熹关于学制的论述根据的是《白虎通义·辟雍》"古者所以年十五入大学何？以为八岁毁齿，始有识知，入学学书计"，可见朱熹的论述有根有据。卫方济将此视作史实，并认为统治阶级的子弟和学习优秀的平民子弟能够进入更高级的大学学习。在大学中学习的是深入考察"事物之理法"和"本质"，并在此基础上提升自我，以及统治他人的规则。卫方济试图通过这样一种形式，向欧洲传播与《大学》相关的朱子学的重要概念——"穷理""正心""修己""治人"的思维框架。

下面，笔者将考察教育向民众普及一事，反映了三代之世在历史上实现无以伦比之繁荣的理由的部分。先来看看《大学章句》的"序"。

> 夫以学校之设，其广如此，教之之术，其次第节目之详又如此，而其所以为教，则又皆本之人君躬行心得之余，不待求之民生日用彝伦之外，是以当世之人无不学。其学焉者，无不有以知其性分之所固有，职分之所当为，而各俛焉以尽其力。此古昔盛时所以治隆于上，俗美于下，而非后世之所能及也。

在译文中，卫方济在人类本性的阐发及以此为基础的日常伦理的实践中，寻求中国繁盛的终极根据。

> 这样的事情一旦确定，这些学校的设立和建设就会大范围扩大，那种非常美好又极为合适的秩序得以保持。教育法和这些所有的基础都是由君王——主动保持伦理性和德之道，成为不动心的持有者，实现丰富多彩的发展——构筑起来的。
>
> 因此，学者们既不会期望也不会要求超出人的日常生活和行动的方法，

所以，彼时无人不专注于学业。于是，所有学究之徒主要专注如次事情。即明确清晰地认识每个人本性上（a natura）所具有的东西，正确理解自己的本分及适合完成本分的事情。为此，全心全意地尽职尽责，每个人都坚持不懈的努力，倾注全部心血。也就是说，在古代繁荣的时代，君主的统治都极为贤明，臣民都有非常美好的习俗〔道德〕（mores）。之后的时代绝达不到这样精致完美（perfectio）的境地。（《中华帝国六经·大学章句·序》）

如上所述，在学校制度规范齐全，君主是臣民榜样（实例）的时代，学者们明确认识到内在于人的本性，并不断加以磨炼。以此为基础，在日常生活中以完美的形式实现理想。这样的介绍想必会让当时的欧洲人瞠目结舌。然而，《大学章句》"序"中论述道，这种理想的教育制度的荒废是中国分崩离析的原因。朱熹《大学章句》"序"的原文如次。

及周之衰，贤圣之君不作，学校之政不修，教化陵夷，风俗颓败，时则有若孔子之圣而不得君师之位，以行其政教，于是独取先王之法，诵而传之，以诏后世。若《曲礼》《少仪》《内则》《弟子职》诸篇，固小学之支流余裔而此篇者，则因小学之成功，以著大学之明法，外有以极其规模之大，而内有以尽其节目之详者也。三千之徒，盖莫不闻其说，而曾氏之传独得其宗，于是作为传义，以发其意。及孟子没而其传泯焉，则其书虽存，而知者鲜矣。

朱熹说到，正值周王朝衰退，学校制度崩坏，教化风俗堕落之际，孔子出现了。孔子学习先王之法，致力于通过教育复兴中国，根据小学教育的成果，明确大学之"明法"。虽然仰慕孔子的弟子达到三千人，但孔子殁后，继承其学术正统（解说《大学》）的却只有曾子一人。孟子之后了解《大学》内容的更是少之又少。

卫方济将上文翻译如次。

然而，一旦周王朝陷入衰退与无能为力的颓败之中，又没有一位负有智慧和品德的君主出现的话，曾经极为知性的被神圣化的法则将完全不能运作，不管是都市还是地方，尤其是学校的规则也不能得到保障，为正确生活而制定的规定（praecepta）和学说（documenta）也都会完全崩坏，这一世代的崩落最终将导致众人之伦理〔习俗〕的全面荒废和腐坏。

事实上，众所周知，在这个时代出现了在道德和学术上都出类拔萃的孔子。然而，他不具有作为君主和人民之师，进行统治和教化的卓越权威。因此，他只能选择光辉的古代帝王正确生活和统治的规范，并勤勉地将其进行传授。至少传授给他的弟子们，要求其根据规范端正之后的所有世代。

实际上，这与《礼记》（*Li Ki*）——即关于礼的书——的如次各章有关联。"曲礼"（Kio li）或礼的杂集（conferta Rituum turba）；"少仪"（Xiao y）或关于公正的细则（aequitatis minuta；"内则"（Nuy tse）或家庭内部的规则（domestica regula）；〔除《礼记》外，还有《管子》的〕"弟子职"（Ti tsu che）或弟子的职责（Discipuli munus）。这些仅是小学的分支或附录。但是，我们所讨论的孔子的小著作〔《大学》〕提示并表明了儿童应当学习的知识，以及成人应花时间学习的学说的明确规范。〔孔子〕在开篇就揭示了三个最普通的原理〔三纲领〕。这些都对一切完美性和规范——竭尽可能地——做了丰富的说明。同时，通过各卷的内容阶段性地提示出了原理所含的每个部分。孔子的三千弟子们没有人不曾聆听过孔子的解释，但只有曾子先生（Doctor Tsem Tsu）——他从老师孔子处习得了该书的关键内容——的弟子们传承了其要义。自那之后，已经再没有传述其学说的人了。因此，之后那本书虽然流传了下来，但几乎没有出现可正确理解其卓越性和必要性的人了。（《中华帝国六经·大学章句·序》）

卫方济完全遵照朱熹的观点，认为随着周王朝统治秩序的崩塌，学校和教育制度也濒于危殆，在这时候孔子出现了。他继承、宣扬了圣王的规范，并将其传播至后世。《大学》的学说也通过这样的过程，从孔子传承到曾子。

朱熹说道，尽管孔子及其学术系统做出了不懈努力，但其后的道教、佛教、诸子百家等异端邪说却趁着混乱的时势横行天下。

且看朱熹《大学章句》"序"中的论述。

自是以来，俗儒记诵词章之习，其功倍于小学而无用；异端虚无寂灭之教，其高过于大学而无实。其他权谋术数，一切以就功名之说，与夫百家众技之流，所以惑世诬民、充塞仁义者，又纷然杂出乎其间。使其君子不幸而不得闻大道之要，其小人不幸而不得蒙至治之泽，晦盲否塞，反复沉痼，以及五季之衰，而坏乱极矣。

卫方济对上述内容所做的翻译如次。

因此，随后的低俗的读书人甘为卑污的时俗效力，著述毫无益处的书籍，撰写繁冗的文书，一味地喜欢追求辞藻的修饰。确实，他们的努力数倍于小学，毫无疑问比小学倾注了更多倍的气力，但却效果全无。

其后，继他们之后有道〔教〕（Tao）和佛〔教〕（Foe）两个教派——此两者大范围地散播付随着无（Nihil）与虚（Vacuum）、静寂（Quies）与消灭（Extinctio）〔虚无寂灭〕的异端教理——紧随其后。这些〔教派〕确实使自己〔的思想〕异常高级化，看似凌驾于圣人的学说之上，但却完全缺乏真理和根据。权力（potestas）、战略（consilia）、怀柔法（molimina）、繁多的技术（multipulices artes）〔权谋术数〕等，这些从明显的谬误中生发出来的流派宣扬无数邪恶的教理，混乱不堪，它们只是为给自己带来虚荣和毫无实效的名声而编造的虚伪言论。这无底的泥淖派生出了世人的盲目、公众的离叛、慈爱之道的湮没、公正之路的绝灭。不，非但如此，紧接着这些教派的嫩枝毫无秩序、杂乱无章地表现出来。因而，具备优秀洞察力的人们没有聆听和学习至关重要的学说之伟大原理的场所，而世俗的无知之人十分可怜，他们没有可享受太平盛世之恩惠的场所。不仅如此，在任何地方，可怖的无知和心的盲目的愚钝侵入其中，在岁月的流逝中日益增强，甚至比其产生时变得更加严重、更加危险。一旦如此，因近代五个帝国〔后梁、后唐、后晋、后汉、后周的五个朝代〕的分裂而完全失去统治能力。最后，人类最深恶痛绝的混乱，以及习俗的破灭都显露出来了。（《中华帝国六经·大学章句·序》）

卫方济以朱熹的观点为依据，并认为儒家以外的思想是异端邪说。他尤其主张要消除佛教的"寂灭"①，并断定道教的"虚无"指的是没有内容的空虚，对

---

① ロジェ＝ボル・ドロワ『虚無の信仰——西欧はなぜ仏教を怖れたか』（島田裕巳·田桐正彦訳，トランスビュー出版社，2002）。该书论述道，西方人自耶稣会士介绍佛教之初，就将"空""涅槃"理解为使成为救赎对象的"魂神"的"消失"。基于对此的恐惧，因为东方学的发展，佛教的本来面目才得以传入欧洲。尽管如此，这也是让欧洲人长期无视这一学术研究成果的原因之一。

此二者持批评态度。不过，这种黑暗时代也因为天的循环而朝着复兴发展，成为伟大宋王朝的太平盛世。此时，自孟子以来曾一度断绝的"道统"得以复活并传承下来。另一方面，卫方济论述说朱熹继承了该学统，显扬《大学》的教诲，并下定决心对其加以编辑。朱熹《大学章句》"序"中如次说道。

> 天运循环，无往不复。宋德隆盛，治教休明。于是河南程氏两夫子出，而有以接乎孟氏之传。实始尊信此篇而表章之，既又为之次其简编，发其归趣，然后古者大学教人之法、圣经贤传之指，粲然复明于世。虽以熹之不敏，亦幸私淑而与有闻焉。顾其为书犹颇放失，是以忘其固陋，采而辑之，间亦窃附己意，补其阙略，以俟后之君子。极知僭踰，无所逃罪，然于国家化民成俗之意、学者修己治人之方，则未必无小补云。

该段文字对应的卫方济译文如次。

> 然而，曾为宇宙秩序的天之循环（ordinata gyrantis celi revolutio）没有一去不复返。因此，混乱和无知的世代过后，充满德性、威严和气度的人们建立了繁盛的宋（*Sum*）王朝，崩塌的统治和教育技术开始恢复新的光辉。在此，出现了河南省的程（*Chim*）氏的两位著名人物〔河南程氏两位夫子〕——他们继承了向后世传播孟子及其弟子学说的优秀事业，在〔《礼记》的〕其他各章之间，他们尊重并赞扬孔子这部对完善良好的统治和习俗极为重要的短小的论文〔《大学》〕。他们将其从深远的典籍《礼记》中摘出，经过全面的调查、阐明，并加以整理，在此之上划定章节顺序，进而又致力于恢复上古对此的敬意和赞美。如此一来，古代教师们传授德高望重之人的教诲、学说之教导及德性之教化的卓越规范，孔子著述的真实的原典以及聪慧的弟子们编撰的注释的意义才明确、庄重地得以恢复。
>
> 而且，我〔朱〕熹（*Hi*）虽非勤勉之人，亦无敏锐的观察力，但汇集了自己的若干研究成果，也十分庆幸能够聆听优秀的古代学说。不过，我发觉在这些注释者的著述中，尚存许多不协调之处，有许多必需之处遗漏了，甚至消失了。因此，至在众多事业中业绩斐然的大贤者出现之前，我不忘自己的愚钝和谦卑，尽可能从各处遴选所有内容，将其联系在一起，并整理顺序。其后，按照我的心思，又对他人所忽视的，或是敷衍论述之事加以应有的补

充。（《中华帝国六经·大学章句·序》）

秩序井然的宇宙的运行带来了宋王朝的德性与教育的复兴。与此同时，程子兄弟复兴了自孟子以来一度断绝的学问。而朱熹为了恢复《大学》的理念承继了程子对《大学》的校订工作，又加以补订。中国学术的历史（宋学观点中的学术史）及朱熹这位学者通过这篇文章第一次正式地传入欧洲。

如上所述，除了"天"（Coelum）用大写字母翻译的部分之外，卫方济的译文是极为忠实于原文的。而且，卫方济之前的耶稣会传教士十分嫌恶宋学的理气哲学，对朱熹更是避之不及。与此相比，卫方济的翻译给人一种隔世之感。卫方济这么做是希望能首先向欧洲呈现一个正确的朱熹。

3　采纳程子遗说

朱熹《大学章句》在呈示《大学》原文之前，先引用和提示了朱熹之先学程颐（伊川）的学说《程子遗书》[1]，明确了《大学》的学术地位——《大学》是初学者通往德性的门户。

> 子程子曰，大学孔氏之遗书。而初学入德之门也。于今可见古人为学次第者，独赖此篇之存，而论、孟次之。学者必由是而学焉，则庶乎其不差矣。（《大学章句》）

卫方济将其翻译如次。

> 程先生做了如次论述："《大人的学校或学说》〔《大学》〕是自孔子及其弟子曾子流传而来的书籍。"首先，对倾心于德性之道的人们来说，即为通往完美性的入口〔入德之门〕（perfectionis limen）。今天，我们应该可以知晓，古代的人们为推进学习的进程，而将这一优秀的文章记录作为极其坚实的基础或首位的基础。位居其次的是《论语》（Sententiae）和《孟子》（Memcius）。因此，治学的子弟应当从这一书籍开始学习。这样一来，几乎就不会犯错误。（《中华帝国六经·大学章句·序》）

---

[1]　参阅：《程子遗书》卷二、上、二十四。

此处的翻译十分清澈透明，少有轻率的牵强附会及卫方济个人的主观情感。可以认为，卫方济通过提示朱熹对程子的引用，更加明确了至朱熹的时代，《大学》在中国哲学领域是德性走向完善之路的入口。

4 《大学》经文译释

接下来，笔者将讨论《大学章句》的"经"文。据朱熹所述，"经"指的是孔子的言论，曾子对此附加了十章的注释〔传〕。卫方济根据朱熹编辑的顺序进行翻译和解释，这样就不会过多地偏离朱熹的解释，但也不是文字层面的直译。与柏应理一样，卫方济也参照了张居正的《大学直解》，并将其解释投射到译文之中。明代首屈一指的政治家的著作再次被引用，这说明对欧洲人来说张居正的解释中有许多共鸣之处。

下面，笔者将先提示《大学》原文，因为与之对应的朱熹《大学章句》在第一章中已经列举过了，所以本章中只在必要的情况下才用括号表示。另外，卫方济在解释经文之际引用和翻译了张居正的《大学直解》，出现这种情况时，笔者将出示与之对应的《大学直解》原文。

> 大学之道在明明德，在亲民，在止于至善。（《大学章句》第一章）

卫方济对此处的翻译基本上依据了朱熹的观点。只是在细微处参考了张居正的注释。卫方济的译文开篇如次。

> 大人理应专注的学说之道和理法（doctorinae via ac ratio）在于如下三件事情。（《中华帝国六经·大学章句·第一章》）

因此，接下来笔者将逐一对"三件事情"，即三纲领展开讨论。

（1）明明德

> 〔在于〕恢复自己的理性能力〔功能〕的原始光辉〔明明德〕。（In reparanda rationalis suae facultatis primitiva claritate.）《中华帝国六经·大学章句·第一章》

卫方济将"明德"译作"理性能力〔功能〕的原始光辉"，将"明明德"译作"恢复理性能力〔功能〕的原始光辉"。这显示出他认为《大学》的"明德"与"理性"有重合之处。卫方济为了进一步明确这个问题而引用了张居正的注释。

> 注释者〔张居正〕附言道："因为正如模糊不清的金属制的镜子，其光辉经过研磨又能再生一样，理性能力〔功能〕的原始光辉会因生来的资质（ingenua indoles）不同而受到遮蔽，或因人世的欲望变得丑陋。即便如此，在遵循源源不断的自然〔本性〕之光（naturale lumen）的引导下，只要生活能向着勤奋的努力迈进就会再生。"（《中华帝国六经·大学章句·第一章》）

卫方济的翻译依据了张居正的注释，而张居正注释的原文与柏应理参照的内容一致，如第二章第一节所示。

明明德指的是心不受限制，精妙明晰地洞察事物的功能，心本来就具有各种理（道理和框架），可应对万物。可是，有时候会因降生后的气禀（气的接受方式）不同，而为事物所困，又会被物欲所覆盖，偶尔会被遮蔽。因此，积累学术上的努力，摆脱气禀导致的困顿，除却物欲的遮蔽，使心之本体恢复原本的光明。这就如同模糊不清的镜子，只要加以研磨就会变得锃亮。卫方济正是基于这些文句，将"明明德"理解成"遵循源源不断的自然之光的引导"及遵循自然和理性，并按照这个方向进行翻译。

（2）亲民

下面，我们来看看"亲民"。与柏应理一样，卫方济也将"亲"解释为"新"，采纳了朱熹的解释。从基督教徒的角度来说"亲民"近于"爱人"的意思，这样解释也更易于接受。但是，卫方济却依照了当时清代的主流解释——宋学的解释。继而还依据了张居正的注释。卫方济说道。

> 〔在于〕革新人民。（In renovandis populis.）（《中华帝国六经·大学章句·第一章》）

卫方济对张居正的注释做了如此翻译。

> 注释者附言道："譬如，再生了自己的理性能力〔功能〕的原始光辉

的人应该努力，时而通过言语，时而通过示范〔实例〕，时而通过学识，使其他所有人同样能恢复自己的理性能力〔功能〕的原始光辉，将罪过的暗影赶出自己的内心，抛弃多年来倒行逆施的生活，成为新生之人。恰如满是泥浆的衣服在洗过之后觉得又变〔漂亮〕了一般。（《中华帝国六经·大学章句·第一章》）

为了革新人民就必须摒弃自己旧有的陋习，恢复原始的理性光辉，重获新生。卫方济所依据的张居正注释与第二章第一节所示张居正注释基本一致，他认为"亲民"指的是人民从衰退状态中再生，是通过再生自己的理性的原始光辉，使得人民的理性的原始光辉也获得再生。

（3）止于至善

〔在于〕止步于至高的完成度〔完美性〕和善性〔至善〕（In sistendo in summa perfectione ac bonitate.）（《中华帝国六经·大学章句·第一章》）

朱熹认为"止于至善"是指止步于"事物当然之极"而不迁改。对此，卫方济更倾向于张居正的注释，即认为在到达终极的完美性之前人不应当停止脚步，而要不断地提升向上。

注释者附言道："〔这〕就像是终于挣扎着找到归途的旅人一样。人不管是自己的再生还是他人的复原，都应当为了原始理性能力〔功能〕的光辉而竭尽全力，在到达最终的、至高无上的完成〔完美性〕（summa perfectio）的顶点之前都不应当停下脚步（non debet……sistere）。"（《中华帝国六经·大学章句·第一章》）

不过，卫方济在这部分的翻译依据了张居正的注释，张居正注释的原文如次，尽管与前章内容重复，但为了进行比较故而再次摘抄。

务使己德无一毫之不明，民德无一人之不新。到那极好的去处方才住了。譬如赴家的一般，必要走到家里才住。这才是学之成处，所以大学之道在止于至善。（《大学直解》第一章）

在上文中，张居正努力使自身的德性无分毫不明之处，在此基础上努力做到使民之德性无一人不得到革新。在达到这种极为卓越的程度之后方才止住脚步。这就犹如赶路回家一般，因为必定是能回到家的，而只有到了家才可以说停在（那里）。这样做才可说是完成了学问的境界，所以说"大学之道在止于至善"。卫方济将张居正注释"必要走到家里……"的"要"字理解成当为的意思，这与张居正本人的语感稍有不同，毋宁说他在翻译时，将重点置于人向着至善不断向上努力的方面。

（4）知止

那么，下面笔者将考察解释三纲领中的"人应当止于至善"的部分。首先看看《大学》和《大学章句》中的内容。

> 知止而后有定，定而后能静，静而后能安，安而后能虑，虑而后能得。（止者，所当止之地，即至善之所在也。知之，则志有定向。静，谓心不妄动。安，谓所处而安。虑，谓处事精详。得，谓得其所止。（《大学章句》第一章）

卫方济将上文翻译如次。

> 那么，确实知道对自己来说应止步于怎样的事物的人，才拥有既定的最终目标的对象（objectum finale）。拥有既定的最终目标的对象的人，才不会受制于心的动摇和不安。不受制于心的动摇和不安的人，才能享受内在的及外在的太平。享受内在和外在——即心和身体的太平的人才会小心翼翼地观察考虑个别事物（res singulas expendere et sollicitare）。小心翼翼地观察考虑个别事物的人，才会到达应当止步处（consequi id, in quo sistendum est）。（《中华帝国六经·大学·第一章》）

关于这部分内容，卫方济没有依靠张居正的注释，而是基本上将朱熹《大学章句》的原文依样译出。

（5）本末、始终及先后

这里，笔者将考察《大学》和《大学章句》中的"一切事物都有为了达到目的的顺序"这句话。

　　物有本末，事有终始，知所先后，则近道矣。（明德为本，新民为末。知止为始，能得为终。本始所先，末终所后。此结上文两节之意。（《大学章句》第一章）

这段话本身极为单纯简单，所以翻译也解释得非常清楚。

　　继而，几乎所有事情都变成了下面这样的情况。即应首先做一件事情，其他事情作为后面努力的目标。〔比如这〕与有根茎又有枝叶的树木相同。对它的解释如次。所有的事业有起始也有终结。因此，这个大人的学问所努力的目标第一是自己的再生（sui ipsius reparatio），第二是人民的新生（populi renovatio）。这一努力的起始是对当止之物的认识，而其终结是获得当止之物。那个〔前者的〕自己的再生和认识在先，而这个〔后者的〕人民的新生和〔作为目的的〕获得在后。因此，知晓并保持这一先行性和后续性的人，大体上或基本上不会偏离真实的、应当学习和实践的道。（《中华帝国六经·大学·第一章》）

在此，卫方济的翻译很大程度上借助了张居正的如下注释。

　　物字指明德、新民而言。本是根本，末是末梢。明德了才可新民。便是明德为本，新民为末。恰似树有根梢一般。事指知止能得而言。……人能晓得这先后的次序，顺着做去则路不分差，自然可以明德新民，可以知止能得，而于大学之道，为不远矣。（《大学直解》第一章）

特别是知道先后顺序的人离道不远的部分明显借助了张居正的注释。

（6）《大学》八条目

希望实现究极的世界和平的人必须将提升自我作为出发点，而"格物"指的是追溯其终极前提。这一讨论即是"平天下""治国""齐家""修身""正心""诚意""致知""格物"的八条目的讨论。在此，"格物致知"的解释尤其引人注目。以下是《大学》原文。

　　古之欲明明德于天下者，先治其国。欲治其国者，先齐其家。欲齐其家者，先修其身。欲修其身者，先正其心。欲正其心者，先诚其意。欲诚其意者，先致其知。致知在格物。

由卫方济所作的解释来看，八条目也是他重点讨论的问题。首先笔者将提示卫方济的拉丁语翻译的原文。

Quocirca antiqui Principes, dum volebant efficere, ut totum Chinae Imperium, singulaque ejus regna primitivam suae rationalis facultatis, erroribus, et vitiis obscuratae claritatem repararent; ipsi prius suum unum regnum recte gubernare enitebantur; volentes autem efficere, ut totum suum regnum recte gubernaretur, ipsi prius unam suam domum pulchro disciplinae ordine, pace, concordia temperare satagebant; volentes efficere, ut tota sua domus pulchro disciplinae ordine, pace, concordia temperaretur, ipsi prius suos mores et vitam rite componere studebant; volentes efficere, ut omnes sui mores et vita rite componerentur, ipsi prius veram sui cordis rectitudinem consequi contendebant; volentes efficere, ut veram totius sui cordis rectitudinem consequererentur, ipsi prius suam voluntatem in vero Boni amore, et in vero Mali odio stabilire conabantur; volentes efficere, ut tota sua voluntas in vero Boni amore, et in vero Mali odio stabiliretur, ipsi prius per ratiocinium mentis quaerebant assequi perfectam Boni et Mali notitiam, modus denique assequendi perfectam Boni et Mali notitiam; constitit in perscrutandis rerum naturis ac rationibus, sive in philosophiae studio.

笔者将上述拉丁语译文翻译如次。

因此，古代的君主们都希望整个中华帝国及其〔内部的〕各个国家，恢复其因罪过和恶行而被遮蔽的理性能力〔功能〕的原始光辉。他们事先致力于正确治理好自己的〔帝国之内的〕这个国家。所有希望自己的国家得到正确治理的人们，都先通过规律的秩序、和睦及协作，致力于将自己的家庭整治得气派出众。希望将自己家的一切，通过规律的秩序、和睦及协作整治得气派出众的人们，先要努力端正自己的习惯〔生活方式〕和生活。希望端正自己一切习惯和生活的人们，先切望获得自己内心真正的正确性。希望获得自己一切内心真正的正确性的人们，先要努力在对善的真实的爱及对恶的真

实的憎恶中确立自己的意志。所有希望在对善的真实的爱及对恶的真实的憎
恶中确立自己的意志的人们，先要追求因精神的理性认识而获得的完美观念。
最后，达到善恶的完美观念的方法是研究清楚事物的本性和性质〔理据〕，
即由对哲学的探究（philosophiae studium）而形成的〔格物致知〕。（《中
华帝国六经·大学·第一章》）

八条目中，最根本的是"致知格物"。卫方济将其译作："所有希望在对善
的真实的爱及对恶的真实的憎恶中确立自己的意志的人们，先要追求因精神的理
性认识而获得的完美观念。最后，达到善恶的完美观念的方法是研究清楚事物的
本性和性质〔理据〕，即由对哲学的探究而形成"。也就是说，卫方济在此认为
知性（知）先于意志（意），继而依照朱熹的观点，将"致知"训诂作"〔在于〕
格物〔理〕"。总之，卫方济认为，基于朱熹的观点，古代圣人的终极理想——
"平天下"——的内情是众人发挥理性能力（功能）的原始光辉。其前提是研究
清楚精神上的理性认识，以及与之密接关联的万物的本性和本质。从这段译文中，
可以领会到他极度地重视理性。卫方济在朱熹的基础上将其译出，但在其中亦能
体会到他将其引入欧洲的思考方式之中。不过，在朱熹重要的观点上，对欧洲人
来说也会有这样理解的地方，并将其翻译成这样的内容。这表明朱熹的观点正是
在这个情况下传入欧洲的。

（7）由"格物"向"平天下"

大学八条目的顺序是从"平天下"至"格物"。如若反之，从"格物"开始
推演，那"物格"之后的状态又会得出怎样的结果呢？接下来，我们通过卫方济
的译文加以分析。卫氏在翻译前先引用了《大学》的原文。

物格而后知至。知至而后意诚。意诚而后心正。心正而后身修。身修而
后家齐。家齐而后国治。国治而后天下平。（《大学》第一章）

卫方济的译文如次。

关于一切事物的本性和性质〔理据〕（omnium rerum naturae ac
rationes），只要研究清楚并正确认识了何为真伪，何为高贵丑陋，精神（mens）
就能到达理智的顶点（ultimum intelligendi apex）。精神到达理智的顶点之际，

意志就会在对善的真实的爱和对恶的真实的憎恶中确立；一旦意志在对善的真实的爱和对恶的真实的憎恶中确立，就能获得内心的正确性；一旦获得自己内心真正的正确性，就能端正自己的一切习惯和生活；一旦端正了自己的一切习惯和生活，就能通过规律的秩序、和睦及协作，将自己家庭的一切整治得气派出众；一旦能通过规律的秩序、和睦及协作，将自己家庭的一切整治得气派出众，就能正确地统治自己国家的国土；一旦能正确地统治自己国家的国土，就能通过示范〔实例〕感动整个帝国，引导其向德而行，凝聚为一体，从而能使之太平安稳。（《中华帝国六经·大学·第一章》）

这部分译文所参照的张居正注释如次。

人能于天下事物的道理——都穷究到极处，然后心里通明洞达，无少亏蔽，而知于是乎至。……知既到了至处。然后善恶、真妄见得分明。心上发出来的念虑，都是真实无些虚假，而意于是乎可诚。……意诚，然后能去得私欲，还得天理，而虚灵之本体可以端正而无偏。……当先诚其意也，正心然后能检束其身，以就规矩。凡所举动皆合道理，而后身无不修。……身修然后能感化那一家的人，都遵我的约束，家可得而齐矣。……家齐然后能感化那一国的人，都听我的教训，国可得而治矣。……国治，然后能感化那天下的人都做良民、善众，与国人一般，天下可得而平矣。（《大学直解》第一章）

（8）修身为本

《大学》主张一切事情的基础均归结为"修身"[1]，这里将就此进行考察。首先且看《大学》及《大学章句》的内容。

自天子以至于庶人，壹是皆以修身为本。（壹是，一切也。正心以上，皆所以修身也。齐家以下，则举此而措之耳。）（《大学章句》第一章）

---

[1] 参阅：David E. Mungello, 'The First Complete Translation of the Confucian Four Books in the West', *International Symposium on Chinese-Western Cultural Interchange in Commemoration of the 400th Anniversary of the Arrival of Mattei Ricci, S. J, in China*, Taipei, Taiwan, 1983. pp. 531—532. 在该文中，孟德卫比较了柏应理《中国哲学家孔子》与卫方济的译词，指出前者仅是理解成"调整身体"或"调整身体或整个人的外在习惯"。与此相对，后者则理解成"调整自己的所有习惯和生活"。对此，孟德卫认为卫方济的翻译更接近汉语"修身"的意思。但关于"正心"的翻译，他却评论说卫方济过度地理解了"心"所具有的情感内涵。在关于卫方济强力主张人"心"之作用的能动性这点上，笔者的看法与孟德卫相同。

卫方济依据张居正的注释所做的翻译如次。

注释者附言道："希望人们从上述内容理解这件事，即这一紧密相连〔连锁〕的行为（concatenatum opus）的意义主要在于端正自己的习惯和生活。因为哲学的学习〔格物〕（philosophiae studium）、精神的认知〔致知〕、意志的作用〔诚意〕、心的正确性〔正心〕、家的规律〔齐家〕、王国的统治〔治国〕、帝国的太平〔平天下〕（Imperii pacificatio）等，都与这里有关联。孔子接着〔说道〕，'因此，所有人——从帝王至最底层的平民的学生〔庶民〕（infimus e plebe discipulus），均无例外〔壹是〕，都应该将端正自己的一切习惯和生活视作自己全部行为的第一等基础，或者视作根本'。"（《中华帝国六经·大学·第一章》）

卫方济是以下面的张居正的文章为基础的。

孔子说，大学的条目虽有八件，其实上自天子，下至庶人，尽天下的人，一切都要把修身做个根本。盖格物、致知、诚意、正心都是修身的工夫；齐家、治国、平天下都从修身上推去。（《大学直解》第一章）

如上文所述，格物、致知、诚意、正心都是修身的实践，而齐家、治国、平天下都从"我"的身上推行而去的。卫方济的特点是，将这个观点归结为"自己的全部行为"这一主体行为，并以此为方向进行翻译。

第二节 贯穿物理和理智的 Ratio——"格物补传"

1 朱子、张居正及卫方济的译文

作为与《大学》的"格物"相关的著述，朱熹的"补传"的解释在中国哲学史上十分重要。在此，笔者将研究讨论"补传"的内容。先看《大学》原文和《大学章句》的内容。

此谓知本。（程子曰："衍文也"。）此谓知之至也。（此句之上别有阙文，此特其结语耳。）

朱熹在《大学章句》中主要是论述文本的异同，（虽然在校订时能够管窥朱熹对"格物致知"的情感）在这个范围来看，《大学章句》未必值得我们去关注。真正重要的当是下面所示之朱熹的"补传"。

> 右传之五章，盖释格物、致知之义，而今亡矣。（此章旧本通下章，误在经文之下。）闲尝窃取程子之意以补之曰："所谓致知在格物者，言欲致吾之知，在即物而穷其理也。盖人心之灵莫不有知，而天下之物莫不有理，惟于理有未穷，故其知有不尽也。是以大学始教，必使学者即凡天下之物，莫不因其已知之理而益穷之，以求至乎其极。至于用力之久，而一旦豁然贯通焉，则众物之表里精粗无不到，而吾心之全体大用无不明矣。此谓物格，此谓知之至也。"（《大学章句》第五章）

程子认为《大学》的文本存在混乱，朱熹依照程子的观点，宣称在《大学章句》第五章中亲自做了校订，并补充了"传"。随后，朱熹认为要穷尽"知"的作用，就需要以表示事物的根据、目的、意义和法则等的"理"为焦点，加以清楚明晰地研究。这说的是，"人心"普遍具有"知"，另一方面事物之"理"普遍存在。因此，如果没有完全解释清楚对象事物的"理"，就不能完全发挥与之联动、呼应的"知"的功能。朱熹认为，重要的是既存的"理"作为"知"的内容不断积累，而以此为线索，查明为指事物之"理"，进而将"知"的能力完全发挥至极致。当"知"达到极限时，就能在瞬间——不论表里或精粗——开启洞察世界万物之理的能力。朱熹认为这指的是，从宇宙论的角度看，"全体大用"可在"吾心"这一特异点上阐释清楚。

下面是张居正关于朱熹观点的解说。

> 经文所谓致知在格物者，是说人要推极吾心的知识，使无一些不明，当随事随物而穷究其理，使其无一处不到可也。所以然者何故？盖人心之本体至虚至灵，都有个自然的知识，而天下的万事万物，都有个当然的道理。这心虽在内而其理实周于物。那物虽在外，而其理实据于心。惟于事物的道理有未穷，故其心上的知识有不尽也。所以大学起初教人，必使那为学的，把天下事物的道理，无大无小各就着心上那明白的去处，益加穷究之功。就天

下事无一件不穷，就一件内无一毫不尽。务到个极处而后已。如此日积月累，至于久后工夫到了。忽觉一旦之间豁然开悟，都贯穿通透得来，则众物之理或在表的、或在里的、或精微的、或粗浅的，无一件不晓得到，而吾心具众理的全体与应万事的大用，也无一些不光明了。夫众物之表里、精粗无不到。便是物格。吾心之全体大用无不明，便是知至。（《大学直解》第五章）

人的"心"之理和万物之理，虽然在空间上必然会有"内"和"外"的区别，但站在普遍之理的视点看，两者原本不会分裂成这种情况。"心"之理在空间上指的是内在，并贯穿"外"物。事物在空间上位于"外"部，但是心具有将其意义规定并命名为"理"的功用。较之朱熹的"补传"而言，张居正的注释更注重人的"心"。张居正用"豁然开悟"一词，说明穷尽万物之理的工夫不断积累之后的归结状态。虽然"豁然开悟"与朱熹的"豁然贯通"为同一事情，但张居正使用的是佛教用语般的"开悟"。或许可以认为张居正将其视作一种宗教性的经验。另外，他认为吾心具众理，能应对万物的状态都是粲然的"光明"，而这也是卫方济引向"自然之光"的背景之一。

卫方济根据张居正的注释，将确立朱熹学说的宣言"格物补传"翻译如次。这段文字十分重要，所以笔者先出示卫方济的拉丁语译文，而后再附上笔者的翻译。

Unde idem Interpres Chu hi sic ait: quintum superioris interpretationis a Doctore Tsem Tsu compositae Capitulum explicabat quidem, quid sit perscrutari rerum omnium naturas ac rationes, et per ratiocinium mentis perfectam veri Boni et Mali assequi notitiam; sed nunc illud excidit, Quocirca ego hisce diebus preateritis excerpsi Doctoris Chim Tsu sensum ad hunc defectum supplendum. ille igitur sic fere ait: quod autem asserit Confucius: modus assequendi perfectam veri Boni et Mali notitiam consistit in perscrutandis rerum naturis ac rationibus, significat his verbis eum, qui vult, ut sua mens perfectum intelligendi apicem consequatur, debere in quacumque re totam ejus naturam veramque rationem scrutari atque penitus exhaurire. Nullus enim est humani cordis spiritus, qui non habet intellectum; nec ulla in toto orbe res est, quae non habet naturam. Cum quis autem nondum satis scrutatus est rerum naturas, earumque rationes nondum plena congnitione exhausit, tunc ejus intellectus non habet suam ultimam perfectionem et perfectam claritatem. quo qirca haec Adultorum Doctorina statim in ipso suae institutionis principio preacipit suis Alumnis, ut quaecumque in toto orbe res existunt, harum omnium naturas ac rationes exquirant, suo intellectu magis as magis scrutentur, novoque semper conatu ac progressu intimam illarum essentiam pervadant; nec desistant donec ultimum perfectae congnitionis terminum assecuti fuerint. Postquam enim longo studio et assidua diligentia in hoc opus incubuerint; aliquando tandem fiet, ut omnium rerum rationes intimas et extimas, subtiliores, et rudiores, sublimiores et humiliores perfecta cognitione assequantur, et tota simul nostrae mentis substantia, omnisque ejus actus ac usus omnimodam claritatem obtineat. illud dicitur perfecta rerum notitia et comprehensio, hoc summa nostri intellectus perfectio et ultimus intelligendi apex.

　　同为注释者的朱熹做了如下阐述："确实，曾子先生（Doctor Tsem tsu）整理的上述注释的第五章说明了查明一切事物的本性和本质，又通过精神的理性认识获得真实的善与恶的完美观念〔格物致知〕是怎样一回事"（perscrutari rerum omnium naturas ac rationes，et per ratiocinium mentis perfectam veri Boni et Mali assequi notitiam）。然而，如今那〔文章〕已散佚。因此，我在过去的日子里，补足其中的遗漏，摘录出程子先生（Doctor Tsem tsu）的意见。在此，他大致论述如次："孔子补充说道，'到达善恶之完美观念的方法由研究清楚事物的本性和性质而形成〔致知在格物〕。这句话表示，希望自己的精神到达理智〔知性〕认识顶点的人，应当研究清楚并完全理解所有事物的一切本性和真实的性质〔即物而穷其理〕。因为人的心的灵〔人心之灵〕（humani cordis spiritus）无不具理智，全世界〔的事物〕又无不具本性〔理〕（natura）。但是，如果有人没有充分查明各种事物的本性，又尚未在全面的认识下理解其性质，则他的理智就会缺少究极的完美性和完全的光辉〔惟于理有未穷，故其知有不尽也〕。因此，这个大人的学说立刻事先要求其弟子道，通过理智探究查明存在于全世界的一切事物的本性和性质，并经常通过新的努力和进步（conatus ac progressus），到达各种事物内在的本质〔理〕（intima essentia），在达成完全的认识极限（ultimus perfectae cognitionis terminus）之前不停歇。因为经过长期的努力和不懈的勤勉，在为此工作倾注心血之后，终有一日会清晰明确地认识万物。再而，如此一来就会在完全的认识下获知一切事物的本性，无论它是内在的还是外在的，纤巧的还是粗鄙的，崇高的还是卑微的。同时，我们精神的一切实体，以及一切活动和作用就可获得所有光辉吧。这就是我们所说的对事物的全面认识和把握，就是我们理智的至高的完美性，或者理智认识的终极顶点'。"（《中华帝国六经·大学·第一章》）

如前所述，卫方济认为"格物"指"查明一切事物的本性和本质"，而"致知"指"通过精神的理性认识获得真实的善和恶的完美观念"。也就是认为发挥理性能力，称为价值判断的主体。那么，卫方济对"补传"中的穷理又是如何解说的呢？实际上，卫方济依旧将"即物而穷其理"一词译作"希望自己的精神到达理智认识顶点的人，应当研究清楚并完全理解所有事物的一切本性和真实的性质"。即为了完全发挥智慧，就必须阐明事物的完全本质。

那么，在"补传"中，"人心之灵"是另一处值得注意的概念。在卫方济看来，自赴华传教以来，如柏应理一样强行将中国哲学与基督教教义整合的做法日趋减少，但"人心之灵"一词又必然会让人对其做基督教式的解读。因为卫方济翻译道："因为人的心的灵〔人心之灵〕（humani cordis spiritus）无不具理智，全世界〔的事物〕又无不具本性〔理〕"。"人心"译作"人的心"应该没有问题。但是，如果将"灵"理解成神学中接受神灵气息的人的实体性"灵魂"，那么将"灵"与基督教教义关联的做法只能是牵强附会。因为朱熹——张居正注释——在此所说的"灵"是形容人心的（或知的）能动且精妙的机能。与此相对，卫方济所译的"人的心的灵"指的是实体性的"灵"（spiritus）。可是，正如第一章所示，明末尤其是王学左派的心学主张"心"具有"灵"的作用，并强调其能动性和超越性。因此，或者可以认为，卫方济通过与之联动的形式，将"灵"视作基督教式的实体——生命力及人性的核心——的"灵"。

接下来，笔者将考察卫方济是如何理解朱熹的"豁然贯通"的。卫方济将该词译作"经过长期的努力和不懈的勤勉，在为此工作倾注心血之后，终有一日会清晰明确地认识万物。再而，如此一来就会在完全的认识下获知一切事物的本性，无论它是内在的还是外在的，纤巧的还是粗鄙的，崇高的还是卑微的"。通过对个别现象的观察，不断积累之后，便能一举直观和洞察本质。译文如此强调清晰确实地"获得完全的光辉"，依据的是朱熹的"全体大用无不明"，同时也意识到了张居正的"开悟"和"光明"两词。而且，人的理性直接关系到各种事物的理由和根据的思想，以及通过阐明这一思想，培养和发挥人的理智能力，最终完善全人类的人格的观点，都通过卫方济的翻译传播到了欧洲。不过，柏应理没有翻译"格物补传"。这是因为格物致知说基于朱子学的理气论哲学，而柏应理认为该学说不以"神"为先决条件，也就必然不会翻译"格物补传"。又或者他正身处在明代向清代过渡的时期，彼时阳明学的学说广为人知，而阳明学不认可"补传"对"格物致知"的解释，或许因此他才没有翻译"格物致知"。但是，卫方济翻译了明显反映朱子学派主张的"补传"。与柏应理的时代相比，卫方济的时代形成了一股强大的潮流，即通过明清时期的科举考试，宋学被视作正统的解释，这也对卫方济的翻译产生了重要影响。诚然，这也反映了卫方济本人欧洲式的感性。无论如何，中国哲学在两者的互相作用下才传入了欧洲。

接下来，笔者将考察朱熹及朱熹后学的"格物补传"——使卫方济的理解成为可能——的解释的发展，确定其具体背景。

2 朱子自身对"格物补传"的解释

朱熹本人认为他对"格物"的解释不是随意而为，而是以前人的解释为基础，又与其他儒家经典有机关联，是具有切实根据的，绝非异端式的解释，即便从传统来看也是正统的解释。

> 格物之说，程子论之详矣。而其所谓"格，至也；格物而至于物，则物理尽"（《二程遗书》卷二上）者，意句俱到，不可移易……夫"天生烝民，有物有则"（《诗经·大雅·烝民》）。物者形也，则者理也。形者所谓形而下者也，理者所谓形而上者也。人之生也，固不能无是物〔＝形〕矣，而不明其物之理〔＝则〕，则无以顺"性命之正"（《易经·乾·象传》）而处事物之当。故必即是物以求之。知求其理矣，而不至夫物之极，则物之理

有未穷，而吾之知亦未尽，故必至其极而后已。此所谓"格物而至于物，则物理尽"者也。物理皆尽，则吾之知识廓然贯通，无有蔽碍，而意无不诚，心无不正矣。此《大学》本经之意，而程子之说然也。（《晦庵先生朱文公集》卷四四）

朱熹论述道，他亲自创造的"格物"学说源自程子。根据朱熹的观点，"格"指"至"，而至于物则是指穷尽物之理。朱熹认为，"物之理"早在《诗经》"有物有则"中出现过，具有权威性。而且"物"表示"形"，"则"表示"理"的意思。他规定包含"人"的广义的"物"是有形的事物，认为有"形"的事物是"形而下"的，与之相对应的是"形而上"的"理"。人既然活着，其意识中就必然伴随着作为对象的"物"。这样一来，"物"一方的"理"不明确的话，人就不能顺应由天正确配置的各种事物的"性命"，无法应对其理想的状态。因此，以所授的事物之"理"为对象，对其穷原竟委是先决的必要条件。当"物"之极限的根据——"理"被彻底弄清楚之时，与之融为一体的"知"的功能将不再受制约，融会贯通。在朱熹看来，以这种主、客两方面的透彻贯通为条件，"意念"方才变得"诚实"，"心"方才得以"端正"……

不难想象，朱熹如此宣称到达作为事物极限的原理和根据的"理"，这并不意味着把握抽象的原理和法则。之所以这么说，是因为他认为虽然《大学》中讨论了"格物"，但与"穷理"并无直接关系，并就其理由做了说明，具体内容如次。

格物，不说穷理，却言格物。盖言理，则无可捉摸，物有时而离；言物，则理自在，自是离不得。（《朱子语类》卷一五）

如上文所述，直接说"理"则会与要具体把握的物缺乏相关性。仅依靠不可具体把握的"理"，则真理无法充实完满。与此相反，如果固定地讨论的只是"物"的特殊性，那么原理方面——"理"的方面就会变得十分薄弱。也就是说，需要把握处于整体联系中的事物和事理两个方面。

"格物"中存在着符合具体事情的多种多样的位相和层次，如自他、主客、内外等，不可能被限定为一种局面。

凡有一物，必有一理。穷而至之，所谓格物者也。然而格物亦非一端，如或读书讲明道义，或论古今人物而别其是非，或应接事物，而处其当否，皆穷理也。曰格物者，必物物而格之耶？将止格一物而万理皆通耶？曰一物格而万里通，虽颜子亦未至此。惟今日而格一物焉，明日又格一物焉，积习既多然后脱然有贯通处耳。又曰自一身之中，以至万物之理，理会得多，自当豁然有个觉处。又曰穷理者，非谓必尽穷天下之理。又非谓止穷得一理便到。但积累多后，自当脱然有悟处。又曰格物非欲尽穷天下之物，但于一事上穷尽，其他可以类推。至于言孝，则当求其所以为孝者如何。若一事上穷不得，且别穷一事。或先其易者，或先其难者，各随人浅深。譬如千蹊万径皆可以适国，但得一道而入，则可以推类而通其余矣。盖万物各具一理，而万理同出一原。此所以可推而无不通也。（《四书或问》卷二）

"一物"必有与之对应的固有的"一理"。穷尽这"一理"的究竟便是"格物"。而达成"格物"的实践方法是多种多样的。如通过"读书"研究明白"道义"、讨论人物的是非得失、针对事物的对策是否恰当等皆是"穷理"。格物实践的积累和熟练化的终了便会发生"脱然贯通"。虽说如此，但那时朱熹并不是说可以研究清楚一切天下之"理"，也不是说只要研究明白单一对象的"理"就足够了。只不过，在对从自己一身的"理"发展到万物之"理"的展望中，"格物穷理"会不断增加扩大，而与之成正比，"领悟"的可能性也会增大。朱熹论述道，从"一事"来看，例如从人伦上的"孝"等具体事例来看，只要研究清楚了作为"孝"这一实践之根据的"理"，就可"类推"出其他"理"，从而使"格物穷理"的增加扩大成为可能。

朱熹的"格物"说考虑到了个人的能力和条件，不仅要研究清楚特定的对象，而且也可将其他事务作为对象，足见其灵机应变的灵活性。之所以这么说，是因为他认为在"万物同出一原"的世界观的基础上，从作为结果的多种多样的现象出发，通过追根溯源就能理解领悟到"理"。这展示了一种十分卓越合理的思维方法——只要能把握某种原理和法则，就能个别地、具体地以这一原理和法则为基础应对一切。

在研究清楚这种物理之后，因"格物"产生的结果又会如何呢？且看下文。

物格者，事物之理，各有以诣其极而无余之谓也。理之在物者，既诣其极而无余，则知之在我者，亦随所诣而无不尽矣。知无不尽，则心之所发能一于理而无自欺矣。意不自欺，则心之本体，物不能动，而无不正矣。心得其正，则身之所处不至陷于所偏，而无不修矣。身无不修，则推之天下国家，亦举而措之耳。岂外此而求之智谋、功利之末哉。（《四书或问》卷一）

在朱熹看来，《大学》的"物格"是指确信各个事物的"理"到达极限而"无余"。一方面，确信"理"彻底研究清楚了。另一方面，确信与之联动的主观认识方面的"知"完美地得到发挥。前者与后者的确信程度成正比。朱熹坚信作为极限相的"知"，并由此认为"知"的表现是纯一的"善"的样态，具有充实的内容。由此类推，他认为不欺瞒自己，并通过明晰和释放"心"的本体，在"意"方面以端正的状态存在。他论述道，这种观点可推及并符合其后的"修身"，乃至"家""国""天下"。否则，要讨论"家""国""天下"就是无益之举。如此，朱熹将"格物"至"平天下"的概念置于紧密的因果连锁关系中加以说明。

3 朱子之后对"格物补传"的解释

（1）宋元思想家与"格物补传"的解释

饶鲁

下面笔者将讨论宋末的饶鲁（生卒年不详）。借助明代科举考试的必读书——《四书大全》，饶鲁的言论与卢孝孙等的学说一起普及开来。身为朱熹后学，饶鲁甚至过度整合朱熹的理学论，并使之首尾一贯。他认为，所谓"格物"是以事物中的"阃奥之处"即最深奥的地方为目标，将焦点无限集中于此。

格物穷至那道理恰好阃奥处。自表而里，自粗而精。然里之中又有里，精之中又有至精。透得一重又有一重。且如为子必孝，为臣必忠，此是臣子分上显然易见之理，所谓表也。然所以为孝为忠，则非一字所能尽。如"居则致其敬，养致乐，病致忧，丧致哀，祭致严"（《孝经·纪孝行》），皆是孝里面节目，所谓里也。然所谓居致敬，又如何而致敬。如"进退、周旋、慎齐、升降、出入、揖、游。不敢哕、噫、嚏、咳，不敢欠伸、跛倚，寒不敢袭，痒不敢搔"（《礼记·内则》）之类，皆是致敬中之节文。……须是

> 格之又格，以至于无可格，方是极处。精粗亦然。如养亲一也。而有所谓养口体，有所谓养志（《孟子·离娄上》）。口体虽是粗，然粗中亦有精，养志虽是精，然精中更有精。若见其表，不穷其里，见其粗，不穷其精，固不尽。然但究其里而遗其表，索其精而遗其粗，亦未尽。须是表里、精粗无所不到，方是物格。（《四书大全·大学引》）

上文说到，必须自"表"到"里"，由"粗"向"精"，朝着最深奥的"道理"，多层次、多重、多元地加以限定，直至极限。为人子要"孝"，为人臣要"忠"，作为标语口号这些都是表层的、表面的，容易理解。父母生前，考虑到"居""养""病"而相应做到"敬""乐""忧"；在父母死后的"丧〔仪〕""祭〔祀〕"中切实尽到"哀""严"之事，这些都是更加本质的、本真的行动纲目，是阶梯。例如，对父母亲（包括自己的父母、岳父母、公婆）的"敬"的工夫也是一种行动规范——理当密切联系具体状况，查明周旋等动作及调整自己的生理现象等种种对策。饶鲁认为，在特定状况下，追求无法完全到达的最高状态就是极限、"极处"。对于"亲"这一对象，在身体方面予以照顾是"粗"，自此投入更多的"精"，以追求身体以外的"精"——奉养父母能顺从其"志"，进而又付出更多的"精"。饶鲁认为执着于精粗、表里中的一个方面的"格物"是不全面的，只有紧密联系具体状况，多层次地认清各种位相的"格物"才是真正的格物。这是对"格物"的一种套匣式的无限溯及的释义。对饶鲁来说，"格物"不是单纯地追求事物的精髓，关系到表里、精粗的整个局面，而且几乎是不断地无限接近本真性[1]。

许衡

元代许衡承继了朱熹及其后学的学脉，认为"心"是人的"神明"的照明作用。

> 心是人之神明。人之一心虽不过方寸，然其本体至虚至灵，莫不有个自

---

[1] 侯外庐、邱汉生、张岂之主编《宋明理学史（上）》（第2版）（人民出版社，1997）对饶鲁的话做了说明："饶鲁由表及里，由粗至精的这种层层剥笋方法，在认识上也未尝没有合理的因素。但是，他所谓：'事'和'物'，乃是封建伦理纲常。正如他把理的内容，规定为仁义礼智一样，所以他的'格物致知'，是旨在认识封建伦理纲常，而不是认识事物的本来面目"。但其评价较为片面。从全局中的各个独立相中抽取出可能的无限之理，这一观点作为思考框架，本身就孕育着巨大的发展的可能性。由此可窥知当代理学的潜力。

然知识。物即是事物。天下事物虽是万有不齐，然就一件件上观看，莫不有个当然的道理。……豁然是开悟的意思。学者穷究事物的道理，今日穷究一件，明日穷究一件，用工到那积累多时，有一日间忽然心里自开悟通透。……众物之表里、精粗无不到，这便叫做物格。吾心之全体大用无不明，这便叫做知至。（《鲁斋遗书》卷四）

在许衡看来，"心"（脏）是器官，是个仅占据了胸部一块四方形小空间的物体，但却有着极为澄明细致的"自然知识"①。另一方面，作为心的对象的世界事物都具有个别的特殊的独自相，可一旦仔细观察每一个事物，其中必然且理所当然的"道理"就会显现出来。而且，朱熹阐述道，"格物"的长期实践在不断"积累"之后，就会到达"脱然〔贯通〕"的境界。这一经验是"开悟""通透"——即"悟达""启蒙"的经验。在此，许衡早已先于张居正使用"开悟"一词。此外，他认为"物"已"格"了的状态，就是事物的"表""里""精""粗"宛如自己来到主观面前一般显现出来。这样一来，与物相连的"吾心"的全体大用就会变得明确清楚。许衡认为这种境界指的就是"知"的能力得以发挥。他的这种解释可视作是对朱熹《大学章句》的逐词逐句的释义。但是，其中也吸收了陆九渊的心的理论。笔者认为，许衡强调与世界之事物联动的心的觉醒正好揭示出前述事态②。

许谦

元代许谦视"致知""格物"为一个事情的两个方面，相互融合密不可分。

致知格物是推极我之心知，在穷究事物之理，只是一意。但在我在物不同耳，所以只作一传不分为二。（《读四书丛说》卷一）

推极我的"心知"等同于研究清楚作为对象的"事物"的"理"。两者的不同之处，仅是将说明的视角置于主观的"知"还是客观的事物的"理"。许衡认

---

① 王素美《许衡的理学思想与文学》（人民出版社，2007）"第九章 '格物致知'本义的开掘"中指出，较朱熹而言，许衡更强调心之德的光明机能，而且许衡认为德的持续光明与知觉能力的不断提升不相矛盾，而是相辅相成的。

② 王素美《许衡的理学思想与文学》指出，许衡对"致知在格物"的解释兼具本心的知识和事物之理，主动积极地融合了朱熹和陆九渊的思维方法。

为，《大学》与《大学章句》第五章相对应的内容是以"致知"为焦点。因此，他没有论及"格物"亦不足为怪。在这一点上，他不是盲从朱熹所撰的"补传"，而是以"知"的方向为重点，对《大学》的该部分文本进行自己独到的解释。

许谦随时随地都在将《大学》中的各种主要概念做有机关联，以谋求整体的统一。而下文所述的以"格物"为焦点的论说也是一个重要的组成部分。

> 只把致、格两事，统说在里。推极我之心知在穷究事物之理。格物之理所以推致我之心知。用力之久，一旦豁然贯通，是言格物。本是逐一件穷究，格来格去。忽然贯通，如知事人之理，便知事鬼之理，知生之理，便知死之道（《论语·学而》）。……盖事虽万殊，理只是一。晓理之在此，事如此便可晓理之在彼，事亦如此。到此须有融会贯通脱然无碍，如冰消雪释，怡然涣然。处格物工夫至此，方极物之表里精粗无不到，是言格物。于一事之中，须推得到底，透彻全无疑碍方是。（《读四书丛说》卷一）

"致知"和"格物"应当做统一理解，"格""物理"与推极"心知"之间是同时并行的联动关系。在阶段性地、渐进地渗透进"物理"之际，忽然之间洞察开悟。可以窥见，这是在说如果按照《论语》来说，是通过认知现象界的事人之"理"，即可获知幽冥之地的事"鬼神"之"理"；通过认知"生"之"理"，即可获知"死"之"道"。这样一来，"理"便处于整体的结构联系中，而理解身边特殊的"理"与明晰彼处未知之"理"实际上是联系在一起的。"理"关系到整体。而且，在理解"理"的一刹那间，犹如冰雪消融一般，视界豁然开朗。此时此刻，生动且畅通无阻的"理"与"知"的联动状态将会立刻显现。这种情况之所以成为可能，是因为事物和事情的样态虽然不同，但它们所依据的"理"正好相同。

（2）明清思想家与"格物补传"的解释

薛瑄

明代薛瑄详尽深入地论述了事物的诸相及其与"理"的关系。

> 格物所包者广。自一身言之，耳、目、口、鼻、身、心皆物也。如耳则当格其聪之理，目当格其明之理，口鼻四肢则当格其止肃（《诗经·周颂·

雞》）、恭重（《礼记·玉藻》）之理，身心则当格其动静、性情之理。推
而至于天地万物皆物也。天地则当格其健顺之理，人伦则当格其慈孝、仁敬、
智信之理，鬼神则当格其屈伸、变化之理，以至草木、鸟兽、昆虫则当格其
各具之理。又推而至于圣贤之书，六艺之文、历代之政治皆所谓物也。又当
各求其义理、精粗、本末、是非、得失皆所谓格物也。然天下之物众矣。岂
能遍格而尽识哉。惟因其所接者量力循序以格之。不疏以略，不密以穷，澄
心精意以徐察其极。今日格之，明日格之，明日又格之，无日不格之，潜体、
积玩之久，沉思、力探之深，已格者不敢以为是而自足，未格者不敢以为难
而遂厌。如是之久，则塞者开，蔽者明。理虽在物，而吾心之理，则与之潜
会，而无不通。始之通也，见一物各一理。通之极也，则见千万物为一理。
朱子所谓众物之表里、精粗无不到，而吾心之全体大用无不明者，可得而识
矣。（《读书录》卷二）

任意事物都可称为"格物"的对象，这些事物与一切事情原本都包含了"理"，
其"理"应会从中显现出来。就人类主体来看，五官、身心被视作"物"。如果
以此基准的话，从其各自固有的规范性原则会发现相当于其机制的"理"。另一
方面，天地至万物的一切"物"在各个局面中都会发现与之对应的"理"。细分
的话，就天地来说应该"格"的是"气"的运动及"理"。就人伦关系看——从
《大学章句》本、传三章来看——应该"格"的是亲子间的"慈孝"、君臣间的
"仁敬"、目的认知的"智"、人际交往中的"信"等的"理"。关于鬼神，应
当"格"其气的运动面——"屈伸"、"变化"的"理"。关于植物和生物来看，
必须"格"其固有的"理"。从"圣贤之书""六艺"等各种学术文章（人类经
验知识的积累）至"历代政治"，一切都是作为应到达的对象——"物"。而且，
这些又有各自的"义理""精粗""本末""是非""得失"等，在意义上、结
构上、因果关系及价值上的细目，都应该穷其究竟。但是，不可能完全知道这世
界上无数的事物。因此，应该做的是已被赋予的特定事物为对象，根据主观方面
的能力，编排顺序研究清楚。不能鲁莽马虎，也不能过于严格，要明确清楚"心"
的机能，使作为其表现的"意"更加精致缜密。同时，每天不断渐进地洞察事物
的终极法则。长时间潜心钻研，变得熟悉甚至熟练，对其进行深思、探求，自己

不满足于已达到的水平，不认为到达未探求的对象十分困难。只要长久地坚持下去，就能最终达到启蒙的效果。

薛瑄之所以强调解明事理的可能性，是因为他认为物理和心理在"理"上都是潜在地融会贯通的。物理和心理融会贯通的起因，首先要从查明特定事物所具有的特定的理说起。并且，一旦达成最终的融会贯通的状态，就可在与作为整体的"一理"的联系中把握万物。

薛瑄认为"理"密不可分地包含了宋明理学的规范、原理和根据等的各种位相。他站在这一立场，详尽缜密地论述了整体位相的"理"与个别位相的"理"之间的有机关联，以及研究清楚这一关系的可能性。

蔡清

明代蔡清极力主张将"格物"说与"心"结合，并加以解释。

> 人心之灵莫不有知，而天下之物莫不有理。二句虽平说，然实以见乎人心所知者，即以物之理，而物之理元无不具于人之一心也。（《四书蒙引》卷二）

蔡清承继了朱熹的观点——"知"包含在"人心"之中，"理"实存于天下之"物"中。既然如此，那么物之理存在于与"理"相关的一心的场域。这一观点先于王守仁，阐发了强大的"心"的可能性[1]。

而且，蔡清以"人心之知"为基底，以万物相通的"理"为媒介，统一说明《大学》的理念。

> 格物致知是穷此理，诚意、正心、修身是体其所穷之理也。齐家、治国、平天下则推此理于人也。可见明德、新民之一理也。（《四书蒙引》卷一）

蔡清认为，首先"格物""致知"是指研究清楚"理"。其次，"诚意""正

---

[1]　荒木见悟在『中国心学の鼓動と仏教』（中国书店，1995）「一　気学解釈への疑問」论述道，蔡清虽然评价朱熹是"至圣域者"，但他不赞同朱熹认为理先气后的观点。他的理解是理即气，并试图修正朱子学。另外，蔡清认为气是理的气，反过来也成立。荒木认为蔡清的这个观点能从理学之中内在地发生。荒木还注意到，蔡清引用了陆象山的"人同此心，心同此理"，以说明人所具有的气与理的关系。

心""修身"是指体认主体的"理"。再者，"齐家""治国""平天下"是指（通过"知"）推极"理"。也就是说，蔡清试图将对己的"〔明〕明德"与对他者的"新民"的工夫作为"知"对"一理"的彻底理解，加以整合性的说明。

胡渭

清代胡渭（1633—1714）与顾祖禹、阎若璩一同编纂了《大清一统志》。他虽然有批判宋儒的一面，但在"格物"的解释上基本肯定朱熹的学说。不过，他在解释《大学》时，更注重人的存在和人的现实的"心"，而不是"性"。

> 人物之所同者理也。所不同者心也。故《中庸》"天命之谓性"兼人物而言。而《大学》之"明德"则惟人得形气之正而有之。……"舜明于庶物，察于人伦"（《孟子·离娄下》）。人伦、庶物即《大学》所格之物也。舜生而知之物不待格而自格，德不期明而自明。在学者则必格物以致其知，而后本体之明可得而复也。（《大学翼真》卷四）

胡渭认为，人与物所共通的、共有的是"理"。此即《中庸》的"天命之谓性"所指。可是，人与其他存在有所不同，人所固有的是"心"。天理被赋予个别事物，这一情况被称作"性"。与此相对，《大学》的"明德"则强调赋予人"心"——与天地相呼应，具有"正确"的形态和气——的特殊性。

他阐述道，人所具有的能力分为两种情况，一种情况是从一开始就完全发挥出来，另一种情况是经过努力后表现出来。一种是以舜为代表的圣人的境界，另一种是普通的"学者"的境界。舜的情况是生来就能把握自主出现的人伦和万物之理，不需要花费努力其德性就显现出来了。这就是人类终究能达到的境界的实例之一。另一方面，作为占据多数人口的普通学者，按照具体事物的规则穷究理、发挥知，就能恢复到本真的"明"的状态[①]。

---

① 史革新《清代理学史（上）》（广东教育出版社，2007）"第七章 清前期的理学与经学、文学"论述道，胡渭与阎若璩一起推动了清代初期的考据学，从其研究成果出发批判了与《河图》《洛书》——对宋儒来说神圣不可侵犯的宇宙论的出处——及先天、后天等的易学有关的各种学说，在清代思想界看来可谓一场思想的解放。可是，尤其在《大学》的解释上，他们并没有过多脱离朱熹学说的主要内容。这点从《四库提要》经部四书类对胡渭的《大学翼真》的评价——"大旨仍以朱子为主，力辟王学改本之误。……其论格物，固仍然朱子之旨也"一文中也可领会到。

小　结

以利玛窦为首的耶稣会士所做的中国哲学研究发端于功利性的动机，即在最后吸收中国人信徒。因此，他们关于中国哲学的研究报告，一方面也是为了使欧洲读者理解其研究对传教有着何种意义。儒家是中国的代表性哲学，然而此时，耶稣会士们必须阐释儒家的根本概念与基督教教义不相矛盾，因而他们极力不去触碰与正统神学和欧洲的知性相抵触的内容。尽管如此，为了阐述与当时中国的儒家相关的正统解释，无论如何都必须谈及宋学的文本——四书。此外，为了使欧洲具体理解中国哲学的实际情况，就必须介绍四书。此前，笔者已经指出柏应理在翻译和解说四书之际，过于明显地强调宋学式的理气二元论。而卫方济却对此或缄口不谈，或使出撒手锏，全力抛出符合教义的解释。

另一方面，卫方济的《大学》译文基本上原封不动地照抄朱熹的见解，好像从此前的过程中完全解放出来一样。他所参照的张居正的解释也与柏应理的立足点不同（虽然与柏应理一样），更倾向于原封不动地吸收整体，再进行翻译。尤其是按照内容来说，卫方济的翻译工作虽以张居正为主，但其接纳吸收宋元明至清代的性理学发展的整个过程的色彩更加浓厚，这在之后的《大学》之外的四书翻译中也能看到。在业已成熟的朱子学的性理学说中，卫方济发现了对理性的尊重，这与他本人所接受的经院哲学的人类本性论，以及当时盛行于欧洲的重视理性的思潮遥相呼应。可以说，他所做的翻译工作就是为了向欧洲展示中国的理性的姿态。

第三节　理性与天命

《中庸》是《礼记》中的一篇，由朱熹编排进四书里。《中庸》特别论述了作为万物根据的天的秩序（生成作用）、获得"诚"之德的人类在实践基础上的自我实现和他者实现，甚至参与天地的造化作用，此即主张儒家的天人相关的学说。

如前所述，卫方济对待朱熹的态度与柏应理不同。只要不是极端反对基督宗教教义，他就会大量参照朱熹的《四书集注》的学说（甚至是张居正的《四书直解》，及明清时代的诸多学者的意见）。此外，卫方济在翻译时，经常直接使用经院哲学的术语翻译宋学的解释，他希望将其作为欧洲的知性（以及卫方济本人的知性）所熟知的知识去理解。在理解《中庸》时他也贯彻了这种方法。接下来，笔者将做一具体考察。

1　《中庸章句·序》（道统、执中、精一、道心、人心）

卫方济将《中庸》的书名译作《称作〈不变的中庸〉（IMMUTABILE MEDIUM）、汉语又作〈中庸〉（CHUM YUM）的中华帝国第二位的古代典籍》，将朱熹《中庸章句·序》译作《〈不变的中庸〉注解的序说》（Commentarii Immutabile Medium Prooemium），并摘抄其全文。众所周知，朱熹《四书集注》中的《中庸章句·序》与《大学章句·序》都揭示了朱熹的世界观及其重要概念，要探讨朱熹的思想就必须以《中庸章句·序》为参照。如此重要的一篇文章，卫方济又是怎样将其介绍到欧洲世界的呢？本节中笔者将交互提示《中庸章句·序》的原文和卫方济的译文。

先从《中庸章句》的序文开始考察。

> 中庸何为而作也？子思子忧道学之失其传而作也。盖自上古圣神继天立极，而道统之传有自来矣。其见于经，则"允执厥中"者，尧之所以授舜也；"人心惟危，道心惟微，惟精惟一，允执厥中"者，舜之所以授禹也。尧之一言，至矣，尽矣！而舜复益之以三言者，则所以明夫尧之一言，必如是而后可庶几也。（《中庸章句·序》）

卫方济的译文如次。

> 或许有人会问："为什么要撰写《不变的中庸》这本书呢？"子思先生（Doctor Tsu Su）撰写本书，是因为他担忧正确的理性的学说〔道学〕（rectae rationis doctrina）已经无法在后世的人们之中普及了。之所以这样说，也是因为正确的理性的学说是从上古的智者们〔上古圣神〕身上流出（emanare）的。这些智者们在德性与学识及灵性的生活规则上十分卓越优秀，他们顺从天的法〔则〕（Coeli lex），又履行天的命令（coeli legatio），通过言语和示范〔实例〕（exemplum）传播至高无上的完美性的规范（summae perfectionis

norma），随后再托付给了应当对其表示顺从〔作为规范〕的后世的人们。
这一点在《书经》（*Xu Kim*）——帝王们的年代记录中也十分明确。因为帝
王尧（Imperator Yao）任命舜（Xun）为王位继承人时，他托付整个帝国所
使用的训谕方法只有一种。即〔指的是〕"真实牢固地掌握那个正确的理性
和德性的珍贵的中庸（aureum Medium）〔允执厥中〕"。接着，帝王舜任
命禹（Yu）为王位继承人时，他托付整个帝国所使用的训诫方法又是只有一
种。即〔指的是〕"希求各种感性事物的人的天赋之心〔人心〕（humanae
indolis cor）是特别危险的。热爱美德〔高贵性〕的正确的理性之心〔道心〕
〔rectae rationis cor, quo honesta amantui〕是特别精密细致的。因此，在你
只是追求美德和公正之际，必须格外小心，且颖悟绝伦〔惟精惟一〕。真实
牢固地掌握那个正确的理性和德性的珍贵的中庸。"帝王尧一句话或一条警
句就将其完美充分地表达出来，而舜又添加了另外三条警句，更加明确清楚
地解释说明了尧总括在一句话中的相同事情。（《中华帝国六经·中庸章
句·序》）

朱熹论述了正统儒家相传的谱系——"道统"（的初级阶段）、经由道统相
承的"保持中道"以及辨别"人心"与"道心"等问题。卫方济的译文基本上忠
实地反映了朱熹的主张。他列举了《中庸》子思所创的祖述论，以及与道统相关
的尧、舜、禹等传说中的圣王之名，认为"人心"是"希求各种感性事物的人的
天赋之心"，而"道心"是"热爱美德的正确的理性之心"，这样的解说依照了
朱熹的主张。卫方济通过朱熹断言，中国圣人相传的本义是利用"热爱美德〔高
贵性〕的正确的理性之心"控制人的欲求，保持"珍贵的中庸"。

接下来，笔者将考察在人心和道心说的基础上，人们解说天赋的本真之性，
以及朱熹哲学的根本理论——后天气质之性的内容。

盖尝论之：心之虚灵知觉，一而已矣，而以为有人心、道心之异者，则
以其或生于形气之私，或原于性命之正，而所以为知觉者不同，是以或危殆
而不安，或微妙而难见耳。然人莫不有是形，故虽上智不能无人心，亦莫不
有是性，故虽下愚不能无道心。（《中庸章句·序》）

而下面是译文。

因此，有必要由理性（ratio）指导生活，这样才能几乎不偏离目标（scopus）。那些古代的智者们相信——正如我们所推测的一样——人心之本性（natura）是空虚（vacua）或非物质的（incorporea）、理性的（rationalis），拥有认识能力（cognosciva）、感觉能力（sensitiva），但总体而言只有一个（unica tantum esse）〔心之虚灵知觉，一而已矣〕，并将心的不同区分为二。一种称为人的或人的天赋之心〔人心〕；另一种称为道（via）的或正确的理性之心〔道心〕。之所以这么说，是因为前者的感觉〔人心〕萌芽于欲望〔生于形气之私〕，而后者〔道心〕源流自被注入了德性之正确性〔源于性命之正〕（ex rectitudine infusae rationis emanet）。由此，众人未必需要认知或感觉相同的事情。所以，前者〔人心〕十分危险且易动摇，甚至顺受各种可感知的事物的有害的诱惑。后者〔道心〕十分精密细腻，难以知觉。但是〔在这个世上〕一定找不到欠缺质料的心的感觉（materiales corporis sensus）人。因此，也找不出没有人的天赋之心，能〔仅〕具有高度理智认识的精密细致的人。同样的，几乎谁也找不出缺乏被注入了理性的灵之本性（spiritualis infusae rationis natura）的人。于是，亦找不出没有正确的理性之心的、极为无知的愚钝之人。（《中华帝国六经·中庸章句·序》）

卫方济在继承孔子的同时，对"道心"做了极为经院哲学式的解释，即认为"道心"是人心之本性，是非物质的、理性的，具有认知能力和感知能力，是理性的灵性本性。虽然朱熹的原文本身能诱发这样的解释，但是作为"道心"的"本真之性"存在于心，且与气密不可分。即使强调其主导性，也不表示不排斥气质本身。朱熹决不是像卫方济的解释一样，认为"道心"或"本然之性"是"非物质的""灵性本性"。不过，不难想象，欧洲人正是通过卫方济的翻译才理解了中国人所主张的纯粹理性的优越性。

接下来，笔者将考察关系到性情的根本性主张。该观点认为在明确人心和道心的区别之后，一心一意地保持本心的正确性，人心应该遵从道心的指令。

二者杂于方寸之间，而不知所以治之，则危者愈危，微者愈微，而天理之公卒无以胜夫人欲之私矣。精则察夫二者之间而不杂也，一则守其本心之正而不离也。从事于斯，无少间断，必使道心常为一身之主，而人心每听命

焉，则危者安、微者著，而动静云为自无过不及之差矣。（《中庸章句·序》）

卫方济的译文如次。

　　但是现在，如果有谁在自己几乎只有手指宽度的肉体的心〔心脏、"内心"〕中，将这两种〔孪生的〕心（geminum cor）完全混为一谈，不加以引导，不认知、理解支配它们的事物，那么危险的心则会更加危险，精微细致的心则会变得更加微小，以致无法进一步知觉。天的理性〔理法〕的公正性〔天理之公〕（Coeli rationis aequitas）终将不能攻克人的欲求的不正当〔人欲之私〕（humanae appetitae iniquitas），甚至连控制它的方法都会没有。小心谨慎、聪明机灵的人极其勤奋，仔细考虑和讨论这两种心，不会混为一谈。另外，只追求高贵性和公正性的人会极为慎重地坚守正确性，决不与此相背离，并以此为心的义务。由此开始，在当为之事上，几乎很少不会中断，正确的理性之心常常成为一切感觉和全身的主体，不管人的天赋之心在何处，都会归结为顺从正确的理性之心的命令。那时候，危险的心才能获得平静和安全，精微细致的心才会向外表现出其优美的一面，并释放出具有显著形式的光芒〔微者著〕（suae formae radios emittit）。最终，不管是过剩，还是欠缺，运动和静止、言语和行为都不会承担任何罪责之名。（《中华帝国六经·中庸章句·序》）。

卫方济承继了朱熹的观点，认为要努力使理性的公正克制住私欲，正确的理性之心被称为感觉的"主体"，人的天赋之心应当遵从这一主体的命令。只有这样做，心才能安定，在心得以安定之际，精微细致的心才会释放明显具有形式的光芒。

　　卫方济在运用欧洲式的术语的同时，几乎全面地复写了朱熹的学说。他与此前的传教士在立场上确实迥然不同。

2　《中庸》首章

（1）天命、性、道、教

《中庸》首章阐明了天人合一的世界观（儒家的基本信条）——天赋与人本性、遵从天赋与的本性就是"道"，而专研"道"就是"教"。本节首先摘抄《中庸》的原文，接着出示笔者对卫方济拉丁语译文的翻译，并相应附上卫方济所参照的张居正《中庸直解》的原文。章节的结构以《中庸章句》为依据。

先看《中庸》中首章的开头部分。

> 天命之谓性。率性之谓道。修道之谓教。（《中庸》第一章）

> 天之法〔则〕正是本性。此本性的引导者是当为的正确之道。此道的指导是正确的生活规律，或是为了正确生活的规定。（Caeli lex est ipsa natura; hujus naturae ductus est recta agendi via; hujus viae directio est recta vitae disciplina, seu recta vivendi praecepta.）（《中华帝国六经·中庸·第一章》）

卫方济将原文的"天命"译作"天之法〔则〕"，又将扎根于此的"性"译作"本性"。接着，他将"率性"译成"本性的引导者"，其重点在于"本性"自身。之后，他在翻译"修道"时，又强烈主张道的引导是何等之正确。这是因为他最重视作为"性""道""教"三者出处的"天"。之所以这么说，也是因为卫方济为解说首章的内容而引用了张居正的注释——视天为终极价值的源泉，并基本上全方位地以此为依据进行翻译。

> 张居正对该文本做了如下详细地解说。"没有谁不具有本性（natura）（即理性的 rationalis），但是，该本性之名从何处〔生发呢？〕。天（Coelum）创造人时，为了给他塑造出身体的形状而赋予其气（aer）或可感知的质料（materia sensibilis）。尔后，同样地，为完善其本性而将理性（ratio）注入其中。当理性止于天的时候，则被称作最重要的即伟大的〔元〕（primum seu magnum）、共有的〔享〕（communicativum）、规整的〔利〕（directivum）、完善的〔贞〕（perfectivum）的原理（principium）。另一方面，当理性存在于人的时候，则被称作慈爱〔仁〕（pietas）、公正〔义〕（aequitas）、高贵〔伦理性、"礼"〕（honestas）、思虑（prudentia），或者天生的理智认识〔智〕（intelligentia congenita）。理性的注入（infusio）和受容（incepito）有如天赋的法〔则〕和规定（instar legis ac praecepti a Coelo imposti）。因而本性就是天之法〔则〕〔即处于第一现实〔行为〕（in actu primo）〕。之后，没有人不拥有自己的道。但是，这个道之名从何处〔生发呢〕。人及其他事物都遵循自己的本性所与生俱来的〔内在的〕倾向性（innata

propensio），并拥有在其整个活动中应保持的道。比如说，得以保持的父母与孩子们之间相互爱护的慈爱〔仁〕（pietas）、王与臣下尽责尽职的公正性、内外所受的尊崇〔义〕（reverentia），以及热情之心和社会性〔礼〕（comitas et urbanitas）。一般认为，思虑〔智〕将高贵〔礼〕、真理从虚伪、将品位从污辱中识别出来，是我们的本性的指引所当为的正确的道（recta agendi via）。最后是拥有真理的智慧的师傅们所传授的、关于当为的正确之道的规律的事情。但是，这个规律之名从何〔生发呢〕。不管是本性，还是本性的引导，在众人来讲都是同一的。正是因为许多人或因气质〔生性〕（indoles），或因各种各样的习惯〔气禀〕（mores），而不遵循那本性的〔自然的〕指引，或那当为的正确的生存之道，所以聪慧的教师〔圣人〕们将这〔道〕作为最好的规定（optima praecepta），在一切教导、训诫和方法上共有，并根据优秀的示范〔实例〕使之彰显；依据高贵程度装饰祭礼；根据音乐的协调度（musicae concordia）使之平稳；依照公正性制定法，遵守刑法。因此，人们又会做出如次说道："道所教导的是正确的生活规律。但该生活规律源自当为的正确之道；当为的正确之道源自自然〔本性〕的指引；本性的指引源自天（ex Coelo oritur）。"显而易见，"天是伟大且最重要的一切正确生活的原理〔始源〕"（unde patet magnum et primum totius rectae vitae principium esse Coelum）。的确如此。（《中华帝国六经·中庸·第一章》）

卫方济所依据的张居正的注释如次。这与第一部分第二章第三节中所列举的内容相同，此处为了考察译文与原文的对应方式而再次例示。

天下之人，莫不有性，然性何由而得名也，盖天之生人，既与之气以成形，必赋之理以成性。在天为元亨利贞，在地为仁义礼智。其禀受赋畀，就如天命令他一般。所以说"天命之谓性"。天下之事莫不有道。然道何由而得名也。盖人物各循其性之自然，则其日用事物之间，莫不各有当然的道路。仁而为父子之亲。义而为君臣之分，礼而为恭敬辞让之节，智而为是非邪正之辩，其运用、应酬不过依顺着那性中所本有的。所以说"率性之谓道"。

若夫圣人敷教化以化天下，教又何由名也。盖人之性道虽同，而气禀不齐，习染易坏，则有不能尽率其性者。圣人于是因其当行之道，而修治之，以为法于天下。节之以礼，和之以乐，齐之以政，禁之以刑，使之皆遵道而行以复其性。亦只是即其固有者裁之耳，而非有所加损也。所以说"修道之谓教"。夫教修乎道，道率于性，性命于天，可见道之大原出于天。知其为天之所命而率性修道之功，其容已乎。（《中庸直解》第一章）

天下无人不具有"性"，但是性这一概念又是如何被概念化的呢？天造出人时，赋之以气，塑之以形，以理成其性。这在于天的话则成元亨利贞，而在于人的话则为仁义礼智。其接受（气）及被赋予（理）的方式恰好与天命令他（人）的方式相同，因此（经文中）说"天命之谓性"。但是"道"是因何而被命名的呢？人和物遵循各自的性的自然存在状态，此时日常事物之间，都有应有的道。就人来看则成了父子的亲情，就义来看则成了君臣的分别，就礼来看则成了恭敬和辞让的节制，就智来看则成了是非正邪的辨别。其运用和应答遵照的是那性所本有的东西，因而说"率性之谓道"。原本圣人普及教谕，德化天下。"教"又是因何而被命名的呢？可以想见，即便人之性与道相同，气的接受方式也不尽相同，渗透至习惯之中，极易破坏，因此有人不能完全按照性的指引。于是，圣人根据人所应前行的道，对其进行钻研学习，并作为法昭示天下。通过礼调节，通过音乐使之调和，通过政治确立秩序，使用刑法禁止，使之（不能遵循性的人）根据道行动，恢复其性。又另外按照人所固有的（性），只不过是恰当的安排，而不是或增或减。因而说"修道之谓教"。原本"教"指的是钻研学习道，是对道和性的遵循，性是天所命名的。其后，可以理解道的大的源泉出自天。也就是说，如果知道性是天命名的，那么又怎么可能会停止遵循性，钻研学习道的努力呢。

可知，卫方济的译文基本上依赖于张居正的注释。他借张居正之口阐述道，中国人充分认识到了天的尊严及天与人密不可分的相互联系。最后的结语说的是天的至高无上性。这句话指的就是汉代董仲舒所言"道之大原出于天"[①]——董仲舒其实是将儒家在实际上引向国教化，明确主张天人相关的思想。卫方济（引用朱熹的《中庸章句》、张居正的《中庸直解》的注释）根据董仲舒的话阐述了中国哲学，并认为"天"所支持的"理性"能力是中国哲学的中心，因而各种德性的实现成为可能。可是，应当首要留意的是，在该译文的范围内，不能直接观

---

① 《汉书·董仲舒传·贤良对策》。

察到"天"的人格性和意志性。

（2）慎独

董仲舒像（汤岛孔庙藏）

不管怎么隐藏，隐藏的事物在其隐藏期间才会更加显著地表现出来。因而君子独处时自己更需要谨慎。据朱熹所论，这个"慎独"对学者们来说，是保存最重要的"天理"的敬的工夫。那么卫方济又是如何看待的呢？

莫见乎隐，莫显乎微，故君子慎其独也。（《中庸》第一章）

卫方济的译文如次。

接下来，在内心的最深奥处，向善或向恶运动的最重要且精密细致的冲动（primi illi et subtiles motus）虽然决不是谁都知道的，但是对于使〔该冲动〕内化（inesse）的人来说，会非常明确地表现出来。因而人们关于这种冲动如此说道："没有比精微细致的事物更加明白清楚的了。"因为高贵或丑陋等一切多样性才会从这种最精微细致且隐蔽的冲动流出。因而理智的人物——只有自己知道——极为注意自己的心的内在的孤独〔状态〕，对此十分谨慎。同时要谨慎那隐藏的欲望的不断刺激（commotio），以免使自己一点一点远离当为的正确之道。（《中华帝国六经·中庸·第一章》）

上述卫方济的译文以下述张居正的注释为样本。

意念一发，则其几已动了。或要为善，或要为恶，自家看得甚是明白。是天下之至见者，莫过于隐；而天下之至显者，莫过于微也。……所以体道君子于静时，虽亦尝戒慎恐惧，而于此独知之地，更加谨慎，不使一念之不善者，得以潜滋暗长于隐微之中，以至于离道之远也。（《中庸直解》第一章）

如上文所述，意念一旦表现，其先兆业已运动起来。或要为善，或要为恶，如果是这样的话，这时自己已经极为清楚地注意到这一运动了。这指的是天下没有比幽隐之物更清楚明显的了，没有比细微之物更清楚明显的了。……因此，领会了道的君子即使以前就戒慎恐惧，但是在安静的时候，他会在只有自己知道的地方更加谨慎，必须在隐蔽期间，努力使一念的不善不会悄悄成长起来，不会远离道。卫方济通过张居正认识到真正的知是理智的人谨慎自己内部的善恶，换言之就是极力自觉自己内部的意志和欲望的表现动机。

（3）未发与已发

据《中庸》所述，情感未表现出来的状态叫做"中"。已表现出来且恰到好处的状态叫做"和"。"中"是根本，"和"是天下共通之道。朱熹在此基础之上提倡"体用"论，认为"中"是本体——天命之性，"和"是保持均衡的作用——"情"。

> 喜、怒、哀、乐之未发，谓之中。发而皆中节，谓之和。中也者，天下之大本也。和也者，天下之达道也。（《中庸》第一章）

卫方济对此做了如下翻译。

> 但是，让我们来理解这几个问题。所谓心〔魂〕的刺激和情感（animi commotiones et passiones）会是什么，他们的本性又是怎样，结果又会是什么，应该怎样引导呢？爱与憎、悲与喜〔喜怒哀乐〕（amor et odium, tristitia et gaudium）及其他的情绪只能是表现为现实〔行为〕（in actum）之前〔未发〕的平静状态下的本性——因为它不会左右摇摆，所以被称为正确理性的中庸〔中〕（rectae rationis Medium）。但是，在变现为现实〔行为〕，将理性由平静状态转移到激发状态时，如果公正性得以保证，又完全没有脱离正确的节制的界限（justae moderationis termini），那么一般认为这即是正确的理性和情感的完全调和〔和〕（perfecta passionis cum recta ratione concordia）。从理性本性自身来看，先前的中庸对众人来说，是正确的、当为的〔事情的〕根源，又是最重要的原理〔大本〕。从理性本性的实践性指导（naturae rationalis ductus practicus）看，之后的调和对众人来说是共同的、当为的正确之道〔达道〕。（《中华帝国六经·中庸·第一章》）

在此，卫方济的解释本身基本上是依照了朱熹的注释。只是，这里的翻译极具亚里士多德，甚至斯多葛学派和经院哲学的色彩。卫方济在翻译之际，曾想起过后述亚里士多德的话，"所谓德性是指人们将来能完成最完美的行为时的状态，以及人们因符合这个行为而处于与最完美有关的最良状况时的状态。另外，最完美和最良好都符合正确的理，这才是在与我们的关系中所说的超过和不足的'中'。既然如此，伦理上的德性必须正好符合各自的中庸〔中的状态〕，再而，必须与快乐和痛苦，或者舒适和辛苦中的某种'中'有关。"① 卫方济从西洋哲学的正统观点出发，将《中庸》的"中"作为"理性本性"的情感控制来接受，认为"中"是众人共同的最重要的原理，又认为调和是人类共同的实践理性的引导。

（4）致中和

据《中庸》所论，如果在实践中能完全发挥"中"和"和"的话，那么最后天地就可存在持续，万物也会顺利地实现生长。

> 致中和，天地位焉，万物育焉。（《中庸》第一章）

卫方济的翻译如次。

> 但是，如果人在平静的状态下，能守护平静的中庸的完全的正确性；在刺激的状态下，能保持受到刺激的中庸的完全调和的状态〔致中和〕的话，此时在他的内部，万物、天地能保证既定的场所，整个宇宙的事物处于在和平的环境下成长起来的世界内部，都能如此这般地以良好的状态存在。

卫方济将"万物育焉"解读为"此时在他的内部，万物、天地能保证既定的场所，整个宇宙的事物处于在和平的环境下成长起来的世界内部，都能如此这般地以良好的状态存在"，认为保持心的调和是任何人都可达到的境界。也就是说，他没有特别限定地思考主体，而且论述通俗易懂。诚然，这是基于朱熹《中庸章句》"吾之心正，则天地之心亦正矣。吾之气顺，则天地之气亦顺矣"一文，但朱熹在紧接其后的注释中，将这些称为"圣人之能事"，认为天地的作用及具有与天感应能力的圣人的德化实现了万物的生成化育。换言之，这不是普通人可以轻易成就之事。但是，在基督教徒看来，中国的圣人不过是人而已，不可能做出与"神"迹相似的行为。不过，卫方济的翻译本身表明理性能力是众人普遍具有

---

① 参阅：「エウデモス倫理学」（『アリストテレス全集』第一四卷，茂手木元訳，岩波書店，1977）第二卷第五章。

的能力，而欧洲读者则由此理解成中国人竟是如此坚定的理性主义者。

朱熹在《中庸章句》中将《中庸》第一章的内容整理如次。

> 右第一章。子思述所传之意，以立言。首明道之本原出于天，而不可易；其实体备于己，而不可离。次言存养省察之要。终言圣神功化之极。盖欲学者于此，反求诸身而自得之，以去夫外诱之私，而充其本然之善。杨氏所谓一篇之体要是也。（《中庸章句》第一章）

卫方济的译文如次。

> 朱熹说："总之，在第一章中，子思为了确立自己的所有论述，或者本书的理念（idea）而表述了他〔孔子〕所传授的学说的意义。开篇就表示，生活或正确理性的起源本身是从天流出的，再就其自身来看自始至终都是不变的；那真理的实体保持在我们灵魂深处，与我们从头至尾都是密不可分的。"（primo enim ostendit ipsam viae seu rectae rationis originem e Coelo profluere，prorsusque in se immutabilem；veram ejus substantiam penitus in nobis contineri，prorsusque a nobis inseparabilem）。接着又说明了智者应该怎样细致周密地保护、爱护、检查并考虑自己的心〔存养省察〕。继而又宣称，人朝着完美性的终极顶点（ultima perfectionis apex），通过理智、德性及灵性的生活方法（spilituali vivendi ratio），能够到达，也应该到达顶点。之所以这么说，也是因为专心学习本书〔《中庸》〕的人，希望在自己的内部寻求本书所教授的内容，并将其保存在自己内部〔于此反求诸身，而自得之〕（ut hujus libri studiosus in seipso id，quod docet，quaerat，et in seipso teneat）——一是为了赶走关于外部事物的一切邪恶的欲望；二是为了充实固有本性的一切内在的善性。而且，杨先生〔杨龟山〕称本书为极其重要的一篇论文。（《中华帝国六经·中庸·第一章》）

朱熹的"道之本原出于天，而不可易；其实体备于己，而不可离"一文源于董仲舒，而卫方济提到该文，强调"天"是人类本性，尤其是"理性"的终极根据，或者本源，并按照这个思路翻译。继而又将阐释中国人的卓越性的"终言圣神功化之极"，译作"人朝着完美性的终极顶点，通过理智、德性及灵性的生活方法，能够到达，也应该到达顶点"，即认为这是通过人的理智、德性及精神生活所能达成，也应该达成的当为，并普遍存在于众人之中。笔者认为，卫方济的翻译虽然剥夺了中国的圣人所具有的超越性，反而强烈地吸引了当时的欧洲人。

3 鬼神

《中庸章句》第一六章讨论了"鬼神"的问题。在中国古代，其他各民族也相信神性或具有灵性性质的存在，并称其为"鬼神"，认可其中包含了天神、地祇、人鬼。

自利玛窦的《天主实义》以来，围绕中国儒家经典中的"鬼神"，传教士们唇枪舌剑，争论不休。一种观点认为"鬼神"即为基督教教义中的"灵"，另一种观点则对此持否定看法。否定论者按照《中庸章句》等所示的朱熹的鬼神论，将鬼神解释为质料〔受动物质〕。另一方面，持中国哲学有神论立场的传教士们则依据张居正的学说，将鬼神解释为灵性存在。那么卫方济是如何看待鬼神的呢？且看下文中的"鬼神"论。

（1）鬼神之德

首先来看《中庸》中阐发鬼神作用的至上性的一句话。

> 子曰，鬼神之为德，其盛矣乎。（《中庸》第一六章）

卫方济的译文如次。

> 继而，孔子为了说明该学说的强大作用和精细的实体而阐述如次："灵的生成和破坏的德性〔力〕、能力和本性确为荦荦大者，岂不令人望洋兴叹？"（Numquid sane spiritus producentis et destruentis virtus, potestas, natura est insignis et admirabilis？（《中华帝国六经·中庸·第一六章》）

如上所示，卫方济将"鬼神之为德"译作"灵的生成和破坏的德性〔力〕、能力和本性"，这句译文非同寻常，只能认为他所理解的灵具有超越性的权能。换言之，卫方济完全没有考虑章句中所述的程颐的"造化之迹"、张载的"二气之良能"以及朱熹本人的"一气之屈伸"的观点，毋宁说他是从自己的基督宗教立场出发，阐释了灵的力量的能动性和意志性。然而，柏应理《中国哲学家孔子》

中的"灵"（鬼神的译词）是复数形式，他认为"灵"暗示了主要附属于三一真神，并辅助神进行创造的天使，但是——如后所示——卫方济的"灵"是单数形式。如此一来，卫方济的译词究竟所指为何呢？笔者认为这里存在着一个重大问题，需要谨慎回答。但至少可以确定，与中国学者不同，卫方济不认为《中庸》中的鬼神指的是天神、地祇和人鬼。

（2）不可感知的鬼神

接下来，笔者将考察《中庸》原文中阐述鬼神的不可感知性及其与事物成立之间的不可分性的内容。

> 视之而弗见，听之而弗闻，体物而不可遗。（《中庸》第一六章）

卫方济的译文如次。

> "看它（illud）〔就效果而言（in effectis）〕也看不见，〔在其自身来说（in seipso）〕听也听不见。或者是因为它过于深入各种事物之中，所以好像这些〔各种事物〕都无法从它（ab eo）那里分离似的"。（《中华帝国六经·中庸·第一六章》）

在此，卫方济按照《中庸》原文将鬼神解释为超越感觉的存在，认为鬼神"体物"的作用——与朱熹一样，没有采用认为阴阳之气是万物根本的合理性解释——是"灵"的普遍存在，强调鬼神之作用的精妙功能。

（3）祭祀鬼神

鬼神这一实在使人们通过祭祀表明敬意，从而感应到其存在。下面，笔者将考察论述这一内容的《中庸》文本。

> 使天下之人，齐明盛服，以承祭祀。洋洋乎！如在其上，如在其左右。（《中庸》第一六章）

卫方济的译文如次。

> 由此，人们为举行"祭"（cy）的典礼仪式性的感谢之礼（ceremoniales honores），需事先让其对各种事物采取禁欲（abstinentia）的措施，洁净身体，

并穿着华丽的衣装。〔灵〕充满空气并使之摇动，好像或存于上方，或存于左侧，或存于右侧一样起作用（efficit）。（《中华帝国六经·中庸·第一六章》）

该译文表明，卫方济认为"鬼神"成了典礼的对象，同时认为"鬼神"显现出了聚集于典礼上的人们的节制，以及对人们的虔诚所表现出的精妙作用。这样一来的话，等于说他对朱熹的学说——朱熹引用《礼记》"其气发扬于上，为昭明，焄蒿，凄怆"[①]一文，并承认"鬼神"就是"气"〔耶稣会士们仅视作第一质料（materia prima）〕——未加一顾。

（4）鬼神的实在性

超越感觉的鬼神的存在实际上十分明显。接下来，笔者将考察《中庸》中表示鬼神无法隐藏其"诚"的应有的状态的部分。

夫微之显，诚之不可揜如此夫。（《中庸》第一六章）

卫方济的译文如次。

"因此，从上述文字应可知，灵甚为精细且不可闻见，即便如此其德性〔力〕明显能释放出可视的光芒（sensibiles suae virtutis radios patenter emittere）。因为它〔灵〕（ille）是实在的，所以才会通过这样清楚的效果来彰显自己的力量（vis），而决不能隐藏。"到这里为止是孔子〔的发言〕。注释者附言道："同样地，不变的中庸的学说十分精细，同时又清楚隐微，并极其充满光辉"。（《中华帝国六经·中庸·第一六章》）

鬼神是二气的良能、一气的屈伸。朱熹认为这样一种存在者真实无妄——只依据真实不虚妄的实理而显现，是"诚"的应有的状态的一个模板。在朱熹看来，第一六章的"鬼神"论是天理及其真实无妄的作用的一个事例。重要的是作为鬼神应有状态的实理，是"诚"。

然而，卫方济以"灵"为主语。而且"灵"释放出威力之光，通过显著的效果彰显自己的力量，其作用的崇高性得以突出。卫方济在这点上明显与朱熹不同。

另外，笔者认为，卫方济在文末所引的注释者的话，出自《礼记》："中庸

---

① 《礼记·祭义》。

之道与鬼神之道相似，亦从微至著，不言而自诚也。"[①]

关于鬼神，卫方济与柏应理在《中国哲学家孔子》的观点相同，将其视作具有神性的存在。不过，他与《中国哲学家孔子》不同在于，论述鬼神时基本不依赖张居正的注释。在此，倒不如说他在翻译时极其强调灵的实在及其人格性和威力。可以说，卫方济是站在基督教徒的主体性立场上，对鬼神进行翻译的。不过，欧洲读者中或许有人会认为，从前后文脉上看，这是灵妙无比的灵性存在者强调宇宙法则之一贯性的一个例子。

4 诚

（1）天道与圣人

《中庸》之中与"天命"和"性"并列的重要概念是"诚"。在《中庸》中，"诚"——人的内心的姿态——被普遍化，甚至被提升为天地万物的生成中的秩序、规律性和法则性。自古以来，关于诚的解释就极为丰富多样[②]。在朱熹这里，"诚"是"真实无妄"，并被定位为真实且不虚妄的天理的法则性[③]。

"诚"是天之道，具体实现"诚"的是人之道。那么，首先我们来探讨一下《中庸》及《中庸章句》第二〇章关于前述内容的部分。

> 诚者，天之道也；诚之者，人之道也。诚者不勉而中，不思而得，从容中道，圣人也。诚之者，择善而固执之者也。（此承上文诚身而言。诚者，真实无妄之谓，天理之本然也。诚之者，未能真实无妄，而欲其真实无妄之谓，人事之当然也。圣人之德，浑然天理，真实无妄，不待思勉而从容中道，则亦天之道也。未至于圣，则不能无人欲之私，而其为德不能皆实。故未能不思而得，则必择善，然后可以明善；未能不勉而中，则必固执，然后可以诚身，此则所谓人之道也。不思而得，生知也。不勉而中，安行也。择善，

---

① 《礼记·中庸》。

② 《中庸大全》第十六章引用了胡云峰的观点——"诚，《中庸》一书之枢纽也。……汉儒不识诚字。宋李邦直始谓不欺之谓诚。徐仲车谓不息之谓诚。至子程子始无妄之谓诚。子朱子又加以'真实'二字，诚之说尽矣"。

③ 周濂溪对朱熹哲学性的"诚"的学说的形成产生了巨大影响。关于周濂溪对"诚"的概念的见解，参阅：荻原拡『周濂溪の哲学』（藤井书店，1935）第十三章「实践哲学——道德说」。

学知以下之事。固执，利行以下之事也。）（《中庸章句》第二〇章）

卫方济的翻译如次。

> 然而，这个真理〔诚〕（veritas）是天（Coelum）创造出人时所注入（infundere）的天之道（Coeli via），或正确的理性（recta ratio）。关于真理的努力〔诚之者〕是人类完善自己的习惯〔道德〕（mores）时所遵循的人之道（hominis via），或正确的理性。那个真理在行动之际，不费力气和辛劳，常常遵循高贵的事情；在静观之际，没有努力和紧张，常常识别正确的事情，继而在本性的自然的〔生具的、本具的〕行程（connaturalis cursus）中常常保持正确理性的中庸。这就是完美的人〔圣人〕在学识和德性上所保持的生活方法。另一方面，静观之际的关于真理的努力伴随着专注和紧张，识别正确的事情，并根据努力和辛劳，遵循高贵的事情〔择善而固执之〕。这〔人之道〕就是致力于自我完善〔完美化〕（sua perfectio）的人所固执的生活方法。（《中华帝国六经·中庸·第二〇章》）

据朱熹注释"人之德，浑然天理，真实无妄，不待思勉而从容中道，则亦天之道也"一文可知，"圣人"与先天的真实无妄的天理是一个整体，是不需要多余的思索和努力就能获得中道的存在。另一方面，在卫方济这里，主语始终是"天理"，进而是将"天理"注入人的"天"。圣人仅是指在生活中保持真理的人，只不过从这个限度看圣人是完美的人，他不认为圣人本身具有超越性。人为了能变得完善，就应当在生活中——不管是学问等知识层面，还是实践性等道德方面——遵循以真理为基础的理性，这对卫方济来说才是最重要的。

（2）圣人

接下来讨论《中庸》第二二章。卫方济在摆出《中庸》原文的译文之前，首先引用了张居正的注释。这表明，卫方济认为张居正的解释是对这一章最贴切妥当的解释。

> 〔因此，中国的注释者张〔居正〕首先这样说道〕从天注入的理性本性〔天命之性〕（natura rationalis a Caelo infusa），本身就包含了正确的理性、一切真理——如同可实践一般的、可观照的——veritas tam speculativa quam

practica。应当正确认识可观照的〔真理〕，应当正确施行实践性的〔真理〕。之所以如此，是因为非常多的人因错误而失去理智，或因恶行而被蒙蔽，所以几乎不能正确地理解，也不能正确地行动，因而也就完成不了自己的理性本性的使命〔尽性〕。（《中华帝国六经·中庸·第二二章》）

张居正注释的原文如次。

> 天命之性，本是真实无妄，只为私欲蔽了，见得不明，行得不到，所以不能尽性。（《四书集注直解·中庸》

天命的性原本就是真实的，不含糊敷衍。但是，如果受到个人欲望的遮蔽，就会看不清楚，施展不得，性也就发挥不出来。卫方济置换几处张居正注释中的说法，积极地将"天命之性"译作从天注入的理性本性，即认为它应该可以直观地、具体地实现。也就是说，他将人的本性理解成观察、思辨的能力，且又是在现实中可被实现的实践理性。

《中庸》和朱熹的《中庸章句》的第二二章如下。

> 唯天下至诚，为能尽其性；能尽其性，则能尽人之性；能尽人之性，则能尽物之性；能尽物之性，则可以赞天地之化育；可以赞天地之化育，则可以与天地参矣。（天下至诚，谓圣人之德之实，天下莫能加也。尽其性者德无不实，故无人欲之私，而天命之在我者，察之由之，巨细精粗，无毫发之不尽也。人物之性，亦我之性，但以所赋形气不同而有异耳。能尽之者，谓知之无不明而处之无不当也。赞，犹助也。与天地参，谓与天地并立为三也。此自诚而明者之事也。）（《中庸章句》第二二章）

卫方济的译文如次。

> 接着，子思如此阐述道。"在此，只有在真正的知识和真正的德性上极为完美的人〔圣人〕（perfectissimus），能完美地完成自己的理性本性的使命，只直截了当地理解正确的事情，只直率地做高贵的事情，不受任何错误和邪恶的欲望的束缚。其他人拥有与他相同的本性，〔圣人〕自己在完成了理性本性的使命后，他将自己的努力运用到他人身上，通过言语和示范〔实

例〕（exemplum）轻而易举地引导他们完成自己的理性本性的使命。除了轻而易举地引导他者完成自己的理性本性的使命外，他还找出方法，设定规矩，使其他具有灵魂和有生命的事物（animantia et viventia）遵循其本性〔自然〕的秩序生存下去。但是，对人及有灵魂和有生命的事物发出指示，引导他们完成本性的使命的人，在事物的产出和完成〔完美化〕上，可以说是协助天地（coelum ac terram adjuvare rerum productione atque perfectione）。在事物的产出和完成上协助天地的人，可与天地一同称作第三的原理（tertium principium）。（《中华帝国六经·中庸·第二二章》）

卫方济的上述译文仍然是依据了张居正的注释。

独有天下至诚的圣人，其知生知，其行安行，纯乎天理而不杂于人欲，故能于所性之理，察之极其精，行之极其至，而无毫发之不尽也。然天下的人，虽有智愚贤不肖，其性也与我一般，圣人既能尽己之性，由是察之于人，便能设立政教，以整齐化导之，使人人都复其性之本然，而能尽人之性矣。天下的物，虽飞潜动植不同，其性也与人一般，圣人既能尽人之性，由是推之于物，便能修立法制，以撙节爱养之，使物物各尽其性之自然，而能尽物之性矣。夫人物皆天下之所生，而不能使之各尽其性，是化育也有不到的。今圣人能尽人物之性，则是能裁成辅相，补助天地之所不及矣，岂不可以赞天地之化育乎。（《中庸直解》第二二章）

可以说卫方济基本依照张居正的注释解释《中庸》的原文。张居正注释强调"生而知""安而行"的圣人的"生知安行"的特殊性，但卫方济在翻译这部分时却有所克制。再而，关于与天地同列的圣人的作用方面，张居正注释认为圣人可以在连天地都发挥不了作用的地方产生影响，而卫方济虽然在字句的解释上依照了张居正注释，但却避免将圣人解释得过于具有超越性。另一方面，译文本身表明，卫方济关于儒家的生命连锁，以及人在宇宙中的特殊地位的观点确实照搬了张居正的注释。

（3）物之始终

本节中，笔者将考察《中庸》原文及《中庸章句》第二五章中，关于诚是使一切事物有始有终的万物之根本原理的部分。

> 诚者物之终始，不诚无物。是故君子诚之为贵。（天下之物，皆实理之所为，故必得是理，然后有是物。所得之理既尽，则是物亦尽而无有矣。故人之心一有不实，则虽有所为亦如无有，而君子必以诚为贵也。盖人之心能无不实，乃为有以自成，而道之在我者亦无不行矣。）（《中庸章句》第二五章）

卫方济的译文如次。

> 真理是各种事物的原理〔发端〕或终极目的（Veritas est principium et finis rerum），因为欠缺真理的事物已非原事物了。
> 注释者附言道："例如，爱、顺从和忠诚如果缺少真理的话，则应当认为它们已经不是爱，不是顺从，不是忠诚。因此，拥有智慧的人于万事中视为重要的才是真理。"（《中华帝国六经·中庸·第二五章》）

译文中所说的注释者就是张居正。卫方济引用了《中庸直解》"如不诚心以为孝，则非孝，不诚心以为忠，则非忠。所以君子必以诚之为贵"一文，即如果不能使心诚恳正直，即便尽了孝也不能算是孝，尽了忠也不能算是忠，因此君子必须重视诚实。

卫方济依据张居正注释认为，不管是从各种事物的原理和开端来看，还是从目的方面来看，事物之所以为事物的根据是"真理"，人在道德实践方面，必须彻底认识到这一真理的存在。

另外，卫方济将《中庸》原文"诚者物之终始"译作"真理是各种事物的原理或终极目的"，并认为这相当于经院哲学和亚里士多德哲学四因说①中的"目的因"和"始动因〔动力因〕"，是一种说明性的解读。不过，若考虑到这里所依据的是下文中的张居正注释，则未必能说他的解读带有随意性。

> 盖天下事物，莫不有终，莫不有始，终不自终，是这实理为之归结。始

---

① 亚里士多德将事物的原因区分为四种——质料因、形相因、始动因〔动力因〕和目的因。关于始动因〔动力因〕和目的因，亚里士多德论述到"第三种〔原因〕"是因运动而来的根源〔动力因〕；第四种原因与第三种相对立，是目的和善的〔目的因〕，但这是一切生成和运动的目标。参阅岩崎勉译《形而上学》（讲谈社，1998）第一卷第三章第53—54页。

不自始，是这实理为之发端，彻头彻尾，都是实理之所为。是诚为物之终始。而物所不能外也。（《中庸直解》第二五章）

也就是说，张居正认为天下的事物无不有开始，也无不有结束，但结束不会自发地结束，而是最终归结为实理。开始也不会自动开始，而是以实理为其发端。从头至尾都是实理所为。这才是"诚者物之终始"，事物不可能置身于（实理之）外。可以说将实理解读为始动因、目的因是完全可行的，而在张居正的内部（虽与之不同）存在着类似的观念。

（4）"成己""成物"

《中庸》认为，体认到"诚"的人如果实现了自我完善，就应该引导他者实现自我。

诚者非自成己而已也，所以成物也。成己，仁也；成物，知也。性之德也，合外内之道也，故时措之宜也。（诚虽所以成己，然既有以自成，则自然及物，而道亦行于彼矣。仁者体之存，知者用之发，是皆吾性之固有，而无内外之殊。既得于己，则见于事者，以时措之，而皆得其宜也。）（《中庸章句》第二五章）

卫方济将其翻译如次。

人不仅要通过真理（veritate perficere）完善自己，也要使他人完善。完善自我以使任何邪恶的欲望都不会停留在自己身上，这被称为慈爱，或心的所有样态的正确性（pietas seu omnimoda cordis rectitudo）。小心谨慎地、正确地遵循各种事物的高贵性，并加以引导，完善他人（alios perficere），这被称为思虑〔知〕（prudentia）。那么，人就具备了如自然本性般的两方面的德性，内外两方面的行动形式完全融合为一体（utriusque agendi modus internus et externus prorsus in unum coalescit）。因此，如果人——不管在何处——使自己符合这两方面的德性，那么其所作所为就能总是正确无误，也算是符合真理吧。（《中华帝国六经·中庸·第二五章》）

该段文字的解释基本上依据了张居正的注释。

既有以自成，则自然及物化导于人，而使之皆有所成就，亦所以成物也。成己，则私意不杂，全体混然，叫做仁。成物，因物裁处各得其当，叫做知。然是仁、知二者，非从外来，乃原于天命，是性分中固有之德也，亦不是判然为两物的，与生俱生，乃内外合一的道理。……心既诚，则仁、知兼得，一以贯之，将见见于事者，不论处己处物，以时措之而皆得其当矣。（《中庸直解》第二五章）

上文即说的是，如果业已完善了自我，则使之自然地影响到事物，引导其他人并努力使其成功。完善自我，不掺杂私心，整体浑然成为一体，这就叫做仁。完善事物，并根据事物斟酌处理，使其各得其所，获得合适的状态，这就叫做知。但是，仁和知不是从外部过来的，而是以天命为基础，对性而言是固有的德性。另外，这不是能明确的两种事物，而是与生俱来的，贯通融合内外的道理。……心诚就能获得仁和知，一以贯之地表现在事情上，不管是对待自己还是对待事物，就都能依时采取措施，妥善处理。

在"真理〔诚〕"的基础上，通过天赋的德性——自我的完善"爱〔仁〕"和他者的完善"思虑〔知〕"——使一切行为完美化。显然，卫方济通过这种形式照搬了张居正的观点。

（5）至诚的效果与圣人

接下来，笔者将考察《中庸章句》第二六章。该章论述了如果"诚"的极限作用接踵而来、连续不断，那么"诚"最终会变得像天一样悠久、高明。

故至诚无息。（既无虚假，自无间断。）不息则久，久则征，（久，常于中也。征，验于外也。）征则悠远，悠远则博厚，博厚则高明。（此皆以其验于外者言之。郑氏所谓"至诚之德，著于四方"者是也。存诸中者既久，则验于外者益悠远而无穷矣。悠远，故其积也广博而深厚；博厚，故其发也高大而光明。）（《中庸章句》第二六章）

卫方济的译文如次。

因此，至高无上的德性的真理〔至诚〕（summae virtutis veritas）绝不会停止。如果长时间定格在绝不停止的状态，就会在内心的最深奥处扎根；

一旦长时间定格在这种状态，在内心深深扎根后，就会变得明显清晰；变得明显清晰，就会渐渐地向远处大范围扩大；向远处大范围扩大，不久就会因其广大而扩展至天的整个空间，又会因其深远而充扩（diffundi）至人的内心。一旦因其广大而扩展至天的整个空间，又会因其深远而充扩（replere）人的内心，则最终将获得其作用的至高顶点以及完美性的至高光辉（maximus suae perfectionis splendor）。（《中华帝国六经·中庸·第二六章》）

该处译文依旧是依据了张居正的注释。

圣人之德既极其真实，而无一毫之虚伪，则此心之内纯是天理流行，而私欲无得以间之，自无有止息矣。既无止息，则心体浑全，德性坚定。自然终始如一，长久而不变矣。存诸中者，既久则必形见于威仪，发挥于事业，自然征验而不可揜矣。既由久而征，则凡所设施都是纯。王之政，自然悠祐而不迫，绵远而无穷矣。惟其悠远则积累之至，自然充塞于宇宙，浃洽于人心，广博而深厚矣。其博厚则发见之极，自然巍乎有成功，焕乎有文章，高大而光明矣。盖德之存诸中者，既极其纯，故业之验于外者，自极其盛。此至诚之妙，所以能赞化育，而参天地也。（《中庸直解》第二六章）

张居正触及了心的问题，而朱熹注释却没有涉及那样的问题。显然，卫方济是以张居正的注释为依据。只是在张居正注释中，明确以圣人为主语，从文末的"此至诚之妙，所以能赞化育，而参天地也"可知，穷极真实，不虚伪的圣人之心与天地感应，天理普及，儒家天人合一的理念——圣人的德性与天地所起的作用相同——得以倡导。相反，这在卫方济的翻译中完全没有涉及。从卫方济的翻译中，只能解读到至高无上的真理在一般的人心中显现其作用。卫方济认为，发挥伟大作用的主体是至高无上的真理，其作用普遍地具体地显现于人类的内心。

卫方济《中庸》的译文主要依据张居正的注释，同时强调天或真理的至高性，借此与天相连的人类及其理性能力，甚至在现实中的德性的实现都是可能的。进而，他又认为遵循真理，磨炼天赋之德性的人，无论是谁，都能实现自我，甚至实现他者乃至万物的完善。

小　结

综上所述，笔者探讨了卫方济对《中庸》的翻译和解释。《中庸》本身论述了人类本性及其与本源（天）的关系，此外还阐述了天地的作用及其内在的法则性。从这一点看，《中庸》是四书中最具哲学性的文献。但是，卫方济的译文对《中庸》的重点之一——"天"的内涵却没有任何说明。另外，对于欧洲读者来说，中国的"至高者"暂且会被视作 X，而卫方济所着眼的天的作用和法则性会更具吸引力。换言之，那很有可能被认为是作为纯粹的秩序和理法的天。这个纯粹的理法也可见于与其相关的人。另外，在完善德性这方面，圣人和平民之间毫无差别。《中庸》的原文也好，《中庸章句》也好，《中庸直解》也好，都在强调作为人类代表的圣人。然而，在卫方济的译文中，对圣人的特殊待遇却被尽可能的弱化。倒不如说，圣人成了在生活中实现人类天赋的、与生俱来的本性的促进者。

如上所述，卫方济是根据自己的想法解释和翻译了《中庸》，即翻译对象本身有促使译者按照自己的想法进行翻译的因素。《中庸》天赋之性的观点经由朱熹和张居正的诠释，产生了亚里士多德—经院哲学和斯多葛哲学式的内在本性论和共同作用，同时被介绍到欧洲。

第四章 《中华帝国六经》对儒家经典的译释（II）

序　言

在本章中，笔者将围绕《中华帝国六经》中的《论语》的译文，尤其是欧洲人十分关心的几个问题进行考察。

本章内容的基本思路是，首先出示《论语》原文，之后在括号内附上朱熹《论语集注》的原文。此外，根据需要加入张居正《论语直解》的原文，最后出示卫方济所翻译的《论语》。

第一节　天道与死——以《论语》为中心

1　人之本性及其渊源

本节首先以见之于《论语》的"天"及天赋与人的"性"——人类本性——为中心，探讨《公冶长》篇。

> 子贡曰，夫子之文章，可得而闻也；夫子之言性与天道，不可得而闻也。（文章，德之见乎外者，威仪文辞皆是也。性者，人所受之天理；天道者，

天理自然之本体，其实一理也。言夫子之文章，日见乎外，固学者所共闻；
至于性与天道，则夫子罕言之，而学者有不得闻者。盖圣门教不躐等，子贡
至是始得闻之，而叹其美也。程子曰，此子贡闻夫子之至论而叹美之言也。）
（《论语集注·公冶长》）

孔子的弟子子贡说，极少听到孔子本人谈论"性"和"天道"。按照原文来
看，孔子在谈论"天"方面十分慎重。

关于这篇文章，卫方济认为，子贡是在听取了孔子关于他极少提及的"性"
和"天道"的教导之后做的发言，因而将上文内容翻译如次。

在听到孔子偶尔讨论本性〔性〕和天的法则〔天道〕（caeli lex）时，
弟子子贡这样说道："任何弟子随时随地都能感受到我们老师卓越的节制、
庄重和辩才。然而，关于本性〔性〕，关于正确理性的实体（rectae rationis
substantia），关于天之道（caeli via）——行动的理法〔天道〕（agendi
ratio），却极少能听到他讨论。"（《中华帝国六经·论语·公冶长》）

卫方济的解释基于朱熹的《论语集注》。朱熹认为"天道"是"天理自然的
本体"，"性"受制于"天理"，他是按照"性即理"的思想来理解的[1]。卫方
济的译文吸收了朱熹的观点，将"天"理解为"天之道"或"天的法则"，又将
源于"天"的"性"理解成人的"本性""正确理性的实体"，认为孔子对此十
分重视。可以说，卫方济高度评价了朱熹对理性和重视理法的解释，并试图将这
种解释介绍到欧洲。

2 事物的不断生成

接下来探讨卫方济对儒家的解释。为此，笔者将试着考察其译文中反映的天
及与之呼应的人类观。且看《论语·子罕》中孔子的发言，他认为逝去的事物犹
如川流不息的河流一般，永不断绝。

子在川上曰："逝者如斯夫！不舍昼夜。"（天地之化，往者过，来者

---

[1] 松川健二在『宋明の論語』（汲古書院，2000）第 8 页指出，朱熹认为"性"和"天道"是"理"的
观点源于程颐。

续，无一息之停，乃道体之本然也。然其可指而易见者，莫如川流。故于此发以示人，欲学者时时省察，而无毫发之间断也。程子曰，此道体也。天运而不已，日往则月来，寒往则暑来，水流而不息，物生而不穷，皆与道为体，运乎昼夜，未尝已也。是以君子法之，自强不息。及其至也，纯亦不已焉。又曰，自汉以来，儒者皆不识此义。此见圣人之心，纯亦不已也。纯亦不已，乃天德也。有天德，便可语王道，其要只在谨独。愚按：自此至篇终，皆勉人进学不已之辞。（《论语集注·子罕》）

关于孔子的此番发言，自古以来有消极和积极两种解释[①]。卫方济以极为积极的形式翻译了此文，他认为正如水是源源不断地流过一样，人世间的事也是通过不断地运动变化，始终向前推进而不中断。

　　孔子偶然间伫立于江岸，并论述如次："正如这水滔滔不绝地流去一般，人世间的事情也是通过不断地运动变化，流逝而去，不分昼夜向前推进而不中断。"（《中华帝国六经·论语·子罕》）

关于上文，朱熹立足于程颐的解释——"天运而不已……是以君子法之，自强不息"，认为天地变化一刻都不会停滞，这才是道之本体的本来面目，学者必须常常省察，不能有些许中断。卫方济将此句话译成应该顺应天地之"化"，人要不断地提升向上。他在此继承了朱熹和程颐两人的思想，采纳了宋学的积极的解释。

3　天道的规律性

《论语·阳货》论述道，天即使什么都不说，我们也可通过季节规律性的运行及万物的生成，了解其不断的作用[②]。

---

① 吉川幸次郎在『論語　上卷』（朝日新闻社，1996）第303页中指出，在包咸、皇佩、邢昺等古注中，多见孔子感叹自己老去的身体。与此相对，在新注中，有仿照宇宙无限发展的持续，人类也在无限进步的希望之词。

② 前述松川的著作第25页中认为，在这个词上，朱熹注释所显示出的特点是，将天置换为天理一词，据此将天行（天理的表现）与孔子的言行等同视之，从而实现孔子的绝对化。可是，卫方济的翻译更强调人普遍依照天的运行所应具有的姿态。

子曰："予欲无言。"（学者多以言语观圣人，而不察其天理流行之实，有不待言而著者。是以徒得其言，而不得其所以言，故夫子发此以警之。）子贡曰："子如不言，则小子何述焉？"（子贡正以言语观圣人者，故疑而问之。）子曰："天何言哉？四时行焉，百物生焉，天何言哉？（四时行，百物生，莫非天理发见流行之实，不待言而可见。圣人一动一静，莫非妙道精义之发，亦天而已，岂待言而显哉？此亦开示子贡之切，惜乎其终不喻也。程子曰："孔子之道，譬如日星之明，犹患门人未能尽晓，故曰'予欲无言。'若颜子则便默识，其它则未免疑问，故曰'小子何述？'"又曰："'天何言哉？四时行焉，百物生焉'，则可谓至明白矣。"）（《论语集注·阳货》）

为了使孔子发言出现的前后文更加清晰明了，卫方济添加了解说性的翻译，译文如此。

孔子看到弟子们较之好好生活而言，更热衷于听人说教，所以他这样责备他们："不要期望我会继续讲下去。"弟子子贡立刻〔论述如次〕："如果先生您不再说话的话，我们这些弟子们又能从谁那里学习到必须向后世传播的学说和生活规律呢？"孔子对他〔这样说道〕："难道你不看天（Caelum）吗？试问，天究竟会说什么？你们看到一年的季节以不可侵犯的排列和秩序循环往复，就应该能看到一切事务常常处于不断生成的链锁之中（continuata productionum series）。试问，天究竟会说什么？（同样地，我确实不会通过言语将事物教授给你们）。"（《中华帝国六经·论语·阳货》）

卫方济译文在依据了朱熹《论语集注》的同时，还依据了张居正《论语直解》。其内容是，天理的特征是不断生成运动的，其中蕴含了固定不变的合法则性的秩序，超越人类的思维和言论。

昔孔门学者，多求圣人之道于言语之间，而不知体认于身心之实。故孔子警之说道，……我自今以后，要绝口无言矣。子贡……即疑而问之说，天下道理，全赖夫子讲明，然后门弟子得以传述。若夫子不言，则门人小子何所闻而传述之乎。孔子晓之说，子谓道必以有言而后传，独不观诸天乎。今夫天，冲漠无朕（《程子遗书》卷一五），何尝有言哉。但见其流行而为四时，则春、夏、秋、冬往来代谢，而未尝止息也。……天虽不言，而其所以行，所以生，则冥冥者实主之。盖造化之机械，固已毕露于覆载之间矣，亦何俟于言哉。（《论语直解·阳货》）

在译文中，卫方济承认天是有秩序地运行的，人必须与"天"相呼应，积极且持续地向前进。卫方济善意地评价了儒家的这一理念，以朱熹和张居正的注释为基础进行翻译。欧洲的读者应该是从这一点中看清儒家所具有的能动性的吧。

4　天德与理性

关于"天"，卫方济将其解释为向人注入理性的事物。《论语·述而》论述道，孔子遭遇到宋国重臣桓魋的迫害，他本人认识到自己有天赋之德。

子曰："天生德于予，桓魋其如予何？"（桓魋，宋司马向魋也。出于桓公，故又称桓氏。魋欲害孔子，孔子言天既赋我以如是之德，则桓魋其奈我何？言必不能违天害己。）（《论语集注·述而》）

卫方济的翻译如次。

宋国（Sum）的王、桓公（Von kum）的后代，最高军事指挥官〔司马〕桓魋（Von tui）——我不知道他是出于怎样的猜疑和憎恨——想要杀害到访宋国的孔子。孔子的弟子们因此感到极度的恐慌，但孔子却安慰他们说："天（Caelum）不会不经过特别的考虑，就将生命和理性能力〔机能〕（facultas rationalis）注入（infundi）给我。所以，桓魋又怎能加害于我，夺走我的性命呢？"注释者附言道："继而，又为了不让人觉得是毫无理由地将自己曝露在危险之中而离开了那里。"（《中华帝国六经·论语·述而》）

关于原文"天生德于予"方面，卫方济将此译成"天（Caelum）……将生命和理性能力注入给我"。也就是说，卫方济认为，孔子之所以面对危机能够泰然处之，是因为天作为恩宠给予了他生命及与之匹配的"理性能力"。换言之，卫方济的观点是，儒家所认为的人类存在的理由，在于理性的能力与天赋的生命密不可分，相互呼应。另外，后半部分中的"注释者"指的是张居正，其注释如次：

"孔子虽知天意之有在，而犹必微服过宋以避之，则可见天命固不可以不安，而人事亦不可不尽。故知祸而避，则为保身之哲。"（《论语直解·述而》）

接着笔者将考察涉及人类本性的问题的《论语·雍也》，该篇论述道人生来本就是"直"的。

> 子曰："人之生也直，罔之生也幸而免。"（程子曰："生理本直。罔，不直也，而亦生者，幸而免尔。"）（《论语集注·雍也》）

卫方济的翻译如次。

> 孔子的发言如下："正确的理性（recta ratio）被赋予给人，以期所有有生命的人都能正确地活着。那么，歪曲这〔理性〕而活着的人，其实〔只不过〕是被豁免了理应接受的死。"（《中华帝国六经·论语·雍也》）

如上所示，在卫方济的译文中，"人之生也直"说的是，不仅是孔子，只要是人，不管是谁都被普遍赋予了"正确的理性"以期人能正确地活着。他的这种理解绝不是恣意妄为的，而是基于括号中朱熹《论语集注》所引用的程颐的话——"生理本直"。卫方济以宋学的代表人物的注释为依据，试图认为中国的思想在于称扬理性能力。

5 异端与正统

接着，笔者将从与"异端"的比较出发，考察论述儒家重视人性的部分。在《论语·为政》这里，出现了孔子认为"异端"有害的观点。

> 子曰，攻乎异端，斯害也已。（范氏曰，攻，专治也，故治木石金玉之工曰攻。异端，非圣人之道，而别为一端，如杨墨是也。其率天下至于无父无君，专治而欲精之，为害甚矣。程子曰，佛氏之言，比之杨墨，尤为近理，所以其害为尤甚。学者当如淫声美色以远之，不尔，则骎骎然入于其中矣。）（《论语集注·为政》）

在《论语》的原文中，并未谈及"异端"的具体内容，但是朱熹引用范祖禹和程颐的观点，列举了杨朱、墨翟和佛教。

张居正对"异端"的解释如次。

> 〔异端〕如杨氏、墨氏，及今道家、佛家之类，皆是害……孔子说："自古圣人继往开来，只是一个平正通达的道理，其伦则君臣、父子、夫妇、长幼、朋友，其德则仁、义、礼、智、信，其民则士、工、农、商，其事则礼、乐、刑、政。可以修己，可以治人。世道所以太平，人心所以归正，都由于此。（《论语直解·为政》）

卫方济根据朱熹或张居正的注释，主张不是圣人之道的都是异端，比如利己主义的杨朱，以及主张兼爱但却不排斥亲属与他者相区别的墨子，甚至（看似）宣扬咒术、偶像崇拜的道教和佛教。他以一种与前述四者对立的形式，认为儒家是"唯一真实的教导"。

> 孔子说道："致力于使邪恶的学派〔异端〕（prava secta）永久存在的人，于己于人都会招致许多损害"。在此注释者〔张居正〕排斥杨朱（Yam chu）和墨翟（Me tie）这类古代的教理学者们的学派，或近年来的佛教的和尚（Ho xam）和道士（Tao su）的邪恶学派〔道教〕。同时，作为唯一真实的学说（unica vera doctorina），他提及了古代贤人的时代以来就有联系（continuata series）且一直流传到现在的学说。这是因为〔儒家〕关注正确理性（recta ratio）、内心的端正和道德的高贵〔伦理性〕（morum honestas）。另外，他对这一学说的说明如次。其秩序是王与臣下、父母和孩子、丈夫和妻子、年长者与年轻人、友人与友人间的相互义务（officium）；其德目是慈爱、公正、宝贵〔伦理性〕、思虑、真理〔仁义礼智信〕；附带其上的人是学者、农民、技术者、商人〔士农工商〕；其实践是仪礼、音乐、法、刑罚〔礼乐刑政〕；其效果是形成固有的道德，正确地统治他人〔修己治人〕，保持民众和祖国的和平。确实如此。（《中华帝国六经·论语·为政》）

卫方济试图通过对比儒家思想和"异端"学说，来确认儒家的正统性。他认为儒家之所以是"唯一真实的学说"，是因为它贯穿前代与后代，不断重视和继承着"仁、义、礼、智"等众人共通的"正确理性和道德的宝贵"。儒家的基本目的是"修己治人"，正确地传授一件事——人应当在完善自己的德性之后，具体地引导他人。

6　孝弟与仁德

接下来，笔者将考察与"仁"相关的《论语·学而》的内容。

> 有子曰："其为人也孝弟，而好犯上者，鲜矣；不好犯上，而好作乱者，未之有也。（有子，孔子弟子，名若。善事父母为孝，善事兄长为弟。犯上，谓干犯在上之人。鲜，少也。作乱，则为悖逆争斗之事矣。此言人能孝弟，则其心和顺，少好犯上，必不好作乱也。）君子务本，本立而道生。孝弟也者，其为仁之本与！"（务，专力也。本，犹根也。仁者，爱之理，心之德也。为仁，犹曰行仁。与者，疑辞，谦退不敢质言也。言君子凡事专用力于根本，根本既立，则其道自生。若上文所谓孝弟，乃是为仁之本，学者务此，则仁道自此而生也。程子曰："孝弟，顺德也，故不好犯上，岂复有逆理乱常之事。德有本，本立则其道充大。孝弟行于家，而后仁爱及于物，所谓亲亲而仁民也。故为仁以孝弟为本。论性，则以仁为孝弟之本。"或问："孝弟为仁之本，此是由孝弟可以至仁否？"曰："非也。谓行仁自孝弟始，孝弟是仁之一事。谓之行仁之本则可，谓是仁之本则不可。盖仁是性也，孝弟是用也，性中只有个仁、义、礼、智四者而已，曷尝有孝弟来。然仁主于爱，爱莫大于爱亲，故曰孝弟也者，其为仁之本与。）（《论语集注·学而》）

关于这里所出示的《论语》的原文，朱熹吸收了程颐的学说，训诂作"孝弟也者，其为仁之本与"。并解释说，实践尊敬父母兄长的"孝""弟"等道德，就是使爱的本质——"仁"影响到他人的"本"。[①]

对此，卫方济翻译如次。

> 孔子的弟子有子（*Yeu tsu*）有如下发言："几乎在任何地方都找不到既

[①]　前述松川的著作中推导出了古注的解释——孝弟的实践即是仁，以及将"为"训诂作"行"，以孝弟为止，认为仁是与天理关联的人类本性的观点。该书认为在此之间存在上下的序列，并讨论了与程颐的解释——强调性的主导作用——相对应的问题。

敬爱父母和年长的兄弟的人，又喜爱加害于地位高的人们的人。在任何地方都绝找不出既喜爱加害于地位高的人们的人，又喜爱引起混乱的人吧。智者〔君子〕（vir sapiens）在万事上考察的是正确地活着的原理〔本〕（recte vivendi principium）。从作为前提的原理来看，一切生活上的伦理性〔道〕（vitae honestas）都是自己生成的。确实，对父母和年长的兄弟所担负的敬意〔孝弟〕（debita observantia）不正是一切慈爱〔仁〕的原理〔本〕（principium）吗？〔为仁之本与〕（《中华帝国六经·论语·学而》）

卫方济认为，智者在万事之中所考察的是正确地活着的原理（本）。生活上的一切伦理都由此生成，对父母和年长的兄弟的敬意不正是慈爱的原理吗？卫方济认为，对父母和年长者怀有敬意的伦理——"孝""弟"，是慈爱——达到"仁"的"为了正确地活着的原理"。关于《论语》原文方面，训诂作"孝弟者为仁之本与"，且正如第一章所示，这是在"孝弟"即"仁"这一古注的学说的基础上做出的解释。在理解文本方面，卫方济肯定地采用了朱熹的观点。从卫氏的立场来看，这种解释十分罕见。

7　食、兵、信

"信"是人原本就具有的德性。为了完善自己的德性，即便身处危险之中，牺牲肉体和生命也在所不惜。儒家这种以人类本性为根本的主张以一种极端的选择的方式表现出来。在《论语·颜渊》中，子贡将食物、军事和人民的信用分组列举，并向孔子询问道，如果在治理国家的方法上不得已要去掉一种的话，应该怎么做。对此，孔子说按照军事、食物的顺序去掉，最后给出结论——"自古皆有死，民无信不立"。

> 子贡问政。子曰："足食。足兵。民信之矣。"（言仓廪实而武备修，然后教化行，而民信于我，不离叛也。）子贡曰："必不得已而去，于斯三者何先？"曰："去兵。"（言食足而信孚，则无兵而守固矣。）子贡曰："必不得已而去，于斯二者何先？"曰："去食。自古皆有死，民无信不立。"（民无食必死，然死者人之所必不免。无信则虽生而无以自立，不若死之为安。故宁死而不失信于民，使民亦宁死而不失信于我也。程子曰："孔门弟

子善问，直穷到底，如此章者。非子贡不能问，非圣人不能答也。"愚谓以人情而言，则兵食足而后吾之信可以孚于民。以民德而言，则信本人之所固有，非兵食所得而先也。是以为政者，当身率其民而以死守之，不以危急而可弃也。）（《论语集注·颜渊》）

对此，张居正的解说如次。

盖民无食必死，然自古及今，人皆有死，是死者，人所必不能免。若夫信者乃本心之德，人之所以为人者也。民无信，则相欺相诈，无所不至，形虽人而质不异于禽兽，无以自立于天地之间，不若死之为安。（《论语直解·颜渊》）

卫方济以张居正的注释为基础进行翻译。

弟子子贡再次询问孔子道："好的统治需要什么？"孔子回答如次："〔有〕三种。〔必须要有〕丰盛的食物、充足的军队〔以及〕诚实的人民。"

子贡反问道："但是，假设三者不能同时存在，又没有其他选择的情况下去掉一种。您觉得三者之中究竟应该去掉哪种呢？""去掉军队。"孔子说道。

子贡又反问："但是，去掉军队之后，还剩两种——食物和诚实〔信〕（fidelitas）。假设这两者不能同时存在，又没有其他选择的情况下去掉一种。您觉得两者之中到底应该去掉哪种呢？""去掉食物。"孔子说道。"去掉食物，则民众是必死无疑的吧。不过，无论任何时代一切人物都有一死。可是，人是由诚实构成的，如果去掉这个的话，民众将立刻不复为人，成为野兽吧。"（《中华帝国六经·论语·颜渊》）

卫方济本人在翻译时语气十分激动。他将《论语》原文中人最想追求的"信"译作"诚实"（fidelitas）。为了进一步强调原文的激烈程度，卫方济论述道，没有食物的话则民众必死无疑，而且死是注定的，不问时间和地点。与此相对，诚实才是构成人的不可或缺的条件，理当死守。欧洲读者读到这里，或许会认为孔子是一位主张"诚实"的德性是区别人与其他动物的本质的思想家吧。

卫方济在此强调人的德性优先于生，是受到了张居正的影响。可以说，他不仅借此反映了张居正的强烈主张，甚至还反映了儒家的精神状态。

8　强调德治

《论语·为政》认为，为政者不是要通过法律和制度引导人民，并通过刑罚使其整齐划一，而是应该以自己的有德的行为作为示范，以礼训整人民。

> 子曰："道之以政，齐之以刑，民免而无耻。（道，犹引导，谓先之也。政，谓法制禁令也。齐，所以一之也。道之而不从者，有刑以一之也。免而无耻，谓苟免刑罚。而无所羞愧，盖虽不敢为恶，而为恶之心未尝忘也。）道之以德，齐之以礼，有耻且格。"（礼，谓制度品节也。格，至也。言躬行以率之，则民固有所观感而兴起矣，而其浅深厚薄之不一者，又有礼以一之，则民耻于不善，而又有以至于善也。一说，格，正也。书曰："格其非心。"（愚谓政者，为治之具。刑者，辅治之法。德礼则所以出治之本，而德又礼之本也。此其相为终始，虽不可以偏废，然政刑能使民远罪而已，德礼之效，则有以使民日迁善而不自知。故治民者不可徒恃其末，又当深探其本也。）（《论语集注·为政》）

卫方济的翻译十分准确。

> 孔子说："如果君主只用命令统治民众，只用刑罚审判民众，则民众必定知道逃脱刑法，却不知道以恶行为耻吧。相反，如果君主或以德性的示范〔实例〕统治民众，或以慈爱的力量审判民众，则民众会知道以恶行为耻，追求德性吧。"（《中华帝国六经·论语·为政》）

卫方济解释说，君主如果依靠命令和刑罚统治民众的话，或许只会孳生出企图钻法律空子的无耻之徒吧。相反，如果君主通过示范性的德性和慈爱加以引导，则民众应该会以恶行为耻，自觉地追求美德吧。也就是说，他认为在统治国家之际，为政者应率先垂范，以美德陶冶自我。在此，卫方济强调为政者才更应该比其他任何人都具有高尚的品德。

这或者与《论语·颜渊》的"政者正也"——政就是端正——观点相通。

季康子问政于孔子。孔子对曰："政者，正也。子帅以正，孰敢不正？"（范氏曰："未有己不正而能正人者。"胡氏曰："鲁自中叶，政由大夫，家臣效尤，据邑背叛，不正甚矣。故孔子以是告之，欲康子以正自克，而改三家之故。惜乎康子之溺于利欲而不能也。"）（《论语集注·颜渊》）

卫方济的翻译基本上忠实于《论语·颜渊》的观点。

鲁国的宰相季康（Ki kam）向孔子询问统治的技术。孔子对他说："统治〔政〕（regere）是指端正〔正〕（rectum facere）的意思。如果您是正直的领导者，那么究竟还有谁会特意不想变得正直呢？"（《中华帝国六经·论语·颜渊》）

另外，在《论语》原文中将"政"解释为"正"是基于两者是同音字，而在拉丁语译词方面也是这种情况，"统治"的 regere 与"正事"的 rectum 在词源上相同。

《论语·颜渊》论述道，为政者自己才更应该正衣襟，率先垂范，保持德性，方才会一呼百应，赢粮而景从。即便是无道之人，"杀害"他人绝不是实现统治的必要条件。这也明确表示出了德治主义的理念。

季康子问政于孔子曰："如杀无道，以就有道，何如？"孔子对曰："子为政，焉用杀？子欲善，而民善矣。君子之德风，小人之德草。草上之风，必偃。"（为政者，民所视效，何以杀为？欲善则民善矣。上，一作尚，加也。偃，仆也。尹氏曰："杀之为言，岂为人上之语哉？以身教者从，以言教者讼，而况于杀乎？"）（《论语集注·颜渊》）

卫方济基本上忠实地抄录了这一观点。

〔与前述〕相同，季康再次向孔子询问了统治的技术。他如次问道："可是，如果我为了完善善人的德性，而除掉那不正直的人，如何呢？"孔子对他〔说道〕："那我请问您，为了统治为什么需要杀人呢？您如果热爱正直〔善〕（probitas）的话，您的人民马上也会热爱正直的吧。位高权重者的德性宛如风一般，而位低权轻者的〔德性〕宛如草一般。若风向草吹去的话，

草立马就会俯下身吧。"（《中华帝国六经·论语·为政》）

卫方济的翻译认可"政"等同于"正"的定义，并将原文"季康子问政"译作"季康再次向孔子询问了统治的技术"。换言之，统治不需要杀人害命，毋宁说正确的统治理念才应成为前提。在此，卫方济强烈主张为政者应当"以德行事"，这才是政治的真谛。统治人民必须要有正确的德性。进一步论述的话，卫方济并非盲目地肯定欧洲的"王权神授""绝对王政"等概念，而是倡导接受了启蒙的君主。

小　结

综上所述，卫方济所译的《论语》非但没有排斥朱熹的观点，反而积极地予以评价，并将其吸收进了自己的翻译中。从他的翻译内容看，我们能感受到他尤其重视天的不断生成的作用及天赋与人的本性和德性，并认为只有充分涵养和陶冶了这种天赋之德性的君主才拥有担任为政者的资格，而为政者躬身示范，引导他者完善德性，这对当时的欧洲人也十分具有吸引力。非但如此，他还将此视作人类的普遍理想。卫方济要以这种方式译出《论语》，所使用的资料中就必须具有能让人与其产生共鸣的内容，而朱熹至张居正的解释谱系正是其中之一。儒家或朱子学，甚至宋明理学的思想就这样被输出到了启蒙时代的欧洲。

第二节　性善、民本及革命——以《孟子》为中心

卫方济将《孟子》的题目译作 *Memcius*。不言自明，这是将孟子的发音添加了拉丁语阳性名词单数主格词尾—us。《孟子》是四书中极为重要的一篇，对之后的中国思想产生了巨大的影响。尽管如此，为什么卫方济之前的人没有将其译出呢？对此，孟德卫给出了几种理由。一是因为《孟子》是四书中数量最多的，是一部可与其他三种书的数量之和相匹敌的大作，翻译起来较为困难。另外，入华传教的奠基人利玛窦在《天主实义》中——从阐述传教士不婚的正当性的立场

出发——曾批判过孟子，因为孟子认为没有子孙后代是最大的不孝①。而且，在与基督教神学本质相关的问题上，孟德卫引用了理雅各的话，即孟子的性善说与基督宗教的基本见解——人与生俱来的本性是罪孽深重的（man's inherent nature is sinful），要得到救赎就需要神的恩宠——相抵触②。但是，《孟子》之所以没被翻译的另一个更为重要的原因是，它可能会动摇欧洲基于王权和神权的世界观。因为《孟子》中充满了对权力者构成威胁的观点，比如讨论了君主应有的资格，以及对不合格的君主进行革命等。

本节中将探讨在欧洲思潮之下卫方济的《中华帝国六经》是如何理解《孟子》的，以及译文如何反映了他的理解。在此笔者将特别以人类本性、性善论、民本和革命为中心进行讨论。

在之后的内容中，笔者将首先提示《孟子》的原文，接着提示卫方济的译文。另外，卫方济的译文方面，括号内是卫方济的解说，方括号内是原文中没有，由卫方济本人亲自补充的内容，六角括号中是笔者做的补充。其中，虽然方括号中是卫方济的观点，但因为混入了叙述部分，所以欧洲人将此当作《孟子》的观点来接受。在这个意义上，可以说这里包藏了一个重大问题。

1　四端

接下来，笔者将考察脍炙人口的《公孙丑上》的内容，该篇讨论了人与生俱来的道德本性的内涵。

---

① 《天主实义》引用了孟子认为不留后嗣是最大的不孝的文言，并加以批判。具体如次："中士曰……但中国有传云，不孝有三，无后为大者，如何？西士〔利玛窦〕曰，……予曰，此非圣人之传语，乃孟氏也。或承误传……孔子以伯夷、叔齐为古之贤人，以比干为殷三仁之一，既称三子曰仁，曰贤，必信其皆全而无缺矣，然三人咸无后也，则孟氏以为不孝，孔子以为仁，且不相戾乎？是故吾谓以无后为不孝，断非中国先进之旨。使无后果为不孝，则为人子者，宜旦夕专务生子以续其后，不可一日有间，岂不诱人被色累乎？……学道之士，平生远游异乡，辅君匡国，教化兆民，为忠信而不顾产子，此随前论，乃大不孝也。然于国家兆民有大功焉……得子不得子也，天主有定命矣，有求子者而不得，乌有求孝而不得孝者乎？"《利玛窦中文著译集》（朱维铮主编，复旦大学出版社，2001）

② James Legge, trans., *The Chinese Classics*, 5 vols., SMC publishing, Taipei, 1995, 第 71 页中阐述道："虽然孟子对于我们的'堕落的教理'是一种无知，不应当受到指责。这是因为他没办法知道这些事情。但遗憾的是，孟子所说的人类本性的教理，并未在他内部生成与人类走向堕落的倾向性相关的更深入的感觉"。

孟子曰："人皆有不忍人之心。先王有不忍人之心，斯有不忍人之政矣。以不忍人之心，行不忍人之政，治天下可运之掌上。所以谓人皆有不忍人之心者，今人乍见孺子将入于井，皆有怵惕恻隐之心。非所以内交于孺子之父母也，非所以要誉于乡党朋友也，非恶其声而然也。由是观之，无恻隐之心，非人也；无羞恶之心，非人也；无辞让之心，非人也；无是非之心，非人也。恻隐之心，仁之端也；羞恶之心，义之端也；辞让之心，礼之端也；是非之心，智之端也。人之有是四端也，犹其有四体也。……凡有四端于我者，知皆扩而充之矣，若火之始然，泉之始达。"（《孟子·公孙丑上》）

卫方济对此的翻译如次。

孟子附言道："所有人确实都会以受本性〔依据自然〕巧妙安排的形式，拥有某种心的同情〔怜悯〕的情感〔反应、性向〕，会为他人的悲惨遭遇感到痛苦（Omnes quidem, piam quamdam cordis affectionem, qua de aliena miseria dolent, a natura comparatam habent）。

〔但是，仍有许多的人会因为自己的邪恶欲望，丧失与生俱来的心的灵活性。不过，过去的各个时代的极为聪慧的君主们却不会丧失心的灵活性，而是能将其保存在自己的内部。他们遵循作为天性的心的灵活性的慈爱，同情人的悲惨遭遇，进行统治。〕

实际上，君主遵循带来怜悯的、作为自己内心天生的倾向性的慈悲（juxta nativam sui cordis propensionem, qua in commiserationem fertur），同情他者的悲惨遭遇，进行统治。据此，就能极其轻易地施以统治，宛如将整个帝国掌控在手中一般。（《中华帝国六经·孟子·公孙丑上》）

卫方济将原文开头的"人皆有不忍人之心"译作人"本性"上就有怜悯他人的、与他人共鸣的同情心，强调这种同情心是与生俱来的。并且，他认为为政者如果依照这一本质的性向施政的话，就能够轻而易举地治理好他所统治的帝国。对于孟子认为这一本性不是后天所能习得的论证，卫方济论述如次。

那么，为何现在在所有人之中都存有怜悯之情，都保留了心的情感呢？

他们又是从哪里了解到的呢？我希望人们能根据一个经验就此加以推论。
（《中华帝国六经·孟子·公孙丑上》）

接着他还介绍了表明孟子最为人所知的性善论的话题。

假设有人突然看到某处的孩童即将落入井中，不管那目击者是怎样的人，瞬间都会由心底激发（commoveri）一股怜悯之情吧。然而，之所以会激发这种情感，并不是因为他想要向孩童的父母出示友情的证据，也不是因为想要获得同一国家的人、邻居、同事、朋友们的什么赞许，更不是因为不愿受到他人——责备他受到〔不愿意救孩童的〕可耻的心之执拗所污辱的人们——的非议。[不是如此，而是因为某种本性的心〔魂神〕之冲动瞬间驱使他那样做（naturalis quidam anirni impetus sic illum subito excitat）。]（《中华帝国六经·孟子·公孙丑上》）

如上所示，卫方济在括号中进一步明确了孟子的主张，强调并明确论述了我们所具有的一种本性的冲动，驱使我们去拯救他人。继而，为了补充强调这一论证，卫方济引用了某位注释者的话，具体如次。

[紧急的情况下——注释者补充道——在不容我们深思熟虑的时候，只有本性（natura）才会让我们那样做。其他的情况下，会有人为的空间容许我们仔细思考的余地。]（《中华帝国六经·孟子·公孙丑上》）

卫方济认为本性不经过思考和反省，冲动地表现出来。笔者认为，这种解释依据了《四书通》（该书是对明朝儒家正统性的见解）中——无论明清期间来华的传教士对内容是否赞同，他们都必须参照这个文本——胡炳文的言论。

盖惟仓卒忽然而见之时，此心便随所见而发，正本心发见处，若既见之，后稍涉安排商略，便非本心矣。（《孟子大全·公孙丑上》）

上文说的是，"在目睹了突发性事件的时候，人的本性就会表现出来。如果目击之后哪怕有片刻思考，这都不是本真的内心。"卫方济将出现了著名的"四端"说的结论部分做了如下翻译。另外，卫方济的解释是从"性即理"论的立场出发，如朱熹的"恻隐、羞恶、辞让、是非，情也"所述，将"四端"视作情；

又如"仁、义、礼、智，性也"（朱熹《孟子集注·公孙丑上》）一般，将仁、义、礼、智定属为性，认为情应当从属于性。而程颐（伊川）的律己主义对他的影响并没有那么大。

"请从这件事上总结出结论。如果有谁缺少与这种深邃的同情之心灵〔灵魂〕共鸣的情感（commiserans pii animi affectio），他就不应当被视为人。即应当被视作缺少了成为人的本性条件（naturalis humanae conditio）的部分。接着，希望人们以同样的思路理解下面三种人。如果一个人的内心既不能为自己的恶行感到羞愧〔羞恶〕（malitiam eruvescere），又不能使他人远离恶行，则不应当被视为人。如果一个人的内心既不能将傲慢不谦逊的一面〔谦恭〕（urbanitas）从自己内部清除掉，又不能向他人展示谦逊之德，则不应当被视为人。如果一个人的内心分不清须忌避的恶与应热爱的善〔是非〕（Malum et Bonum discernere），则不应当被视为人。其原因是，因为慈爱〔仁〕（pietas）、公正〔义〕（aequitas）、礼仪〔礼〕（honestas）、理智〔智〕（intelligentia）等在本性上〔自然地〕就内在于（insitus）（作为始源、发端〔开端〕（inchoata））人的心中。所以，一旦这些德性的对象显示在人面前，它们就会立刻涌现至我们的情感（subito in affectum erumpit）。因此，当我们同情他者之不幸〔恻隐〕之际，德性就会瞬间涌现，此时某种慈爱〔仁〕就会散发光芒（scintillans）并得以明证。当我们认识到自己的耻辱，对他人的恶行感到厌恶〔羞恶〕之际，德性就会瞬间涌现，此时某种公正〔义〕就会散发光芒并得以明证。当我们忌避傲慢，表示谦逊〔谦恭〕之际，德性就会瞬间涌现，此时某种礼仪〔礼〕就会散发光芒并得以明证。当我们爱善憎恶〔是非〕之际，德性就会瞬间涌现，此时某种理智或睿智〔智〕就会散发光芒并得以明证。对众人来说，这些不断散发光芒的四种德性观念〔四端〕（Hae assidue scintillantes virtutum notae）与我们的双手双脚一样，都是本性的自然的〔本有的、生具的〕（connaturalis）。（《中华帝国六经·孟子·公孙丑上》）

通读整个卫方济的译文可知，他强调人的道德本性之崇高，以及作为开端的情的可能性。不难想象，或许初次接触这篇译文的欧洲人认为，中国人是一个确切知晓并阐明和宣扬存在本真的理性的民族，尤其是卫方济将人类本性表现时的状态译作"瞬间涌现""散发光芒，并得以明证"。这样的翻译强烈地诉诸于远远凌驾《孟子》原文之上的感性。

作为整个文章的总括，卫方济认为对于人来说有必要具体地"扩充"这四端。

> 因此，所有人如自然本性般地〔与生俱来的〕都被赋予了这四种德性的原理（omnes homines his quatuor virtutum principiis sint a natura dotati）。如果确切识别这些德性的表现，诚实地慎重地实践〔扩充〕的话，那就宛如火喷发出一次巨大的火焰，已不会消失；又宛如喷涌出一次大水，已无法阻止一般。（《中华帝国六经·孟子·公孙丑上》）

2　性善说

接着，笔者将讨论与儒家正统观点——性善论相关的部分。在《告子上》中，孟子的弟子公都子询问了与"性"有关的各种学说，而孟子对此表明了自己的观点。

> 公都子曰："告子曰：'性无善无不善也。'或曰：'性可以为善，可以为不善；是故文武兴，则民好善；幽厉兴，则民好暴。'或曰：'有性善，有性不善；是故以尧为君而有象，以瞽瞍为父而有舜；以纣为兄之子，且以为君，而有微子启、王子比干。'今曰'性善'，然则彼皆非与？"孟子曰："乃若其情，则可以为善矣，乃所谓善也。若夫为不善，非才之罪也。恻隐之心，人皆有之；羞恶之心，人皆有之；恭敬之心，人皆有之；是非之心，人皆有之。恻隐之心，仁也；羞恶之心，义也；恭敬之心，礼也；是非之心，智也。仁义礼智，非由外铄我也，我固有之也，弗思耳矣。故曰，'求则得之，舍则失之。'或相倍蓰而无算者，不能尽其才者也。诗曰：'天生蒸民，有物有则。民之秉彝，好是懿德。'孔子曰：'为此诗者，其知道乎！故有物必有则；民之秉彝也，故好是懿德。'"（《孟子·告子上》）

卫方济的译文如次。

> 弟子公都〔子〕再次向孟子如此询问道："毫无疑问，人的本性具有既定的本质（determinata essentia）。这样的话，为什么关于这件事的意见会

不一致呢？因为告子主张：'本性既非善也非恶。所以人的德性（virtus）和恶行（vitium）都不是源自本性本身'。有些人认为'人的本性不存在自己规定的本性，如果墨守好的习惯〔道德〕（mores），人就能变好；如果是〔墨守〕坏的〔习俗〕，人也能变化坏。墨守好的习惯〔道德〕（consuetudo），就称之为善；如果〔墨守〕坏的，就称之为恶。'因此，德性和恶行都是从习惯生发出来的。所以文王和武王成为国家的统治者之际，作为人民的德性的示范〔实例〕（exemplum）十分优秀，而敬佩他们的人民都十分仰慕他们的德性。相反，幽王〔导致西周亡国的王〕和厉王〔因暴政致使东周衰亡的王〕滥用帝国的权威之际，走向恶行的道作为实例愈加显眼，人民也墨守此道遵循恶行，因此'人民的美德和恶行——他们说——不是从本性内在的善性和恶性生发出来，而是从坏的习惯和好的习惯中生发出来'。其他人认为有的人的本性生来是好的，其他人的本性生来是坏的，有的人〔本性〕为了拒绝恶行而决定向德而行，其他人决定走向恶行，甚至都无法用德性美化。因此——他们说——'在完美无瑕的帝王尧治下，人人都知道象，此人穷凶极恶、狡猾奸诈，对自己〔同父异母〕的哥哥舜怀恨在心。此外，在邪恶的父亲瞽叟身边的舜极为优秀，因在德性上出类拔萃而广为人知。帝王纣在兄弟中是主君，放荡不羁，恶逆非道。在其治下有王子比干广为人知，比干是王侯微子启和纣王的束缚，精明能干，心思缜密，备受好评。[前述的善人们不会倒行逆施，受各种恶德摆布；后述的恶人们不可能回心转意，崇尚各种善德。因为前面的〔善〕人的本性生来（ab ortu）就是以善的形式表现，而后面的〔恶〕人〔的本性〕生来就是以恶的形式表现，〔他们如是说道〕。]'。"（《中华帝国六经·孟子·告子上》）

在此，卫方济讨论了与"性"有关的三种观点。首先是告子的无善无恶说（无善无不善），接着是习惯导致人的善恶的观点（可以为善，可以不为善），以及由他人决定善恶的观点（有性善，有性不善）。公都子认为，与前述观点不同，老师的见解是人的本性生来就是善的。他提问说，这样一来其他观点都是错误的吗？

然而，老师您主张一切的本性天然是善，并且与德性关联。这样的话，其他的所有观点都是错误的吗？切望您能告诉我，您是如何解释这个问题的。（《中华帝国六经·孟子·告子上》）

对孟子的回答的翻译如次。但是，翻译中带有浓厚的斯多葛学派和经院哲学本性说的色彩。但其内容不仅是承认与西方哲学概念相同。

此时孟子〔说道〕，［本性在其自身来说很容易被认知。但是正如你所知，那〔本性〕是至高无上的善（summe bona）。］请观察一下本性的〔自然的〕情感〔情〕（naturalis affectus）。他〔人〕不得不说与内在于人的本性的情感相关的事情［无论是只看正确的理性（recta ratio），还是只看伦理实践的高贵性（morum honestas），甚至是只看心的正确性（cordis rectitudo）］都是至高无上〔善〕（optimus）的。我认为因为内在于人类本性的情感是至高无上的，所以本性自身也是至高无上的（quia hic naturae humanae affectus est optimus; ideo ego assero naturam ipsam esse optimam）。就盲目地陷入恶事、自甘堕落的人们来看，这不是人的本性〔自然的〕情感作用的缺陷。另外，不能将罪责归咎为〔可能的〕能力〔非才之罪也〕。［不是这样，而是使人心盲目，颠覆人类本性的正确性的不正当欲望导致了罪恶的产生。本性的人的自然情感是善的。因此，本性本身是善的（naturalis humanae naturae affectus est bonus, ergo natura ipsa est bona）。］（《中华帝国六经·孟子·告子上》）

卫方济开头就以一种分辨不清《孟子》原文的形式说道："本性在其自身来说很容易被认知。……那〔本性〕是至高无上的善"，从而揭示出自己的翻译的主旨。对基督教徒来说，人类本性是"神"赋予的。在这个意义上，本性是崇高的。但是，正如前文中所述，一方面人类是负有原罪的存在，拥有向恶的性向是基督教教义中的绝对前提。正因为如此，要得到救赎，就必须得到神的恩宠，以及人对神的热爱和信仰。从这一立场看，孟子倡导坦率地信赖善的人类本性的观点，对基督教徒来说应该是无条件拒绝的。然而，如上所示，卫方济的译文增强了《孟子》原文的意思，高度称赞本性的善。尤其是卫方济本人在末尾处做的补充——"不是这样，而是使人心盲目，颠覆人类本性的正确性的不正当欲望导致了罪恶的产生。本性的人的自然情感是善的。因此，本性本身是善的"，或许可以说是他的结论。卫方济对直率的人类本性的信赖正是基于下列张居正《孟子直解》中的内容。

　　盖论性于无感之时，其至善之中存者，尚不可得而知也。乃若其情之感物而动，动皆天理之公。触事而发，发皆人心之正。此则有和平而无乖戾，有顺利而非勉强，但可以为善不可以为恶也。情既善则性之本善可知矣。此吾所以谓性为至善也。然天下不皆为善之人，乃亦有昏愚、暴戾而为不善者，此岂其性情禀赋之殊，才质偏驳之罪哉。物欲之累有以陷溺其良心；人为之私有以戕贼其真性。性本善而人自底于不善之归耳，所以说非才之罪也。知才之善则知情之善，知情之善则知性之善。（《孟子直解·告子上》）

　　既然是论述作为端绪的情本身的善，那么作为其根源的性也必然是善的。这一张居正的观点——超脱朱熹之上——可以说论述了人的心的能力的本真善性。卫方济对直率的本性的信赖，甚至对包含了作为其发端的情感的人的信赖，其源泉之一就是张居正。

　　卫方济对人类本性的赞美仍在继续，具体如次。

　　[但是，继而，为了你能更加明确地理解本性的情感的，尤其是本性〔自然〕的善性和正确性，请注意后述内容。]在所有人的内在（inesse）都有着某种天生的感觉（ingenitus sensus）——怜悯之情〔恻隐〕（commiseratio），希望能为命运悲惨的人做点什么。〔另外〕所有人的内在都有着某种天生的感觉——拒绝丑恶事情的廉耻心〔羞恶〕（pudor）。〔再而〕不管是亲属，还是外人，其内都有着某种天生的感觉——对长辈上级表示尊敬的敬意〔恭敬〕（reverentia）。〔此外〕所有人的内在都有着某种天生的感觉——从虚伪中识别真理，从丑恶中辨识高贵的知识〔智慧〕（scientia）。怜悯这一天生的感觉被称为慈爱〔仁〕（pietas）；廉耻心这一天生的感觉被称为公正〔义〕（aequitas）；敬意这种天生的感觉被称为高贵〔礼〕（honestas）；理智这种天生的感觉被称为思虑〔智〕（prudentia）。慈爱〔仁〕、公正〔义〕、

高贵〔礼〕、思虑〔智〕这四种德性不是外部铸造进〔铄〕人类本性之中的。非但不是如此，这些德性结合得极为紧密，相互关联。然而，许多人从未思考和追求过自己的本性的内在正确性，所以才会被这么说。"追求这个〔本性〕的人得到 [再而称为在德性和理智上格外出众的人]，而忽视则会失去 [成为满身恶行，愚钝无知的小人]"（qui illam quaerunt obtinent, fiuntque virtutibus et sapientiae illustres viri; qui illam negligunt, amittunt; fiuntque vitiis et impietia imfames homunculi）。这些人的邪恶和愚钝与那些人的正确和理智之间的差距，已经是两倍、五倍，甚至无限地扩大了。[因此，如果既不思考也不追求，甚至都不注意自己的本性的内在正确性的话，就无法完成由自己的能力所承载的义务。] 这句话的真理从《诗经·大雅·烝民》中看也是十分明了清楚的。该篇说道："在天所创生的这所有人民之中，能够找出质料和形相（materia et forma）。而且，人们接受这种共同的本性，因而没有人不爱德性之美。"（in omnibus istis populis, quos caelum producit, reperitur materia et forma. cumque hanc communem naturam omnes homines accipiant, ideo nemo est, qui virtutis pulchritudinem non diligat）。孔子 [一旦读到诗经的这个地方就会高声大叫]，他讲道："这位杰出的诗人果真懂得生存的正确之道吗？"因为天创生出人时，为了构成他的身体而赋予其质料；为了完善人的本性，而注入形相，即正确的理性。这正是可以从所有人中找出的共同本性。因此，当我们的本性进一步涌向情感时，总是喜爱这个德性的美。（Ubi enim Caelum producendo hominem, indidit illi materiam ad corporis compositionem, etiam infundit formam seu rationem ad naturae humanae perfectionem; atque haec est natura communis, quae in omnibus hominibus reperitur. Ideo dum natura nostra in affectum ultro erumpit, semper hanc virtutis pulchritudinem diligit.）（《中华帝国六经·孟子·告子上》）

天在创生人之时，为了使人形成身体而赋予其"质料"（materia）；为了完善人类本性而将"形相"（forma）即"正确的理性"（recta ratio）注入其中。正确的理性是见诸所有人的"共同本性"（natura communis）。卫方济说，孔子高声赞叹说该诗的作者才是知道真理的人。然而，实际上放声大叫的不是孔子，而是卫方济本人。众所周知，"质料〔物质〕"和"形相〔形式〕"这两项关系的参照系是基于经院哲学的自然观，甚至可追溯至更远的亚里士多德哲学①。换言之，卫方济在孟子的性学中，找到了与源自古代希腊（这是异教）的概念十分相似的内容。而且，他衷心同意孔子对《诗经》的赞词，因为《诗经》通过前述概念，向"天"寻求可成就智者和有德者的人类理性的本源。

　　然而，在天赋人类本性这点上，孟子的观点或许能从侧面（从经院哲学的立场）有效地支持基督宗教神学的见解。但是，如前所述，人类本性原本就是善的观点对基督教徒来说，应该是难以立刻认同的。或者卫方济自己，与当时赞美理性的欧洲思潮产生了共鸣，也许是以中国儒家古代典籍《孟子》的文言为证据，从侧面支持对理性的礼赞吧。

3　存心、养性、事天

　　本节中，笔者将讨论《尽心上》开头的观点，即发挥自己的本心，认识本性之人终能知晓赋予其本性的"天"。

　　　　孟子曰："尽其心者，知其性也。知其性，则知天矣。存其心，养其性，所以事天也。夭寿不贰，修身以俟之，所以立命也。"（《孟子·尽心上》）

卫方济在这篇之前，是从介绍"中国的注释者"的解释开始的。

　　　　中国的注释者〔张居正〕开始〔解说〕如次。在人的肉体的心脏之中、大概手指宽度的胸〔方寸〕中存在着，那个难以捉摸的理智的灵〔神明〕（Spiritus intelligens），被称为心脏（cor）或内心〔魂神〕animus。这个我们的内心〔魂神〕是最高度的空虚，即非物体的 vacuus seu incorporeus；是

---

① 亚里士多德的《灵魂论》（《亚里士多德全集》第六卷，山本光雄译，岩波书店，1968）第二章论述道："实体有三种意义，形式、质料以及这两者的结合。其中质料是潜能，形式是现实。由于〔我们现在所讨论的〕两者的结合物是有生命的东西〔即拥有灵魂的躯体〕，所以躯体并不是灵魂的现实。相反，灵魂才是某种躯体的现实〔即形相〕。"（第45—46页）；第三章"如果存在某种具有思维能力和理性〔感知〕的东西——比如人或其他诸如此类的东西，或者存在更高贵的东西，那就是指它们"（第47页）。另参阅：水田英美『トマス・アクィナスの知性論』（創文社，1998）「第三章『デ・アニマ注解』における可能知性の問題」。

至高无上的灵性（spiritualis），理解各种事物的理法（rerum rationes）。其自身虽然完美无缺，但如果不专注于它所把握的各种事物的理法，不勤奋地钻研想要明白的事情，理法就会受到蒙蔽，心〔魂神〕也会陷入邪恶欲望的牢笼。（《中华帝国六经·孟子·尽心上》）

上文翻译的是张居正《孟子直解》中的话，而张居正又继承吸收了朱熹《孟子集注》"心者，人之神明，所以具众理而应万事者也。性则心之所具之理，而天又理之所从以出者也。人有是心，莫非全体，然不穷理，则有所蔽而无以尽乎此心之量"（《孟子集注·尽心上》）的内容。前述《孟子直解》的原文如次。

> 人身方寸之中，神明不测的叫做心。心所具之理叫做性。吾心至虚至灵，浑涵万理。其体本无不全。然非研穷事物，识得吾心所具之理，则理有未明。即心有所蔽，安能满其本然之量乎。（《孟子直解·尽心上》）

卫方济的译文浓墨重彩地反映了经院哲学的解释。比如将"神明"译作实体的理智灵（Spiritus intelligens）。在此，张居正注释的"神明"是在形容心之"知"的绝妙机能和运动。另外，他将"虚"译作非物体的（incorporeus），但张居正注释的"虚"显示出遍在的心之机能的非限定性，不能说是"非物体的"。从宋学的文脉来看，可从不受限制地遍满生成的"气"的作用这一观点得到解释①。根据卫方济的翻译可知，《孟子》承认拥有人的智慧的灵，或者灵是理智的，并且认识理解万物的理法。

且看《尽心上》原文的翻译。

> 于是孟子说道。能以全部的勤奋完善自己的心〔魂神〕的全部能力的人，可以认识自己的本性和万物的本性。认识自己和万物的本性的人，可以理性地认知天（Qui omni diligentia totam animi sui capacitatem adimplere potest, hic et suam et rerum omnium naturam cognoscit, qui autem suam et rerum omnium naturam cognoscit, hic, quid sit Caelum, intellegit.）[应该从保持本性和对天的认识开始入手。我说道]应当慎重的守护我们的魂神或我们的心，

---

① 例如，张载《正蒙·太和》中"气坱然太虚，升降飞扬，未尝止息""太虚无形，气之本体。其聚其散，变化之客行尔"等语句。

[不应当浪费在无益的事情上]。应当小心翼翼地遵循我们的本性或正确理性的引导（nostrae naturae seu rectae rationis ductus），[不应当因我们的行为而受到损害]。这两件事情，必须要像正确地待奉天一样来做。（《中华帝国六经·孟子·尽心上》）

在此，卫方济认为，就《孟子》原文中的"存心""养性""事天"而言，我们应该监视内心或者魂神，应该遵循本性或正确的理性的指导。为此，就需要与侍奉"天"（Caelum）相同的虔诚。认知人类本性和万物本性（这句译文让人联想到《大学》"致知格物"）的人，了解作为本源的"天"。他解说道，对自己的理性的关怀与对天的侍奉是并列的，并认为理解天是考虑自己的习惯，借此能完善自己的整个人生。此外，从紧接着前文的内容也可知，《孟子》的主张显示出人从容地遵循天的巧妙安排的谦逊姿态。

那么，现在了解天的人人生的长短都不会遮蔽。〔他们〕确实知道，自己的人生完全由天隐蔽的巧妙安排决定着（certo sciat vitae suae dierum numerum ab occulta Caeli dispositione omnino esse diffinitum）。所以，为了能指望自己的人生有个幸福结局，他们一心一意地慎重地专注于形成自己的习惯。上述事项就是教导我们在天的巧妙安排的基础上，使自己的人生完整且完美的至高无上的思考和慈爱。（《中华帝国六经·孟子·尽心上》）

4　良知与良能

接下来将讨论关于"良能"和"良知"的内容。"良能"指的是对人来说与生俱来的，而不是通过后天学习获得的能力；"良知"指的是直观的道德判断能力。

孟子曰："人之所不学而能者，其良能也；所不虑而知者，其良知也。孩提之童无不知爱其亲者，及其长也，无不知敬其兄也。亲亲，仁也；敬长，义也；无他，达之天下也。（《孟子·尽心上》）

卫方济对此处的翻译大体上忠实于原文。

孟子附言道："人不经过人为或学习的努力就能执行，这归因于其本性的行为机能〔能力〕，即意志〔良能〕（naturalis agenda facultas seu voluntas）。人不经过努力和仔细思考就能理解，这要归因于其理智认识的机能，即理智〔良知〕（intelligenda facultas seu intellectus）。比如说，没有不爱父母的孩子。也没有人在些许成长之后不懂得尊敬年长的兄弟的。对父母的爱（amor）是慈爱〔仁〕（pietas）；对年长的兄弟的敬意是公正〔义〕（aequitas）。因为慈爱和公正是天然地内在于所有人之中的，所以他懂得爱父母、爱兄弟。"（《中华帝国六经·孟子·尽心上》）

如上所示，卫方济将"良能"译作"本性的行为机能〔能力〕，即意志"，将"良知"译作"理智认识的机能，即理智"。但是，在他将"良能"视作"意志"（voluntas）时，或许想起了基督教神学的基本概念——人的"意志自由"的观点。这样的话，当然必定会预想到选择恶的自由。然而，卫方济一心只在翻译论述向善的倾向的"良能"时，才使用"意志"一词。这表明，他试图着重告知欧洲的有识之士，《孟子》——乃至被视作中国正统学问的儒家本身——重视人类具有向善的倾向性的意志。

5　为政者的资格

接下来笔者将讨论关于杀人的《梁惠王上》的内容。杀人本应是件令人忌讳的事情，而不管是刀还是政治，在杀人这件事上都是一样的。该篇论述了孟子对政治极为激烈的批判。

> 梁惠王曰："寡人愿安承教。"孟子对曰："杀人以梃与刃，有以异乎？"曰："无以异也。""以刃与政，有以异乎？"曰："无以异也。"曰："庖有肥肉，厩有肥马，民有饥色，野有饿莩，此率兽而食人也。兽相食，且人恶之；为民父母，行政，不免于率兽而食人，恶在其为民父母也？仲尼曰：'始作俑者，其无后乎！为其象人而用之也。如之何其使斯民饥而死也？"（《孟子·梁惠王上》）

卫方济的翻译如次。

> 梁国的惠王说道："拥有凡庸之德的男人〔我、"寡人"〕强烈渴望能

充分得到您的教诲。恳请您谈谈您的高论。"

　　孟子顺从惠王的愿望，当即向他询问如次："用棍棒的杀人者与用剑的杀人者之间有何区别呢？"

　　"没有区别。"惠王答道。

　　这时，孟子说道："惠王啊，您的厨房堆满了膘满油肥的肉，您的马厩挤满了膘肥体壮的马匹。但是您请看。您的国民却是瘦骨嶙峋，面如死灰，穷困潦倒，许多人暴尸荒野。这难道不是驱使禽兽虐杀人类，并贪婪地将其啃食殆尽吗？〔这样一来，不管是剑还是心的执拗，这其中任何一种方式，在人民消亡这件事上有何不同呢？〕。此外，我们憎恶互相残杀，互相啃食的贪婪野兽。那么进一步看，就仁慈和慈爱而言，君主对人民来说应是父母一般。君主不远离冷酷无情的政治，不停止指使禽兽残杀自己的臣民，〔如果是这样，〔那就〕值得憎恶〕。无情地杀害孩子，对孩子们的关怀比对兽类都差得多，这种君主又怎么能成为人民的父母。孔子曾这样说道：'首先亲手制作殉葬在死者遗骸旁的与人无异的稻草人——而后是木偶人——的人，难道不正是这些缺乏慈爱的人，犯下了这绝子绝孙的罪孽吗？'但是为什么孔子这样说呢？这是因为他们没有表示悲伤和慈爱的真实情感，而是将复制了死者生前样子的人偶用于殉葬。所以孔子才憎恶他们。这样，假如〔孔子〕活着的话，〔应该曾经憎恶过这样的君主们吧〕，在假装悲伤的葬礼上也不追悼死者，毋宁说因为无情和冷淡迫使活着的人们走向死亡，强迫他们因饥饿而消亡。"（《中华帝国六经·孟子·尽心上》）

　　"就仁慈和慈爱而言，君主对人民来说应是父母一般。君主不远离冷酷无情的政治，不停止指使禽兽残杀自己的臣民"，卫方济译文所示的君主，已远远超过了原文"为民父母，行政，不免于率兽而食人，恶在其为民父母也"所示的不合格的君主，甚至成了人们"憎恶"的对象。在卫方济的译文中，曾数次用"憎恶"一词补充说明暴君。就连张居正注释中都不曾使用过如此直接、过激的词语。《孟子直解·梁惠王上》"率兽食人，乃虐政之大者，其失人心而促国脉，皆在于此，不可不急改也。且如兽本异类，其自相吞噬，与人无预，人之见者，犹且恶之。况人君乃民之父母，民皆赖以为生者。乃今恣行虐政，至于率兽而食人，其视赤子之躯命，反兽类之不如矣。残忍如此，何在其为民之父母也哉""夫像人以从葬，非真致人于死也，而仲尼犹且恶之如此。况实以虐政残民，使民饥饿而死，其为不仁，尤甚于作俑者矣。"这本身就是一篇强烈的警告，说明倒行逆施的政治不可行。但是，尚未达到阐述对实施暴政的君主的直接憎恶的程度。或者，也许卫方济无意或有意之间，将《孟子》原文"恶（wū）在其为民父母也"训读成了"所憎恶（wù）的在于其百姓的父母"，所以才有了上文的翻译。

6 革命

如上所述，《孟子》认为，不合格的为政者总是为满足自己的欲望而奔走，非但不关心民众，反而对其进行虐待欺侮。卫方济的翻译不但基本上正确地反映了《孟子》的观点，而且在语气上可以说要远比《孟子》激烈得多。那么，不合格的为政者将受到怎样的报应呢？孟子认为其结局就是被革命。孟子体现这一观点的最有名的言论如次。

> 齐宣王问曰："汤放桀，武王伐纣，有诸？"孟子对曰："于传有之。"曰："臣弑其君，可乎？"曰："贼仁者谓之'贼'，贼义者谓之'残'。残贼之人谓之'一夫'。闻诛一夫纣矣，未闻弑君也。"（《孟子·梁惠王下》）

卫方济的翻译如次。

> 那么，〔齐国的〕宣王［相较于和平统治王国而言，更期望战争，〔某日〕就别的事情］询问道："据说有这样的事情——宣王说道——君主成汤流放了战败的主君桀王［南方的流放地——巢〔南巢〕］，［据说〔桀〕三年后惨死于该地］。此外，据说武王用武力攻伐主君纣王，［在牧野之役中将其］击败。这些都真实可信吗？"孟子对宣王〔说道〕："各种书籍和帝王们的年代记〔《书经》〕都确有这样的记载。"
>
> "但是桀和纣"——宣王应答道——"是实际的主君，而成汤和武王是国王的家臣。如此一来，难道国王的家臣威胁或杀害〔弑〕自己的主君是被容许的吗？"（《中华帝国六经·孟子·梁惠王下》）

这虽然说明了对君主的"忠"，但其辛辣的批判却戳中了儒家的弱点——认为废黜君主的汤王和武王是圣人。对此，孟子又做了怎样的辩解呢？且看卫方济的翻译。

> 孟子对宣王〔说道〕："这样的话，君主和国王受到委托（constituuntur），以慈爱〔仁〕和公正〔义〕管理帝国和王国。所以，如果君主冷酷无情，舍弃一切慈爱的感觉〔仁〕，他就会有损君主的颜面，或者被称为掠夺者（Imperii labes et praedo）〔贼〕。如果他贪得无厌，颠覆一切公正〔义〕之法，他就会被称为君主的腐败或者破坏者（Imperii exitium et eversor）〔残〕。换言之，如果是君主的耻辱和掠夺者、腐败和破坏者〔残贼之人〕，人们就不会视其为君主，而视其为一个人〔一夫〕（privatus）。所以，我之前就对武王处死〔诛〕一个人——纣的事情有所耳闻，但却从未听闻主君纣王被王国的臣僚杀害〔弑〕的事情。"（《中华帝国六经·孟子·梁惠王下》）

实际上，关于这部分的内容，朱熹《孟子集注》（卫方济应该参看过）引用了王勉的话"斯言也，惟在下者有汤武之仁，而在上者有桀纣之暴则可。不然，是未免于篡弑之罪也"，同时试图防患于未然，避免发生任意曲解的可能性。但是，卫方济认为，必须直接剥夺缺少德性的君主的资格。他甚至将《孟子》的观点——这样的君主不免要受到天诛——介绍到欧洲。然而，根据卫方济研究的16世纪的神学家、自然法思想家弗朗西斯科·苏亚雷斯（Francisco Suárez）的观点，人是自由平等的，君主依据共同体的同意而被赋予统治权，应当最终以共同的善为目标施行统治。据说，在君主的统治合法的情况下，在他有了暴君一般的行为时，虽然人民没有杀害暴君的权利，但却有进行革命的权利。如果是未获得合法统治权的篡位者，（从个人角度看是不允许的，但在政治上是）允许将其杀害[①]。笔者认为，卫方济将他自己研究的苏亚雷斯的人民主权说与《孟子》的学说重合，继而又为了进一步明确这一做法的稳妥性，才用如此强烈的语气进行翻译。

---

① 参阅：ホセ・ヨンパルト『人民主権思想の原点とその展開』（桑原武夫訳・解説，成文堂，1985）第二部「スアレスの人民主権論と契約思想」。

7 民为贵

接下来，笔者将考察《尽心下》篇，该篇明确表达了重视民众的观点。

孟子曰："民为贵，社稷次之，君为轻。是故得乎丘民而为天子，得乎天子为诸侯，得乎诸侯为大夫。诸侯危社稷，则变置。牺牲既成，粢盛既洁，祭祀以时，然而旱干水溢，则变置社稷。"（《孟子·尽心下》）

卫方济的译文如次。

孟子说道："在国家层面有三件非常重要的事物。君主、人民、领土及谷物之灵的堆土〔祭坛〕或者场所〔社稷〕——在此祭祀领土和谷物之灵（regionis et frugum Spiritus suggestum，seu locus，in quo Spiritui regionis et frugum cultus exhibetur）。但是，这三种事物之中，第一重要的是人民（primo loco venit populus）。排第二的是领土和谷物的堆土〔祭坛〕。排第三的是君主。[这是道理（ratio）。] 因为，如果谁将自己与散在于这广袤田野中的人民的心和愿望坚实地联结，就能成为帝王〔天子〕。如果将自己〔仅仅〕与帝王的心和愿望结合，[仅仅只] 能成为一国之君〔诸侯〕[而已。] 如果谁将自己与一国之君的心和愿望结合，[仅仅只] 能成为王国的长官〔大夫〕[而已。] [因此，人民才应该得到比君主更高的评价（Unde populus pluris aestimandus，quam Princeps）]。"

关于原文"得乎丘民而为天子，得乎天子为诸侯，得乎诸侯为大夫"的内容，从原文本身难以理解百姓、天子、诸侯、大夫的价值是阶段性降低的意思。卫方济除"如果人民的心和愿望坚实地联结，就能成为帝王〔天子〕"一句外，之后的事项都固定地译作"（仅仅只）能成为……而已"，以此表达其价值按顺序降低的意思。最后加上了"因此，人民才应该得到比君主更高的评价"。原文中没有这句总结的话，是卫方济自己的观点。该结论本身当然能够从原文的文脉中领会到，但卫方济的论断，对欧洲读者产生了极大的冲击——几近颠覆社会价值观。文章紧接着说道：

随后，管理领土及为谷物之灵所筑的堆土〔祭坛〕的一国之君，如果因恶行和统治而使〔他的国家〕处于荒废的危机之中，那么夺取他的王政和王位，取而代之的贤者将被指定为其后任〔改立〕（in ejus locum vir sapiens sufficitur）。从这里也能够领会到吧。这个大地的祭坛在权威性上远胜于君主。〔换言之，因为这个大地的祭坛是为了帮助民生而建立的。〕（《中华帝国六经·孟子·尽心下》）

如上文所述，君主是指被委以重托，管理领土及为谷物之灵所筑的堆土的人。如果他完成不了被托付的责任的话，就应该会被其他的智者和贤人取而代之。卫方济一直都在解说性地阐述"改立"一词。该词本身就是对为政者产生威胁的词语。他的这种解释显然是基于朱熹的"诸侯无道，将使社稷为人所灭，则当更立贤君"（《孟子集注·尽心下》），以及张居正的"当变易君位，更置贤者以主之"（《孟子直解·尽心下》）。批判进而转向委托责任所指向的对象——社稷的祭坛。

> 收获成熟肥美的动物，囤积贮存农作物和谷物以至盆满钵满。于此之时，就会在一年中规定的时期（确实是在春天——注释者说道——为了祈求大地的谷物，为了向秋天表达〔收获的〕感激之情）举办祭拜仪式（cy）〔祭〕。但是，如果空气过度干燥或者过度潮湿，就会导致歉收，那么此时，大地的堆土就会遭到破坏，被其他事物取代。〔由此又可理解到人民要远胜于土地吧。之所以这么说，是因为土地因人民而存在，而不是人民因土地而存在（locus est propter poplum, non populus propter locum）。〕（《中华帝国六经·孟子·尽心下》）

卫方济将"社稷"译为"领土及谷物之灵的堆土〔祭坛〕或者场所"，与其中的"灵"相应的译词——Spiritus 的首字母是大写的。也就是说，这里的"灵"不是应该排斥的异教的神明，而是在基督教教义中也具有相应作用的"灵"。可以设想，这恐怕是比三位一体的神的圣灵更下位的灵——比如说"天使"等。虽然它不是与天主教三一真神相匹敌的"灵"，但也是极其受人尊崇的对象，承认存在无数辅助神实现计划的天使，具有援助和守护人类的作用等。根据15世纪《圣经》中"各国的天使"的表达方式，各个城市和地方都曾举行过以守护天使为祭祀仪式的对象①。即便在今天，在天主教的民间信仰的领域，仍然存在着对守护天使的崇拜。基于这一原委，卫方济认为社稷之神或许就是如同辅助神迹的天使般的存在。

为了说明"社稷"一词，卫方济将其译作"堆土或者祭坛"，认为"如果空气过度干燥或者过度潮湿，就会导致歉收，那么此时，大地的堆土就会遭到破坏，被其他事物取代"。但是，这样做的话，似乎将罪过归咎于祭坛的收成，而没有触及作为祭祀对象的社稷的灵本身。在此也能看出卫方济一部分考虑。"变置社稷"原本是指，负担领土和食物的政体如果不合适，就要将其取代的意思。根据接受方式，有时会有极为危险的一面。也许对卫方济来说，这是一篇极难翻译的文章。

小 结

综上所述，笔者围绕首次译介至欧洲，并在欧洲出版的《孟子》，讨论了译者卫方济是如何理解并翻译其主要概念的。卫方济的翻译工作与柏应理的《中国哲学家孔子》基本相同，他尝试着论证中国哲学中的重要概念与基督宗教可以和睦相处。不过，如上所述，在《孟子》中总是存在与基督宗教和当时的欧洲社会体制互不相容的观点。可以说，卫方济试图最大限度地将其移入并替换成经院哲学的概念，并降低欧洲对中国哲学的违和感。但是，他有时候会超出《孟子》的表达方式，一边借用《孟子》的用语，一边强烈地表明自己的见解。尤其是关于天生的人类本性是善的，以及指责不合格的统治者两方面，有些地方直接用他自己的话进行补充。卫方济的翻译虽以儒家与基督宗教的和睦相处为目标，但却不限于此，而是反映了他所生活的欧洲的时代思潮，并使异国的圣人讲述对该思潮的支持，甚至进一步说，是让其论述欧洲应该前往的道路。笔者认为这才是卫方济翻译的真实意图。

---

① 参阅：フィリップ・フォール『天使とはなにか』（片木智年訳，セリカ書房，1995）。

第三节　"孝"的宇宙论——以《孝经》为中心

耶稣会士为了在中国传播基督宗教的需要，收集并分析了关于中国的民族、历史、文化、宗教及其他各个领域的情报。此时，他们觉察到了某种根本概念的存在，这一概念决定着中国人的思考和行动方式。这就是"孝"。传教士们注意到，在中国从私人的亲子关系到国家统治层面，"孝"总是这些关系的中心。传教士的情报在欧洲引起了一定的反响①。下面，笔者将围绕《孝经》的第一部拉丁语译本——卫方济的《为人子的敬意》展开讨论，以考察中国最重要的概念——"孝"是以怎样的形式被介绍到欧洲的。

1　卫方济对《孝经》文本的选择

作为开始入华传教以来的中国研究之成果的集大成者，耶稣会士于1776年至1814年间编纂出版了全十六卷的《北京耶稣会士中国纪要》。其中，耶稣会传教士韩国英（Pierre-Martial Cibot, 1727—1780）将《孝经》译成法语，又对"孝"进行了详细的研究②。韩国英指出，"孝"是中国繁荣、持久，统括一切事物的国家理念，中国是一个以皇帝为父亲的巨大的家。另外，"孝"对所有阶级、一切身份、性别和世代来说都是至高无上的德性，是中国一切价值观的基准，是国家体系的所有方面的中枢。他认为，如果"孝"统一于身为众人之父的天神，那么中国的"孝"的概念是非常有意义的。③

然而，韩国英对"孝"的研究及对《孝经》的翻译是有先例的，这就是卫方济翻译的拉丁语版《孝经》。韩国英就卫方济的翻译论述如次。

卫方济神父曾将《孝经》翻译成拉丁语。我们的翻译自然与他的翻译不

---

① 关于欧洲人对"孝"的评价，参阅：後藤末雄「ヴォルテールの中国観」（『中国思想のフランス西漸2』，平凡社，1969），五来欣造「オルバックと儒教」（『儒教の独逸政治思想に及ぼせる影響』，早稲田大学出版部，1927）。

② "Doctrine des Chinois sur la Piete filiale", *Memoires concernant l'Histoire, les Sciences, les Arts, les moeurs, les Usages et des Chinois*, Paris, vol. 4, 1779.

③ 关于这一点，参阅笔者的「ヨーロッパ人による「孝」の解釈」（『漢意とは何か—大久保隆郎教授退官記念論集』，東方書店，2001），第805—825页。

同，因为他是依照古文（Kou-ouen）——即古代的文本写就，而我们是依照〔清〕帝国的大学的学者所采用的新文（Sin-ouen）——即新的文本〔今文〕写成的。此外，关于说明性的事情，我们致力于用法语将汉语文本的内容原原本本地表现出来。我们想说，我们所经手的文本在皇宫，在帝国的大学，以及在其他所有地方都具有极高的权威性。（《北京耶稣会士中国纪要》第四卷《孝经·序》）

　　如上所示，韩国英指出在自己翻译的《孝经》中采用了与卫方济不同的文本。韩国英依据的文本指的是《御定孝经衍义》及收录在《十三经注疏》中的唐玄宗《开元御注孝经》与宋邢昺疏（正义）的合订本《孝经注疏》，即所谓新文（今文）。另一方面，卫方济采用的文本是古文。因此，笔者将首先对该问题进行论述。众所周知，用流行于汉代的隶书记录的儒家经典叫作今文。与此相对，西汉文帝时再次发现了先秦时代的文本，这一用先秦文字记录的文本被称为古文。因为这些文本之间存在着文字和内容的差异，所以围绕这些差异的解释而发生的古今文之争是非常著名的历史事件。在秦始皇焚书坑儒之际，孔子的子孙担心古文《孝经》会因此消失，故将其埋藏在了宅邸的墙壁中，据传孔安国曾对其做过传。这本古文《孝经》于西汉时期被发现，在南北朝的梁朝时再度散佚，后又在隋朝第三次被发现，但被疑为伪作，唐朝时又一度散佚。北宋时，司马光发现了藏于皇宫中的古文《孝经》，并施以注释，著成《孝经指解》，这是它第四次被发现。其后，南宋朱熹认为应使古文《孝经》保持古时的原样（尽管他对其内容本身持批判态度），遂将司马光的文本作为定本加以校订，著成《孝经刊误》。如此一来，古文《孝经》便成了一本来历极为复杂的文本。

　　然而，笔者认为卫方济所使用的古文《孝经》的文本是司马光的《孝经指解》。在《中华帝国六经》中，卫方济在翻译儒家经典时非常尊重朱熹的注释，随处都有使用，但只是未曾将朱熹的《孝经刊误》作为文本使用过。因为朱熹对古文本身的内容持批判态度，并根据自己的观点完全改变了《孝经》章节的设置。此外，笔者以为，从另一

司马光像（汤岛孔庙藏）

方面来看，因为朱熹是以语句的注释为目的，所以该书很难作为文本使用。于是，卫方济方才采用了朱熹所依据的司马光的《孝经指解》。还有一点，在卫方济的《孝经》译文中，每一章都附上了题目，并对应着唐玄宗的注释——《开元御注孝经》的题目。笔者认为，这是因为司马光在《孝经指解》的注释开篇附加了玄宗的御注 [①]。

2　对"孝"的观念的理解

卫方济在译文的开头说明了《孝经》的概要。

> 致读者
> 这本小著作中所包含的仅是孔子给予其弟子曾〔子〕（Tsem）——关于作为义务〔合适的行为〕（officium）对父母表示的尊崇，及曾子对这一尊崇将引导帝国走向良好统治的断言——的几处回答。因此，不管是谁，只要是身为人子之人，比如帝王、王子、地方长官、有教养的人、〔直至〕平民对〔他们的〕父母的义务究竟如何，并简明扼要地表明这些卓越的效果。我认为作为序说，仅用这些内容就足够了。

正如上文明确所示，在中国，一般认为"孝"的义务不论阶级，具有普遍性，实践和履行该义务能为国家带来安宁的秩序。

在后面的内容中，笔者将首先提示《孝经指解》的原文，在原文末尾附加了卫方济采用的玄宗御注的章节题目。接着提示笔者对卫方济译文的翻译。此时，括号内是卫方济的原文，六角括号里的内容是笔者的补注。

（1）至德要道

孔子对弟子曾子说道，"孝"才是能带给天下和谐的"至德要道"，是德性

[①] 另外，笔者参考了以下关于《孝经》的最新研究成果，主要有论著、论文及学会报告的总结等，受益匪浅。渡辺信一郎「『孝経』の国家観」（川勝義雄、礪波護編『中国貴族制社会の研究』，京都大学人文科学研究所，1987）、板野長八「孝経の成立」（『儒教成立史の研究』，岩波書店，1995）、浅野裕一「『孝経』の著作意図」（『孔子神話』，岩波書店，997）、池澤優（『「孝」思想の宗教学的研究——古代中国における祖先崇拝の思想』，東京大学出版会，2002）、堀池信夫「前漢における孝の転回と国家」、池澤優「「孝」の文化的意義」（渡邉義浩編『両漢の儒教と政治権力』，汲古書院，2005）。

的本源，教诲的源头。《孝经》开篇就揭示了孝的至高无上性，认为孝是统一各种德性的中枢。

> 仲尼居，曾子侍。子曰，先王有至德要道，以顺天下，民用和睦，上下无怨。汝知之乎？曾子避席曰，参不敏，何足以知之？子曰，夫孝，德之本也，教之所由生也。复坐，吾语汝。身体发肤，受之父母，不敢毁伤，孝之始也。立身行道，扬名于后世，以显父母，孝之终也。夫孝，始于事亲，中于事君，终于立身。《大雅》云："无念尔祖，聿修厥德"。（《孝经·开宗明义章》）

上文中的"**身体发肤，受之父母，不敢毁伤，孝之始也**"是脍炙人口的名句。我们要尊重父母给予我们的身体，它是祖先或父母事实上的生命的延续，这是任何人都可能实践的具体的行为。上文所论述的终极目是以该行为为起点，经过自己的"立身"，最终将无形的名声遗留给尚不可见的未来，并通过父母至祖先永久地彰显。此外，值得注意的是，通过以"事君"为媒介，家庭的、私人的关系转化和发展为公开的、社会的各种关系。

那么，卫方济又是如何翻译突出"孝"的本质的序章呢？

第一章 对整个内容的说明

孔子（Confucius）在家休息的时候，对坐在一旁的他的弟子曾（Tsem），即曾子（Tsem Tsu），询问如次："你可曾听说过古代帝王们的最高德性，以及最为重要的规律（summa virtus et potissima disciplina）〔至德要道〕究竟是怎样的吗？在它的领导下维持整个帝国，以使众人之间相互协调，地位高者与地位低者之间没有任何怒气和不满。"曾子立刻站起来〔回答道〕："我，您愚钝的学生参（Sen）（通称）——向您请教——我从哪里听说到这件事情的呢？"于是，孔子这样说道："身为孩子应表示的敬意〔孝〕（Filialis observantia）即是众德性的基本〔德之本〕（omnium virtutum basis）。一切正确的规律〔教〕（recta disciplina）由此显现出来。先坐下。我来解释给你听吧。身为孩子应表示的敬意的发端〔始〕是不特意伤害和损坏从父母处得到的身体和皮肤。〔孝的〕完成（consummatio）或者目的〔终〕（finis）是正确完成自己的伦理实践〔生存方式〕，尊重德性〔立身〕（mores suos rite perficere et virtutem colere），死后留下伟大的名声，借此使父母得到赞美。身为孩子应表示的敬意的发端发自于对父母的顺从，中途发自于对王的侍奉，其目的（finis）发自于伦理实践的完美性（morum perfectio）。因此，《诗歌之书》〔《诗经·大雅》〕（Ta Ya）论述如次。"难道你不应该毫不懈怠地在心中感念你的祖先们，并通过模仿去遵循践行他们的德性吗？"（《中华帝国六经·孝经》）

显而易见，卫方济在译文中采用了古文《孝经》的文本。译文开头"孔子在家休息的时候，对坐在一旁的他的弟子曾，即曾子……"一文正是对应着古文的"仲尼闲居，曾子侍坐"，而不是今文"仲尼居，曾子坐"。

卫方济的译文将"孝"译成"身为孩子应表示的敬意"，认为这能给众人带去和谐，是将整个帝国置于领导之下的至高无上的德性和最重要的规律、众德性的基本，及一切正确规律显现的根据。这大体上反映了原文的内容，但这样的话，恐怕欧洲读者不会明白"孝"的内容究竟具体是怎样的吧。关于前述的"身体发肤，受之父母"，作为出发点要尊重身体，这理解起来应该是没有问题的。不过，这与获得社会地位名声的"立身"和"扬名"似乎有点矛盾。另外，自己的伦理生活的完美性和对德性的尊重倒是很好的，但将借此获得的名声作为目的就有些奇怪了。最后，《诗经》的引用似乎是通过追随父母祖先的德性，及以自己的伦理上的完美性为目的，消解前述矛盾。

（2）天子之孝

《孝经》紧接着论述了"孝"的原则贯通于天子、诸侯、公卿大夫、士人和平民等社会各个阶层，并对"孝"做了具体说明。下面，笔者将考察与其中的天子、诸侯及士人相对应的"孝"的存在方式。

统领天下的王者"天子"——该词本身就显示了天与君主之间的"亲子关系"——的孝，指的是如果天子自己率先做到爱护孝敬父母，则其德性和教导就会影响百姓，甚至整个世界。

> 子曰："爱亲者，不敢恶于人；敬亲者，不敢慢于人。爱敬尽于事亲，而德教加于百姓，刑于四海。盖天子之孝也。"《甫刑》云："一人有庆，

兆民赖之。"（《孝经·天子章》）

卫方济的译文基本上依照了原文。

第二章　帝王

孔子如次说道："帝王爱护、尊敬自己的父母，不憎恨、不抛弃整个帝国的任何人。这样的话，这种对父母的爱和尊敬的卓越示范〔实例〕（exemplum）将得以显示。通过〔帝王〕本人的示范，感动所有民众以及散落于四海之内的任何地方的人，使其爱护和尊重自己的父母。这才是与帝王相称的身为孩子应表达的敬意〔孝〕。"《帝王的年代记》〔《书经》〕的"吕刑"（Liu Him）或"甫刑"（Fu Him）这样论述："遵循德性的一个人的示范会引导带动无数跟随自己的民众。"（《中华帝国六经·孝经》）

卫方济认为，帝王身为孩子应表示的敬意是指帝王本人的示范（实例）会感化民众和全世界的人。也就是说，地位高的人对父母的"爱"和"尊敬"这一有德的行为，会推己及人地对地位低的各个阶层产生影响，以至整个世界都充满"爱"和"尊敬"。只从孝经原文所引《书经》"一人有庆，兆民赖之"一句来看，我们得不出卫方济的翻译。他的翻译依据的是司马光《孝经直解》（又见先前成书的玄宗御注）所说的"庆，善也"，即善德感化万民。

（3）诸侯之孝

在领地的经营上，诸侯的"孝"通过他们"制节谨度"维持其地位和富贵，最后保全社稷，给人民带来和谐。这种情况与将"孝"反映到政治中的首章和天子章的矢量不同，显示出一种将经营领地的政策转换为"孝"的方针。

在上不骄，高而不危；制节谨度，满而不溢。高而不危，所以长守贵也。满而不溢，所以长守富也。富贵不离其身，然后能保其社稷，而和其民人。盖诸侯之孝也。《诗》云："战战兢兢，如临深渊，如履薄冰。"（《孝经·诸侯章》）

诸侯所要求的"制节谨度"，玄宗御注的论述是"费用约俭谓之制节，慎行礼法谓之谨度"，而在司马光的注释中被解释为"制节，制财用之节。谨度，不越法度"。卫方济的翻译基本上依照了这些解释。

第三章　诸国之王

被任命于高位的诸国的王不管地位如何之高只要不过于傲慢，应该至少不会陷于〔危险〕吧。虽身处巨大且丰足的财富之中，但却知道保持节制（temperantia）和伦理性（honestas）〔制节谨度〕，则不管如何充满，至少不会溢出。如果在高位而不陷，就应该能长久地守住其财富吧。如果保留了地位和富贵，就能保全其国家，也应能使人民在相互协调之中获得幸福吧。另外，保全国家，使人民在相互协调中获得幸福，就是完全与国王相称的身为孩子应表示的敬意〔孝〕。因此，《诗歌的书·小雅》（Siao Ya）所述如次。"注意了！注意了！当心些！当心些！你现在宛如站在深渊的岸边一样，宛如踩在薄冰上行走一般。"（《中华帝国六经·孝经》）

卫方济认为，与诸国的王相称的"孝"是自我节制，维持其伦理性。相较于直接赡养父母的意思，卫方济的翻译更强调内心的伦理与具体的政治伦理的结合。他认为，领地经营者诸侯作为天子与庶民的中间人，其存在的根据也在于其自身的伦理性，这就是诸侯的孝。

（4）士之孝

本节将讨论士人的孝。士人与前述的天子、诸侯等不同，并不是直接经营天下国家的人。士人正好处于支配者与被支配者的"中间"地位。"孝"的逻辑向何方扩展，成了一个棘手的问题[1]。

资于事父以事母，而爱同；资于事父以事君，而敬同。故母取其爱，而君取其敬，兼之者父也。故以孝事君则忠，以敬事长则顺。忠顺不失，以事其上，然后能保其禄位，而守其祭祀。盖士之孝也。《诗》云："夙兴夜寐，无忝尔所生。"（《孝经·士章》）

以侍奉父亲的方法侍奉母亲的话，则对母亲的"爱"就会（与父亲）相等同。

---

[1]　板野长八在『儒教成立史の研究』（岩波书店，1995）第二十一章论述说"显示出孝的概念化及其使用范围的扩大"。

以侍奉父亲的方法侍奉君主的话，则对君主的"敬"就会（与父亲）相等同。爱是天生的自然情感，敬是在后天的人类社会中学到的、形成的。父亲兼具爱和敬，因而对父亲的孝关系到对君主的"忠"，对兄长的"顺"。越是能对父亲表现出爱和敬的士人，则越能保全爵位和俸禄，祭祀祖先。能获得爵禄，祭祀祖先的人是指作为统治阶级，能维持经济上和社会上的正当（正统）性的人。

卫方济的翻译如次。卫方济将"士人"译成了"有教养的人〔文学之士〕（vir litterarum）"，这是因为当时的中国士大夫是经过了科举考试的读书人。这里的卫方济的译文与《孝经》原文的观点出现了少许语感上的差异。

第五章 有教养的人〔文学之士〕（vir litterarum）

因自身能力晋升至高位的有教养的人，为了适当地侍奉父亲，而用对母亲的感情〔爱〕（affectus），以同等的爱（amor）向父亲表达敬意。进而，为了适当地侍奉王，而用对父亲的感情，以同等的尊敬〔敬〕（honor）表达对王的敬意。孩子对母亲的感情是爱，对地方的君主〔诸侯〕（praefectus）的感情是尊敬，对父亲的尊崇（patris cultus）包括了这两方面。

因此，以孩子对父亲的感情〔爱〕侍奉王的人，是忠诚〔忠〕（fidus）；以兄弟身份对年长于自己的兄长们表达敬意〔敬〕（fraterna reverentia），并以此侍奉领导者〔长官〕的人，是顺从〔顺〕（obtemperans）。进而，忠诚顺从的人在对上位者的顺从上，如果一直不犯罪的话，他就能保全自己高贵的地位。如果能守住地位，通过对故去祖先长久的尊崇（perennis cultus）应该能轻易维持对祖先的礼仪（Ritus parentales）。能通过对故去祖先长久的尊崇，实际地保持了对祖先的礼仪，就是完全与有教养的人相称的孩子应表示的敬意。《诗歌的书·小雅》（Siao Ya）所述如次。"不管是早晨清醒，还是夜里入眠，绝不能做使生养你的人感到羞辱的事情。"《中华帝国六经·孝经》）

卫方济译文中的"为了适当地侍奉父亲，而用对母亲的感情〔爱〕，以同等的爱向父亲表达敬意。……孩子对母亲的感情是爱，对地方的君主〔诸侯〕的感情是尊敬，对父亲的尊崇包括了这两方面"一段与原文不对应，有可能是误译。因为在中国，对父亲的"孝"具有优先性，而对母亲的孝则是次要的、派生的。

或许以朴素的人的感觉来看，作为自然的感情，相较父亲而言，对母亲的感情更优先（一般认为），所以为了便于欧洲读者理解，卫方济才有目的地进行了翻译。然而，在中国对父亲的"孝"依旧是重要的。因此，重视对父亲的孝依然反映在翻译之中，不然的话就没法介绍中国的"孝"了。

值得注意的是，卫方济将原文的"祭祀"译成"通过对故去祖先长久的尊崇维持对祖先的礼仪"，他是将此作为孩子的根本义务加以介绍的。之所以这么说，是因为这句话表明，卫方济认为追溯对现在活着的父母的思慕和尊敬之情，举行尊崇故去的祖先的祭祀仪式就是"孝"。卫方济向欧洲人表明，中国的"孝"存在着不直接以"神"为媒介而以生命连续性为核心的宗教性祭祀。

（5）贯通天地人的法则

综上所述，笔者考察了社会各阶层的"孝"的存在方式。接下来的《三才章》论述道，贯穿了现实各阶层的"孝"具有超越人类社会的宇宙论式的根据。

> 曾子曰，甚哉，孝之大也。子曰，夫孝，天之经也，地之义也，民之行也。天地之经，而民是则之。则天之明，因地之利，以顺天下。是以其教不肃而成，其政不严而治。先王见教之可以化民也，是故先之以博爱，而民莫遗其亲，陈之以德义，而民兴行。先之以敬让，而民不争；导之以礼乐，而民和睦；示之以好恶，而民知禁。《诗》云："赫赫师尹，民具尔瞻。"（《孝经·三才章》）

上文将"孝"这一德性解释为"天之经""地之义""民之行"。据玄宗御注可知，"天经"指的是"三辰运于天，有常"，即指日月星辰的运行具有恒常性。"地义"指的是"五土分地为义"，即指五种地形和风土人情孕育万物的作用[1]。"民行"指的是"人之恒德"，即指人的恒久普遍的德性。即是"孝"并非限定于人的生活，而是以天这一自然的、宇宙的一种绝对性为基础。进而，这样的"孝"正是与天地秩序相呼应的普遍的法则。所以可以保证，通过孝施加统治的人的统治才是正统的[2]。

---

[1] 宋代邢昺《孝经注疏》引《周礼》《大司徒》，认为"五土"指"山林""川泽""丘陵""填衍〔水滨的上下层〕""原隰〔高原和湿地〕"，并认为"义"是"利物"。

[2] 参阅：堀池信夫『中国哲学とヨーロッパの哲学者下』（明治書院，2002），第109页。

卫方济对此处的翻译如次。

第七章　三种原因〔三才〕Tres causae

这时，弟子曾（*Tsem*）即曾子（*Tsem Tsu*）这样说道："啊，作为孩子应表示的敬意〔孝〕的扩展是多么宏大啊！"接着，孔子对他这样阐述道："作为孩子要表达的敬意是以天体持续的运行〔天之经〕（assiduus caeli motus）、大地多种多样的益处〔地之义〕（varia terrae utilitas）、人共同的行动〔民之行〕（communes hominis actiones）为基础的。因为为了向父母表示敬意，人应模仿天体持续地运行，探索大地多种多样的益处。诚然，〔帝王〕为了统一人民的心，而模仿天体持续地运行，探索大地多种多样的益处。这是指几乎不用刑罚，就能极为幸福地、成功地教导人民。另外，也无需铁石心肠和严刑峻法就能获得帝国至高无上的统治。因此，古代的帝王们——人们相信，通过这种教育方法极为巧妙地将人民与自己结合在一起，从而获得了更加理想的结果——首先他们自身对父母的爱非常富足，在这方面要优于人民。这样一来，在整个帝国很快就会看不到蔑视自己父母的人。进而，他们公开了适合选出教诲的公正〔道义〕。接着，广大人民就会全神贯注地吸收这些德性。而且，他们在以兄弟身份对年长的兄长们表示敬意和谦逊〔恭敬谦让〕方面，站了人民的前头，所以很快就会看不到引起混乱和争斗的人。再而，他们用自己的示范〔实例〕给予人民以礼仪和音乐〔礼乐〕（Ritus et musica）的指导，所以很快就能维持广大人民的相互协调。最后，他们向人民表明了对美德进行补偿，对恶行进行惩罚〔好恶〕（virtutis praemia ac vitii poenae），所以广大民众无需命令，立刻就懂得〔应该〕追求对美德的补偿，回避对恶行的惩罚。《诗歌的书·小雅》（Siao Ya）所述如次："那位至高无上的帝国宰相、〔师〕尹（*Yin*）在其卓越的地位和权威方面异常显著，在十分遥远的地方就开始吸引广大人民恭谨的目光。继而，广大人民也以敬畏的表情仰望他。"《中华帝国六经·孝经》）

在此，基于玄宗御注的译文"作为孩子要表达的敬意是以天体持续的运行、大地多种多样的益处、人共同的行动为基础的"是十分重要的。换言之，在他看来，"孝"这一人类本性根源于宇宙的法则，并与之相呼应。通过卫方济的翻译，欧洲人应该领会到了中国的"孝"这一人的基本情感与宇宙的万物生成之法则密不可分,直接相关。再而,中国的统治者致力于在"孝"——以自然的宇宙的根据为基础的人的共同本性——的方面成为示例〔实例〕。正因为如此,其统治才得以正统化。

(6)神圣的德性和统治

《孝经·圣治章》论述道,在天的创生之中,视人为至高无上的存在,人的至高无上的德目是"孝"。进而,又认为"孝"的最高形态是对父亲和祖先的尊崇,是"配天"。

> 曾子曰,敢问圣人之德,无以加于孝乎?子曰,天地之性人为贵。人之行莫大于孝,孝莫大于严父,严父莫大于配天,则周公其人也。昔者周公郊祀后稷以配天,宗祀文王于明堂,以配上帝。是以四海之内,各以其职来祭。夫圣人之德,又何以加于孝乎?故亲生之膝下,以养父母曰严 ①。圣人因严以教敬,因亲以教爱。圣人之教不肃而成,其政不严而治。其所因者本也。(《孝经·圣治章》)

至前章为止,笔者论述道,各亲子间的自然关系在社会性的各阶层上表现为孝的虚拟关系,以及"孝"以自然的、宇宙的根据(天)为依据。一般认为,"孝"的极限指的是将祖先与天(前述绝对根据)合祀 ②。如周公旦将始祖后稷与天合祀,将其父文王与上帝合祀,这些都是具体的事例。同时,王者所处的立场即是作为父母立于社会的顶层,将人民视作孩子。王者通过祖先的"配天",被视作天的孩子——"天子"。依仗天的权威,其统治得以正统化。进而,与天直接相关的王者,在天生的对父母的亲爱之心的基础上,教民以"爱";在对祖先的尊崇的基础上,教民以"敬"。正因为运用了这种根本的方法,其统治才变得简单,而不需要以复杂的事情为先决条件。

---

① 《孝经直解》"故亲生之膝下,以养父母曰严"一文,在刘炫《孝经述义》所引用的古文文本中则成了"是故亲生毓之以养父母曰严"。朱熹《孝经刊误》与司马光相同。卫方济的译文则为"自幼儿时期起,就被告知要温柔地对待父母,受到这种爱教导的人,日后随着时间推移,将对父母更加尊崇",应是以此为基础的。

② 参阅前述池泽,第220—221页。另参阅堀池信夫『中国哲学とヨーロッパの哲学者下』(明治书院,2002)注45。

卫方济的翻译如次。

第九章　以道德进行统治

弟子曾〔子〕这样说道："先生，斗胆向您请教。在一切威望中占有绝对地位的人〔圣人〕（vir absolutus），拥有比身为孩子应表示的敬意〔孝〕更伟大的德性吗？"孔子回答说："在天与地所产出的万物中，没有比人更高贵的了。而在人的一切行动中，没有比身为孩子应表示的敬意〔孝〕更卓越的了。不过，在所有身为孩子应表示敬意的责任和义务中，没有比对父亲的尊崇〔严父〕（patris veneratio）更伟大的了。在所有对父亲的尊崇中，没有比使父亲作为天的主人（caeli Dominus）的侍从陪伴左右〔配天〕更崇高的了。使父亲作为天的主人的侍从陪伴左右的礼仪源自于天子周公〔旦〕（*Cheu Kum*）。周公曾经在供奉牺牲的祭祀〔郊祀〕中，使上古的祖先、一族的始祖后稷（*Heu Cie*）作为侍从，在祭祀仪式上侍奉天的主人。其后，在王室的宫廷〔明堂〕中，周公于供奉牺牲的祭祀〔宗祀〕上，将自己的父亲文王（*Ven Uam*）陪伴在同一个天的主人〔上帝〕左右（即把祭奠父母的木板（parentalis Tabella）〔木主、牌位〕设置于天之主人的木板的旁边）。由此，帝国全国的诸侯们因为对王十分恭顺，所以他们为使祭礼更加隆重盛大，而从遥远的四面八方带着供品蜂拥而至。所以，就算是在所有威望中占有绝对地位的人〔圣人〕，除了身为孩子应表示的敬意〔孝〕外，又能获得何种更伟大的德性呢？自幼儿时期起，就被告知要温柔地对待父母，受到这种爱教导的人，日后随着时间推移，将对父母更加尊崇。在威望中占有绝对地位的人〔圣人〕通过自己身为孩子应表达的尊崇〔严〕，教育人民作为孩子应表达的尊崇〔敬〕；通过自己身为孩子应表达的爱〔亲〕，教育人民身为孩子应表达的爱〔爱〕。因此，占有绝对地位的人〔圣人〕几乎毋需刑罚，就能在极为幸福的发展中（felicissimo succesu），向民众传达规律的最好的规定；毋需严刑峻法，就能获得最好的统治效果。然而，这一切宛如从根本流出一般，从身为孩子应表达的敬意〔孝〕中流出。父亲对孩子来说，犹如创生出万事万物的天（Caelum）一般。或者正如万物的普遍根源一样，父亲是每个儿子的根源。孩子对于父亲来说，犹如臣下对于君王的关系。在人的存在条件的秩序中，首先是父母给予我们生命；在人的存在条件的统治中，首先是父母对我们的监督管制。（《中华帝国六经·孝经》）

"圣治"被译为"以道德进行统治"——"德治"，强调的是帝王的德性。译文中明确复写了通过孝而形成的天—人、祖先—子孙、父—子、王—人民的象喻式的相似关系。可以说，译文正确显示了孝德在人的德目之中的至上性，以及卫方济强调作为根源的天（Caelum）。

不过，问题在于"配天"。如前所述，将祖先"配"给天就是指与天同等、同样地祭祀祖先，是指万物之源的天与家族祖先的重合。这对统治者来说，只是为了确保自己的统治权。正因为如此，在中国普通人是不允许祭天的，只有帝王才被赋予祭天的权利。然而，既然卫方济也是传教士，他就不可能认可这种由帝王主导的祭天特权，也不可能原封不动地将其介绍到欧洲。因此，他承认天是万物的普遍根源、父是子的天的类比，同时在翻译上又不明确说明帝王家配天礼仪的特殊性。他将"配天"译为"使父亲作为天的主人（caeli Dominus）的侍从陪伴左右"，又将其具体行为的内容译作"把祭奠父母的木板（parentalis Tabella）〔木主、牌位〕设置于天之主人的木板的旁边"，仅仅只是介绍了礼仪表面的实际情况。

但是，无论卫方济的意图如何，天主导万物的生成以及天与人彼此呼应的关系、由祖先过渡到子孙的生命连锁的类比——中国的"孝"的德性通过他的翻译确实传播到了欧洲。

小　结

综上所述，通过卫方济《孝经》的译文，欧洲真正获得了了解"孝"这一概念——中国的根本价值、宇宙论的核心——的机会。它使自然的情感形而上化，从基督教的视角来看可能会引起相斥反应，如父权、王权的一元化，亡故的祖先与生者的生命的连续性，祖先在自己身上显灵的感觉等。但是，在说明的时候，又伴随着内部整合性、人的规定性、宇宙论、价值论、实践论。而且，触及了教育上、统治上等二千多年来具有一定实效的理念。笔者认为，此时无论是卫方济，还是接受相关信息的欧洲，都必须视其为反观自我的镜子，真挚地与之对峙。

另外，卫方济在《中华帝国六经》的《孝经》之后紧接着又翻译了《小学》。《小学》是朱熹敦促其友人刘清之写成的，其中列举了初等教育所必需的历史事迹、社会中的具体德行，及其得以成立的原理、古今圣贤的言行等。引用的文献涉及众多领域，如《书经》《周礼》《礼记》《管子》《论语》《孟子》《列女传》《仪礼》《孝经》《春秋左氏传》《战国策》《说苑》等。书中列举了作为人性教育的起点的"胎教""孟母三迁""刺客列传"和诸葛孔明的话题，以及颜之推、司马光、陈瓘、周敦颐、邵雍、程颢、张载、胡安国、杨亿、徐积、陈襄、罗从彦等中国历史上的重要人物的言行。从《小学》的编辑过程来看，整本书都体现了朱熹的意图，卫方济本人也认为这是朱熹的著作[①]。也就是说，卫方济因为重视朱熹的哲学而翻译了《小学》，并将其传播到欧洲。

通过分析卫方济所翻译的中国古代经典，我们可以明确他已经脱离了以往耶稣会内部忌避朱熹或宋学的态度。相信儒家哲学，通过人类本性、理性及德性的涵养与陶冶，可谋求人格的完善和他者的自我实现，或者整个世界的有序和安定。卫方济的确高度评价了儒家哲学尤其是朱熹及宋明理学。正是为了给自己提供所追求的东西，也为了给当时的欧洲提供正在追求的东西，他才着手进行翻译。这位耶稣会士是将一阵新风吹入欧洲的关键人物。

---

① 关于卫方济理解和翻译《小学》的实际情况，参阅拙著「ヨーロッパ人による初めての中国初等教育に関する情報の紹介」（『人間科学』第一三号，2004）。

第三部　沃尔夫——儒学对欧洲启蒙运动的冲击

克里斯蒂安·沃尔夫像

第五章　《中国人实践哲学演讲》（I）

序　言

　　柏应理的《中国哲学家孔子》刚被介绍到欧洲就引起了轩然大波。既有人高度评价中国存在不依赖于神的人类理性的自立的思考，也有人批评中国哲学完全是以人为中心的无神论[①]。但是，该书之所以在欧洲受到瞩目，又引起如此反响，很大程度上得益于法国国王路易十四对其出版刊行的支持。另一方面，柏应理的《中国哲学家孔子》所记录的关于中国历史及在华传教的经过等情报十分丰富。相较而言，卫方济的《中华帝国六经》在这方面较为薄弱，其主要目的是翻译中国儒家的古代典籍，因而从表面上看有些地方不如柏应理的书那么精彩。加之柏应理的书在巴黎刊行，而卫方济的书刊行于布拉格，所以人们才会觉得较柏应理的书而言，欧洲人对卫方济《中华帝国六经》的评价几乎没有出彩的地方。但是出现了这么一位哲学家，他十分关注卫方济的书，并对其抱有非比寻常的兴趣，认为该书对自己的哲学思想极为重要。他就是德国早期启蒙主义的领导人物——克里斯蒂安·沃尔夫（Chiristian Wolff）。

　　本章将具体讨论中国哲学与沃尔夫哲学的形成有着何种关联。作为研究方法，

[①]　参阅：後藤末雄『中国思想のフランス西漸２』（平凡社，1969），第 8 页；堀池信夫『中国哲学とヨーロッパの哲学者　下』（明治書院，2002）第六章第二節「『中国の哲学者孔子』の反響とフェヌロン」。

笔者首先将沃尔夫《中国人实践哲学演讲》的原文及他自己的注释（自注）与卫方济和柏应理的译文相互对照，之后再依照文献本身的内容，探讨沃尔夫如何吸收、解释、改变或有时忽略卫方济和柏应理二人的翻译。此时，笔者将参考柏应理和卫方济的翻译所依据的源泉——朱熹至张居正的宋明理学之脉络加以讨论。

现今坐落于莱比锡大学的莱布尼茨铜像（笔者摄）

现在的哈勒大学的数学教学楼（笔者摄）

沃尔夫举行演讲的哈勒大学礼堂（选自《周游启蒙的城市》）

1723 年迎接沃尔夫的马尔堡大学的学生们（马尔堡大学藏）

沃尔夫旧居。自被腓烈特大帝召回哈勒大学后，一直到晚年他都生活在这里（笔者摄）。

第一节　沃尔夫与中国哲学的周边

1　关于克里斯蒂安·沃尔夫

克里斯蒂安·沃尔夫（1679—1754）生于西里西亚（现在波兰的西里西亚省）布雷斯劳（现在波兰的弗罗茨瓦夫）的一个热心教育的皮匠家庭。沃尔夫接受洗礼成为路德派的信徒，但住在布雷斯劳的大多数是天主教徒，自幼年起就目睹了路德派与天主教相互间的激烈攻讦，据说他学习数学就是为了结束两派的论战。沃尔夫在玛达肋纳文理中学学习了亚里士多德、基督教新教的传统学校哲学。除此之外，他还接触到了托马斯阿奎那、苏亚雷斯等的经院哲学，甚至是笛卡尔和培根的哲学，以及新斯多葛学派的朱斯特斯·李普修斯（Justus Lipsius）的思想。20 岁时，他考入了耶拿大学，主修神学、物理学和数学。1703 年，他以博士论文《普遍的实践哲学》获得莱比锡大学的博士学位。之后，他先后在莱比锡、哈勒、吉森担任编外讲师①，讲授数学。其间，沃尔夫的才能受到了莱比锡大学伦

① 译者注：又称无俸讲师，欧洲（特别是德语国家）大学里的一种职称，没有正式工资，教师的报酬完全来自听课学生所交的学费，但可以像教授一样独立授课，并有资格被评定为全职教授。

理学教授门克（Otto Mencke）——与莱布尼茨共同创办了《莱比锡学术论丛》（Acta Eruditonum）①，也是沃尔夫博士论文的审查者——的好评，并成为《莱比锡学术论丛》的一名编辑。门克将沃尔夫的论文寄给莱布尼茨，未曾想莱布尼茨对他的论文赞赏有加，亦可说沃尔夫成了莱布尼茨的学生或学友。自此以后，直至莱布尼茨离世，两人都一直保持着交往。1707年，在莱布尼茨的推荐下，28岁的沃尔夫成为哈勒大学的教授，讲授数学、物理学及哲学。1710年，又开设了形而上学和伦理学的讲座。这些讲座深受学生们的欢迎，而沃尔夫大部分重要论文也于这一时期完成。沃尔夫的声名鹊起，而此时哈勒大学的基督新教虔敬派（pietism）的教授们却多方排挤他，取消他的哲学讲座，只让他开设数学讲座。当时他正担任（轮值制）哈勒大学的校长（Prorector），并于1721年卸任。值此之际，沃尔夫以纪念自己的卸任及下任校长的继任为名，发表了题为《中国人实践哲学演讲》的演说。在演讲中，沃尔夫的主张触怒了哈勒大学嫌恶理性主义，尊崇虔诚主义的教授们，他们要求普鲁士国王腓特烈·威廉一世将其驱逐出境。1723年，腓特烈·威廉一世面临艰难抉择，要么将沃尔夫处以绞刑，要么命其于48小时之内离开哈勒。最后，沃尔夫离开了哈勒，转任马尔堡大学教学。尽管如此，当时大多数有识之士都高度评价并支持沃尔夫的理性主义观点，十分同情他的遭遇。俄罗斯的彼得大帝曾提议授予他圣彼得堡大学学术副校长的职位，却遭到了沃尔夫的拒绝。不过，沃尔夫于1725年接受了圣彼得堡大学授予他的名誉教授称号和养老金。自1723年转任马尔堡大学教授之后，沃尔夫陆续出版了数部拉丁语著作。在被逐出哈勒17年之后，他于1740年被当年新即位的国王——腓特烈大帝召回哈勒。自此之后，沃尔夫的思想被认作是欧洲哲学强有力的指针之一，广布整个德国。不久之后，他的哲学几乎占领了德国哲学界，他的学说受到众多学生的宣扬，而且他的哲学形成了至康德为止的德国哲学的主流②。

---

① 译者注：即拉丁文科学杂志《教师学报》，又译作《学术纪事》，下同。

② 关于沃尔夫的生平，参阅：Heinrich Wuttke, "Christian Wolffs eigene Lebensbeschreibung, herausgegeben mit einer Abhandlung über Wolff", G. Olms, 1982. *Christian Wolff Gesammelte Werke*, 2. Abt. Lateinische schriften: Bd. 10—11；ヴォルフ『ヴォルフ哲学序説』（細川薫訳，青山書店，1959）；山本道雄「ヴォルフの哲学方法論についてのノート—『ドイツ語論理学』を中心に—」（『神戸大学文学部紀要』一九号，1992）；伊藤利男「啓蒙主義者クリスチアン・ヴォルフの自叙伝」（『九州ドイツ文学』第八号，九州大学独文学会，1994）。

另外，沃尔夫的著作被译成法语，赢得了更广泛的读者群，而其著作的法语版译者主要是法国基督新教胡格诺派的教徒。胡格诺派教徒在法国国王路易十四废除南特敕令（1685）之后，大举迁移至德国，他们在介绍法国精神的同时，也将介绍德国新思想的书籍传入法国。胡格诺派教徒之所以翻译沃尔夫的著作，正是因为他们认为对当时的法国人非常有益。腓特烈大帝原本就十分崇拜沃尔夫，并与其有交往。据说，腓特烈大帝还是王储时就感动于沃尔夫的著作，甚至曾将其法译本《逻辑学》带上战场[①]。此外，沃尔夫的体系［《拉丁语逻辑学》（1728）］也影响了《百科全书》。《百科全书》的"哲学"项目的整个分类（存在论·神学·人类学·自然学）与沃尔夫完全一致。哲学各门类的次序——沃尔夫提出的由原理向结论发展的"真正顺序"——在法国被广为接受[②]。

2 《中国人实践哲学演讲》的刊行

自进入哈勒大学执教之后，他开始积极著述大量著作，因而名声大噪，虽然是轮值但也被选任为校长。而且，在之后必须要把校长一职让于自己的论敌——基督新教虔敬派（Pietism）的朗格（Joachim Lange）时，他以纪念演讲的形式，在教师和学生近千人面前发表了《中国人实践哲学演讲》的演说。在演讲中，沃尔夫认为中国哲学是世界上最古老的哲学，并主张重视人民福祉的孔子是可与耶稣基督相媲美的人物。这种观点不仅与虔敬派为敌，甚至连正统的路德派也成了他的敌人。沃尔夫通过中国哲学阐述了自律理性所具有的优越性，又使基督宗教的神退居次要地位，因而两派旋即抨击沃尔夫的观点是无神论。

另一方面，与此相对，天主教一方则对沃尔夫表示同情，根据《中国人实践哲学演讲》序言可知，事实上1722年有人以罗马宗教法庭的名义，出版了这次演讲的内容。此后，法国的耶稣会士不仅于1725年再版了本次演讲的内容，而且擅自对沃尔夫的演讲内容添加了注释。因此，沃尔夫担心演讲内容会传播到自

---

① 参阅：織田晶子「ヴォルフと啓蒙主義」（『中央大学大学院研究年報』三三，文学研究篇，2003）。另，康德以沃尔夫的理性哲学为前提构筑了三批判，并以此为自我哲学的突破之路。关于这一点，请参阅：石川文康『カントはこう考えた』（筑摩書房，2009）第 144 页。

② 参阅：桑原武夫編『フランス百科全書の研究』（岩波書店，1954）〈第一章 哲学〉；織田晶子「ヴォルフと啓蒙主義」（『中央大学大学院研究年報』三三，文学研究篇，2003）。

已鞭长莫及的地方，便于 1726 年起附加了相当于演讲原文四倍之多的自注，并决定将其付梓出版。他在出版的《中国人实践哲学演讲》中，附加了大量与中国相关的资料，并增述了反驳他的批判者们的内容。

1740 年该书的德译本问世（*Rede von der Sittenlehre der Sineser*. In：*Herrn Christian Wolfs Gesammlete kleine philosaphische Schrifften*，übetsezet von Gottlieb Friedrich Hagen，Sechster Theil，1740.）；1741 年该书的法译本出版（Traduction française par Johann Heinrich Samuel Formey，*Discours sur la morale des Chinois par Monsieur Wolff*，La Haye，1741.）[①]。

---

① 五来欣造的『儒教の独逸政治思想に及ぼせる影響』（早稲田大学出版部，1927）「第二篇第五章クリスチャン・ヴォルフと儒教」是日本最早研究《中国人实践哲学演讲》的著作，五来氏所依据的文本是约翰·海因里希·塞缪尔·福尔梅（Johann Heinrich Samuel Formey）法译本《中国人实践哲学演讲》（1740）。参阅：Donald F. Lach，‘The Sinophilism of Christian Wolff（1679—1754）’，*Journal of the History of Ideas*, vol. 14，1953. 该文对《中国人实践哲学演讲》发表之后出现的赞否两论及其在欧洲的影响做了极为精炼地整理，并施以解说。《中国人实践哲学演讲》最可靠的文本当数阿尔布雷希特的校订本（Christian Wolff，*Oratio de Sinarum philosophia practica* übersetzt, eingeleitet und herausgegeben von Michael Albrecht. Hamburg：F. Meiner.1985.）。阿尔布雷希特注重沃尔夫本人所做的注释资料，探索《中国人实践哲学演讲》的形成过程，在验证其与沃尔夫哲学之关系的同时，比照拉丁语文本译成德语。本篇论文即是以阿尔布雷希特的校订本为基础的。另外，秦家懿和奥斯特比（Julia Ching and Willard G. Oxtoby，*Moral Enlightenment: Leibniz and Wolff on China*, Steyler Verlag，1992.）将莱布尼茨和沃尔夫关于中国的论述译成英语，并加以解说。其中，秦家懿指出了儒家与斯多葛派的相似性及其与沃尔夫思想的关联，笔者深受启发。但是，他们的英译本《中国人实践哲学演讲》中尚有若干需要商榷的地方。此外，该书还有中译本（秦家懿译，《德国哲学家论中国》，生活·读书·新知三联书店，1993）。Mark Larrimore（“On Christian Wolff's Oratio de Sinarum philosophia practica”，*Journal of Religious Ethics*，Vol. 28，Number 2，2000.）论述道，沃尔夫批判了理智主义，并赞赏中国人认为要端正意志必须训练理智的观点。在『中国哲学とヨーロッパの哲学者 下巻』（明治書院，2002）「第八章第一節 若きカントの中国知識」中，堀池信夫以福尔梅的法译本为基础，参照福尔梅本人所做的注释，探讨了沃尔夫对虔敬主义者（Pietist）的批判、“孝”和《大学》中的世界的连锁体系以及非宗教性“幸福”的问题等。德国哲学家汉斯·波塞尔（Hans Poser）在「ライプニッツとドイツ啓蒙主義の倫理学」（長綱啓典訳，『理想』第六七九号，2007）中，简要地探讨了《中国人实践哲学演讲》的发表过程及其内容与沃尔夫本人的哲学的关系。石川文康在「ドイツ啓蒙の異世界理解—特にヴォルフの中国哲学評価とカントの場合—ヨーロッパ的認知カテゴリーの挑戦—」（『「一つの世界」の成立とその条件』，国際高等研究所，2008）中，研究了沃尔夫认为《大学》的连锁体系体现了“充分理由律”的观点，并讨论了沃尔夫的学生毕尔芬格从《中庸》中推导出的“中间项”影响康德“二律背反”理论的可能性。

3 与卫方济相关的知识

沃尔夫承袭了他的老师莱布尼茨对中国哲学的评价，并极为关心与中国相关的信息。莱布尼茨于 1716 年出版发行了《论中国人的自然神学》一书。不过，沃尔夫的中国消息来源与莱布尼茨有所不同。莱布尼茨主要依据的是龙华民和利安当的著作，而沃尔夫的主要消息来源是卫方济所著的《中华帝国六经》。沃尔夫在其《中国人实践哲学演讲》中阐述如次。

> 值得尊敬的司铎、耶稣会士卫方济神父博学之誉甚高，在道德完善的生涯中绽放光彩。他依靠超凡的努力，耗费二十余年对中华帝国的古代典籍进行了彻底的调查，最终将其翻译成拉丁语，并于大概十年前在布拉格公开刊行。（《中国人实践哲学演讲》"值得赞赏的中国的教育课程"）
>
> 先前我所称赞的翻译了中华帝国古代典籍的翻译家〔卫方济〕，他头脑极为敏锐，有着卓越的判断力，二十余年始终不懈，细致研读这些古代典籍。他这么做是为了获取通过〔一般的〕知性所无法轻易理解的〔古代典籍的〕真谛。最后，他在译文开头的序言中阐述了如次意见："这里没有深远〔隐蔽的、艰涩的〕且崇高的学说（recondita ac sublimis doctorina），仅有世俗的伦理和习俗〔道德〕（mores）的体系、家族的规律，以及十分寻常的良好的治理技术。促使我们着手翻译的不是争论和事物自身的卓越性，而是为此殚精竭虑的不胜枚举的人们。"〔但是，经书的翻译〕自入华传教开始以来历经百年，虽由他人尝试过数次却均未能实现。（《中国人实践哲学演讲》"为何演讲者的中国〔观〕看上去与译者不同"）

从该篇文章中，我们能窥见沃尔夫对卫方济钻研中国哲学的评价。尤其是引用了"这里没有深远〔隐蔽的、艰涩的〕且崇高的学说（recondita ac sublimis doctorina），仅有世俗的"一句话，这一点显示出沃尔夫是在何种方面展示评价卫方济的（即淡化"神"一般的崇高性和深远性①）。

---

① 或许卫方济的话本身并非贬低中国哲学，而是想强调中国哲学的非基督宗教性。因为正如后面所列举的《中庸》"庸德之行，庸言之谨"一文，儒家也重视人类世界中的德性的实践。

　　虽说如此，似乎在沃尔夫看来，卫方济对中国哲学的评价有些过低了。于是，沃尔夫紧接着论述说，"〔与卫方济的观点〕正好相反，在通读这些古代典籍之后，我立刻感觉到其中隐藏了某种深远的智慧（recondita sapientia），并认识到发现对这些智慧的理解需要技巧。因为我的理解是，尽管看似其中不具任何秩序，但只要洞察其深奥之处，就可认识到它们通过极为精美的连锁〔纽带〕（pulcherrimus nexus）相互协调，首尾一致"（《中国人实践哲学演讲》"为何演讲者的中国〔观〕看上去与译者不同"）。可见，沃尔夫以一种与卫方济不同的视角，设想出中国哲学的内在整合性和秩序，并认为其中隐含着深刻的理论。

　　实际上，沃尔夫早在接触《中华帝国六经》之前，就已阅读过卫方济的著作。因为他曾在以学者为对象的学术期刊《莱比锡学术论丛》（Acta Eruditonum）——由莱布尼茨等人于 1682 年创刊，沃尔夫本人 1703 年后参与编辑——1711年 9 月刊中，评论过卫方济的《印度与中国数学和物理学的观测》（Observationes mathematicae et physicae in India et China），又以匿名的方式重点评价了其对中国和印度之物理学的考察。并且，他还阐述道："毋庸置疑，尊敬的卫方济神父在数学和物理学方面的观测，在那些对数学和物理学的事物怀有好奇心的人们来说，是爱不释手的吧。关于这些观测，可以这么公正地说吧——'虽然是本内容不多的小册子，但实际上却极具有用性'。确实，本书旨在完整地囊括地理学、天文学、年代学、政治学及物理学[①]方面的内容。"而且，在沃尔夫看来，卫方济首先是一位以阐明天文和地理构造及规律性为目标的物理学者。沃尔夫本人也是一位数学家和自然科学家，可以说他同卫方济之间极易产生共鸣。沃尔夫在评论卫方济的《印度与中国数学和物理学的观测》的第二年（1712），便于《莱比锡学术论丛》上撰写了关于《中华帝国六经》的书评。他又在 3 月刊就《大学》《中庸》和《论语》，在 5 月刊上就《孟子》分别撰写了摘要，做了解说[②]。此外，

---

① *Christian Wolff Gesammelte Werke*, 2. Abt., Lateinische schriften：Bd. 38.2, G. Olms, 2001, S. 573—580.

② Ibid., S. 624—629, S. 646—651.

他还曾匿名评论了《中华帝国六经》[①]。总而言之，沃尔夫早在《中国人实践哲学演讲》10 年之前就已经知道卫方济。

　　自接触到卫方济的著作之后，直至 1721 年发表《中国人实践哲学演讲》期间，沃尔夫公开发表了以《德语逻辑学》（1712）为起点的一系列德语著作。即《数学科学的基本原理》（1717）、《德语形而上学》（1720）、《伦理学》（1720）、《政治学》（1721）等庞大的作品群（71 册）[②]。其中大部分著作之后都被译成拉丁语普及至整个欧洲。特别值得一提的是，曾驱逐过沃尔夫的腓特烈一世在晚

①　Christian Wolff, *Oratio de Sinarum philosophia practica*, übersetzt, eingeleitet und herausgegeben von Michael Albrecht, Hamburg, F. Meiner, 1985. 虽然没有文献证据，但杂志《莱比锡学术论丛》在选定撰写书评的书籍上极有可能接受了莱布尼茨的指示。另外，莱布尼茨在柏应理《中国哲学家孔子》出版当年（1687）就已经读过该书（cf. Virgile Pinot, La Chine et la formation de l'esprit en France, 1640—1740, Paris, 1932, Slatkine Reprints, Genève, 1971, p. 334）。前揭孟德卫的著作中介绍了《论语·子罕》将"松柏"比喻成君子的故事。参阅：*Gottfried Wilhelm Leibniz Sämtliche Schriften und Briefe*, Band 5, November 1687 bis August 1690, Berlin, 1970, s. 25. 该书记述道，莱布尼茨在柏应理译文的基础上，用法语介绍道"唯有在冬天才知道树木如何保持常绿。同样，宁静幸福之时，众人彼此都不相上下。唯有在混乱的时代，才可识得才华横溢之人"。笔者认为，莱布尼茨所参考的柏应理的译文也来自张居正的注释——"惟当隆冬岁暮……松柏乃独挺然苍秀。……盖治平之世，人皆相安于无事，小人或与君子无异。……独君子挺然自持不变。……所以说，士穷见节义，世乱识忠臣"（《论语直解·子罕》）。再而，这之后的第二年（1688），《莱比锡学术论丛》以匿名方式刊登了关于《中国哲学家孔子》的评论（*Acta Eruditiorum*, Lipisae, 1688, pp. 254—265）。这篇评论有可能出自在前一年就已经入手相关信息的莱布尼茨本人之手。就算不是，身为编辑的莱布尼茨也必定对此有所耳闻。此外，柏应理的书中展示了与《易经》有关的解说和卦象图。莱布尼茨从中获得的信息要远早于白晋（Joachim Bouvet）获得的易经信息（1698）。无论如何，莱布尼茨都是当时最重要的中国信息收集人之一。（补说：胡阳、李长铎《莱布尼茨二进制与伏羲八卦图考》（上海人民出版社，2006）第三章论述道，斯皮泽尔（Gottlieb Spitzel）（*De Re Literaria Sinensium Commentarius*, Lugduni Batavorum, 1660）引用了卫匡国（Martino Martini）的《中国上古史》一书，该书向欧洲传播了最早的卦象图等《易经》信息，这说明斯皮泽尔早在莱布尼茨发明二进制（1679）之前就已将易经的信息带回了欧洲。胡阳和李长铎论述道，莱布尼茨和斯皮尔泽在 1669 年至 1672 年间相互通过信，由此可见莱布尼茨读过斯皮泽尔的书。孟德卫（David Mungello, "Leibniz and Neo-Confucianism", *Philosophy East and West*, Vol. 21, No. 1, University of Hawaii Press, 1977, p. 1）明确指出，莱布尼茨 20 岁时（1666）曾读到过斯皮泽尔的书。不过，该书中还刊载了卫匡国和罗明坚《大学章句》三纲领、八条目的两种拉丁语摘译。书中甚至用图片揭示了作为一般性符号的易卦和汉字信息。最后，笔者发现了书中竟有作为计算方法的 monade（单子）一词。青年莱布尼茨对儒学根本命题的容受问题将留待日后讨论。

②　参阅：小田部胤久〈ヴォルフとドイツ啓蒙主義の暁〉（『哲学の歴史 七巻』，中央公論新社，2007）。

年也改变了对《德语逻辑学》的评价，士官学校将其作为教材使用。而康德也将其评价为最优秀的书 ①。可以说，这些著作是沃尔夫在对中国的思考逐步走向成熟的期间写就的。

4 邂逅柏应理的《中国哲学家孔子》

然而，沃尔夫关于中国哲学的消息来源不仅只有卫方济。1726 年沃尔夫公开出版了《中国人实践哲学演讲》，但此时沃尔夫附加了几乎是《中国人实践哲学演讲》原文体量四倍之巨的自注。而形成如此巨量增补的中国信息实际上源自柏应理的《中国哲学家孔子》（1687）。据沃尔夫讲，演讲之后，他从学生毕尔芬格那里得到了关于《中国哲学家孔子》的消息 ②。而且在序文中，沃尔夫本人也论述了刊行之际大量采用柏应理著作中的信息的原因，即卫方济的书在欧洲尚未普及，而柏应理的书流传更加广泛，因而更便于读者参考。

5 卫方济《中华帝国六经》的要点

在《中国人实践哲学演讲》的自注中，沃尔夫概括性地解说了卫方济所译之六经各自的内容，及其在中国哲学中的意义。

〔在卫方济翻译的《中华帝国六经》中〕有六部古代典籍〔被翻译〕。《大人的学校或学说》〔《大学》〕、《学说之书》〔《论语》〕、《不变的中庸》〔《中庸》〕、《孟子》、《为人子的敬意》〔《孝经》〕、《儿童学校》〔《小学》〕——这全是卫方济翻译的。在他之前的传教士们〔殷铎泽、柏应理等〕出版了《中国哲学家孔子》，但这本书只是将《大学》《论语》《中庸》译成拉丁语。〔由殷铎泽、柏应理等人翻译的〕《中国之智慧》的第一篇，即是由孔子著述，其弟子曾子详细解说的《大人的学校或学说》〔《大学》〕。第二篇是卫方济所译第三本古代典籍——《不变的中庸》〔《中庸》〕，该

---

① 参阅：山本道雄「ヴォルフの哲学方法論についてのノート―『ドイツ語論理学』を中心に―」（『神戸大学文学部紀要』一九号，1992）。

② 参 阅：Michael Albrecht, Christian Wolff, *Oratio de Sinarum philosophia practica*, übersetzt, eingeleitet und herausgegeben von Michael Albrecht, Hamburg, F. Meiner, 1985. 石川文康「ドイツ啓蒙の異世界理解―特にヴォルフの中国哲学評価とカントの場合―ヨーロッパ的認知カテゴリーの挑戦―」（『「一つの世界」の成立とその条件』，国際高等研究所，2008）。

书是子思以其祖父孔子之足迹为基础，将孔子之言行作为原理采用，并加以记录而成。最后，第三篇是《学说之书》〔《论语》〕，此书包含了孔子及其弟子们应时提出的学说，并由其弟子阐述了形成孔子外在行为的道德〔习惯〕（mores）。〔而卫方济所译〕《孟子》是〔关于〕中国其他的著名哲学家〔的著述〕。孟子生于基督纪元前 371 年，享年 84 岁。他在中国人之中虽没有孔子一般的权威，但其功绩至今仍值得后人感谢，并留存在后人的记忆中。因此，孟子的子孙即便在当今的朝廷依旧享有王族的特权。请看〔柏应理〕"年代表"第 15 至 16 页。〔孟子〕孔子之孙子思——孔子真正的解释者——之弟子。子思明确指示出比其他典籍都更加条理井然的中国的学说（Doctrina Sinica cohaerens）〔《中庸》〕。在《为人子的敬意》〔《孝经》〕这本小册子中，包含了孔子回答其弟子曾子关于对父母之崇敬〔孝〕（cultus parentum）的问题，而这〔孝〕也显示出对于中国哲学的目的——优越的统治——来说是何等有益。最后，在〔中国的〕第八个王朝〔宋〕——于基督纪元后 372 年至 480 年维持统治，朱熹〔朱子〕（Chu hi）写就了《儿童学校》〔《小学》〕。这是古代至近世的人们的观点和实例的集大成，供孩童们使用，并曾经在繁荣的国家的小学中被用于授课①。

关于《小学》的著述年代，沃尔夫认为是宋朝（960—1279）以前的南北朝时期的刘宋（420—479）。但是，《小学》是宋朝时期的朱熹参与编撰成书的，所以是沃尔夫弄错了。可知，他意图主张《小学》具有较为久远的历史。可是，他关于这之外的古代典籍的信息（从朱子学的观点来看）是基本正确的，可知他细致地阅读过卫方济和柏应理的著述。

沃尔夫对卫方济的翻译的评价基本上要高于对柏应理的翻译的评价。尤其是在关系到解释中国哲学的哲理性内容时，他表现出极力赞同卫方济的姿态。"不可否认，卫方济的翻译应当比柏应理的翻译更具优势吧。"②沃尔夫认为卫方济的翻译更优越的理由，在于他认为中国哲学不以基督宗教或"神"的存在为前提，而是通过理性本性向人类存在、社会直至世界扩展，以达到完善的状态。也就是

---

① Christian Wolff, *Oratio de Sinarum philosophia practica, übersetzt, eingeleitet und herausgegeben von Michael Albrecht, Hamburg,* F. Meiner, 1985, n. 138.

② Ibid., n. 85.

不以"神"为必要条件的理性的自立和独立。另一方面，沃尔夫对柏应理的翻译持批判态度，认为他在谈及中国哲学之终极存在时，提出基督宗教的神性存在是不妥当的。不过，有时——为数并不少——他也认为柏应理的翻译更为有效，对其加以强调突出——尤其是关于中国哲学的人类本性论的地方。

下面，笔者将考察《中国人实践哲学演讲》中对中国哲学进行解释和一般性赞赏的实际情况。在此之前，让我们先看看沃尔夫本人所列举的中国哲学之优点的具体事例。

6 沃尔夫所见中国之"深远的智慧"

在《中国人实践哲学演讲》的"为何演讲者的中国〔观〕看上去与译者不同"中，沃尔夫认为卫方济对中国哲学的评价过低，并在自注中列举了下面20个例子，以例证中国哲学的"深远的智慧（recondita sapientia）"。（另，各项开头的数字序号为笔者所加）。

〔深远的智慧〕

① 帝国的观念还原为家族的观念；帝国之秩序的观念还原为天之秩序的观念。

② 年代记在道德、政治方面的适用方法。

③ 关于道德和政治事态之学说的观念获取真理的方法。

④ 与作为人性行动规范的理性本性之相宜性。

⑤ 关于道德事态的充足理由律〔充分理由的法则〕之适用。

⑥ 于德性而言不可或缺的外在行为与内在行为的一致性。

⑦ 与德性相伴随（socia）的喜悦。

⑧ 关于推测他者之伦理〔道德〕的方法。以及为了寻求审判中的争论的真实性而事先接受指示的方法。

⑨ 每日向着更高的完善〔完美性〕不断前进。

⑩ 在行为的自由决定上，小宇宙与大宇宙的调和〔一致〕。

⑪ 与一切行为相关的完善〔完美性〕的观念。

⑫ 感官欲求与理性〔欲求〕的自发的调和〔一致〕。

⑬ 作为道德〔伦理〕之原理的心〔魂〕的上位部分与下位部分之间严

密的区别。

⑭ 以臣下作为人子须有的畏惧为媒介的担负责任和义务的方法。

⑮ 本讲演中提及的中国的两种学校；不期望补偿的、对因德性而位居上位之人的畏惧。

⑯ 道德〔伦理〕实践中的秩序。

⑰ 慎重选择学说。

⑱ 哲学的观念。

⑲ 王者的实例与民众的效仿之间存在的密不可分的纽带。

⑳ 道德〔伦理〕实践①。

从这些项目中，我们可以认为，沃尔夫并非选择中国哲学或中国伦理中的只言片语进行讨论。他认为自己的人类观和宇宙观与中国的人类观和宇宙观具有诸多相似性，并通过这一观点，细细品味中国哲学的体系及各种概念。在第三部分，笔者将进一步讨论这些项目中的第①至⑬的相关问题。

7　中国哲学的历史及其声誉

在演讲时，沃尔夫首先向听众指出，当今欧洲对中国哲学的评价褒贬不一。可是，他接着说道，不管处于何种立场，在认为中国哲学的创始人是孔子这一点上，欧洲的认识从历史事实上看是错误的。沃尔夫直言，孔子不是中国哲学的创始人。他认为，自孔子所处的遥远的太古时代起，中国就已经存在一批哲人王，而孔子实际上不过是这些哲人王的祖述者而已。在前述开场白之后，沃尔夫一边叙述古代中国哲学的历史谱系，一边继续演讲。

　　一切阶层的声名卓著的听众们：

　　在自今相当久远的以前的世纪起，中国的智慧就被人们〔认为值得〕赞赏，其在国家管理方面异常卓越的思虑(prudentia)让人颇为惊讶。然而，〔在时过境迁的今天〕那些思虑早已司空见惯，看上去已然不被夸张地认为是特别出类拔萃的东西了。

---

① Christian Wolff, *Oratio de Sinarum philosophia practica*, übersetzt, eingeleitet und herausgegeben von Michael Albrecht, Hamburg, F. Meiner, 1985, n. 139.

在我们中间，孔子被称为重要知识的创始人。但是，可以断定拥有这种想法的人们〔应该〕是对中国哲学并没有太多的认识〔的人群〕。（《中国人实践哲学演讲》"中国哲学之古邈与名声"）

实际上，远在孔子以前，中国就因最优秀的法律制度而繁荣昌盛。之所以这么说，是因为君主们通过言语和范例〔实例〕（exemplum）向臣民颁布了最好的完善的规范。〔另外〕自帝王、上流阶级的人们及最底层的平民子弟的幼年时期开始，道德学家和教育家们就将良好的习俗〔道德〕（mores）教授给他们，培养他们在作为大人的善恶认识（boni malique cognitio）方面坚韧不拔，〔而且〕君主和臣民〔在这一点上〕竞相争夺道德的荣光。古代中国的帝王〔在身为帝王的〕同时也确实是哲学家（philosophi）。

要是这样的话，如果依照柏拉图的那句名言——"哲学家统治的国家，或者王者通过哲学〔性思考〕统治的国家都是幸福的"——来说，〔中国的繁荣昌盛〕没有丝毫不可思议之处。（《中国人实践哲学演讲》"孔子不是中国哲学的创始人"）

由此可见，孔子以前的远古的哲人王（圣王）业已创造了中国的国家管理（经营社会）的技术和知识。这是他们从甄别善恶的道德原理中推导出来的东西，因而古代中国的统治者与被统治者都通过这一原理——德性——的完善，作为整个国家的规范而取得幸福状态。沃尔夫以柏拉图为引证，主张太古异邦中实际存在着理想的哲学。而且，沃尔夫记述了中国古代哲人王之事迹的概略，以此作为其观点之根据的实例。

那些〔帝王〕之中，作为中国之学问和帝国的创始人，中国人所敬重的伏羲（Fo hi）——作为〔圣王〕之首——受到人们的赞扬。

神农（Xin num）、黄帝（Hoam ti）、尧（Yao）及舜（Xum）继承了伏羲所创始的事业，并使之进一步完善。直至夏（Hia）、商〔殷〕（Xam）、周（Cheu）王朝〔三代〕的帝王们，法和制度都被提升至他们所能到达的至高的完善〔完美性〕（summa perfectio）。（《中国人实践哲学演讲》"中国哲学的创始人"）

　　这些古代帝王的谱系实际上既具有神话性的一面，也有称不上是史实的一面，但沃尔夫却将其视作史实。在中国，这一谱系被理解为神话性的东西是在临近近代的时候，所以对无法依据中国的原典史料展开讨论的沃尔夫来说，他的这种认识也是无可奈何。总之，沃尔夫是从被认为大体上确凿的信息来源得到这种关于古代圣王的知识的。这一信息来源就是第二部分第三章第一节中所列举的卫方济翻译的《大学》的序文，即朱熹《大学章句》"序"的拉丁语译文。而且，沃尔夫据此领悟到，传说中的圣王们都是世世代代使中国的各种制度渐次向高级阶段发展，其结果便是形成了中国卓越的道德原理和政治上的和谐。

　　在先前举出的"深远的智慧"的20个事例中，沃尔夫在第一个例子中阐述了"帝国的观念还原为家族的观念；帝国之秩序的观念还原为天之秩序的观念"。

　　对此，在《中国人实践哲学演讲》公开刊行时的自注中，沃尔夫清楚地指出中华帝国的历史在世界史上也是最古老的。

　　　中国人是所有民族中最古老的（gens omnium antiquissima），这件事确凿无疑，不容反驳。叫做伏羲的帝国创始人于基督纪元前2952年开始其统治，自他以后，继承者们的体系得以确立。这显然从一直持续到1683年的中国君主的《年代表》——令人尊敬的柏应理神父将其由汉语译成拉丁语，并于1686年在巴黎刊行——中得以确证。这张年代表是殷铎泽、郭纳爵、鲁日满、柏应理的研究著作《中国哲学家孔子》或《用拉丁语说明的中国智慧》的附录。他们的国家社会和伦理学说的起源可追溯至帝国的摇篮期，而从这一时期至我们所处的时代，经历了4677年的岁月。的确，中国的年代可追溯至远古伏羲的时代 [1]。

　　如此，沃尔夫根据卫方济的译文和柏应理的年代表，强调中国历史的悠久性。但是，这同时也与他主张追溯至帝国创建之初的中国哲学，或伦理学在世界史上的悠久性的观点直接相关。因为一般认为哲学的耐久性和可信赖性与历史上的永久性成正比。沃尔夫意图以这种"历史性证据"为佐证，阐述中国哲学的确凿性。

　　那么，关于在历史上得以保证的中国哲学，沃尔夫认为其根本原理是怎样的呢？

---

[1]　Christian Wolff, *Oratio de Sinarum philosophia practica, übersetzt, eingeleitet und herausgegeben von Michael Albrecht*, Hamburg, F. Meiner, 1985, n. 1.

8　帝国·家族——还原秩序观念

沃尔夫认为，中国的创始者伏羲同时也是中国各种学问的始祖。而且他主张"帝国的观念还原为家族的观念；帝国之秩序的观念还原为天之秩序的观念"，并阐述这形成了帝国内所有组织和秩序的各种形态。

> 伏羲（*Fo hi*）于西历纪元前 2952 年创立帝国，而中国所有学问（sapientia）之基础的奠定多亏了伏羲。如果是这样的话，我认为解释关于哲人王才智[智力]的事情大有裨益。伏羲将整个帝国理解为一个家庭，这也就是希望君臣之间成为亲子一般的关系。并且，这种关系被认为是恒定的道理（constasns ratio），遵照这个就能决定帝国内的一切事务[1]。

沃尔夫的这一主张是基于柏应理关于伏羲的记述（在此反复说明，沃尔夫在公开刊行时增补的注释中，曾一度大量引用柏应理的文字），及第二部第四章中所述卫方济的《孝经》（如《三才章》）译文等。沃尔夫认为，"孝"使父子血缘关系上的时间延续性同主导者与从属者的上下空间关系表象化，其范本是贯穿于中国帝国内的各种组织的东西，而伏羲认为这种"孝"的结构就是"恒定的道理"。而且他主张通过效仿这个"孝"能给帝国来带来和谐。他将这个道理理解为"作为还原之原理（principium reductionis）而起作用"[2]的东西，具有极为重要的意义。沃尔夫继续阐述道"伏羲从观测天地出发，亲自传授正确统治民众和国家的规范"[3]，伏羲的智慧源自对宇宙秩序的考察。这句话出现在柏应理《中国哲学家孔子》"导言"第二部分第五节"真神的概念和礼仪印证了中国人是东

---

[1]　Christian Wolff, *Oratio de Sinarum philosophia practica*, übersetzt, eingeleitet und herausgegeben von Michael Albrecht, Hamburg, F. Meiner, 1985, n. 7.

[2]　Inid. 另外，"还原之原理"在《德语形而上学》中被称为"der Grund der Verkehrung"。沃尔夫认为，该原理是指通过共同观念之力，将所追求的未知对象变为等价的已知对象的规则和技巧。沃尔夫将"孝"的框架视为"恒常性条理"，认为其作为"原理"行之有效。这从启蒙时期之"理性"概念的发展来看颇有意思。因为直截了当地说，康德之理性的形式性构筑了牛顿三维时空构造的哲学基础，而沃尔夫的理论可视作前述康德之构思的先例。此外，堀池信夫「前漢における孝の展開と国家」（渡邊義浩編『両漢の儒教と政治権力』，汲古書院，2005）将"孝"的概念作为时空结构进行了探讨。

[3]　Christian Wolff, *Oratio de Sinarum philosophia practica,* übersetzt, eingeleitet und herausgegeben von Michael Albrecht, Hamburg, F. Meiner, *1985*, n. 7.

方在大洪水过后的幸存者"的部分。而且该句话本就来自《易经·系辞下传》"古者包牺氏之王天下也，仰则观象于天，俯则观法于地。观鸟兽之文，与地之宜，近取诸身，远取诸物，于是始作八卦，以通神明之德，以类万物之情。"

伏羲的事迹在柏应理《中国哲学家孔子》"导言"的其他地方也出现过。柏应理在此讨论了伏羲的别名——包牺（ Pao hi ），他认为包牺具有包裹牺牲的含义，并据此将其视作远古中国存在向"真神"祭祀牺牲的实例。另一方面，沃尔夫丝毫没有谈及与伏羲有关的这种宗教问题，而是从中解读到伏羲纯粹的宇宙观测，以及从这种观测中推导出恒定不变的规律的合理解释。下面一处文字尤其能强烈地展现出沃尔夫的这种姿态。

> 显然，〔伏羲〕惊叹于天地的秩序和恒常性（ coeli terraeque ordo et constan-tia ），并最大限度地、谨慎地、勤奋地努力去模仿。如果格外细心地品味这件事的话，我毫不怀疑人们会惊愕于伏羲深思熟虑之中〔存在〕的意想不到的深远性。伏羲显然十分熟悉天文学，他认识到星辰通过永续的运动（ perennis motus ）旋转，并在〔这个〕运动中保持秩序和恒常性。星辰不是因为不确切的规律而徘徊，正如上一世纪聪明的开普勒（ Keplerus ）在我们〔欧洲〕首次发现到的一样，存在着一种天空的法则（ jura poli ）[1]。

在沃尔夫看来，伏羲的业绩是可与开普勒发现天文学规律相比较的前例。沃尔夫说的是，伏羲弄清楚了宇宙的运动中存在着不变的规律性。当然，沃尔夫认为伏羲并非和开普勒一样，是通过明确清楚的数学上的记述方法发现这种规律性的。沃尔夫阐述道，伏羲认为宇宙中每颗行星的运动均与整个宇宙系统相互协调，十分完美，并且努力效仿之，以期建立帝国内的整个组织的秩序。

> 每颗行星都有不同的旋转周期，这些都是恒定不变的，是由永恒不灭的规律（ constans lex ）决定的。但是，因为这每一颗〔行星〕都保持着同一种规律，所以为了使运动系变得完善（ motuum Systema sit perfectum ），而在其多样性中保持着惬意的〔友好的〕一致性（ amicus consensus ）。因此，为了使

---

① Christian Wolff, *Oratio de Sinarum philosophia practica,* übersetzt, eingeleitet und herausgegeben von Michael Albrecht, Hamburg, F. Meiner, 1985, n. 7.

万事成为协调的系统（systema harmonicum），伏羲试图按照天的规范（norma coeli）来组成帝国。他相信，如果众人的一切行为都由一种恒常的规律决定其完美性（perfectum），就能得到和谐①。

如此，沃尔夫认为，伏羲秉持了见之于中国古代典籍——《易经》和《孝经》中的宇宙论式的哲学观。因此，众人的行动符合宇宙论式的恒常不变的规律，并在帝国中被组织起来的话，世界就能如同存在于宇宙的体系之中一样获得和谐。

此外，柏应理认为伏羲是"易"的创始人，但却完全没有触及《易经》占卜的一面。倒不如说，柏应理认为《易经》是阐明宇宙发展之规律性，以及以此为依据的道德构成的书。可以说沃尔夫在这点上受到了柏应理的诱导。关于《易经》，沃尔夫阐述道"它是《产出与变化之书》（*Liber productionum ac mutationum*）（其中包含了物理学的学说）"，不过仍旧没有涉及咒术和占卜术的方面，毋宁说他将《易经》视作纯粹的物理学书。沃尔夫认为伏羲主导了宇宙论式的国家统治的理解，反映了柏应理的解说——追本溯源的话，则是指张居正等人的宋学式的解释。这样的话，这种宇宙论式的国家统治具体又被理解为怎样一种东西呢？这即指天下的构成。

> 于是，伏羲为了将上位者与下位者、年长者与年少者、发令者与从属者、至高无上的君主与整个帝国之间的关系视作与亲子等同的关系，而规定了最优越的法〔则〕（suprema lex）。如果在中国人的哲学中，相互比较年少者对年长者应尽的义务〔相符的行为〕（officium）、弟弟对兄长应尽的义务、下位者对上位者应尽的义务、从属者对发令者应尽的义务、小国之王对帝王应尽的义务的话——如果我们没有误解的话——是能够充分认识到这从〔父子〕关系中演绎出来的关系吧②。

可见，在国家的各种组织和社会的关系中，处于领导和支配地位的一方与其从属者之间的关系，其组成可与家庭中具体的父子关系，即孝的关系——孝具有时间和空间融合为一体的结构，而另外正因为它具有时间性和空间性，所以它也

---

① Christian Wolff, *Oratio de Sinarum philosophia practica,* übersetzt, eingeleitet und herausgegeben von Michael Albrecht, Hamburg, F. Meiner, 1985, n. 7.

② Ibid.

是宇宙——相类比[①]。

    因此，关于伏羲这个中国人的道德和政治哲学，关于杰出——在才智〔智力〕（ingenium）和聪明度方面——人物的伟大意图，虽然除了我所附言的事情以外其他事物全都没有传达到，但为了再现中国人的道德和政治哲学，只要将精密的知识与正确的方法结合，毋庸置疑，用这个就完全足以将其再现吧[②]。

这样，沃尔夫认为宇宙论式的孝的概念是中国哲学的中枢，代表了中国的道德和政治哲学。而且在他看来，孝是帝国内各种组织所共通的，是上位者与下位者关系之范本，即包含了时空的宇宙论式的规范性意义，是判断中国哲学之意义的标识。沃尔夫认为，这与在解释中国古代典籍之际，该信任怎样的解释者相关。并且，沃尔夫阐述道，如果中国的注释模棱两可的话，面对孝的姿态就成了判断的标准[③]。他判断道，从卫方济大体上以孝为基础这一点来看是符合这一标准的，同时认为卫方济的翻译非常好，能优先考虑到孝。

    因此，如果〔中国的〕解释者们的说明使得意思模棱两可之时——或者卫方济和柏应理及同僚们〔见解〕不一致时——更能充分地使中国真正的学说区别于伪学说。为了让他们相信我们说的话，我们想在接下来出示实例。作为立法者（legislator）的伏羲扮演了父亲的角色，从家长的视角制定了法。它在至今4677年间，一直约束着预计拥有超过5亿9千万人口的庞大帝国。〔关于这件事〕请参阅柏应理"年代表"第105页结尾处。因此，如果立法者提及法时，要发挥作为父亲的作用的话，法的力量和效果究竟如何，其结果可充分确证[④]。

沃尔夫以卫方济翻译的《孝经》和柏应理带来的中国历史信息为基础，认为

---

① 参阅：堀池信夫「前漢における孝の展開と国家」（渡邊義浩編『両漢の儒教と政治権力』，汲古書院，2005）。

② Christian Wolff, *Oratio de Sinarum philosophia practica,* übersetzt, eingeleitet und herausgegeben von Michael Albrecht, Hamburg, F. Meiner, 1985, n. 7.

③ Ibid.

④ Ibid.

伏羲通过孝的观念能约束并统治广大的中国。可见，沃尔夫十分关注作为秩序化原理之范本的"孝"。

第二节　沃尔夫对孔子的评价

1　孔子——神的意志

如前所述，在《中国人实践哲学演讲》的开头，沃尔夫就强调欧洲人视为中国哲学鼻祖的孔子实际上在中国历史上要远晚于伏羲。沃尔夫阐述道："在伏羲至孔子的两千余年的历史中，在中国的智慧中实际存在过漫长的继承发展的谱系。"（《中国人实践哲学演讲》"孔子不是中国哲学的创始人"）

在《中国人实践哲学演讲》的自注中，沃尔夫依据柏应理带来的信息，按顺序展示了以伏羲为首的古代圣王的业绩及当时的文化状况。例如，伏羲编写出了早于汉字的记号（易经的卦象），黄帝的时代里发明了体现哲学和几何学秩序的汉字①。另外，沃尔夫还说道，黄帝本人也将天文学还原为适用于数学的学问的形式②，舜以历代帝王成功施行统治的经验为标准，致力于使自己的言行成为行为规范等。进而，沃尔夫论述道，通过这种圣王们的谱系，以及紧随其后的夏商〔殷〕周三代王朝，中国的法律制度达到了最高程度的完善，中国因此歌颂了最初的繁荣（《中国人实践哲学演讲》"中国哲学的创始人"）。然而，时代变迁，这种繁荣并未持续下去。统治者、教育家及民众都偏离了祖先们所雕琢的法和道德，徘徊于恶行和邪道之中。于是，中国历史上最为臭名昭著的暴君们——桀、纣的暴政，幽、厉的苛政接踵而至；杨朱的利己主义、墨子放弃对父母双亲的义务（孝）等，（与正统儒家相对的）异端抬头，人心荒废（《中国人实践哲学演讲》"中国的崩溃"）。就在中国的崩溃状态达到顶峰之际，孔子出现了。

孔子——在道德和卓越的学说方面出类拔萃，〔他还〕被赋予了神的意志（divina providentia）——使〔中国〕由崩溃状态走向复兴。（《中国人

---

① Christian Wolff, *Oratio de Sinarum philosophia practica,* übersetzt, eingeleitet und herausgegeben von Michael Albrecht, Hamburg, F. Meiner, 1985, n. 2.

② Ibid., n. 3.

实践哲学演讲》"孔子使中国从崩溃状态走向复兴")

　　在此，沃尔夫认为孔子这位异邦哲人通过道德和卓越的学说主导的中国复兴是基于神的意志。在该处的自注中，沃尔夫语气极为强烈地反复主张和论述孔子被赋予了神的意志。同时，他还认为中国的崩溃状态本身是孔子因"神的意志"而出现的前提条件。这里所说的"神"自然是指基督宗教的启示神，但是也可以说以自然法则为重心的希腊哲学式的——尤其是斯多葛主义的——"天意"渗透其中的可能性极高。

　　我毫不犹豫地断言，为了能让孔子将中国人从堕落状态中恢复，他被赋予了神的意志。因为在《关于神、灵魂和世界及一般存在者的形而上学的省察》"宇宙论"一章中，我揭示出整个宇宙的万物不仅通过动力因，也通过目的〔因〕（causae efficientes，verum etiam finales）相互连接（omnia…connexa）。另外，在《自然神学》中，我也证明了神遵循自己所喜好的最高智慧，引导恶向善，以使他们对着自己相互从属。之所以如此，是因为当被造物生出恶德时，虽然不会认可它，但是会允许它〔恶的存在〕。帝王和民众堕落的道德〔习俗〕（mores）和帝国的灭亡迫在眉睫，杨〔朱〕（Yam）、墨〔翟〕（Me）颠倒实践哲学的基础，将〔善的〕学说与邪恶的伦理〔道德〕结合——正是在这样一个时代，孔子降生了。这个人物〔孔子〕被赐予了完善的灵魂，时代精神需要他作为中兴者，我将其诞生视作神的意志而尊重之。即因为从第二原因向第一原因连续上升，各种事物因理智的连锁（nexus rerum sapiens）而感到快乐（voluptas）[1]。

　　沃尔夫以他独到的视点，认为不管是从由其生发出的万物生成和运动的根本原因之动力因（作用因、能动因）——从这一文脉看让人暂且联想到了"神"——上看，还是从以其为目标将事物生成和运动定位于秩序之序列中的终结点之目的因上看，宇宙间的各种事物都是联系在一起的。由此，与其将"恶"的事态立体视之，不如将其视作导向善这一目的的条件或者过渡性的历史条件。总而言

---

[1]　Christian Wolff, *Oratio de Sinarum philosophia practica,* übersetzt, eingeleitet und herausgegeben von Michael Albrecht, Hamburg, F. Meiner, 1985, n. 16.

之，成为孔子现身之前提的春秋时代末期的具体的混乱状态——诚然，将杨墨作为恶的事例列举出来是沃尔夫错误的认识（杨朱和墨子是晚于孔子的人物），他是从柏应理和卫方济那里获取到杨、墨的信息的——也是必需的天意之一环。从沃尔夫的记述来看，正因为有这样一个腐败堕落的时代，所以中国的民众反而强烈希求孔子倡导的道德律，并通过学习这种道德律，向理想状态提升。这种中国的腐败堕落为孔子做了铺垫，这一解释也可从基督宗教教义的必要之恶的概念加以说明。但是，笔者认为，沃尔夫或许是想通过赞同这种欧洲世界的常识，来说明孔子因神之意志而登场的必然性。

对沃尔夫来说，"天意"正如笔者指出的那样，未必指向基督宗教的"神"。之所以如此，是因为"天意"作为内在于自然的各种力量的道理，其自身已经存在于希腊哲学——尤其是斯多葛主义——之中，而沃尔夫或者可以说是想从希腊哲学中找出孔子的登场。这从其自注中谈及使用"天意"一词讨论孔子的发言中也可领会。假设"天意"一词必须绝对伴随"神"的话，绝不会出现如次话语。

不言而喻，中国人只是被赋予了自然〔本性〕的力量（non fuisse nisi naturae vires）。但是他们没有发展自然宗教（religio naturalis）和对真神的礼拜。由此可得出结论，中国人欠缺这样的东西。然而，自然的力量并未因虚假的宗教而蒙受任何损害。之所以如此，是因为〔中国〕不存在迷信的偶像崇拜。因此，在各民族之间，没有民族像中国人一样，毫发无损地保持——作为神之形象的继承部分（imaginis divinae reliquiae）的——自然的力量。因此，我想请想要清楚认识"市民的正义"（justitia civilis）——神学家表明依靠自然的力量足以认识——为何物的人，仔细思考最古老的中国人的言行。其概要包含于《中华帝国六经》之中。确实，我认为十分遗憾的是，极多自称是基督教教徒的人们都远远偏离了基督宗教的道德。在我们所处的这种时代，对我们来说能近身了解中国的哲学，应归功于神的意志。因为如果从孔子的言行出发理解最低级的不完善的德的阶段——仅依靠客观的道德意义（moralitas objectiva），或者人类行为的内在高贵性〔伦理性〕（honestas）及对侮辱（turpitudo）的认识——是怎样一种阶段的话，就绝不会受野心驱使、追逐利益，并炫耀着转向与基督宗教敌对的披着虚伪的虔敬（pietas）外表的人欺骗。孔子或许能责备他们的行为吧，可他并不能理解基督宗教之道德的卓越阶段。

从这篇文字中可知，沃尔夫的观点相当矛盾。即他认为包含了孔子学说的中国哲学的德的形成与对真神的礼拜无关，且这种德与基督宗教式的德的卓越阶段无关，又处于连自然宗教都不是的"最低级的不完善的德的阶段"。另一方面，他阐述道，中国人"毫发无损"地保持着自然本性的力量——凌驾于其他民族的"神之形象的继承部分"——，并构筑了"市民正义"的典范。不仅如此，他还强调正是因为"神的意志"，欧洲人才真正近身接触到了中国哲学。沃尔夫评价说用自然之力使孔子现身是"神的意志"。对此，有必要思考他究竟是不是纯粹地从基督宗教立场进行评价的。

无论如何，沃尔夫首先从卫方济的《中华帝国六经》中抽取出能为欧洲做贡献的、基于中国哲学的人之自然本性的自律的实例。但如前所述，《中华帝国六经》是在明清时期的性理学说的强大影响下翻译成书的。这样说来，等于沃尔夫发现了性理学中存在着他所认为的近代欧洲的一种理想和理念的具现化（诚然，沃尔夫不曾知道"性理学"这个词）。可以认为，源于自然本性，又与自然宗教无缘的、纯粹哲学之中国哲学的"天意"——即使沃尔夫附加了"神的"这一修饰语——只得被视作因果系列中的运动的必然性或理法的"天命"。而且在此，相对于中国哲学和孔子的学说，沃尔夫试图将其从基督宗教教义中抽离出来。

沃尔夫的这处自注实际上与如下演讲文本相互照应，而刚才所述的构图在其中更加清晰地显现出来。

> 我们所谈论的古代中国人不曾知道整个宇宙的造物主，所以他们没有任何自然宗教（religio naturalis）。何况他们对与神的启示（revelatio divina）有关的教理更是一无所知。〔因此中国人〕为了进一步磨炼德性，只能使用自然〔本性〕的各种力量及〔远离〕一切宗教的纯粹的各种力量（naturae viribus iisque ab omni religione puris）。但是，之所以中国人非常幸福（felicissime），是因为他们能利用这个〔德性〕。对此，我将在稍后详细说明。（《中国人实践哲学演讲》"中国人拥有最基本的德性"）

古代中国人缺乏接触犹太教和基督教的教众和神的地理、历史条件。沃尔夫认为，既然如此，启示宗教姑且不论，他们对自然宗教也是一无所知的。而且沃尔夫认为中国人只会使用自然本性的力量，而且是没有宗教束缚的各种力量①。不过，沃尔夫总结道，中国人使用这种无宗教束缚的、基于自然本性的德，反而在现实中带来了"非常幸福（felicissime）"的结果。

"孔子在坚持不懈地进行哲学思考之际，使用的就是自然〔本性〕的力量"②，"只有中国人使用自然〔本性〕的纯粹力量，并通过与其他民族交流而不受任何〔影响〕。所以，我们实际上找不出能更好地说明自然之力——那种继承了神之形象的部分——是何等权威的光辉事例了。因此，如果能出示一切关于孔子生平的完整记述，则传教士们的事业之所以有意义的新原因已然明了。也就是说，自然〔本性〕……对自然之力和市民正义，或者哲学道德的清晰认识，会使所有虽名为基督宗教教徒，却与德的完善〔完美性〕相去甚远，在基督宗教的〔德〕上远远落后的人们，面红耳赤，羞愧难当"③等等，从这些文字中我们能越发明显地认识到，沃尔夫主张中国哲学脱离宗教性，以及自然本性的优势地位。

沃尔夫这种对中国哲学和孔子的评价令欧洲知识分子震惊，事实上并非他的独断独行。无独有偶，早在柏应理《中国哲学家孔子》的《论语》译文中已经出现了。关于《论语·为政》的"子曰，吾十有五而志于学，三十而立，四十而不惑，五十而知天命，六十而耳顺，七十而从心所欲，不逾矩"一文，正如在第一章中所见，柏应理用带有解说性的长文翻译了五十岁"知道天命〔知天命〕"的境界——"一到五十岁，我便领会了天的意志和命令（coeli providentia et mandatum），理解了天所赋予每个事物的本性、力量、理性〔法则〕（a coelo indita natura，vis，ratio）。于是，我自己细细体会本性的完满性和精致，继而又想探索其起源，最后理解其原因。"不过，如前所述，此时柏应理将"天"视作

① Christian Wolff, *Oratio de Sinarum Philosophia Practica,* übersetzt, eingeleitet und herausgegeben von Michael Albrecht, Hamburg, F. Meiner, 1985, n. 55.

② Ibid., n. 80.

③ Ibid., n. 83.

与"神"等价的词①。

另一方面，关于《论语》"知天命"的理解，沃尔夫加入了自己的解释。之所以如此，是因为沃尔夫并没有从柏应理处原封不动地接受孔子的出现是天（＝神）的意志的学说。沃尔夫出示的孔子的言论不是柏应理翻译的原文，也没有依据卫方济所译"五十岁时，我已经掌握了天之法〔则〕（Caeli lex）及其令人叹为观止的运行（cursus）"一文。沃尔夫用自己的话，认为"五十岁时，他已经洞察了存在于事物之本性的内在高贵性〔伦理性〕的理由〔根据〕（rationes honestatis intrinsecae in naturaris rerum obvias perspexit）"。也就是说，沃尔夫没有采用柏应理的天＝神的观点。再而，卫方济所译"天"极力淡化神性，使之合理化。或许因为其容易使人联想到"成为天的神"，所以沃尔夫也没有采用。因此，沃尔夫才将孔子"看穿了内在于自然事物的道理和根据一事"理解成了"知晓了天命"②。

2 祖述者——对民族历史经验的继承

《中国人实践哲学演讲》继而解说了孔子本人所立足的"学"的内容。沃尔夫说到，那就是前述创建了中国的哲人王——先王们所推导出的各种经验法则。

彼时，古代哲学家们——同时又是帝王、君主〔先王〕——提出的优秀且稳固的学说在中国人的灵魂中深深地扎下了根。这是最古老的国王们挑选出来作为其他人学习样本的生活和统治的方法（vitae ac regiminis ratio），因此这些范例对臣民而言是行动规范。有时因道德〔习惯〕（mores）的优

---

① 或许沃尔夫在发表《中国人实践哲学演讲》之前，就已经发现了这一译文，并将孔子的出现解释为"神的意志"。在 *Oratio de Sinarum Philosophia Practica*, übersetzt, eingeleitet und herausgegeben von Michael Albrecht, Hamburg, F. Meiner, 1985, n. 80. 中，沃尔夫指示人们参阅柏应理所译《论语·为政》的该处内容。尽管沃尔夫本人说"在接触卫方济之前不了解中国哲学"，但在《中国人实践哲学演讲》发表之前他有可能已经接触过柏应理的书。

② 沃尔夫在『人間の幸福促進の為の人間の行為についての合理的考察』（その二）（野口克己訳，『聖マリアンナ医科大学紀要』第一五卷，1986）第五节写道，"即使神不存在，或假设没有神，事物当前的联系也能长存，而人的行为也还是会有善恶之分。"在该书第二十节中，沃尔夫写道"这一本性的法则由本性确立。即使没有长辈，该法则也成立。"从《中国人实践哲学演讲》的观点来看，沃尔夫并非假说，而是作为实例，讲述了无神的理性给中国带来了幸福。

美和典雅，有时又因统治中的无上思虑，他们至今依然受到众人异口同声的赞扬。（《中国人实践哲学演讲》"古代中国的基本学说"）

中国的基本学说具有卓越的洞察力。哲人王们在善恶的判断力和德的完善方面卓尔不群，他们从经验中推导出这些学说，并将其作为臣民的规范。沃尔夫认为，正是这种关系先王的政治和福祉的典范，孔子才会学习，并将其作为自己学说之根本的对象①。

　　基于这种原因，孔子小心细致地研读了古代帝王们的年代记（Annales）。〔孔子〕熟虑并再三反省了由帝王们制定的正确生活和正确统治的规范、由该范例〔实例〕证明的东西，以及通过最大的努力选择的东西。最后，嘱托弟子们要把充分讨论过的和自己确证过的东西传授于后世子孙。

　　如上所述，大家应该能够将孔子理解成智慧的复兴者，而不是创造者了吧。假使这位哲学家〔孔子〕没有制作过生活和统治的新规范，〔他〕也不会缺乏独特的才智〔智力〕（ingenium）。岂止如此，他不为虚荣唆使，而是因心向自己国民的幸福和无上幸福受到激励。（《中国人实践哲学演讲》"孔子从何处汲取自己的〔学说〕"）

此处说的是，孔子在学习古代帝王确立的生活和统治规范时，参照了年代记。年代记（Annales）有时也单指历史记录，而在这里具体意为《书经》。即孔子坚持不懈地埋头研读《书经》，通过反省体会古代人的经验知识。之后亲身检验，进而将自己充分彻底理解的东西交给后人。这是为了谋求全中国人民的幸福。

在前揭"深远的智慧"的20个例子的"②年代记在道德、政治方面的适用方法"中，沃尔夫指示道，关于此事请参照《中国人实践哲学演讲》的自注。在该处，沃尔夫赞扬了人类对经验知识的不断继承、中国的历史记述的客观性和可信赖性

---

① 沃尔夫在『人間の幸福促進の為の人間の行為についての合理的考察』（その二）（野口克己訳，『聖マリアンナ医科大学紀要』第一五卷，1986）第三十八节中，有这样一句话，"具有思维判断力的人就是法本身，除本性的约束力之外，无需其他任何约束力，所以这样的人不需要用赏罚作为追求善行的动因，或以此远离恶行。因此，具有思维判断力的人因其是善故而为善，因其是恶故而不为恶。此时，这种人就近似于神"。由此可知，沃尔夫认为，具有作为生存方法的思维判断力的人在中国就是圣王和圣人（及其谱系）。

（累积性增长的实例）以及作为实例的道德和政治哲学的有效性。

中国人在记录年代时的勤勉极为特别。在"导言"第二部第四节第 69 页中，柏应理报告说，帝王亲自选出历史学家，命其在所有事情发生的同时，记录到年代记中。在记录史实之际，他们确实极为深思熟虑，小心谨慎，既希望获得报酬，又害怕获罪，竭力不为任何感情所困，又努力防止〔记录〕在统治王朝灭亡之前被公开。因此，这种中国的年代记极其值得信赖，以相同的理由〔根据〕可知其在中国极具权威性。这又是促使柏应理信赖帝国成立以来的中国年代记的理由——即使该年代〔安排〕（chronologia）与我们通常的计算不完全一致。之所以如此，是因为传教士们知道如果怀疑中国人认为是明明白白的事实的事情的话，会给在中国的基督宗教传教工作带来多大的阻碍。再者，我们所赞赏的中国如此记录严密的年代记对道德学和政治学（scientia moralis atque civilis）大有帮助。因为从中可以清楚洞察行为与结果的联系（factorum et eventuum nexus）——〔另一方面，这种联系〕只不过可从一般的历史推测中勉强知晓。现在应该能够理解为什么孔子针对道德学和政治学，会如此努力和辛苦地专注于细致研读古代的年代记〔《书经》〕。伏羲、神农、黄帝、少昊（Xa hao）、颛顼（Chuen hio）、帝喾（Ti co），尤其是尧、舜他们创造了〔中华〕帝国，并使之稳定。他们通过自己的行为，展示关于德和终极国政的、思虑卓绝的实例，以便〔人们〕如同在道德哲学一样，在政治哲学方面获得最大的进步。这尤其指向担忧不会接受无法实践的教理的人〔举出的示例〕。①

正如柏应理所说，中国的历史记述——不管实际情况如何——曾一直标榜其理念是中立的、客观的②。在沃尔夫看来，中国人之所以对历史非常信赖，极具

---

① Christian Wolff, *Oratio de Sinarum Philosophia Practica*, übersetzt, eingeleitet und herausgegeben von Michael Albrecht, Hamburg, F. Meiner, 1985, n. 19.

② 还有如次事例可举。齐庄公被大臣崔杼杀害时，史官〔太史〕的兄弟冒死写道"崔杼弑其君"（《春秋左氏传·襄公二十五年》）的故事。又如"〔天子〕动则左史书之，言则右史书之"（《礼记·玉藻》）是标榜客观记录帝王生活之起居注的开篇之作。再如司马迁忍受宫刑之辱，全力完成《史记》之事迹〔《汉书·司马迁传·报任少卿书》〕等。由此均可窥见中国人记述历史的"理念"。

权威，是因为他们认为不管是善是恶，只有实际发生过的事情会保证将来也可能发生。沃尔夫认为，只有从现实、具体的行为的因果性联系的实例和经验法则中才能抽离出道德哲学和政治哲学 ①。沃尔夫认为孔子对《书经》的钻研是基于前述理由的。据沃尔夫分析，孔子试图将经由这种钻研而获取的知识传授给后世，而在这时，他预先揭示出可通过自己的道德实践进行实践，这种崭新的充实了内容的教诲结果会被无限扩大。所谓"对行为与结果之联系的洞察"即是这层意思。如后所述，沃尔夫认为"对行为与结果之联系的洞察"是理性能力的重要因素。在"深远的智慧""关于道德和政治事态之学说的观念获取真理的方法"中，沃尔夫就此事做了更加详细的解说。

他首先通过自己的伦理〔道德〕和生存方式展示用文件和言语吩咐的事情。极多优秀的人物献身于孔子的学问，提示出了这一事实的显著的证据。此外，他们中间有些人作为目击证人，将孔子的行为，所说的极为细碎的事情都传达给了后世之人 ②。

沃尔夫阐述道，如果传教士们写就了孔子生平的完整记录，那么他们对欧洲的贡献就非常大了。这是因为"孔子的一生——如果会提供与〔他的〕言行有关的完整的描述——被认为是道德学和政治学（scientia moralis et civilis）的宝库。在希腊哲学向我们传授的内容之中，没有可与之相比较的（conferri nequeunt, quae a Philosophis Graecis ad nos pervenerunt）"③。

沃尔夫再三强调了孔子是中兴者。"〔柏应理〕在'孔子传'（第120页）中写到，据说孔子十分讨厌听到某些人主张'孔子生而具有理智'。之所以如此，是因为孔子正直地声明，他不是在推广自己的学说，而是在推广从古代的人们，特别是比任何人评价都高的帝王——尧、舜那里继承的学说"④。换言之，在沃尔夫看来，孔子是世界哲学史上屈指可数的贤者，可尽管如此，他也未必具有独创性。重要的不是特别的天才的独创性，而是亲身揭示前人的优秀经验法则，

---

① 参阅：山本道雄「ヴォルフの哲学方法論についてのノート—『ドイツ語論理学』を中心に—」（『神戸大学文学部紀要』一九号，1992）。

② Christian Wolff, *Oratio de Sinarum Philosophia Practica*, übersetzt, eingeleitet und herausgegeben von Michael Albrecht, Hamburg, F. Meiner, 1985, n. 20.

③ Ibid.

④ Ibid., n. 21.

并且这些法则对后继之人来说能实践，能通过努力使之无限继承和发展。沃尔夫对此阐述道，"我们的哲学家〔孔子〕在如次方面值得称赞。即他在尚未探索古代事物期间，对此不排斥，并始终坚持通过切身经验加以实证，进而向弟子们说明"①。沃尔夫分析道，在中国人看来，古代的立法者和创始人之所以有权威，是因为它以验证过的道德根据为基础——"因为只要与古代的事物相协调，中国人就会容许新的事物。对中国人来说，一般认为与〔需要〕期待通过实验补充确凿性的事情相比，信赖反复验证所支撑的事情更具有牢不可破的力量"②。沃尔夫在将前代的经验知识作为试金石的同时，通过增加扩展与之相适宜的新知识，学术知识变得更加完善，这正好与数学知识的持续性扩充相对应。

　　总之，我十分欢迎孔子的原理（Confucii institutum）。这指的是，在其价值被裁定之前，既要精确地考量古代的事情，又决不放弃、更要确保和铭记被认为具有相应重要性的东西，再而只要被认可为新的事情与古代的真理相适宜〔一致〕就可得到应允〔等等〕。哲学——如果考察方法或事情本身的话——不应被连续更新，而是应该加以改善，使之成为更加完善的东西哲学（philosophia……ulterius perficienda）。这是数学的学术知识得以持续增长（continua incrementa）的理由〔根据〕。③

在沃尔夫看来，孔子是一位重视以经验为立足点的合理性的哲学家。他通过自身的体验扩充了前代的经验，继而砥砺琢磨，传递给下一代。

3　基督和孔子的相似之处

作为欧洲人，或者一个有良知的基督教徒来说，沃尔夫在《中国人实践哲学演讲》中对孔子做出的评价，甚至令人觉得几乎要越界了。沃尔夫甚至说孔子是可与耶稣匹敌的道德之师。

---

① Christian Wolff, *Oratio de Sinarum Philosophia Practica*, übersetzt, eingeleitet und herausgegeben von Michael Albrecht, Hamburg, F. Meiner, 1985, n. 20.

② Ibid., n. 21.

③ Ibid., n. 22.

孔子的威望在当时极为重要，至今依旧巨大。之所以如此，是因为在孔子曾经从事教职之时，有三千名弟子为聆听他的教诲，蜂拥而至。时至今日，中国人仍然十分敬重孔子。这就犹如犹太人尊敬摩西，土耳其人尊敬穆罕默德一般。岂止如此，这也如同我们敬重基督为神派予我们的预言者，或者老师一样。（《中国人实践哲学演讲》"孔子之威望"）

值得注意的是，沃尔夫不仅拥护孔子，而且列举出了犹太教徒尊崇的摩西，伊斯兰教徒尊崇的穆罕默德，作为与之对照的例子。继而在其自注（45）中[①]，他又阐述道，虽然内容不同，但却在其言行中，从引导民众的道德之师这点上看，四者十分类似。可以说，沃尔夫在此也是站在将欧洲自身相对化的庞大视角看问题的[②]。虽说如此，沃尔夫是生活在18世纪欧洲的基督宗教教徒，这种相对化并不全面。沃尔夫没有离经叛道，他也认为只有基督作为神的唯一子、真神（无原罪和谬误的救世主赎罪者）才应该接受人们的礼拜。在他看来，摩西、穆罕默德及孔子不应被视作与基督等同的信仰对象。他们在有资格成为人们的行动规范之师这一点上，能受到人们的尊敬。在受尊敬的程度的比较上，沃尔夫又将他们置于与基督同等的地位，这样的辩解略显拐弯抹角，勉强且不自然。

我们特别遵循神圣的基督的规律，并承认他不仅赐予我们生活的规定，而且指示我们抵达永久的救赎的道路，对我们来说他是唯一的导师。我们坚信他没有谬误，没有任何罪的污点，其功业真实确凿。因此，只要我们规定基督的言行是我们行动的规范并安于他的权威，则在对孔子的崇敬（confucii cultus）这一点上，中国人与我们是一致的。当然，我们并不会使用与苏西尼派之亚流相同的方法，承认基督是给予我们道德〔伦理〕规范，是我们作为道德范本而存在的导师。我们坚信基督是人类的救世主、赎罪者，将他作

---

① Christian Wolff, *Oratio de Sinarum Philosophia Practica,* übersetzt, eingeleitet und herausgegeben von Michael Albrecht, Hamburg, F. Meiner, 1985, n. 28, n. 29.

② 参阅：Donald F. Lach, "The Sinophilism of Christian Wolff（1679—1754）", *Journal of the History of Ideas,* vol. 14, 1953. 沃尔夫的学生之中既有东印度的穆斯林，亦有希腊人学者。又有黑人学者安东尼·威廉·阿莫（Anton Wilhelm Amo）在学习沃尔夫学派的哲学之后，曾在维滕贝格、哈勒、耶拿三地的各个大学执教——参阅石川文康『カントはこう考えた』（筑摩书房，2009），第96页。从中亦可窥探到沃尔夫哲学的世界主义性质。

为宗教礼拜的真神，献上我们的敬意。而犹太人对摩西、土耳其人对穆罕默德、中国人对孔子都未曾给予过这种崇敬。正因为如此，我只能说中国人敬重孔子，犹如我们敬重基督为神赐予我们的导师一般。〔我们〕视他为神的唯一子、宗教礼拜的赎罪者并献上敬意，而〔他们〕决不会像〔我们〕一样信奉孔子①。

另外，苏西尼派属于16世纪意大利圣职者和神学家莱利奥·索齐尼（Lelio Sozzini）一脉的派别。该派别否定三位一体等耶稣的神性，始终将耶稣作为实现内在道德之完美性的模范人格，因而被正统基督教派视作异端集团。有观点认为，他们重视人类理性，具有自然宗教和自然神论倾向，对洛克、牛顿等人都产生过影响②。沃尔夫一边如此强调自己的观点绝非对神的亵渎，一边如前所述，"神的意志"一词应用于孔子身上，又在此阐述道，仅限于作为导师受人尊重方面，孔子与耶稣具有共通性。在这一点上，极难看出沃尔夫究竟有多认真地想避免苏西尼派异端的毁谤。他在此特意提出苏西尼之名，倒反使人觉得只是一种说辞——坚信自己是正确的而实施的犯罪。

接着，在《中国人实践哲学演讲》中，沃尔夫论述道，古代哲人工之道德法则的祖述者和复兴者——孔子这位"最伟大的哲学家"（Philosophus summus）（《中国人实践哲学演讲》"孔子学说的命运"）的学说渐渐不为混乱时代中的堕落一代的人们所继承。但是沃尔夫并没有，而是即刻宣称要阐明中国哲学最深奥的秘密和精髓。

4　中国哲学之奥义

毋宁说，推进这项崇高的事业——诸位听众——我们想仔细琢磨，以便在中国哲学的奥义中，因诸位的关注使更有价值的事情尽可能得到正确的讨论。不仅如此，或许我们是想从谁都无法接近的深邃之处，发现习俗〔道德〕

① Christian Wolff, *Oratio de Sinarum Philosophia Practica*, übersetzt, eingeleitet und herausgegeben von Michael Albrecht, Hamburg, F. Meiner, 1985, n. 30.
② 参阅：大津真作『啓蒙主義の辺境への旅』（世界思想社，1986）第二章「理神論とトーランド」；D. A. V・パルナック『教义史纲要』（山田保雄訳，私家版，1997）第三編第三章第一節「反三位一体説およびソツィニ説における教義の結末」。

（Mores）和统治（Regimen）的最终极的隐秘原理，并将其曝露在光天化日之下加以考察。（《中国人实践哲学演讲》"笔者的意图"）

关于该部分内容，沃尔夫在自注中阐述道，在欧洲，轻视孔子的学说被认为是不合理的。相反，欧洲不存在比中国的道德哲学和政治哲学更好的学说。"之所以这么说，是因为我知道，中国人的学说被普遍认为只有极低的价值，是世俗的。没有必要为了〔了解〕中国的智慧而去中国旅行。因为这样的东西在我们的哲学家的讲义中也会学到。有些人会轻率地做出前述发言。然而，关于他们在道德哲学和政治哲学方面受教一事，若以敏锐的神经仔细思考的话，我们是找不到可与中国人的学说相对应的东西的。"①

沃尔夫论述道，柏应理自己注释时在许多方面依据了孔子，不会连他自己都不理解孔子的真正价值吧。柏应理认为孔子无法与苏格拉底、柏拉图，以及继承了斯多葛学派体系的塞涅卡、普鲁塔克等哲学史上的大人物们相匹敌。对此，沃尔夫表示不满。"在〔《中国哲学家孔子》〕'导言'第13页中，连柏应理都认为，孔子位居苏格拉底、柏拉图、塞涅卡和普鲁塔克之后。此外，柏应理在第14页论述道，与欧洲的优美和细腻相比，孔子的著作显得粗陋不完整。"②

沃尔夫认为在中国古典的文体中没有运用欧洲式的优美华丽的修辞，但这原本就是理所当然的。然而，对他来说这并不重要。他说道："如果留意其方法（methodus），则孔子的言行只要是关于普遍的理由〔根据〕（rationes generales），其学说就会被理解成是深奥幽邃的"③，换言之，他认为在普遍原理这一点上，中国哲学凌驾于欧洲之上。他还说道："也就是说，因为孔子在《不变的中庸》〔《中庸》〕（*immutabile medium*）阐述教义之时，这些正好符合一般规律"④，认为《中庸》才是揭示明确的原理的著述。《中庸》中提出了儒家的"天人合一"思想。卫方济的译文根据朱熹和张居正再现了"天人合一"的宇宙论哲学。尤其是关于"天命"及从中赋予人的"性"的部分，在张居正注释的译文中

---

① Christian Wolff, *Oratio de Sinarum Philosophia Practica*, übersetzt, eingeleitet und herausgegeben von Michael Albrecht, Hamburg, F. Meiner, 1985, n. 34.

② Ibid.

③ Ibid.

④ Ibid.

强烈地显示了出来。请再次参阅第二部第三章第三节。这是儒家典籍中最强烈地体现天人合一思想的一部典籍。沃尔夫以卫方济的译文为依据的同时，又以源自欧洲的大宇宙与小宇宙呼应的观念说明《中庸》的思想。

> 如上所述，中国人明确论述道，正如小宇宙（microcsmos）类似大宇宙（macrocosmos）出现一样，必须将帝国还原为天地的形态（coeli terraeque forma）。在大宇宙中，我们具有这样的规则，即物体的运动（motus corporum）受到规定，而普遍原理内在于其规则之中，并最终由神性的智慧和其他属性解释其终极理由〔根据〕（ultima ratio）。我们可以在别的地点和机会中极为明确地证明这件事。同样，在小宇宙中，我们拥有称为自然法〔则〕（leges naturales）的规则（regulae）——具有理性的人可决定自由行动（actiones liberae）。且普遍原理——终极理由〔根据〕在神的属性中被视作第一可能性——又内在于这些规则之中。终有一天，我们将会对此做出更为明晰的解释。即使中国人没有觉察到其源泉，也没有到达最普遍的〔原理〕，他们也早已预见了〔原理中的〕几件事情。①

特别是沃尔夫眼中的中国哲学之优点，在于将这种东西方相似的宇宙论适用于实际的国家统治，而不是仅止于理念。中国人知道，包含从大宇宙的物体运动原理至一般原理、终极根据的规则，与作为小宇宙的理性人自由斟酌处理行动的"自然法"的规则具有共通性。沃尔夫据此知道，古代中国遵循这种普遍原理，并实际创建帝国，制定秩序。

第三节　沃尔夫的"天"——脱离宗教的宇宙法则

1　否定作为礼拜对象的"天"的神性

以利玛窦为首，殷铎泽、柏应理等人，以及至卫方济为止的，以传教士本人或他们带回的信息为根据，主张中国哲学有神论性质的论者，其谱系在欧洲始终存在，未曾断绝。卫方济在自然科学方面的造诣颇深，并作为神父从客观视角验

---

① Christian Wolff, *Oratio de Sinarum Philosophia Practica,* übersetzt, eingeleitet und herausgegeben von Michael Albrecht, Hamburg, F. Meiner, 1985, n. 34.

证了中国的人文科学。另一方面，他在汉语教理书中将人的理性本性之终极源泉视为人性"神"①。

那么，沃尔夫是怎么看的呢？他对该问题十分关注，甚至公开出版了关于自然神学的专著②。但是，从结论来话，沃尔夫在评价中国哲学的地位之际，使神学或者"神"，尤其是"启示神"与阴阳相脱离。

沃尔夫在前述《中国人实践哲学演讲》"中国人拥有最基本的德性"中论述道，古代中国人不知道整个宇宙的创造神，而且神的启示自不必说，就连欧洲的自然宗教也不认识，因此他们努力培养与宗教毫无瓜葛的、基于自然力量的道德——沃尔夫将其规定为最基本的德性，并向"幸福"前进。在该部分相关的自注中，他花费了大量的篇幅，追寻了基督教内部与关于中国的天的观念中的有神论观点与无神论主张否定神性的观点之间的争论史。沃尔夫的行文相当复杂，既有貌似肯定中国哲学中存在神的内容，也有极难把握他究竟认可何种立场的部分，如下结论时踌躇不决，态度犹豫等。比如，关于前述《中国人实践哲学演讲》的发言中有"我们所说的古代中国人不知道整个宇宙的创造主"一文，沃尔夫述道："耶稣会和多明我会的神父们围绕古代中国人是否无神论者，或是否具有对神的其他认识等，进行了激烈的争论。耶稣会士们意欲洗清自己污辱古代中国人是无神论

---

① 譬如，1698 年刊发的《人罪至重》阐述了德性的源头——天，"盖天理乃天主所赋，铭刻于人之灵性。即'天命之谓性'〔《礼记·中庸》〕是也。循此灵性之天理，即敬天主而由正道也。悖此灵性之天理，即慢天主而陷于迷路之险也。故孔子云'获罪于天'〔《论语·八佾》〕者，非获罪于理，乃获罪于赋理之天主也。夫天之不可谓理者，由诸书所言，无不著明矣"（卷一）。再而，该书又将天视作人格神。"理于天，既不可为一，则上帝愈不可为理。由各书之言，皆相发明。子曰：'郊社之礼所以事上帝也'〔《礼记·中庸》〕。礼曰：'祀帝于郊，敬之至也'〔《礼记·中庸》〕。书曰：'肆类于上帝'〔《书经·尧典》〕。易曰：'先王以享于帝立庙'〔《易经·涣》〕。夫礼也事，事也，祀也，敬也，类也，享也，立庙也，俱不能以理字命意。必当尽归之于上主之一尊耳。……天与上帝，决不能以理之虚名为解。且古人，欲阐天字之义，论上帝之性，初未尝举理以天即为理之说，宋儒何从而授受欤？考之于经，证之于书，凡古人值极寒、困辱之际，辄号于天，未闻其号于理也"（卷一）。但是，从《中华帝国六经》的内容来看，卫方济在出版阶段应是赞扬儒家的理性面，并极力压制《人罪至重》中的神学观念。

② *Theologia naturalis, Pars Prior, integrum Systema complectens, qua existentia et attributa Dei a posteriori demonstrantur*, Leipzig, 1736, *Theologia naturalis, Pars Posterior qua existentia et attributa Dei ex notione entis perfectissimi et natura animae demonstrantur, et Atheismi, Deismi, Fatalismi, Naturalismi, Spinosismi, aliorumque de Deo errorum fundamenta subvertuntur*, Leipzig, 1737.

者的嫌疑"①，并追溯了欧洲对中国的"天"的解释史，既有耶稣会内部的对立，如利玛窦的有神论学说、龙华民的无神论学说，以及基于柏应理等人的理性解释的有神论学说；也有与外部集团的对立——以传教方针迥异的多明我会传教士们的中国哲学无神论学说为中心等。其后，沃尔夫介绍了将"天"视作"天神"的观点，指出柏应理认为中国确有对"真神"的认识，关于这个问题不能以缺乏古典认识的大部分中国的解释者（柏应理主要是指宋学家的注释）为依据。再者，中国皇帝本人曾保证过，基督宗教礼拜神等同于尊敬中国的"天"等。

　　实际上，柏应理在《中国哲学家孔子》"导言"第二节中，竭力附言道："中国人自有史以来一直都不欠缺对真正神性的认识和礼拜，在这一点上，恐怕在数个世纪中，保留过〔对神的礼拜〕。即使那些中国的解释者——注释过在数个世纪中创作出来的古代典籍——强烈主张完全相反观点，〔柏应理〕也会效仿入华传教的创始人〔利玛窦〕，拒绝听从缺乏古典认识的当时的解释者及后世的解释者。根据汉语中表示天（coelum）的'天'（Tien）一词，他们甚至无法认知物质的天，〔毋宁说〕他们坚决主张天的创造者——神是可被认知的。于是，耶稣会的神父们在神圣的礼拜堂上挂上了匾额。在那里，他们根据中国的风俗习惯，书写上了更为合适的词——'敬天'（Kiem Tien），即'崇敬天'（reverere coelum）或'崇拜天'（adora coelum）。皇帝〔康熙帝〕于 1675 年 7 月 12 日造访北京的耶稣会堂时，亲自执笔写下'敬天'二字，并〔悬挂〕于屋檐柱子之上。自此以后，这就成了一种规矩。耶稣会的神父们强烈主张这些词语在古代中国的意识中曾含有'崇敬天主'（reverere coeli Dominum）的意思？"②。

　　多明我会和方济各会的传教士们强烈反对耶稣会士将中国的"天"与"神"重叠。他们认为中国人的天只不过是物质的"天空"，基督教徒是在与皇帝和读书人一起无耻地崇拜物质的天。为了视察实际情况，罗马派遣了代牧（代理主教）颜珰（Charles Maigrot）。颜珰认同多明我会和方济各会的见解，引发了迫使（耶稣会）神父们的将皇帝亲笔书写的匾额从礼拜堂撤走的事件。"礼仪之争"的混乱局面由此拉开帷幕。

---

① Christian Wolff, *Oratio de Sinarum Philosophia Practica,* übersetzt, eingeleitet und herausgegeben von Michael Albrecht, Hamburg, F. Meiner, 1985, n. 55.

② Ibid., n. 54.

以此为中心，沃尔夫讨论了中国的——与"天"并列的——"上帝"一词与基督宗教的"神"的重叠是否得当。他首先介绍了柏应理证明中国存在神的文章。

> 如果信从中国的年代记的话，那么中国的三代帝王——帝国创始人中的首代帝王黄帝、伏羲及舜确实建造过"上帝"（Xam ti）的宫殿或礼拜堂。"帝"（Ti）一词表示帝王或统治者，中国人至今依旧用这个称号称呼自己的皇帝。另一方面，"上"（Xam）是〔表示〕"最高位"。于是，利玛窦业已认为应以"上帝"（Xam ti）一词，认识成为天的最高位的帝王或者主（supremus coeli Imperator ac Dominus）——真神（verus Deus）。他由此进一步强调，黄帝亲自建造了礼拜堂，向最高位的真神、万物的创造者、统治者表示敬意。①

毫无疑问，柏应理将更加强调中国哲学的"天"或支配性的"上帝"的概念与应受到礼拜的"神"等同视之。然而，沃尔夫却对柏应理适应这种有神论的努力反应冷淡。接下来，从沃尔夫关于邂逅卫方济著作的言语来看，他认为柏应理的解释不能使自己对中国哲学之合理性的期待得到满足，反倒是卫方济的著作使这一期待得以满足。

> "在撰写〔关于中国的实践哲学的〕讲演之时，坦率地说，我当时尚未见过柏应理的《导论》〔1687〕，亦未曾读过。除了卫方济《中华帝国六经》（1711）的拉丁语版外，我手头上没有任何关于中国情况的资料。〔卫方济〕书中亦未言及任何神及神的属性。"孔子和其他解释者都明确不强行要求对神的义务，比如〔对神的〕爱、畏惧和信赖等。因此，我的结论是古代中国人也不知道整个宇宙的创造主（Auctor universi）。②

在此，沃尔夫基于卫方济的著述明确指出，中国不存在关于"神"的各种性质的论述，以及对神的爱和畏惧、信赖等义务。沃尔夫早先就称赞卫方济在天文、地理、数学等自然科学方面有深厚的造诣，但在这里他却十分信赖卫方济对中国哲学这一人文方面的分析，并认为自己的哲学见解与之一致，因而作了如上论述。

---

① Christian Wolff, *Oratio de Sinarum Philosophia Practica,* übersetzt, eingeleitet und herausgegeben von Michael Albrecht, Hamburg, F. Meiner, 1985, n. 54.

② Ibid.

不过，如前所述，卫方济本人并未放弃基督宗教的神性的、灵性的概念，认为这是人类道德的本源。

2　自然法

沃尔夫否定柏应理对人格神的"天"的理解，他认为即使卫方济说过令人联想到人格神的话，也并未深入阐释这一点。他拒绝对"天"做出深入的神性解读，并特意推测或许是基于某种原因才使用看似有神论的"天"一词的。

> 确实，孔子将我们称作自然法〔则〕（lex naturae）的东西命名为天之法〔则〕（lex coeli）。即便如此，我也不会下结论说应该通过"天"认识"神""天神"。之所以如此，或许是因为该名称中可以有其他的理由〔根据〕。换言之，我们之所以称其为自然法〔则〕，并非因其来源于神，——正如西塞罗那样——是因为它被规定为事物的自然〔本性〕（rerum natura）。〔因此〕中国人才能称其为天之法。因为中国人通过事物的自然〔本性〕，认识到其中规定了同样的法，并认识到根据该法达到目的——即天的秩序（coeli ordo）成为正确统治民众和国家的规范。[1]

在此，沃尔夫引用的"天之法〔则〕"源于卫方济所译《中庸》中的"天命"的译词。不过，正如在本书第二部分第三章中所见，卫方济的译词"天之法〔则〕"的开头字母是大写的 Coeli lex。这是因为卫方济依然往人类本性的根源——"天"（Caelum）中加注了神性。但是，沃尔夫将此处的"天之法〔则〕"作为 lex coeli 加以引用，并将开头字母置换成难以联想到神性的小写字母。卫方济在译词中使用大写字母，努力使人最大限度地联想到神性。对此，沃尔夫特意把其中的神性剥离掉。这显示出，沃尔夫试图强调，即使孔子使用过"天之法〔则〕"一词，也绝不应该将其与基督宗教的成为"天"的"神"相关联。这说明沃尔夫从卫方济的译文——经过了包含张居正在内的宋明理学之注释的过滤——中已经读不到基督宗教的神性了。从这层意思上看，可以说沃尔夫深深地受到了与卫方济相对的理学的影响。

---

[1]　Christian Wolff, *Oratio de Sinarum Philosophia Practica,* übersetzt, eingeleitet und herausgegeben von Michael Albrecht, Hamburg, F. Meiner, 1985, n. 54.

沃尔夫认为孔子的"天之法〔则〕"就是"自然法"。作为解释的实例，他借用了深受斯多葛派影响的罗马元老西塞罗的话——"我们之所以称其为自然法〔则〕，并非因其来源于神，是因为它被规定为事物的自然〔本性〕，因而中国人才能称其为天之法"，以支撑自己观点的正确性。沃尔夫认为，正是通过这种内在于各种事物的自然之法，中国人才得以实现天之秩序成为正确统治民众和国家的规范这一目的的。

不过，《中国人实践哲学演讲》的校订本作者阿尔布雷希特（Michael Albrecht）注解道，西塞罗并非否认神的存在，而是从主张神的存在、自然与本性一体的斯多葛派的观点加以论述。[①]沃尔夫应该也觉察到了这一点，但对和"神"——不管是基督宗教的，还是古希腊罗马的——的关系仍然缄口不言。这就是哲学家沃尔夫激昂的意气。

另外，围绕这一点，沃尔夫也认为，即便使用了中国人在关于"天"的问题上赋予其人性的措辞，也终究不会超出比喻的表现。

> 岂止是这样，还有几件事情显示出不能很好地适用于物质的天，如不能做出决不希望天知道的事情，即使就与天的关联而言，我也不认为这种事情能充分使中国人认识神性（vera Numinis notitia），或礼拜真正的神性（cultus Numinis veri）。因为那些都是比喻，不可用辩论术所显示的基准理解。[②]

从该文可知，沃尔夫不认同天看透人性这种加入了人性的解读。此外，他认为尚不足以将天视作礼拜的对象。将此两者合起来看可知，他认为形成秩序的作用有可能内在于物质的天之中。

在否定了"天"作为神的存在的可能性，以及提示出由自然法（则）决定的其他解释的可能性之后，沃尔夫给出了对中国哲学的"天"的最终解释。

> 在我看来，古代典籍的解释者不曾使用过神一词才是更重要的。由此，我的结论是中国人在此没有通过天〔一词〕认识神。这才是卫方济为了正确

---

① Christian Wolff, *Oratio de Sinarum philosophia practica,* übersetzt, eingeleitet und herausgegeben von Michael Albrecht. Hamburg: F. Meiner, 1985, n. 286.

② Ibid., n. 54.

翻译而坚持使用中国的"天"（Tien）所表示的"天"（coelum）一词的理由。[①]

中国人不曾通过"天"认识"神"。这就是沃尔夫解释中国哲学的一个重要点。

沃尔夫主张，从完全脱离了基督宗教的普遍的、自然宗教的视角看，中国哲学不存在神亦是如此。他认为，中国人显然与犹太教和基督宗教毫无瓜葛，甚至在中国也不存在自然宗教。

> 对不知道整个宇宙的创造主的古代中国人来说，任何自然宗教（religio naturalis）都不可能，这是允许我引导自己走向此类观点的最重要的理由〔根据〕。这是因为在能够确认〔中国人〕每个人应掌握的事情的中国古代典籍中，没有言及对神的义务，只是阐述要重视按照现在的人生惯例行事。我找不出必须甘于转向的理由。真神从通过理性之光（lumen rationis）认知的属性和作用中推导而来，自然宗教的成立则是出于对真神的礼拜。因此，不存在任何认知神的理由〔根据〕的地方，就不会强行要求向——对神的爱、畏惧、崇敬和信赖融为一体的——神性祈祷，也就不存在任何的自然宗教[②]。

基督宗教的造物主当然不会存在于中国的古代典籍中，而且在中国既不会有与关系到神的爱、畏惧、崇敬、信赖等相关的义务和崇拜，也不会有祈祷。沃尔夫的这句话是他否认中国哲学的宗教性的决定性话语[③]。即使没有畏惧和崇拜的义务，如果连对可皈依的对象的"爱"或者"信赖"都没有的话，宗教是难以成立的。且以此为理性认识对象的自然宗教也不可能成立。沃尔夫宣称自己坚持这一观点，这是他从导师莱布尼茨那里独立出来的宣言，后者认为中国哲学中存在自然神学——但是被合理化了。

沃尔夫又做了进一步论证，并说读者若想要验证以上解释是否合理，可以参照中国的经书。

---

① Christian Wolff, *Oratio de Sinarum Philosophia Practica,* übersetzt, eingeleitet und herausgegeben von Michael Albrecht, Hamburg, F. Meiner, 1985, n. 54.

② Ibid.

③ 参阅：菅沢龍文「カントの道徳形而上学とヴォルフ倫理学について」（『倫理学年報』第三九号，1990）；菅沢龍文「カントと Ch. ヴォルフにおける最高善〉」（『法政大学教養学部紀要》第八二号，1990）；菅沢龍文「カントとヴォルフの実践哲学における神概念」（『法政大学教養学部紀要』第四〇号，1994）。

翻开所有包含着形成中国人的习俗〔道德〕（mores）的全部学说的古代典籍，我们或许无法找出对神性的任何认识，以及爱、畏惧、崇敬、祈祷，甚至与神性相关的信赖。这种义务在——孔子传授完善度〔完美性〕最高的规范〔至善〕（summa perfectionis norma）的——《大学》（Schola adultorum）没有表现出任何痕迹。再者，在传授孔子认为适合孩童学习之事的《小学》（Schola parvulorum）中也〔找不出来〕。①

《大学》体现了中国哲学的最高境界，《小学》则与最基本的儿童教育相关，而沃尔夫认为二者均未谈及关乎神性的信仰。沃尔夫所得出的结论在柏应理和卫方济关于《大学》的译文中都有体现。再者，《小学》全面体现了朱熹的观点，所以其中自然不会直接论述到"神"。当然，不能说未经过宋学解释的古代典籍的原典本身不存在人性至高者的观念。总而言之，沃尔夫的解释都经过了宋明理学的过滤。

接着，沃尔夫设想了如此问题，在努力发掘使意志朝着理想前进的恰当契机之时，孔子虽然采取了关系道德和公正的一切措施，但他会不会只是没有注意到"神"呢？可沃尔夫又说道，那么孔子为何没有运用"神"的观念呢？

> 我想请问，为何孔子毫不犹豫地远离了——一旦明了就会立刻赋予最有效的动机的——神的属性和神的作用。然而，我又十分高兴地承认，古代中国人和孔子都不是无神论者。因为无神论者否定神的存在，而无法清楚认知神为何物的人是不能否定神的。一般认为，对神没有任何清楚认知的人，对神性也是蒙昧无知的。我毫不怀疑古代中国人和孔子都认为整个宇宙存在某种创造主。然而，我确实能理解他们不了解神的属性。因此，他们虽然对神性有着某种混乱的认识，但绝不是十分明确的，而自然宗教又要求清晰的认识，因为神的属性和作用是这些行为的动机，据此才能完成对神性的礼拜②。

沃尔夫在此阐述道，尽管孔子不以最适合引导人们的方法——"神"为先决条件，但这也绝不意味着中国哲学是以无神论为基础。只是以此为基础发展起来

---

① Christian Wolff, *Oratio de Sinarum Philosophia Practica,* übersetzt, eingeleitet und herausgegeben von Michael Albrecht, Hamburg, F. Meiner, 1985, n. 54.

② Ibid.

的理论会有些许狡辩的意味。也就是说，虽然无神论者否定神的存在，但必须对神的属性有明确的认识，否则是不可能否定的。只有认识到了神性，才能成立自然宗教，完成对神的礼拜。没有对神的清晰认识，就不能否定其存在。但是，若是详述这一推理，必然会招致极其危险的质疑。因为但凡是存于世上的宗教信徒，或者极端地说，基督教信徒——即便是天主教徒、新教教徒和虔敬主义者——都不可能如此明确地断言自己对神有着清楚的认识。

于是，沃尔夫说道："中国人与异教徒一样，不知道真正的神为何物。"[1]所以他又说："因为无益的谬误，至上完美的存在变成了丑恶不完美的偶像。"[2]由此可知，与中国相提并论的其他异教徒之所以也深陷错误的偶像崇拜，只是因为他们"对神的属性一无所知"。联系到这件事情，沃尔夫举出了佛教传入中国一事。

> 因此，中国人对神没有自然的礼拜，甚至可以说与这一错误相呼应，他们将这种自然的礼拜变成了迷信崇拜。在基督纪元后六十五年至偶像从印度传入中国为止，中国人与偶像及对偶像的迷信崇拜完全没有干系。因而中国人较其他民族而言少了不少罪责。因为他们仅是对神一无所知，方才不曾目睹真正的礼拜。所以，他们反而以更不恰当的形式视偶像为神加以崇拜。不仅如此，他们甚至把礼拜偶像当做义务。[3]

沃尔夫关于佛教的信息来自柏应理的《中国哲学家孔子》[4]。中国人接受佛教实为偶然。沃尔夫随后谈及了传教士带回的信息，汉明帝错误理解了孔子身前的预言——西方会出现圣人（柏应理将该圣人解释为基督），更不幸的是他将使节送往天竺，带回了佛教。此之前的中国人只是对神一无所知，其罪责相对较小。沃尔夫总结道，仅仅只是不知道造物主的人是无罪的。

---

[1]　Christian Wolff, *Oratio de Sinarum Philosophia Practica,* übersetzt, eingeleitet und herausgegeben von Michael Albrecht, Hamburg, F. Meiner, 1985, n. 54.

[2]　Ibid.

[3]　Ibid.

[4]　参阅：井川義次・安次嶺勲「一七世紀イエズス会士の伝える仏教情報——仏教側の情報からのアプローチ」（『人間科学』第一八号，2006）。

谁都不能否定，犯有渎职和违法之罪的人远比仅对罪恶感到愧疚的人更加罪孽深重。如果留意否定至高无上的、完美的神的人与不知道整个宇宙的创造者的属性为何物的人之间的差异，那么耶稣会、多明我会及方济各会的传教恐怕都不会困难，且能够得到仲裁吧。因为我觉得与其说事实，倒不如说〔他们〕在词语这点上达不成一致。

从沃尔夫的定义来看，中国人决不是"无神论者"。耶稣会、多明我会、方济各会的有神论和无神论之争毫无结果。

最终，沃尔夫认为，在中国人看来自然宗教——根据自然之光和理性之力，通过对自然事物的认识论证神性的存在——是毫无干系的。

也就是说，如果是决定仔细思考我们所说之事的人，通过精确观照自然的行为，〔初次〕在自然之光的恩惠下，才得以清楚认知神的属性，并慎重地认为不可能。古代中国人没有对自然事物的确切认知，他们对这种观照并不熟悉①。

沃尔夫在其他地方认为，中国人的探索目的完全不在神的事情上，并阐述道："我们也已在上文〔沃尔夫自注（五十四）〕中提醒道，所有中国人都渴望追求人世的幸福，甚至不知道至上的神性，亦不知道来世（vita futura）"②，中国人不需要神和天堂，完全只是根据自己的理性，自觉地形成道德秩序。

第四节　中国哲学原理——试金石

1　智慧与幸福

沃尔夫《中国人实践哲学演讲》"深远的智慧"中的"④与作为人性行动规范的理性本性之相宜性"阐释了人的幸福及其条件。

如果诸位听众想要谨慎地探讨人们数个世纪以来异口同声赞不绝口的中

---

① Christian Wolff, *Oratio de Sinarum Philosophia Practica,* übersetzt, eingeleitet und herausgegeben von Michael Albrecht, Hamburg, F. Meiner, 1985, n. 54.

② Ibid., n. 102.

国智慧之原理，我们就需要能从不纯之物中甄别真实，且可正确评价每个事物的试金石。诸位，我想你们都知道智慧（sapientia）就是幸福的学问（felicitatis scientia）。〔而且〕如果不是在最优越的国家享受最优秀的习俗〔道德〕的人，谁都不能完全享受幸福。（《中国人实践哲学演讲》"中国智慧的试金石"）

沃尔夫阐述道，中国哲学之所以在此前的欧洲受到称赞，是因为中国人自古以来都在运用智慧建设最优越的国家，在此经营道德生活，并由此而感受到幸福。沃尔夫在自注中详细阐述了关于这种带给中国繁荣的幸福的学问。他对莱布尼茨关于"智慧"这一概念的定义发展出了自己独特的思考。

在写给《万民法文献释义》（*Codex juris gentium diplomaticus*）的序文中，莱布尼茨给智慧（sapientia）下了定义，即"这就是幸福的学问"。确实，我之前就曾经在关于普遍实践哲学的论文〔《普遍实践哲学》（1703）〕中，将智慧定义为设定各种行动的终极〔各种〕目的（finis ultimus）的精神能力，是为达到目标而施加的明确且最合适的手段，是为了朝着最终目的达成完美一致〔协调、共鸣〕（pulchre conspire）而相互从属的中间目的（fines intermediae）。但是，〔对此〕我在德语的哲学著作中使用了相同的定义，因为我发现〔该定义〕对哲学证明大有裨益。于是，我在《道德哲学》第325节中展示了从我们的定义中可演绎出莱布尼茨的定义，只要与我们的定义一致，两者的定义就与真理一致[①]。

在《中国人实践哲学演讲》中，"诸位，大家应该都认识到智慧就是幸福的学问了吧"一言就是莱布尼茨的定义[②]。继而，沃尔夫在自己的学位论文《普遍实践哲学》中提出了三种定义——"各种行动的终极〔最终〕目的（finis ultimus）的精神能力""为达到目标而施加的明确且最合适的手段""为了朝着

---

① Christian Wolff, *Oratio de Sinarum Philosophia Practica,* übersetzt, eingeleitet und herausgegeben von Michael Albrecht, Hamburg, F. Meiner, 1985, n. 37.

② 参阅：ライプニッツ『モナドロジー』（『ライプニッツ著作集　9』，西谷裕作訳，工作舎，1989）等。莱布尼茨本人多次做此论述，并认为智慧是幸福的前提，也是完成自己的学问所必需的构成要素。关于这一点，沃尔夫持有相同见解。参阅：小倉貞秀「ヴォルフとカント」（『広島大学文学部紀要』第二八巻二号，1986）。

最终目的达成完美一致而相互从属的中间目的"，并将它们附加到莱布尼茨的定义中。沃尔夫说道"从我们的定义中可演绎出莱布尼茨的定义"，以此阐述自己的定义十分优秀，可以融入到莱布尼茨学说之中。也就是说，沃尔夫认为，达到幸福这一终极〔最终〕目的的学识的具体内容就是指使人类的各种行动向着幸福这一终极目的的"能力""手段""〔各种媒介的〕中间目的"。对沃尔夫来说，获得这种幸福的方法绝不只是理念的构想，这才是最重要的。因为他认为这在历史的继发和连续的时间及一定的空间中实际发生了。其场所就是中国。《中国人实践哲学演讲》的"如果不是在最优越的国家享受最优秀的习俗〔道德〕的人，谁都不能完全享受幸福"（《中国人实践哲学演讲》"中国智慧的试金石"）一文所指的，正是中国的繁荣。

沃尔夫引用柏应理的话论述道："在此，我谈了国家目的之市民的幸福（felicitas civilis）。中国人——根据柏应理《导言》第72页的证言——渴望人世的幸福，不认可与之不同的其他的幸福"①。在中国这一现实的国家中，实际存在过享受这种幸福的方法。只是，沃尔夫将这种幸福最终限定为"市民的幸福""人世的幸福"，认为其与"其他的幸福"——基督宗教的"净福"等毫无关联。在他看来，中国人的幸福终究只是现世的，是可在世界范围内经验的德性，而且对他来说这就已经足够了。

那么，沃尔夫对中国人的幸福的学问的内容做了怎样的分析呢？《中国人实践哲学演讲》论述如次。

因此，与人类精神的自然〔本性〕（humana mentis natura）相一致的应视作真正的智慧的原理，而与人类精神的自然〔本性〕相矛盾的应作为不纯之物拒之千里，前者正好与后者相同。对此，诸位之中会有人怀疑吗？因为一切根源于事物的东西的理由〔根据〕（ratio）不管是存在于事物内部，还是任何形式，都应该在那些事物的本质（essentia）及自然〔本性〕（natura）中找寻。但是，以我们的精神为依据的事物的理由〔根据〕都必须归结为我们精神的自然〔本性〕。这更为重要。的确，如果有谁命令该理由〔根据〕

---

① Christian Wolff, *Oratio de Sinarum Philosophia Practica,* übersetzt, eingeleitet und herausgegeben von Michael Albrecht, Hamburg, F. Meiner, 1985, n. 38.

做到人类精神的自然〔本性〕都不清楚的事情，那么或许应该说他是在强制执行不可能的事情。（《中国人实践哲学演讲》"中国智慧的试金石"）

一切事物和现象皆有其由来的"本质"和"自然本性"。再者，与这些相关且可感受到幸福的人类精神也有其固有的本性。沃尔夫认为，带来幸福的真实的智慧的原理或根据（ratio）是与人类精神的自然本性相一致、相适应的。而且，在与文章相对应的自注中，沃尔夫更是直截了当地称其为"自然法"。

最早的哲学家就已经认识到了神学家称为客观道德的、行为的内在高贵性〔伦理性〕和耻辱。但是，〔另一方面〕神学家却严肃地予以贬斥。应当理解这些都需要依据实例加以确证。确实，行为与理性本性的适应和不适应规定了客观道德。因此，格劳秀斯（Hugo Grotius）（《战争与和平法》第一篇第一章第十节第六页）阐释了自然法〔则〕（lex naturalis），并将其定义为"某行为根据其是否符合与理性，或者说是道德上的耻辱或道德上的必然性。因此，这种行为是一种正确的理性发言，它受到自然〔本性〕的创造者——神的禁止或命令"①。

所谓幸福的学问、自然法的要点，在于是否与人的理性本性相适宜。继而他又阐述道，在人类行为中，与自然法同义的"客观道德"关系到辨别被直接感知的行为的"高贵"或"耻辱"。与此相关，沃尔夫引用了欧洲近代自然法思想之父格劳秀斯的定义，认为前述解释十分妥当。另外，格劳秀斯为便于阐释"自然法"，说道"即使假定神不存在，或人世间的事情并不在乎神——虽然会成为极大的罪责——而我们之前所说的〔自然法的合理性〕或许也具有某种程度的效力"②。再而，沃尔夫尊崇的耶稣会新托马斯主义哲学家苏亚雷斯——卫方济也曾研究过他的思想——引用格里高利的《命题论注解》，阐述道："假设神不曾存在过，或〔神〕不曾使用理性，亦或不曾正确判断过各种事物，如果有人做出正确的理

---

① Christian Wolff, *Oratio de Sinarum Philosophia Practica,* übersetzt, eingeleitet und herausgegeben von Michael Albrecht, Hamburg, F. Meiner, 1985, n. 39.

② 参阅：グロティウス『戦争と平和の法』第一巻（一又正雄訳，厳松堂書店，1950），第9页。笔者根据上下文做了适当改译。

性呼唤，宣告虚伪即是恶，那么这种呼唤应该具有与现今的法律具有相同的法理依据〔功能〕"①。从历史的角度看，在关于从自然法之神独立出来的可能性上，这一主张要先于沃尔夫。由此可知，沃尔夫从中国哲学中看出的不是可能性，而是具体的哲学实例。与理性相协调的道德认知应当与人类本性一致，这才是判断道德学说之优劣的试金石。毫无例外，其规准亦符合中国的道德学说。

沃尔夫补充道，我们认为这个意见十分中肯，可以判断出，由此所规定的伦理〔道德〕知识中符合理性的东西，是符合人类本性的。中国的道德学说亦不排除这一试金石，因为孔子本人也承认与理性本性相适宜是行动的规范。之所以这么说，是因为孔子在《不变的中庸》中这样说过，即"所谓与理性本性（natura rationalis）相一致的东西，是指应依照理性本性调整行为的规则，这与理性相符。〔另外〕德的规律（disciplina virtutum）是为了控制我们及属于我们的事物而存在的"。因此，我们一起来探讨中国的实践哲学之原理，这一原理遵循了孔子重视并规劝我们的规范。因为在古人尝试用自己的伦理表现其所制定、讨论及实践的事情之前，孔子（本人）就已经做了检查。

根据沃尔夫的言论，作为事实，中国是历史上先于其他国家实践和经验这种自然法的原理——幸福的学说——的国家②。在这里的自注中，沃尔夫明显将神性剥离出了中国的自然法。只是因为这里所引用的《中庸》正好是其开头最为著名的"天命之谓性，率性之谓道，修道之谓教"。如果沃尔夫忠实地引用卫方济或柏应理的译文，那么他必定会出示全文，并明示其主语或终极根据之所在。而且，卫方济和柏应理两人都会明确指出其根据或主题为"天"。柏应理和卫方济的译文如次。

天所赋予人〔与生俱来〕的东西被称作理性本性（natura rationalis）。与此相对，本性所吻合且遵循的被称作符合规则（regula）或理性的东西。依据理性调整自我及属于自我的事情，借此回归规则的濯磨被称作教育，或

---

① 参阅：スアレス「法律についての、そして立法者たる神についての論究」（『中世思想原典集成二〇—近世のスコラ学—』，山辺健訳，平凡社，2000）。笔者根据上下文做了适当改译。

② Christian Wolff, *Oratio de Sinarum Philosophia Practica,* übersetzt, eingeleitet und herausgegeben von Michael Albrecht, Hamburg, F. Meiner, 1985, n. 39.

德的规律。(《中国哲学家孔子》《中庸》第一章)

> 天之法〔则〕才正是本性。该本性的引导是当为之正确的道。该道的指导是正经生活的规律，或是为正直地生存而立的规矩。(《中华帝国六经·中庸·第一章》)

柏应理明显将中国的"天"与"神"重合。一方面卫方济也将"天"高度合理化。然而，在崇拜和道德的出处成为问题时，卫方济却将其视作人格神。按照历史脉络来说，沃尔夫忽视并删去了依旧残存在两人言论中的超神性要素，并于内在于人的理性本性之中找到了"幸福"的试金石——德的完成。

2　充足理由律——《中庸》的"天命""性"与《大学》的"致知格物"之融和

那么，在沃尔夫看来，与"神"无关的中国人究竟具体用何种方法施用自然本性的"力"，提升德性的呢？

在"深远的智慧""关于道德事态的充足理由律〔充分理由的法则〕之适用"中，他说中国人用以提升德性的是充分理由律〔充分理由的法则〕(principium rationis sufficientis)[1]。沃尔夫将充分理由律〔充分理由的法则〕——基于莱布尼茨的创见——作为中国哲学之所以优秀的根据。也就是说，中国的哲人们早已知晓了当时最先进的理论。诚然，中国人不可能知道莱布尼茨的哲学，但沃尔夫这样说是有根据的。

沃尔夫认为中国哲学对应充分理由律〔充分理由的法则〕的地方，是与"关于道德事态的充足理由律〔充分理由的法则〕之适用"相对应的《中国人实践哲学演讲》的原文。尽管中国人意识到自己只注意到了人的善性，但却无视人有恶

---

[1]　《拉丁语形而上学》第71节也从与充分理由律的关系角度论述了孔子。参阅：山本道雄「ヴォルフの哲学方法論についてのノート—『ドイツ語論理学』を中心に—」(『神戸大学文学部紀要』一九号, 1992)；石川文康「ドイツ啓蒙の異世界理解—特にヴォルフの中国哲学評価とカントの場合—ヨーロッパ的認知カテゴリーの挑戦—」(『「一つの世界」の成立とその条件』, 国際高等研究所, 2008)。此外, 石川氏将该部分内容译作"任何事情都有充足的理由——不是为什么没有, 而是为什么有。该命题称作充分理由律。该命题自阿基米德确立杠杆平衡原理之时就在使用。孔子认识到了相同的事情, 并将此真理普及为道德真理。《中国人实践哲学演讲》注58、第44页对此做了记述"。

的一面的现实情况。在此，他设想到欧洲人会从基督教原罪观的角度对此进行批判，于是他一边为中国人辩护，一边展开讨论。

> 因此，与其说中国人已经无视了人类精神的不完美性——恶德、厚颜无耻及恶行常常如泉涌一般，倒不如说他们只看到了人类精神的完美性（perfectiones）。因为中国人认识并顺从其自然〔本性〕之力，期望获得只对自己来说可能的东西。（《中国人实践哲学演讲》"中国如何推进德性之习练"）

中国人看到自己到达完全的境地，并运用人类本性之"力"，从自然诸力中导出有益之物。沃尔夫是在重视中国哲学的性善说的同时做出这番言论的①。

同时，沃尔夫认为人类从自然诸力中获取有益之物的观点引自《大学》《中庸》。《中国人实践哲学演讲》的自注如次，其中大部分依据了柏应理的翻译。

> 在《大人的学校》〔《大学》〕（Schola adultorum）中，孔子致力于将道德规定（praecepta morum）导向一般规则（regulae generales），并嘱咐道尽可能完善理智，将借此提升理性（ut rationem excolas intellectum perficiendo）作为主要关心的事情。因为在《中国之智慧》（Scientia sinica）第二篇第46页〔柏应理译《中庸》〕中，孔子嘱咐我们要认识到一切事物皆有其理由〔根据〕（omnia habere suam rationem），并努力洞察一切事物的理由〔根据〕。他嘱咐道，一旦最后认识到了这些理由〔根据〕，就要与一切虚伪断绝联系，并修正意志（rectificanda intentio）。〔他又嘱咐道〕一旦意志得到了修正，就应该抑制欲望，最高程度地与理性相一致（omnes omnino actiones summam habeant cum ratione conformitatem）。请参照《大人的学校》〔卫方济译《大学》〕，或《中国之智慧》第一篇第一页〔柏应理译《大学》〕及其后面的内容②。

---

① 顺带提一下，菅沢龙文在「カントとヴォルフの実践哲学における神概念」中指出，沃尔夫认为完善人的状态的东西就是"善"，由此可知人的本性是善的。

② Christian Wolff, *Oratio de Sinarum Philosophia Practica,* übersetzt, eingeleitet und herausgegeben von Michael Albrecht, Hamburg, F. Meiner, 1985, n. 58.

　　前面引用的内容相当于朱熹《大学章句》第一章"欲诚其意者，先致其知"一文。即完善理智是使道德规范具有普遍性的条件。那么，完善理智需要何种条件呢？这正好是《大学》的"格物致知"所关心的最重要的事情。对此，沃尔夫引用了同属四书的《中庸》，以便说明"致知"的大前提"格物"，即"一切事物皆有其理由〔根据〕"一处文字。这在柏应理译文的相同部分并没有完全相符的措辞。但是，或许沃尔夫依据的是下面的部分。

> 　　应遵循的中庸的实际应用中的完善的人们的规则〔君子之道〕（*perfectorum* regula）是广大而普遍的〔费〕，但事物最深处的效力和理由〔根据〕（vis et ratio）却是微小精妙，隐介藏形〔隐〕，因而几乎未被认知。……因此，不管是如何巨大的事物，理由〔根据〕都内在于其中。同样，不管是如何微小的事物，都不会缺少理由〔根据〕（nulla res adeo magna est, in qua ratio non insit, nulla item adeo exigua, quae ratione quadam careat）。（《中国哲学家孔子》"第五章《中庸》的译文"）

　　也就是说，柏应理的译文通过"双重否定"的方式——无论设想的是无限大还是无限小的事物，其内部都不会不存在理由〔根据〕——强烈主张 ratio 的普遍存在。换言之，他认为可从一切事物中发现理据（ratio）。从词语的构成上看，柏氏的理论酷似莱布尼茨的"充足理由律〔充分理由的法则〕"，从历史上看亦可谓其先例。当然，该译文是有可靠的根据的。即"君子之道费而隐。……故君子语大，天下莫能载焉；语小，天下莫能破焉"。对此，张居正解说如次。

> 　　君子之道，有体有用，其用广大而无穷，其体则微密不可见也。……故就其大处说，则其大无外，天下莫能承载得起。盖虽天地之覆载，亦莫非斯道之所运用也。岂复有出于其外而能载之者乎？就其小处说，则其小无内，天下莫能剖破得开，盖虽事物之细微，亦莫非斯道之所贯彻也，又孰有入于其内而能破之者乎？（《中庸直解》第一二章）

　　换言之，沃尔夫认为编撰者及思想背景迥异的《大学》和《中庸》立足于同一哲学根底，他认为《中庸》的观点与《大学》的观点密不可分，有机联系，他吸收了"一切事物皆有其理由〔根据〕"的观点，紧接着又解释说〔孔子〕嘱咐说要"努力洞察一切事物的理由〔根据〕"，即要求《大学》中的"格物"。可以说这一解释十分精妙。另外，前揭自注的后半部分文字如次。"他嘱咐道，一旦最后认识到了这些理由〔根据〕，就要与一切虚伪断绝联系，并修正意志（rectificanda intentio）。〔他又嘱咐道〕一旦意志得到了修正，就应该抑制欲望，最高程度地与理性相一致"①。这正相当于"物格而后知至，知至而后意诚，意诚而后心正，心正而后身修"。

上述《大学》第一章的内容极为明确地提出了儒家的理念，沃尔夫在其他地方对该章的"古之欲明明德于天下者"等所谓的《大学》八条目有着更加详细的解说，笔者将在下一章中加以讨论。

---

① Christian Wolff, *Oratio de Sinarum Philosophia Practica,* übersetzt, eingeleitet und herausgegeben von Michael Albrecht, Hamburg, F. Meiner, 1985, n. 58.

第六章 《中国人实践哲学演讲》（II）

第一节 《大学》

1 "平天下"的条件——"修身"

沃尔夫在《中国实践哲学演讲》中论述如次。

> 中国人所有的努力都是为了良好的统治。也即是说，人们只有居住在优秀且秩序井然的国家才能获得幸福。（《中国人实践哲学演讲》"大人学校的必要性和〔存在〕理由"）

如前所述，在《中国人实践哲学演讲》中，沃尔夫对中国哲学的终极目标做了阐述，即"我们……注意到所有中国人都渴望获得人世的幸福，甚至不知道神性，也不清楚来世（vita futura）"[1]。沃尔夫认为，中国人不知道至上的神和来世这些超越现世的存在，他们在其所生活的现实世界中，以获得幸福为目标。

> 那么，给人类带来幸福的良好的统治，以及秩序井然的国家政治的条件究竟为何物？沃尔夫提示出了中国哲学的大框架——"修己治人"，即达成修身的主体渐进地感化他人，最终实现天下的安定（明明德·平天下）。

---

[1] Christian Wolff, *Oratio de Sinarum Philosophia Practica,* übersetzt, eingeleitet und herausgegeben von Michael Albrecht, Hamburg, F. Meiner, 1985, n. 102.

因为从〔卫方济的〕《大人的学校》〔《大学》〕，或〔柏应理的〕《中国之智慧》第一篇第 3 页孔子的教诲来看〔十分明确〕，古代帝王因为拥有家族统治的理念（idea regendi familiam），所以养成了事先节制自己身体的习惯（habitus）。其次，因为十分便宜地获取管理王国的理念，所以获得了教育引导家人的习惯。最后，因为他们不缺乏管理帝国的理念，所以保证了在管理王国方面考虑得足够细致。因此，他们在享受莫大幸福的同时，努力遵守一切行动的划一性，以便各个事物都与国家良好的管理直接相关。[①]

也就是说，沃尔夫以《大学》为基础理解道，中国人认为以个人的自律（明明德）为前提，以获得人间的幸福为目的，从维持家政（齐家）至统治国家（平天下），一切都必须有机地、首尾一贯地形成体系。

2　"修身"的条件——"致知格物"

沃尔夫在下文中更详细地分析了从"明明德"至"平天下"的过程。

> 补充一件事：中国人在成为家长之前，都会正确节制自己的习惯〔道德〕（mores）和生活〔修身〕；在被允许参与统治之前，都会促使自己更好地管理家人〔齐家〕。在我看来，这种考量不会驱使〔人们〕向恶。因为有谁自己都管理不好，还能管理好家人呢？自己及家人，换言之，有谁连身边熟悉的少数人都管理不了，还能管理其他大多数人呢？欲以自己的示例（exemplum）管理他人之人必须告知，受托之事可以实现，因而与达成幸福的手段相关。（《中国人实践哲学演讲》"培养德性时所行义务之顺序"）

沃尔夫对该段文字的自注如次。

> 这确实可以从〔柏应理著〕《中国之智慧》第一篇〔《大学》〕第 3 页中读到。（古代〔中国〕的王和皇帝们，）欲正确管理自己的王国〔治国〕，事先要教导好自己的家人〔齐家〕。他们欲正确教导各自的家人，事先要正确形成或调整自己的身体（corpus）〔修身〕。〔他们〕欲正确形成自己的身体，

---

① Christian Wolff, *Oratio de Sinarum Philosophia Practica,* übersetzt, eingeleitet und herausgegeben von Michael Albrecht, Hamburg, F. Meiner, 1985, n. 101.

事先要端正自己的灵魂〔正心〕（rectificare animum）。〔他们〕欲正确端正自己的灵魂，事先要使自己的意图〔意念、意向〕真实可靠〔诚意〕（verificare intentionem）。〔他们〕欲使自己的意志真实可靠，事先要完善自己的理智〔致知〕（perficere intellectum）。

不过，继而这样补充：

理智因汲取所有事物的理由〔根据〕而完善〔格物〕（intellectus perfici exhauriendo rerum omnium rationes）。①

先来看看柏应理的译文：

古代的人们想要在帝国之中磨砺理性本性（natura rationalis）〔明明德于天下〕，即他们自己想成为全帝国人民提升理性本性的典范，首先就要正确地管理好他们各自的王国〔治国〕。……要想正确地管理好自己的王国，就要很好地教育引导各王国的人民，就需要事先教育引导自己的家庭〔齐家〕。这就是说，进而要有能很好地教导和统治全王国人民的理念（idea）。这是因为所谓正确管理王国的根源（radix）或根源性的事物（principale），即是指受到正确教育和引导的家庭。因此，对于统治者来说，必须先努力学会正确地教育引导。继而，要想正确教导自己的家庭，就要端正（即整理）自己的身体（corpus）（根据〔身体〕这一名称来理解人格〔persona〕）——作为能够正确教导自己家庭的规范或典范。因为家庭得到正确的教导和引导，其根源或根源性的事物

---

① Christian Wolff, *Oratio de Sinarum Philosophia Practica,* übersetzt, eingeleitet und herausgegeben von Michael Albrecht, Hamburg, F. Meiner, 1985, n. 151. 石川文康在『カントはこう考えた』（筑摩書房，2009）第89—92页中，将沃尔夫的这段文字与柏应理的翻译（参阅后文）进行了比较对照，论证了沃尔夫现在试图在所有事情中都解读出成为前述事件之理由的"充足理由律"。此外，石川文康在「ドイツ啓蒙の異世界理解—特にヴォルフの中国哲学評価とカントの場合—ヨーロッパの認知カテゴリーの挑戦—」（『「一つの世界」の成立とその条件』，国際高等研究所，2008）第82页中指出，沃尔夫在《德语形而上学》里论述说孔子是世界上最早提出"充足理由律"的主要人物。同时，石川认为这是"可与欧洲合理主义，即'拱手相送城堡'相比肩的重大发言"。另一方面，沃尔夫评价道在朱子学的基本文献之中，《中庸》等是"充足理由律"的先驱。然而，"充足理由律"的创始人莱布尼茨本人在1687年就已读过了柏应理的翻译。那么，染布尼茨本人此时是如何看待《中庸》的呢？

是指正确形成的，且经过优良的伦理〔道德〕（mores）改进的特有人格（propria persona）〔修身〕。那么，现在想要端正自己的身体——即人格的所有外在习惯（habitus），就要抑制，即正确地控制自己的情动（affectiones）和欲望（appetitus）——此两物会使"心"〔魂〕（animus）远离真正的善，并使其向恶而行，陷入恶德——首先端正自己的内心〔魂〕〔正心〕。因为正确控制魂的情动和欲望，是形成端正的身体——外表——的正确根源，或根源性的方法，应该首先考虑的事情。所以，人要保持自己人格外表的形成，就应该控制自己的内心。那么，〔他们〕想端正自己的内心，就要首先使自己的意图〔意念、意向〕（intentio），即意志（volumtas）真实可靠。也就是说，真实性、诚实性可使〔意图〕摆脱一切虚伪和虚构。……因此，我们意图的真实性（veritas）〔诚意〕，才是端正内心〔魂〕的根源，或可说是根源性的，必须首要注意的事物。因此，〔《大学》的〕作者阐述道："端正自己内心之人，应当首先在真实中确立自己的意图"。继而，想要使自己的意念真实，就要首先完善（perficere）自己的理智〔知性〕（intellectus），即理智〔知性〕能力（potentia intellectiva），并尽可能使其到达至极之处。也就是使之能洞察一切〔事物〕〔致知〕。因而，这种理智〔知性〕的终极洞察能力是使我们意念真实，并在真理中确立意志（volumtas）的根源，或者根源性的事物。这是由于在论述"希望使自己的意图和意志真实之人，必须首先完善自己的理智〔知性〕"时，作者希望意志〔发展的方向〕是可预测的。而后，基于这样的理由完善自己的理智〔知性〕认识能力（vis intellcetiva）——到达至极之处，就是要深入认识或彻底理解所有事物，或所有事物的理由〔根据〕（rationes）〔格物〕。然而，正因为一切事物和存在者（entia）都具有多样性，所以理应被认知的理由〔根据〕——哲学家称之为认识可能性（cognoscibilitas）——也具有多样性。所以，最终反映存在状态（modus essendi）的认知状态（modus cognoscendi）也是多种多样的。特别是在最后，人们认为理智〔知性〕的认识能力是依照一切认知可能性，竭尽人的能力去理解和认知万事万物的理由〔根据〕（rationes）和本质（essentiae）。这就是指到达知识（scientia），即认识（cognitio）的极致。于是，〔《大学》的〕作者写道："完善理智〔知性〕认识能力，即使其达到至极之处，就是要把握万事万物之理由〔根据〕，并用某种方法彻底理解和认知它"。（《中国哲学家孔子》"第四章《大学》的译文")

卫方济的译文如次。

> 因此，古代的君主们都希望整个中华帝国及其〔内部的〕各个国家，恢复其因罪过和恶行而被遮蔽的理性能力〔机能〕的原始光辉。他们事先致力于正确治理好自己的〔帝国之内的〕这个国家。所有希望自己的国家得到正确治理的人们，都先通过规律的秩序、和睦及协作，致力于将自己的家庭整治得气派出众。希望将自己家的一切，通过规律的秩序、和睦及协作整治得气派出众的人们，先要努力端正自己的习惯〔生活方式〕和生活。希望端正自己一切习惯和生活的人们，先切望获得自己内心真正的正确性。希望获得自己一切内心真正的正确性的人们，先要努力在对善的真实的爱及对恶的真实的憎恶中确立自己的意志。所有希望在对善的真实的爱及对恶的真实的憎恶中确立自己的意志的人们，先要追求因精神的理性认识而获得的完美观念。最后，达到善恶的完美观念的方法是研究清楚事物的本性和性质〔理据〕，即由对哲学的探究（philosophiae studium）而形成的〔格物致知〕。（《中华帝国六经·大学·第一章》）

探讨上述两篇译文与《中国人实践哲学演讲》的原文及其自注可知，关于沃尔夫《中国人实践哲学演讲》中的"明明德……格物"的要点，沃尔夫的自注解释为通过透彻地理解万物的理据来完善"理智（知性）"，柏应理主张磨砺"理性本性"，而卫方济则理解为实现再现"理性能力〔机能〕的原始光辉"。总而言之，他将"明德"理解为理智、理性。如前所述，从历史上看，宋明之"明德"已经形成了与欧洲之"理性"相对应的内容，因而译作拉丁语的"ratio"完全没有问题。再者，其中甚至包含了当时欧洲所没有的特性。"明德"作为"理性（ratio）"被打包送往欧洲。除"明德"外，"性""道""礼""节""中""和""诚""仁"等都被译成了"理性"，这些都被当做人类本性之理性传入欧洲。柏应理至沃尔夫的理解都充分显示出了这一点。另外，在《中国人实践哲学演讲》中，沃尔夫依据卫方济的著作，将"修身"译作"正确节制自己的习惯〔道德〕和生活"。这是将"身"理解为内在和外在的统一体。与此相对，前揭自注和该自注则以柏应理的书为依据，认为"修身"是指"节制自己的身体""正确地形成或调整身体"，以及外在行为的调整或外观的优美。只是，柏应理译文在补充说明中将其解释为"根据这一名称〔身体〕理解人格（persona）"。笔者认为，虽然对沃尔夫来说，卫方济译文的合理解释更加接近，但是沃尔夫的自注几乎都是以柏应理的翻译为依据的。

由上可知，沃尔夫在出版《中国人实践哲学演讲》之时，斟酌、研究了柏应理和卫方济两人的著作，认为中国哲学的终极基础在于洞察并完全吸收一切事物和事情的本性、本质和理由（根据）。实际上，这些理解虽然在翻译方法上有偏差，但都是以张居正《大学直解》的解释为依据的。为了更好地确认这一点，笔者再次引用张居正的原文如次。

> 在昔古之人君，任治教之责，要使天下之人，都有以明其明德者，必先施教化，治了一国的人。……然要治一国的人，又必先整齐其家人，以为一国的观法，盖国之本在家，故欲治其国者，先齐其家也。然要齐一家的人，又必先修治己身，以为一家之观法，盖家之本在身，故欲齐其家者，先修其身也。身不易修，而心乃身之主宰。若要修身，又必先持守得心里端正，无一些偏邪，然后身之所行，能当于理。所以说，欲修其身者，先正其心。心不易正，而意乃心之发动，若要心正，又必先实其意念之所发不少涉于欺妄，然后心之本体能得其正。所以说，欲正其心者，先诚其意。至于心之明觉谓之知，若要诚实其意，又必先推极吾心之知，见得道理无不明白，然后意之所发或真或妄，不致错杂，所以说，欲诚其意者，先致其知。理之散见寓于物，若要推极其知，在于穷究事物之理，直到那至极的去处，然后所知无有不尽，所以说，致知在格物。（《大学直解》第一章）

总之，沃尔夫通过柏应理和卫方济——以合理性为志向的媒介——接受并吸收了经由宋明理学整合后的《大学》之世界观。在他看来，中国人通过究明事理扩充理智〔知性〕，并以此为立足点培养作为善恶取舍之分歧点的意志或意向，用以完善自我的身心，继而从身边的人开始，呈现同心圆式的波状扩展，通过较远的他者的自我实现，最终为天下带来和谐。沃尔夫所思考的中国哲学之构图，可以说与沃尔夫学说之体系，即与"物理学"（以形而上学、逻辑学、数学为基础解开一切事物之理由〔根据〕）、"伦理学"（以自身的自律为目的）、"家政学"（与经济学相关）及"政治学"（以将实现民众之幸福纳入视野的统治为终极目标）的理念和构想相互照应①。

另外，沃尔夫在《中国人实践哲学演讲》中亦谈及了人的理性本性，这点极具参考价值，故笔者对相关内容及其自注做了如次考察。

沃尔夫论述道，人类精神倾向于希求善的事物，忌避恶的事物，"如果选择了看似善的恶（但不幸的是这种情况经常发生），则〔人们说〕应该拒绝被认为〔虽为善却又〕是某种恶的东西"。他阐述道，人往往在感觉判断上易认为快乐中有善，而痛苦与不快中有恶。但是，感觉原本只能表现当下的事物，以致将虚无缥缈之事与恒久不变之事混为一谈，较真理而言更为喜好表面的善，常常拒绝真正的善。因为"真正的善只有在将来才会最终产生舒适快乐的感觉，而当下几乎不可预见"（《中国人实践哲学演讲》"自然〔本性〕之力为何物"）。

因此沃尔夫认为，若要避免偶发的不幸和困难，就应该从作为本有理念的未来的角度出发决定行为和人事的价值。此时，他主张人类精神中存在甄别善恶、排除感觉之炫惑的能力。这种能力即为理性能力，适当培养的理性可预见因行动之执行和放弃而产生的变化。沃尔夫在《中国人实践哲学演讲》的相关内容中，对该理性判断之优越性做了如次注解。

> 我将理性定义为洞察真理之联系的机能〔能力〕（facultas perspiciendi nexum veritatum）。因此，培养出理性的人能够洞察行为与从中归纳出的事情之间的联系。这是因为他们能够推测并理解从行为中所归纳出的事情，以及甚至〔这一〕结果是从何种行为得出的。②

也就是说，他以莱布尼茨为榜样，认为"理性"是指"洞察真理之联系的机

① 沃尔夫给各种科学安排了序列。即普遍的实践哲学先行，伦理学先于经济学，经济学先于政治学。沃尔夫认为实践哲学是指在择善弃恶之际，下命令要求使用意志能力的部门。这一基础是根据经验认识物理学的。参阅：細川薫訳『哲学序説』（青山书店，1962）；山本道雄訳「ヴォルフの論理学思想について—『ラテン語論理学』の概念論、判断論、真理論を中心に—（二）」付録『哲学一般についての予備的叙説』（『文化学年報』第一五号，1996）第 62 节、第 103 节、第 104 节、第 105 节。

② Christian Wolff, *Oratio de Sinarum Philosophia Practica, übersetzt, eingeleitet und herausgegeben von Michael Albrecht, Hamburg, F. Meiner*, 1985, n. 73.

能〔能力〕"，我们可以推测并理解因培养"理性"而产生的事情的因果关系。

然而，一般认为理性（ratio）是探索某种先行行为产生某种后续结果之理由（根据）的能力。正如笔者在第一部分和第二部分所做的考察，这种一词多义的关联概念、"理性"同"理由〔根据〕"或"理法""道义"等的关系类似于宋学的天理与万物·人事的分殊之理〔＝性〕的关系。近代以降，raito 的观念被分成人的理性能力和自然科学的规律性来加以讨论。从这点来看，毋宁说沃尔夫保留了主张通融性的斯多葛派的，或者文艺复兴式的理性观念。在说明中国哲学的"理"——这里指的是经由朱熹解释后的《大学》等的"理"——时，沃尔夫是在究明物理学规律的同时，联系了有关人事的历史经验进行思考的。

> 如果我们注意到由行为归结一事，并寻求后续事情发生的理由〔根据〕，或可区分经常发生的事情与只在一定条件下后续发生的事情，那么经验（experientia）就会支撑理性（ratio）。我们能以这种形式从我们自身的事例和他者的事例中获得智慧。我们曾在其他场合表示过，人身上的理性并非总是纯粹的，多数时候会与经验协动。然而，在理性并不充分的情况下，如果经验代替理性受到关注，那么我们又会将〔其〕与理性的培养相结合。①

虽然理性具有推理因果关系之普遍性的能力，但现实世界的所有现象并不是依照规律发展的，因为其中有经验性条件的参与。因此，我们为了获得对事情的稳妥判断，就需要在正确运用理性能力的同时，对包含人事的具体的经验性事例加以归纳。这就是说"理性并非总是纯粹的，多数时候会与经验协动"。沃尔夫在其他地方将这种理性与经验的联动称为"理性与经验的婚姻"②。再而，沃尔夫的这种构想同大多数宋明理学家重视与事物·事情密不可分的、具体经验中的格物的工夫近似。沃尔夫认为，孔子才是学习前人的经验规则，培养出理性的人的具体实例。

---

① Christian Wolff, *Oratio de Sinarum Philosophia Practica,* übersetzt, eingeleitet und herausgegeben von Michael Albrecht, Hamburg, F. Meiner, 1985, n. 73.

② 在「ヴォルフの哲学方法論についてのノート——『ドイツ語論理学』を中心に」中，山本道雄根据《拉丁语逻辑学》第 663 节所述这个词，认为应当排除康德的成见——视沃尔夫为"空中楼阁大师"，并认为他是合理论的独断论者。确实，从此处所见文句来看，沃尔夫先于康德极力主张理性与经验的紧密联系。

这亦可见之于孔子的事例。因为他为了谋求自己亲自经验，而着眼于他者的事例，培养出了理性。[1]

这与沃尔夫自注中的话语相呼应[2]——从孔子谈及中国最早的圣人伏羲、神农、黄帝、少昊、颛顼、帝喾，特别是尧舜之事迹的古代年代记中，沃尔夫推理出了"行为与结果的连锁关系〔纽带关系〕"（factorum et eventuum nexus），并导出了道德学和政治学。

3 领导者的示范和民众的效仿

关于前揭"欲以自己的示例管理统治他人之人必须告知，受托之事可以实现，因而与达成幸福的手段相关"（《中国人实践哲学演讲》"培养德性时所行义务之顺序"）一文，首先想到的是作为《大学》的读者——王者，与此相对应，沃尔夫在自注中做了如次阐述。

> 中国人在指示者——通过范例〔实例〕（exemplum）而非命令统治民众——的实例中寻找责任和义务的真正依据（genuina obligandi ratio）。〔因为他们〕相信王的实例与民众的效仿有着不可分割的纽带关系（indivulsus nexus），并坚信依靠没有实践的单纯冥想无法达成道德真理的观念。尤其因为他们满足于明晰的观念——因为他们无法仅仅用语言向他者传达。[3]

自最早的伏羲开始，中国人就从有德的统治者的具体事例（范例）中找到了人民职责的根据。因为无根无据，仅仅凭借语言是谁都说服不了的。自古以来，中国人就在知识和道德层面实现了完善，并在古代圣王（同时拥有人民和福祉）的范例中找到了统治者与被统治者之间的纽带关系。正如后文所见，沃尔夫认为这种统治者与被统治者的关系类似于理性与欲求的关系，是高级机能与低级机能之间的差异。此时最重要的是居于上位的不是统治者个人。沃尔夫认为，这原则上是在所赋予的条件下的、任意组织中的主导—从属的作用差和分工。

---

[1] Christian Wolff, *Oratio de Sinarum Philosophia Practica,* übersetzt, eingeleitet und herausgegeben von Michael Albrecht, Hamburg, F. Meiner, 1985, n. 73.

[2] Ibid., n. 19.

[3] Ibid., n. 152.

上位者成为主导者的资格和条件指的是，通过经验导出宇宙的运动秩序和规律，仿照其整合性来约束自己，视宇宙间的存在者为自己和共同存在者并尊重之，而无自他彼此的差别，而且能期望不断地实现世界整体的改善。统治者有必要谦虚地钻研前人传承下来的经验法则，并亲身加以检验，向后世传承。拥有直接感知和洞察能力，通过学习积累和洞察哲人的教诲，磨砺道德判断能力——沃尔夫如同宋明理学家一般，认为这些都是"格物致知"的一个环节。只有试图在具体的实践场合用事实证明这些成果的人才配成为完善之人（vir perfectus）（君子和圣人）。

此外，沃尔夫认为孔子是民间的代表而非政权阶级。这样一来，主导—从属的差别只不过是关于世界的知识序列和阶层差异、层次的差别。主导者是否合适与眼界的大小、广狭，以及对万民·万物之关心的强弱成正比。主动觉察自己所处时代的状况和职责，无欲无求，舍身完成自己的使命。如果机能无法实现的话，就要干脆地把机能转移给他人。沃尔夫视这样的人为理想的统治者。

与之相反，缺少这些条件的人作为历史的实例和经验法则，将永远顶着暴君的臭名[1]。

4 修己治人——明明德·平天下

沃尔夫按照《大学》的观点，阶段性地论述了国家统治——作为中国哲学之目的的秩序——下实现民众之幸福的条件。他阐释道，前述论断的终极根据在于通过解释清楚一切事物的理由〔根据〕，发挥直观的理智能力（道德判断能力的基础）。接着，沃尔夫进一步论述了中国的终极〔最终〕目的，道德判断和意志，包含人的经验法则，究明万物的本性和本质，在涵养了道德判断和意志之后应该会带给人类幸福。中国人认为，只有自己获得德性，远离恶德是不够的，应当努

---

[1] Christian Wolff, *Oratio de Sinarum Philosophia Practica,* übersetzt, eingeleitet und herausgegeben von Michael Albrecht, Hamburg, F. Meiner, 1985, n. 8. 正如在卫方济所译《孟子》的第二章中所见，卫方济论述道心系人民，有德是为政者的条件，如无德就会被剥夺君权。由此可知，沃尔夫应是熟知《孟子》式君主的条件论和革命性，也应该意识到了卫方济译文的危险性。但是，如前所述，沃尔夫在自注中列举了《孟子》一书的名字，并委婉地向欧洲读者做了提示。

力使他者作为自律的主体，获得与自己相同的道德判断的能力①。

> 在中国人看来，只有我们自己进入品德修养的境域〔入德〕，并竭尽一切努力远离恶德的旁门左道是不完全的。他们继而运用一切手段，促使他人同样进入〔品德修养之〕道，同样远离〔恶德的〕歪门邪道。因此，在中国人的智慧原理之中，〔自己〕达成善之后，就会竭尽全力，努力使他者也变得如同自己一般，并赋予这一思想十分高的地位。中国人希望他者能在情意方面卓越优秀，并获得与自己一样的聪明智慧。因为中国人最大限度地关注并努力使他者亦能熟习对善恶的认知，如同他们自己所欢喜的一般；因为中国人强烈祈祷他者亦能快乐地得到满足，如同他们曾享受过的一般；因为中国人努力使他者亦能通过〔这种〕爱和恨获得〔对善的〕爱和〔对恶的〕恨，如同他们自己曾获得过的一般。最后，中国人以至高的勤奋努力使他者亦能因道德之荣光〔明德〕而光辉灿烂，如同他们自己曾辉煌荣耀过的一般。如此一来，帝王们对臣民、家长对家人、父母对孩子们来说，就成了一种范例〔实例〕，他们给不服从理性之命令的人们也带去了好处。（《中国人实践哲学演讲》"中国人改善他者的努力"）

虽然该段文字与前面的文章在措辞上稍有差异，但明显是在分析"明德"的概念，即源自于同"欲明明德于天下者……致知在格物"反向的"物格而后知至，知至而后意诚，意诚而后心正，心正而后身修，身修而后家齐，家齐而后国治，国治而后天下平也"一文（朱熹《大学章句》）。

沃尔夫认为正是这种无自他之别的知德的完美发挥（明明德），才是人类幸福和世界和平的实相。而且，这段对《大学》的理解几乎呼应了第二章中卫方济

---

① 在『人間の幸福促進の為の人間の行為についての合理的考察』訳（その二）」（野口克己訳，『聖マリアンナ医科大学紀要』第一五巻，1986）第十二节中，沃尔夫说道："确实，本性约束其自身行善行，而不行恶行；择善而不取恶，选大而不选小。因此，善行将更加完善我们的内在和外在的存在方式，而恶行则会使其更加不完善。所以，本性约束我们要采取使我们及我们的存在方式更加完善的行为。与此相反，本性约束我们放弃会令我们及我们的存在方式——即我们的内在外在的存在方式——更不完善的行为。因此，有一种受我们支配的限制行为的规则。即做可使你及他人的存在方式更加完善之事，摈弃使之更加不完善之物"。另，参阅：菅沢龍文「カントの道徳形而上学とヴォルフ倫理学について」（『論理学年報』第三九号，1990）。

的译文。即，

> 在关于所有事物的本性和原理上，一旦研究清楚了什么是真或伪，什么
> 是高贵或丑恶〔格物〕，精神（mens）就会到达知识的顶峰〔知至〕。精神
> 到达了知识的顶峰时，意念就会在对善之真实的爱和对恶之真实的恨中确立
> 〔意诚〕。一旦意念在对善之真实的爱和对恶之真实的恨中确立，心思才能
> 端正〔意诚〕。自己的心思真正端正后，才能正确控制自己的一切习惯和生
> 活〔身修〕。如果能正确控制自己的一切习惯和生活，就能通过规律、安宁
> 及和谐将自己的家庭和家族管理妥善〔家齐〕。如果通过规律、安宁及和谐
> 将自己的家庭和家族管理妥善的话，就可正确统治自己的整个国家〔国治〕。
> 如果正确统治自己的国家，则可通过这一范例〔实例〕感动整个帝国，引其
> 向德而行，使之团结一体，安定平稳〔天下平也〕。（《中华帝国六经·大
> 学》）

沃尔夫与卫方济的不同点在于，沃尔夫认为人类拥有敏锐的理智〔知性〕，
甄别善恶的德性的能力将予人喜悦，是可享受快乐的东西。道德势必伴随着这一
喜悦，沃尔夫绝非禁欲式地将幸福的感受——如同不纯洁之物一般——排除在
外。①

卫方济阐述道，君主作为领导者的主要目标是"使他者亦能因道德之荣光〔明
德〕而光辉灿烂，如同他们自己曾辉煌荣耀过的一般"。自此之后，他又阶段性
地论述道："帝王们对臣民、家长对家人、父母对孩子们来说，就成了一种范例
〔实例〕"，再经过各种中间项，"他们给不服从理性之命令的人们也带去了好
处"。这正好是沃尔夫对《大学》的终极（最终）目的"明明德于天下"及"天
下平也"的解释。

将沃尔夫在《中国人实践哲学演讲》中的发言延伸，则可知他借孔子的言论，
最终要说明道德能力的完善甚至将超越文化和国界。

> 事实上，《大人的学校》〔卫方济译《大学》〕或〔卫方济译〕《中国

---

① 康德从这一点认为沃尔夫是不彻底的。参阅：菅沢龍文「カントと Ch. ヴォルフにおける最高善」（『法
　政大学教養部紀要』第八二号，1990）。

之智慧》的第一卷第一页一开篇就对孔子的学说做了如次论述。译文中认为，每个人都应该想方设法最先使自我完善〔完美化〕〔明明德〕（semetipsum perficere），接着再使民众焕然一新〔亲民〕。孔子本人曾一直实践着嘱咐他者一事。他十五岁起就躬身潜心于获得真理的学说〔理论〕（doctrina），坚持不懈地扩充它（《论语·为政》）——尽管因歹人们的阴谋，嫉妒者们的憎恨而遭受迫害。他并未因庞大〔中华〕帝国的疆域感到满足，而是准备为了将学说传播给未开化的异邦人而踏上旅途，且又慨叹他人不关心自己的学说。因为孔子在认识到自己及其他有德之人属于小众之时，苦恼万分，最后竟说出如次言论（《中国之智慧》第三卷第三部分第 19 页）："现如今，我的学说不受重视，无法广泛传播。这样一来，我又何必继续留在中国。不如乘筏渡海，尽快逃离习俗〔道德〕如此腐败的世界"（《论语·公冶长》）。不仅如此，在《中国之智慧》第二卷第 74 页，孔子极为明确地论述道，完美的人不仅要使自我完善，更必须使他者完善（vir perfectus non modo sese，sed et alios perficere debeat）[1]。

《大学》中对应前述沃尔夫文章的部分是第一章"三纲领"的"明明德""亲民"。沃尔夫依据柏应理和卫方济的译文，解释说人认为自己在理性上是完善的，并应该劝导他者不断革新，但该译词本身就源于卫方济。

值得注意的是，沃尔夫在理解"亲民"上提到了孔子的事例，并引用了前述《论语·为政》中关于孔子在不同年龄阶段不断拓展充实自己的识见和德性的自述。再而又认为《论语·公冶长》的"子曰道不行乘桴浮于海"，是指孔子欲将自己的教义传播到海外的事情，并加以引用。最后，他提到了《中庸》关于超越自我成就之范围的他者之成就的观点——"诚者，非自成己而已也，所以成物也"（《中庸章句》第二五章）。这显示出沃尔夫将中国哲学所标榜之处，解释为以超越时空、无限向上发展人类之理智和德性为核心。在此，沃尔夫主张孔子本人就是"明明德""亲民"，甚至"止至善"的实例，是为推广道德甚而轻快从容地跨越国界之世界主义者的具体事例。抑或沃尔夫生于西里西亚，而后在耶

---

① Christian Wolff, *Oratio de Sinarum Philosophia Practica,* übersetzt, eingeleitet und herausgegeben von Michael Albrecht, Hamburg, F. Meiner, 1985, n. 153.

拿、莱比锡两地学习，后在哈勒遭驱逐，继而亡命马尔堡，在这一系列经历中他找到了与孔子的交集。无论国家之内外、民族之异同、文明或野蛮，只要有教化的可能性，孔子就会踏出国门，跨越国界而去——沃尔夫与这样的孔子产生了强烈的共鸣^①。从另一角度来看，抑或沃尔夫认为只要具有普遍性，中国哲人的学说本身就是会对人类产生贡献的历史范例；而站在经验的角度看，这是人类共有的财产。再而，末句的"完美的人不仅要使自我完善，更必须使他者完善"一文，在柏应理的译文中仅为完成体——"完美的人……也完善了其他事物（perfecit etiam res alias）"。也就是说，沃尔夫将他者甚至世界的完善——"修己治人"重新解释为向未来开拓之当为。

第二节　作为实践哲学实例的中国

1　德之荣光

沃尔夫继而罗列出了中国哲学的"深远的智慧"——"⑥于德性而言不可或缺的外在行为与内在行为的一致性""⑦与德性相伴随的喜悦""⑧关于推测他者之伦理〔道德〕的方法。以及为了寻求审判中的争论的真实性而事先接受指示的方法"。接下来，笔者将就相关问题进行探讨。

在《中国人实践哲学演讲》"道德实践之原理"中，沃尔夫就我们的"理性判断"做了如次论述。"善"不会搅乱我们的各种状态，而是会带给我们安宁祥和。反之，"恶"则会扰乱一切，造成价值的颠倒。我们的"精神"具有"预见"事态发展的能力。若此能力由理性判断引导，人会在选择正常且善意的行为时感到快意，而对恶感到不快。另外，我们具有追求善而避忌恶的"冲动"（stimulus）。为了正确驱动这种冲动，必须用"友爱之羁绊"（amicum vinculum）将与目的相关的"记忆"能力同"理性"能力相结合。（《中国人实践哲学演讲》"道德实践之原理"）。

---

① 山本道雄在「ヴォルフの哲学方法論についてのノート―『ドイツ語論理学』を中心に―」（『神戸大学文学部紀要』一九号，1992）中指出，沃尔夫自觉地决意要成为"日耳曼尼亚之师（Praeceptor Germaniae）"。

之后，沃尔夫接着论述道，人类本性中存在"德"①，这是一种甄别善恶、弃恶从善的直觉能力，而对这种能力的否定则是一种恬不知耻的行为。那么，是否存在仅凭这种能力——即独立理性——就获得成功的实例吗？沃尔夫认为是有的。

> 因此，运用自然〔本性〕之力的人可区别善恶，受到善之魅力的吸引，嫌恶恶之苦难，既然如此，我实难理解有人会厚颜无耻地否定人类拥有某种本性之力——足以使我们习练德性，逃离恶行。而且，中国人仅仅使用这一〔本性的〕力量就闪耀出德性和思虑的荣光（virtutis ac prudentiae gloria praeclari）。鉴于这一结果，可知使用这种力量不会陷于无益的结果〔反而可获得成功〕，他们通过实例极为丰富地验证了这件事情。（《中国人实践哲学演讲》"道德实践之原理"）

中华民族是唯一一个运用了让人类弃恶从善——获得幸福——之能力的具有德性且光荣的民族，这才是历史上的真实事例。然而，仅听一听《中国人实践哲学演讲》的这种美丽故事，听众们是无法信服的吧。沃尔夫自然也是这么想的。进而他又列举了中华民族在"德"方面优秀卓越的具体事例。

2　动机与行动的一致性

沃尔夫是在哈勒大学——新教虔敬派的大本营——举行的演讲，听众的主力是新教虔敬派（Pietist）的教授们。对他们而言，除了自己的信仰之情能感受的东西外，道德和幸福都是不存在的。从他们的观点来看，中国就不可能存在"道德"。

沃尔夫将这一点一直记在心上，并在自注开篇便强调道，中国哲学的"道德"与神学的、基督教的"道德"虽然同名，但内容迥异，不可混为一谈。

---

① 在『人間の幸福促進の為の人間の行為についての合理的考察』（その二）」（野口克己訳，『聖マリアンナ医科大学紀要』第一五卷，1986）第六四节中，沃尔夫规定"德"是"根据本性之法则规范行为的练达"，并论述道"德性会促进人的幸福，人没有德性绝不会身处幸福的状态。在此，作为认知世界的哲学家，我认为只有通过各种自然之力在现世中获得的至上幸福才是我们要讨论的问题"。

在《孔子传》第 119 页中，柏应理努力证明哲学家〔孔子〕不仅拥有道德的外表和外观，并且具有道德（virtus）。为了使我们不会像戴着头盔的剑士一样战斗，必须将"道德"一词从同名异义性〔多义性〕（aequivocatio）中解放出来。因此，从前述事项来看，显而易见，我们首先应该在此只认识哲学的道德（virtus philosophica），而绝不应该认识神学的、基督教的道德。①

如此看来，沃尔夫首先试图将孔子从神学的解释中解放出来，并且认为在道德实践中，外在行为偶尔与法保持一致是不充分的，必须与内在动机相一致。②

若外在行为与法一致，而与内在行为相左，则〔这〕只是表面的道德。孔子积极促使这种〔内外行为〕保持一致，并促使在中国拥有最高权威的其他人和古代的历史学家们也保持〔内外行为〕一致。即根据《导言》第86、87 页柏应理的观察，这无需像如次事实一般屡次记录和强调，即所言"万事都须忠实地依照古代君王们的实例开展，一切言行都须源于内心最深处"。在《中国之智慧》第二篇第 48 页中，记载了孔子在关涉完美的人〔君子〕（vir perfecus）和成就道德的理念上进行实践时，确实竭力追求不弄虚作假地实践道德，同时努力使言语与行为相互保持一致。③

沃尔夫论述道，自孔子之前的远古时代起，在中国的人们会被要求与内在行为、外在行为及法保持一致。即便在此，他依据柏应理的观点，一直强调孔子认为的法源自先王的理想先例，而自己的言行与此步调相同。作为实际事例，沃尔夫列举了卫方济所译《中庸》第十三章"〔君子〕庸德之行，庸言之谨，有所不足，不敢不勉，有余不敢尽；言顾行，行顾言"的译文。我们认为这句话平庸无奇，而沃尔夫却似乎非常在意。

然而，在自注中，沃尔夫列举了参与迫害耶稣的犹太教正统派法利赛派，将

---

① Christian Wolff, *Oratio de Sinarum Philosophia Practica,* übersetzt, eingeleitet und herausgegeben von Michael Albrecht, Hamburg, F. Meiner, 1985, n. 78.

② 参阅：菅沢龍文「カントの道徳形而上学とヴォルフ倫理学について」（『倫理学年報』第三九号，1990）。

③ Christian Wolff, *Oratio de Sinarum Philosophia Practica,* übersetzt, eingeleitet und herausgegeben von Michael Albrecht, Hamburg, F. Meiner, 1985, n. 78.

其作为与上述实例相左的形式主义之伪善行为的代表。继而又列举了从地狱死灰复燃的"虔敬派学者"们（pietatis doctores），这些人正是当下驱逐过沃尔夫的论敌。沃尔夫借用《论语》中不认可形式上的"孝"的语句，将虔敬主义者比作"没有理性的野兽"①，阐述了自己对抗虔敬主义者的强烈态度。"啊，这是多么的可悲。在我们的时代，虔敬派学者竟得意扬扬地允许法利赛主义〔伪善兼形式主义〕（pharisaismus）从地狱深处借尸还魂，甚至忽视了通往道德之努力中所需理智的培养〔教化〕。因为〔他们的〕动机是追逐利益和勃勃野心。他们虽然在表情、话语方式、举止动作等方面，使行为的搭配与法保持一致，但却毫不在乎行为的内在伦理〔道德性〕、智慧及立法者的善良本性。但是，孔子在关乎与自己的忠诚老实相隔甚远的人们时，一而再、再而三地叙述了道德的外表，因为孔子将他们列为邪恶的佣仆，甚至称之为没有理性的野兽（animantia bruta, rationis expertia）。现在的中国人——据柏应理《导言》第10页的报告称——授予这些人僧侣（bonzi）的身份。正如他们以化缘这种方法胜过他人一样，这些人佯装出某种更加严格，更加神圣的生活方式，将道德变成了一种皮相。"②

　　沃尔夫所指此处的孔子的言论，即本书第二章中所列举的《论语·为政》"子曰，今之孝者，是谓能养。至于犬马，皆能有养。不敬，何以别乎？"一文。不过，沃尔夫为了批判虔敬派而引用的《论语》，如果依据的是本书第二章第五节所示柏应理的译文的话，则不免存在些许恣意为之之处。

　　从柏应理《论语》的译文来看，沃尔夫认为伪善是指仅关注外在行为而忽视内在。那么与之相反，真实所要求的内外一致的人类行为是以何种方式存在的呢？不出所料，沃尔夫在定义了完美的哲学家为何物之后，列举了中国哲学的代表人物——孔子的言行作为真实事例。

　　　　因此，孔子只是指点了他亲身经历过的东西。另外，孔子评论说只有将实践与理论结合的人才称得上是哲学家（philosophus）。某人越是行为卓越，道德优于他人，就越会被认为是优秀哲学家。即在《中国之智慧》第

---

① Christian Wolff, *Oratio de Sinarum Philosophia Practica,* übersetzt, eingeleitet und herausgegeben von Michael Albrecht, Hamburg, F. Meiner, 1985, n. 149.

② Ibid.

三编第二部第 14 页，孔子作了如次论述："真正的哲学家〔君子〕（verus philosophus）通常连恢复体力〔吃饭〕的极短的时间内〔终食之间〕，都绝不会做出任何违反道德和正确理性的事情。此外，即使发生了极为突然的事态〔造次〕，他依旧会坚守这一道德底线。不仅如此，即使是由混乱困顿的状况〔颠沛〕造成的任何不幸降临，他依然会坚守这一道德底线。"〔"君子无终日之间违仁，造次必于是，颠沛必于是"（《论语·里仁》）〕。在该书第一部第 15 页，他清楚明白地作了如次阐述："如果实践〔学〕（exercitatio）没有与审慎的察看〔思〕（meditatio）相结合，我们就会追随错误和混乱，也就常常除了事物虚无的影子，或者虚像之外，得不到任何东西"〔"学而不思则罔，思而不学则殆"（《论语·为政》）〕。在〔该书〕第一部第 14—15 页，孔子在其弟子就完美的哲学家〔君子〕（Philosophus perfectus）提出疑问时作了如次答复："首先，他通过〔自己的〕事情本身和事实，使其希望教育他者的言语完善〔完美化〕起来。其后，使其在教育他者之际，阐述自己的行为和实例。"——即先行动再教育。〔"子贡问君子。子曰，先行其言而后从之。"（《论语·为政》）〕。①

在此，沃尔夫通过列举《论语》中孔子的言行，讲解了真正的哲学家应有的姿态。孔子不管出于何种立场，都会坚持"仁"（即"道德和正确的理性"）的理念，使"审慎的察看"（即思辨）和"执行"（即实践）的学问并存，他预先声明言行一致，成为他人之楷模。在沃尔夫看来，孔子所评论的内容对应了"完美"的哲学，他从孔子身上看到了真正的哲学家的真实事例。

3 伴随道德实践的愉悦

沃尔夫继而又引用了《论语·雍也》中孔子的话——"子曰，知之者不如好之者。好之者不如乐之者"，即单纯地知道学习的人比不上爱好它的人，爱好它的人又不如以其为乐的人，并以此倡导应当满足于主动履行符合情况之义务而带

---

① Christian Wolff, *Oratio de Sinarum Philosophia Practica,* übersetzt, eingeleitet und herausgegeben von Michael Albrecht, Hamburg, F. Meiner, 1985, n. 106.

来的喜悦。在沃尔夫哲学看来，这种道德实践中必然伴生着快乐美好的经验。①

　　此外，在第三编第三部第 32 页中，孔子敦促道，外在生活的方式应与内在本性的单一性和诚实性（interioris naturae simplicitas et candor）结合，即要求它们相互具有理想的多样性（grata diversitas），并保持正确的平衡（justa proportio）。非但如此，孔子还通过同一处内容教导说，我们仅因认识到内在道德的意义（intrinseca moralitas）而与自然法〔则〕（lex naturalis）保持一致是不够的。他还教导说，我们仅因爱好道德，并因道德而感到快乐也是不够的，毋宁说我们应当提升至精神愉悦的高度，即乐于履行自己的义务〔合适的行为〕（officium），并在适当的时机实践道德〔《论语·雍也》〕。于是，在第三编〔《论语》〕第一部第 13 页中，关于道德，孔子认为快捷迅速（promptitudo）、有恒心〔不动心〕（constantia）以及身心愉悦（alacritas）是必需的，而且道德不是由外在行为判断，而是由灵魂的内在状态判断的。换言之，孔子示教出推测他者之伦理〔道德〕的方法如次。一是观察行为，并预测〔此时〕这些〔行为〕与法的一致性。二是探寻各种行为的目的，通过一切心境和思虑（consilium），从中正确判断高贵之事（honestum）是如何执行的。第三，也是最后一步，某人以信义（fides）、正义（justitia）、善意的目的（bonus finis）及思虑行事，那么他在何事中得以安心恬荡？这是我们要调查清楚的。如此一来，我们可以作出如次判断，即他自己没有任何想法，完全是被强迫实行。抑或相反，他因行为之德性和高贵性〔伦理性〕而感到喜悦〔《论语·为政》〕②。

　　沃尔夫对《论语》的这种释义远凌驾于原文，归根结底参考了柏应理，乃至柏应理所依据的张居正的注释。孔子由此劝勉道，各式各样的道德实践与人的内在的道德本性之单一性结合而获得平衡。沃尔夫从中看到了道德之愉悦美好的根据。继而，沃尔夫根据《论语·为政》"视其所以，观其所由，察其所安。人焉

---

① 参阅：C. Wolff, *Philosophia practica Universalis, Christian Wolff Gesammelte Werke*, 2. Abt., Lateinische schriften; Bd. 35, G. Olms, 1974. 该书论述道，基于智慧和德性的愉悦和灵魂的快乐是精神的善〔恩惠、财富〕（bona mentis），而美和健康等受感官的快意美好则是身体的善。

② Christian Wolff, *Oratio de Sinarum Philosophia Practica,* übersetzt, eingeleitet und herausgegeben von Michael Albrecht, Hamburg, F. Meiner, 1985, n. 78.

廋哉！人焉廋哉！"一文，阐述说孔子指出了判断他者之伦理的方法。中国人认为，自然法与动机一致，而动机与行为融为一体，且本应如此。沃尔夫对此十分重视。并且，他论述说从这一构图可知，中国人甚至持有判断他者之行为是他律还是自律、是否感到愉悦的标准。

4 从外部表征管窥他者的动机

沃尔夫说中国存在实际运用上述中国伦理观或动机的判断法的事例。他在翻译《大学》"子曰，听讼吾犹人也，必也使无讼乎？无情者不得尽其辞。大畏民志，此谓知本"一文时，介绍了中国古代审判中由原告判断诉讼之真伪的方法。现罗列原文如次。

> 哲学家〔孔子〕列举道，只要这一检查的根据（ratio）中没有出现这种必要条件，就不能说完成了道德（consummata），也就不能长久存续下去。孔子所命之事，以及由最早的中国人导引出的关于实践的事情，都在各种各样的记录中得以证明。我根据柏应理在《中国之智慧》第一篇第 12、13 页〔《大学》第四章〕中所作的注解，想起了为探查审判中的诉讼人是否诚实而出示的准则（regula）。即〔在审判中〕要观察如次要点。一是原告发起诉讼之际，所运用的语言情况及话语方式。二是发言和各种表情的状况。三是原告发起诉讼之际的气息节奏。四是原告如何听取〔审判官的〕问话，即原告受到审判官质询后，是否会语无伦次，模棱两可，答非所问。五是当他们之中出现了虚假和不诚实时，其视线和目光是否会变得可疑〔《周礼·秋官·小司寇》〕。中国人之所以这么做，是因为他们事实上欠缺对神的礼拜（cultus Dei），又因与理性矛盾而嫌恶偶像崇拜，缺少〔对神的〕起誓。〔于是，他们〕考虑到〔原告的〕语言、表情、呼吸及视听情况，做出审慎的观察，据此必会揭露出原告的诚实可信、真实虚伪、恶意歹心。[①]

柏应理《大学》译文中所引有的话题，源于《周礼》"以五声听狱讼，求民情。一曰辞听，二曰色听，三曰气听，四曰耳听，五曰目听"一文。柏应理应是

---

① Christian Wolff, *Oratio de Sinarum Philosophia Practica,* übersetzt, eingeleitet und herausgegeben von Michael Albrecht, Hamburg, F. Meiner, 1985, n. 78.

根据郑玄的注释进行解释翻译的，即"辞听，观其出言，不直则烦。色听，观其颜色，不直则赧然。气听，观其气息，不直则喘。耳听，观其听聆，不直则惑。目听，观其眸子视，不直则眊然"（《周礼·秋官·小司寇》）一处。这种关于伦理的洞察在中国一直持续着，并被运用到实际生活中。或许是由于这个原因，沃尔夫才认为中国是在道德上十分优秀的国家。

5 学问的自由

沃尔夫认为，上述事例是中国伦理学中体现出的中国相对于他国所具有的优越性。他甚至认为这一知识超越国境，对全人类都大有裨益，令人心悦诚服。

> 我也一直都据实主张这种方法的可能性。之所以如此，是因为我在《伦理学》中提示了关于推测他者之伦理的一般性事务，并认为其方法是令人满意的〔检验方法〕之一。因此，当认识到最早的中国人已经洞察到了〔这种〕方法，并极为幸福（nec infeliciter）地加以实践之时，我感到非常开心。如此光彩照人、对全人类大有裨益的事情（humano generi utilia）理应发现于学问和学术的一切领域。既然有领域没发现，我打心底期待渴望得到学术圈支配权的人们——当下正受到新丁和不加思索者的追捧，以及权威人士关爱有加的人们——思考如何推动、显扬学问和学术，而不是考虑引起纷争。因为我们将自己所享受的哲学之自由（libertas philosophandi）变成了专制统治。①

沃尔夫认为中国哲学的普遍性是有益的，因而应当谦虚地研究其优秀内容，而不应当暴露其希求制霸学术圈的丑态——这应该是因为他意识到了虔敬派的存在。因为这种态度会将欧洲好不容易才萌发的"哲学之自由"降格成政治问题。实际上，沃尔夫学说被腓特烈·威廉一世——盲目接受了虔敬派学者们的弹劾建议——视为危险思想，沃尔夫因此历经了被逐出哈勒的痛苦经历，所以他才真切

---

① Christian Wolff, *Oratio de Sinarum Philosophia Practica,* übersetzt, eingeleitet und herausgegeben von Michael Albrecht, Hamburg, F. Meiner, 1985, n. 78.

实在地有这种感受。①

　　沃尔夫再次将话题转向中国，讲解了伦理上的充实感与感官的满足间的类比。孔子阐述道，在向伦理性努力时要以"善"为乐，在自身中获得安宁，这才是重要的。也就是说，有必要像感觉能辨别好恶一般直接感知善恶。

　　　　然而，我们回到中国〔的问题〕上。因此，我们应当理解孔子本人也致力于意图和意志的真理与诚实。（根据《中国之智慧》第一编第 13 页中曾子的解释）〔孔子〕面对其他人时，不仅指示他们要像憎恶恶臭的人一样，诚恳地避开恶事和恶德，还指导他们要像乐于享受华丽美好之光景的人一样，真诚地享受善和高贵〔伦理性〕。〔此时〕孔子推崇自己内部要安乐舒畅。关于这一点，我也认为在《伦理学》中具有重要意义。②

　　这对应了《大学》"所谓诚其意者，毋自欺也。如恶恶臭，如好好色，此之谓自谦。故君子必慎其独也"一文。道德的完成态即指自己精神上的充实感。③

　　沃尔夫承接此意，接着又引用了《论语·述而》中的"子曰，我非生而知之者。好古敏以求之者也""子曰，若圣与仁，则吾岂敢"两处文字。他论述道，孔子认为自己并非天才，而是最为重视钻研道德时的自我满足，其言行证实了自己的上述观点。

　　　　哪怕不愿相信孔子说的话，其行动也充分说明了这件事。孔子不喜〔人们〕在接受他是熟知万事之人时，相应地认为他具有与诚实的灵魂相称的事实上的完美性。请看《中国之智慧》第三编第四部第 41、44 页〔《论语·述而》〕。

---

① 沃尔夫在『哲学一般についての予備的叙説』中主张道，只要我们进行哲学思考，就会被允许对公众讲述自己觉得真实或虚伪的东西。错误由此得到纠正。进行哲学思考的所有人都拥有同样的心。因此，一个人应该会在理解了受教于他人的真理之后，进一步发现其他真理，就能向前更进一步。关于这一点，参阅：細川薫訳『哲学序説』（青山書店，1962）；山本道雄訳「ヴォルフの論理学思想について―『ラテン語論理学』の概念論、判断論、真理論を中心に―（二）」付録『哲学一般についての予備的叙説』（『文化学年報』第一五号，1996）。

② Christian Wolff, *Oratio de Sinarum Philosophia Practica,* übersetzt, eingeleitet und herausgegeben von Michael Albrecht, Hamburg, F. Meiner, 1985, n. 78.

③ 参阅：菅沢龍文「カントの道徳形而上学とヴォルフ倫理学について」（『倫理学年報』第三九号，1990）。

非但如此，当有人断言帝国之中无人可〔与孔子〕比肩，更没有在〔他〕之上者时，哲学家〔孔子〕回答如次："西方有圣人（vir sanctus），此人更胜于己。"〔《列子·仲尼》〕①。基督纪元后六五年，这句话促使〔后汉的〕明帝（Mim ti）为学习圣人及其教义而向西方派出使节。不幸的是，他们在传回偶像崇拜、毕达哥拉斯学派的轮回转世（metempsychosis pytagorica）及大量的故事和迷信的同时，从印度带回了佛像（idolum Foe）。请看柏应理《孔子传》第 120 页和《导言》第 27 页。②

沃尔夫认为，不管是哪个故事，都表明了孔子是一位仍处于在发展中的不完美的圣人，他在不知道完成自我的情况下，感受着道德实践中的愉悦。沃尔夫通过柏应理的翻译——极为秩序井然的过滤器——接受消化了这些信息。在他看来，这个故事中没有包含可成为反证的信息，因而只能作为史实来接受。只是柏应理或基督教化了中国的古代神话，或使之合理化以便更易为欧洲理性容受。从柏应理传回的信息中，能看出中国圣人的形象——极为理性谦虚，言行一致，常常追求上进，若有可教化的可能，则不必问位置远近，甚至跨疆越境。

第三节　日益更新的努力——不断前进

1　不完善的圣人、孔子

联系到中国哲学的"深远的智慧"中的"⑨每日向着更高的完善〔完美性〕不断前进""⑩在行为的自由决定上，小宇宙与大宇宙的调和〔一致〕"，沃尔夫认为一般而论，探究真理的理智不应受到限制。同样，追求善的人类本性也不应受到限制。换言之，就是要不断地持续向前。这与前述主张学问自由的观点亦有关联。沃尔夫列举了中国的道德律以便具体说明这种理想。

---

① 商朝的太宰询问孔子是不是圣人时，孔子回答道"西方之人，有圣者焉，不治而不乱，不言而自信，不化而自行"（《列子·仲尼》），即孔子认为自己只不过是博学广识之人而已，尚不及西方的圣人。利玛窦认为这是孔子预知西方将出现圣人的文言，且与耶稣基督的诞生有关，故而将其做了介绍。参阅：『天主実義』（柴田篤訳，平凡社，2004），第 14 页。

② Christian Wolff, *Oratio de Sinarum Philosophia Practica,* übersetzt, eingeleitet und herausgegeben von Michael Albrecht, Hamburg, F. Meiner, 1985, n. 78.

然而，正如在探求真理的理智上加以限制是一种霸道鲁莽、充满危险的行为一样，主张限制追求善的本性之力的人也摆脱不了霸道鲁莽之行径的玷辱。之所以这样说，是因为如果对人类精神有深奥认知的人有机会细读赞赏最古老中国之帝王们的举止和行为的年代记（annales），就能证明中国人究竟是何等的进步。（《中国人实践哲学演讲》"是否应当对德性设限"）

接下来，沃尔夫在自注中列举出彼时天文学的发展情况，具体说明不得阻碍理智的发展。即阿基米德和阿波罗尼奥斯的几何学功绩被重新发现，并运用于天文学，从而实现了学术上的提升。[①] 因此，沃尔夫认为，我们通过模仿前人推导出的原理，可以实现进一步的发展。不仅如此，甚至可能在内容上充实、丰富，变得更加完善。

> 某人以最敏锐的才智〔智力〕（ingenium）和高度的灵敏性洞察所发现之物，并模仿前人的创造〔学术和艺术〕（artificia），将前人的发明作为原理加以利用。如此一来，〔即使他〕起初未受过教育，也能实现更大的进步。其他的学问（disiciplinae）显示出，在我们的时代，勤奋且具有洞察力的人们超越了前人努力的成果。此外，极多人为了钻研〔该学问〕而努力，他们一直认为〔恰如其分〕。但毋庸置疑，相比于此，若是谨慎细心地专注于真正的哲学之法（genuine philosophandi methodus），学问自然日新月异，每日都会更加完善，并会因新的发展而丰硕。[②]

前人的经验法则、学问和学术成了后续世代发展所需的条件，而且以此为基础能有更大的发展。这在哲学领域也是同样的。我们必须致力于培养与甄别善恶、追求善的本性相关的德性——从前文看是指哲学性德性。沃尔夫明确察觉到了中国人这种甄别善恶的人类之精神作用，并由此高度评价中国人是发展实践之理由和实践理性的哲学性德性之实例。

> 有德〔有道德的〕的行为（actiones honestae）符合精神的本性（natura

---

① Christian Wolff, *Oratio de Sinarum Philosophia Practica,* übersetzt, eingeleitet und herausgegeben von Michael Albrecht, Hamburg, F. Meiner, 1985, n. 78.

② Ibid., n. 79.

mentis），无德〔无道德的〕的行为则与之背道而驰。因此，如果想要说明前者之所以有德〔有道德的〕，而无德之所以〔无道德的〕的理由〔根据〕（ratio），就必须明确察觉人类精神的本性。同样，若是有谁要努力学习中国人视为唯一德性来尊重的哲学性德性（virtus philosophica, quam solam coluere Sinenses），就必须只能由精神的本性展示实践的理由〔根据〕（praxeos ratio）。因为除了认识到通过自然〔本性〕才得以生发一事外再无他事。我从这一源泉中先验地推导出道德的实践和理论。在将此原理运用于中国人的哲学时，我发现其中存在某种极为真实可靠的东西。①

总之，沃尔夫强调道，即使从他自己推导出的学术观点来看，中国哲学也是真实可靠的。

那么，在沃尔夫看来，中国哲学真实可靠的根据究竟在何处呢？如前所述，这就是古代圣贤之经验的成果。

> 为了能获得道德哲学（philosophia moralis）和政治哲学（philosphia civilis）之中最上乘的东西（omnium optime），中国的《年代记》〔《书经》〕做了十分谨慎的记录，于是，孔子专心解读《年代记》，在道德哲学和政治哲学方面不遗余力。他没有关于精神方面的认知（mentis notitia），所以几乎探求不到理由〔根据〕。因此，他希望通过亲身经历古人言行中隐藏的事情〔对其〕进行分析。于是，他在经历了更加艰难的辛劳之后，后验地获得了我们可更简单地先验地获得的东西。请稍稍看一看我前面阐述过的内容（自注八十）。所以，传教士们如果用拉丁语翻译孔子所整理的最早的《年代记》〔《书经》〕，就等于做了一件十分有益的工作。②

沃尔夫首先列举了《书经》这一历史性实例，并在此作了几处值得关注的发言。沃尔夫认为《书经》正是孔子在十五岁这一"志学"之年潜心学习的对象——这是根据柏应理的解释，即"伟人们的制度、哲学的学习"。此外，如后所述，沃

---

① Christian Wolff, *Oratio de Sinarum Philosophia Practica,* übersetzt, eingeleitet und herausgegeben von Michael Albrecht, Hamburg, F. Meiner, 1985, n. 81.

② Ibid., n. 82.

尔夫联系到朱熹《大学章句》"序"文所主张的"大学"，讨论了十五岁这一年龄。关于这一点，还可举出朱熹《论语集注》中的"古者十五而入大学"，以及张居正《论语直解》中的"我从十五岁的时节，就有志于圣贤大学之道"两处文字。朱熹发现了经书之间的有机关联。通过传教士们的译文，他以宋明理学的方法诱发了沃尔夫的整合儒家观。不过沃尔夫在此评论道，孔子通过学习古典获取真理的方法并非源自先验的理性认识。他阐述道，孔子实际上只能依切身体验和验证圣王的真理。不过，尽管这种实践是一种充满艰辛的方法，但在获得真理这一结果上却是相同的。沃尔夫最终希望传教士将具有这种意义的《书经》译成拉丁语，并推广到欧洲。

沃尔夫对中国的实践哲学如此赞美，并说出了乍一看令人意想不到的话。他论述道，尽管如此，中国人并没有到达最终的阶段。之前，沃尔夫主张中国是世界所追求的理想的完成形态。请接着看《中国人实践哲学演讲》该处原文的后续部分。

> 不过，中国人确实没有到达最终的顶点，所以谁能特意主张应该止步于中国人所到达之处。因此，与其说当下不应该因担心需前进到何处而事事提问，倒不如说应该一直向前进直到尽头。（《中国人实践哲学演讲》"是否应当对德性设限"）

只要看到这一发言，就能明确知道他是在论述中国不是最终的理想状态。

那么，这一发言仅仅是指中国哲学的不成熟、不完善吗？请见之于前文的《中国人实践哲学演讲》所阐述的部分。

> 若有谁要探讨中国人究竟有多赞赏孔子优秀卓越的德性，则毋庸置疑，他们之中无人可与孔子比肩，更不可能有人能凌驾于孔子之上。深入思考后可知，人们会极其欣然地承认，孔子为了万事按照诚实的精神发生而付出了不懈的努力。只有中国人运用自然〔本性〕的纯粹力量，通过与其他民族的交涉而未受任何〔影响〕，所以我们实际上〔不止于此〕没有任何辉煌的事例，可用于说明自然之力——神之相似体所继承的力量——是何等有力量。如果能展现关于孔子生平的所有完整的记录，就可明确新的理由来说明传教

士的事业为何具有意义了。也就是说，自然〔本性〕具有何等强大的能力是显而易见、毫无争议的。①

沃尔夫认为，中国这种对孔子的普遍崇敬，是因为孔子倾其一生坚持不懈地发展纯粹的自然本性的能力。而且，他认为反映在孔子一生的自然之力是从"神"继承而来的。诚然，这里的"神"不过是前述"天意"之美称而已。

紧接着，针对中国之德不及基督宗教之德的评价，沃尔夫称此种中国之德自然不可与基督宗教式的恩宠相提并论。但他又反驳道中国人应该是对超越自然的恩宠保持着沉默②，中国人将一切事情归结为自然之力，毋宁说他们若是清楚地认识到了基督宗教的恩典，则自然之力便会成为这种恩典的有力证明。然而，他的这种观点对基督宗教教徒而言可谓颠倒错乱。沃尔夫进而认为这足以使不愿完善德性的、名义上的基督宗教教徒羞愧难当，他说道"因为对自然之力和市民正义，抑或哲学之德的清楚认知会使一切欠缺基督宗教之〔德〕的人们——他们虽名为基督宗教教徒，却与德性的完善无缘——面红耳赤。不仅如此，由此认识到的恩宠的特权会更加使爱德的人们热爱基督宗教之德〔胜过哲学之德〕"③。接着，他在欧洲面前为中国作了辩护，认为自然之力、市民正义和哲学之德应会成为引导人们向往基督宗教之德的绝佳条件。

但是在其自注的结尾处，沃尔夫反复说明虽然他认可孔子的哲学之德的崇高性，但这并非最高阶段。

> 确实，孔子朝着哲学之德不懈努力，取得了惊人的进展。然而，孔子认为自己尚未到达最高阶段，因此其他人可以取得更大的进步。孔子特意公开宣布自己对此不会绝望。④

不过，重要的是，与其说是孔子个人的问题，倒不如说孔子希望继承自己衣钵的人们——不管是谁——都要实现更大的进步。沃尔夫认为，孔子自身继承了

---

① Christian Wolff, *Oratio de Sinarum Philosophia Practica,* übersetzt, eingeleitet und herausgegeben von Michael Albrecht, Hamburg, F. Meiner, 1985, n. 83.

② Ibid.

③ Ibid.

④ Ibid.

前代的成果，进一步充实了这些成果的内容，并希望自己成为将这些成果引渡到后世的中介或媒介。

沃尔夫在《中国人实践哲学演讲》的后续部分说道，必须持续前进直至尽头。接着，他阐述道"这件事与古代中国人的习惯并无不同"。并且，在自注中，他又联想到《论语·为政》中出现的关于孔子本人生平的谈话，做了如此论述。

> 希望大家能讨论一下稍前提到过的孔子的发言。孔子承认他十五岁至七十岁，甚至是临终前，为了完善自我〔完美化〕（se perficiendo）而付出了不懈的努力，自己也得到了成长。不仅如此，他更加严肃地思考了自己与完善——因自然之光而认识到与人相符——仍有多大差距。①

沃尔夫认为，孔子在人格形成方面，按部就班地实现了与自身努力相应的成长。孔子确实通过人类本性之光的理性实现了进步，但他在人生的最终阶段，意识到自己与完美状态尚有差距。

2　小宇宙与大宇宙的和谐

然而，如果假设孔子尚不是完美者或完人，那么孔子的学说有何意义？沃尔夫就这一疑问作了解答。问题在于我们对完善（完美性）perfectio 的定义，对我们而言终极目标是什么？沃尔夫认为中国哲学正好揭示了这一问题的答案，而此处的中国哲学的例子就是《中庸》。

> 这指的是我们在大宇宙中发现了运动之和谐，这种和谐在小宇宙中同样清楚明了。〔卫方济译〕《不变的中庸》（immutabile medium）——或《中国之智慧》的第二编〔柏应理译〕——第 74 页中，孔子明确敦促道，在此世界（universum）之中，为了一切事物实现最完美的一致〔和谐〕（consensus），为了达成万物与自然〔本性〕相适合的目的而行动。因为根据解释者的证言——前述〔柏应理的书〕第二编第 42 页，孔子遵照自伏羲处获得的观念（idea），将人视作世界的一部分，为了人的完善〔完美性〕而在我们的自由行动的决

---

① Christian Wolff, *Oratio de Sinarum Philosophia Practica,* übersetzt, eingeleitet und herausgegeben von Michael Albrecht, Hamburg, F. Meiner, 1985, n. 84.

定中探求小宇宙与大宇宙的和谐一致。因此，孔子获得了我们所揭示的自然法（jus naturale）的源泉，而且早在孔子之前中国人就〔已经〕得到了。这是一种应当坚持的〔源泉〕，不管是为了作为小宇宙的人之完善〔完美性〕，还是为了作为大宇宙的世界之完善〔完美性〕，同样由一般性理由〔理据〕（ratio genaralis）决定自由行为，〔或者〕由此决定自然〔行为〕。①

段落开头的"这"是指前面的"因自然之光而认识到与人相符的完善〔完美性〕"，但沃尔夫论述道，其内容是指"我们在大宇宙中发现了运动之和谐，这种和谐在小宇宙中同样清楚明了"。小宇宙指一切存在者，更狭义的说法是指人。也就是说，作为统一体的宇宙中见到的运动规律，即使在内在于此的存在者之间，也必须在动态和谐中实现自觉。这是最早的哲人伏羲传下来的天人相应的宇宙法则。尤其是指，人类通过自然之光和理性能力直接知觉自己在宇宙中的地位的能力。根据受经验知识触发和培育的知识，自己不断地、持续地扩展充实。按照沃尔夫的说法，即会不断变得"完美"。

然而，此处我们所参照的《中庸》的相应内容指的是围绕"诚"展开讨论的部分。而且，所谓"诚"指的是贯通天地万物的、确立秩序的生成机能。《中庸》说道，通过这种持续的形成作用，可产生自他、内外的相互关联的可能性，继而能发挥自己与他者的本性和能力。

> 诚者非自成己而已也，所以成物也。成己，仁也；成物，知也。性之德也，合外内之道也，故时措之宜也。（《中庸》第二五章）

下面，笔者将再次列示卫方济围绕此处的"诚"所做的翻译。卫方济的译文极富哲学性，他认为"诚"是指人完善自己的人格，又超越自我的境界使他者完善，是一种贯通内外的真理。

> 人不仅要通过真理完善自己，更要使他人完善。完善自我以使任何邪恶的欲望都不会停留在自己身上，这被称为慈爱，或心的所有样态的正确性〔仁〕（pietas seu omnimoda cordis rectitudo）。小心谨慎地、正确的遵循各种事物

---

① Christian Wolff, *Oratio de Sinarum Philosophia Practica,* übersetzt, eingeleitet und herausgegeben von Michael Albrecht, Hamburg, F. Meiner, 1985, n. 84.

的高贵性，并加以引导，完善他人（alios perficere），这被称为思虑〔知〕（prudentia）。那么，人就拥有了自然本能的〔与生俱来的〕两方面的德性，内外两方面的行动方式完全融合为一体。因此，如果人——不管在何处——使自己符合这两方面的德性，那么其所做所为就能总是正确无误，也算是符合真理吧。（《中华帝国六经·中庸·第二五章》）

极为有趣的是，沃尔夫根据前述卫方济的翻译，将"诚"理解为通过爱和知实现的人与事物的完善。实际上，沃尔夫还采用了柏应理的翻译。从柏氏的译文中我们可更加清晰地了解沃尔夫的理解从何而来。柏应理的原文如次所示。

> 诚然，完人〔诚〕（perfectus）在自身中完善自我（sese perfecere），但不仅限于此，他们继而又主动完善其他的各种事物（perficit etiam res alias）。使自我完善，首先最初属于对自我完善〔完美性〕的爱〔仁〕的倾向性。而使他者完善，属于思虑（prudentia）或天意〔知〕（providentia），又确实是一种与生俱来的德性（nativae virtutes）。但实际上，使这两种德性适用于外在的（即其他各种事物）和内在的（即自我本身）东西，同时又使之合而为一〔一致〕（unire）、集结一体（colligare）。这的确属于极为正确的法则（rectissima regula）。进而又在自己的时代和环境中实践这些德性（suis temporibus et circumstantiis exercere）则属于适合性（convenientia）。即因为在世界〔宇宙〕中达成一切事物得以实现最完美的一致〔和谐〕，万物与其自然本性相适合的目标（perfectissimus consurgat in hoc universe rerum concentus, et res omnes finem naturae suae consentaneum consequatur）。（《中国哲学家孔子》"第五章《中庸》的译文"）

柏应理的解释——由"知""天意"实现他者的完善，可能是受与基督宗教之神的意志相关的"爱邻人"思想的影响。不过，从整体上看，这一解释是在主张纯粹的形而上学，以及可由此演绎而来的伦理规则。可以说沃尔夫与柏应理的翻译产生了强烈的共鸣。

另外，卫方济和柏应理的翻译均依据了张居正的《中庸直解》，现再次列示原文如次。

既有以自成，则自然及物化导于人，而使之皆有所成就，亦所以成物也。成己，则私意不杂，全体混然，叫做仁。成物，因物裁处各得其当，叫做知。然是仁、知二者，非从外来，乃原于天命，是性分中固有之德也，亦不是判然为两物的，与生俱生，乃内外合一的道理。……心既诚，则仁、智兼得，一以贯之，将见见于事者，不论处己处物，以时措之而皆得其当矣。（《中庸直解》第二五章）

卫方济和柏应理的翻译都省略了前示《中庸》原文中的主语子思（朱熹推定出主语为子思，张居正也这么认为）。因此沃尔夫认为这是孔子本人的言论——这样相应地提高了该部分的权威性。尽管如此，柏应理和卫方济二人翻译时都依据了经过宋明理学雕琢的张居正的注解，所以沃尔夫的这一理解是以经历了宋明理学的解释为媒介的。关于这一点，笔者在此先做些铺垫。卫方济将确立秩序之生成作用的原理"诚"译作"真理"，而柏应理则译成"完人"。卫方济将"仁"译成"慈爱，或心的所有样态的正确性"，而柏应理则译成"自我完善的爱的倾向性"。卫方济将"知"译作"（使他人完善的）思虑"，而柏应理则译为"使他者完善的思虑或天意"。卫方济将"性之德"译为"自然本能的〔与生俱来的〕德性"，而柏应理则译为"与生俱来的德性"。卫方济将"合内外之道"译作"内外两方面的行动方式完全融合为一体"，柏应理则译成"使这两种德性适用于外在的（即其他各种事物）和内在的（即自我本身）东西，同时又使之合而为一〔一致〕、集结一体……极为正确的法则"。这些翻译基本上依据了张居正的分析性解释。可以说，张居正的整合性解释引导着柏应理和卫方济等人的解释，最后在沃尔夫这里汇合。从《中庸》原文到张居正所作的宋明理学的天人合一式的解释，以及教士们的解释，一直影响着沃尔夫。

然而，沃尔夫在之前的自注中论述道，"中国的解释者的证言——前述〔柏应理的书〕第二编第 42 页，孔子遵照自伏羲处获得的观念（idea），将人视作世界的一部分，为了人的完善〔完美性〕而在我们的自由行动的决定中探求小宇宙与大宇宙的和谐一致。……因此，孔子获得了我们所揭示的自然法的源泉，而且早在孔子之前中国人就得到了"①。沃尔夫认为，见之于《中庸》的世界观或"自然法之源泉"自远早于孔子的中国最早的创始人伏羲之时就已经存在了。沃尔夫将其视作确实是自古就有的极为自然的东西。正如第五章第一节"帝国·家族——还原秩序观念"中所示，这种伏羲的观念贯穿于关系"孝"和"易"之原理的宇宙秩序之万象。接着，沃尔夫论述道"这是一种应当坚持的〔源泉〕，不管是为了作为小宇宙的人之完善〔完美性〕，还是为了作为大宇宙的世界之完善〔完美性〕，同样由一般性理由〔理据〕（ratio genaralis）决定自由行为，〔或者〕由此决定自然〔行为〕"②。他认为，人本身是自由的，人的自由意志决定本性的活动，并借此以完善作为大宇宙的世界为目的，而中国的自然法之源就在于此。关于这种中国的宇宙论式的"自然法"，沃尔夫参照了柏应理的译书。而他所参照的内容与《中庸》关于"中和"的部分相同。现列示《中庸》和朱熹《中庸章句》的内容如次。

> 致中和，天地位焉，万物育焉。（致，推而极之也。位者，安其所也。育者，遂其生也。自戒惧而约之，以至于至静之中，无少偏倚，而其守不失，则极其中而天地位矣。自谨独而精之，以至于应物之处，无少差谬，而无适不然，则极其和而万物育矣。盖天地万物本吾一体，吾之心正，则天地之心亦正矣，吾之气顺，则天地之气亦顺矣。故其效验至于如此。此学问之极功、圣人之能事，初非有待于外，而修道之教亦在其中矣。是其一体一用虽有动静之殊，然必其体立而后用有以行，则其实亦非有两事也。故于此合而言之，以结上文之意。）（《中庸章句》第一章）

如上文所述，"中"是指面对外在对象而触发的喜怒哀乐等情感生成之前的天赋之"性"的状态。虽受触发，但若是客观、适当的情感流露，即为一种和谐状态，即"和"。公正之性的理想状态才是天下之事象的根源，而和谐的状态应为普遍实现之道。这就是"致中和，天地位焉，万物育焉"。与此对应的柏应理的译文认为，"中和"的德性不是仅限于人类才有，而是本就源自赋予这种德性

---

① Christian Wolff, *Oratio de Sinarum Philosophia Practica,* übersetzt, eingeleitet und herausgegeben von Michael Albrecht, Hamburg, F. Meiner, 1985, n. 84.

② Ibid.

的天，所以对一切事物而言都是适当稳妥的。

> 因此，一旦中庸〔中〕（medium）和适合〔和谐"和"〕（consentaneum）被洞察，天地的状态（Coeli quoque ac terrae status）最终会变成静止、持续、和平（pacificus），或许会获得万物统一的增殖（propagatio）和活力（vigor）。因为（正如注释者们所做的补充也一样）实际上人与世界（universum）是一个整体（homo……unum veluti corpus cum universe efficiat），所以如果人经常依照正确理性（recta natura）行事则会发生如次事情，即天地会按照自身具备的规范（norma sibi indita）发生作用，行星会完美地施加影响（planetae influent absque vitio），四季之气候会准确无误地运行，年轻人能获得生的希望，老年人会得到符合自然本性的目标，最后万物会得到适合自己的地位和场所。（《中国哲学家孔子》"第五章《中庸》的译文"）

从《中庸》极短的原文自身来看，目前无法做出明确清楚的解释。柏应理说自己的翻译依据了多位注释者的解说。其中一人——不是别人——正是柏应理本该避忌的朱熹。这从朱熹《中庸章句》"盖天地万物本吾一体，吾之心正，则天地之心亦正矣，吾之气顺，则天地之气亦顺矣"一文来看十分明显。柏应理继而又依据了张居正的注释"七政不愆[①]，四时不忒，……少有所长，老有所终，……而万物莫不遂其生矣"（《中庸直解》第一章）。

第四节　是最高善还是完成——持续的优越性

1　译词的选择——是柏应理还是卫方济

《中国人实践哲学演讲》对中国哲学做了进一步评价。沃尔夫就《大学》三纲领"至善"的问题作了如此论述。

> 他们不单是在相似的状况下，就连在不同的状况下，也会效仿自己祖先的范例〔事例〕（exemplum），不会止步于至高的完美性（summa

---

① 另外，"七政"指的是《书经·舜典》所说的日、月、木、火、金、水、土。张居正认为"七政不愆"是指行星运行的规律。

perfectio）之外的其他场所。即，他们是说绝不可停滞不前。各位听众，这样一来，你们应该理解到中国人汲取智慧和思虑之支流的源泉了吧。（《中国人实践哲学演讲》"是否应当对德性设限"）

沃尔夫在此依然使用了似是而非的措辞。他认为，中国是说应当"止步于"至高的完美性，但其意思是"绝不可停滞不前"。而且还阐述道这种充满矛盾的教诲方才是中国人之智慧的源泉。沃尔夫认为这相当于"深远的智慧"中的"⑪与一切行为相关的完善〔完美性〕的观念"，并指示我们参阅与此相符的自注。现列示沃尔夫的自注如次。

孔子揭示了这件事情——卫方济译《大人的学校》〔《大学》〕开篇句。在《中国之智慧》第一编第 1 页中，柏应理与合作者一起，将卫方济所译"完善〔完美性〕"的文句译成"最高善（summum bonum）"。然而，如果我们注意到之前的事情，尤其是前面的注释中所述之事，如果我们还记得劝告一事的话，不可否认卫方济的翻译应当优先于柏应理的翻译。正如柏应理自己所述，"通过'最高善'〔一词〕，解释者们在此理解了正确理性和一切行为的最高一致性。"但是，正是在此处，只要自己是行为的主人，就存在人的完善〔完美性〕。这是在说，一切行为〔运动〕（actiones）由理性〔理法〕（ratio）决定。因此不仅要规定〔行动和理性〕相互一致，甚至要规定小宇宙的自然〔本性〕的行为〔运动〕与大宇宙的自然〔本性〕的行为〔运动〕一致，为此〔需要人的完善〕。①

此处的关键是阐述儒学之理念、实践阶段和方法论的"大学之道，在明明德，在亲民，在止于至善"（《大学》），即所谓"大学三纲领"。沃尔夫曾经在其他场合，通过持续的自他革新这一前后关系来把握三纲领，即"专心致力于改善自我与他者之时，如果不是至高的完善〔完美性〕，就绝不可止步不前"（《中国人实践哲学演讲》"中国的终极〔最终〕目标"）。因此，笔者将在后面列举出沃尔夫所依据的柏应理和卫方济译出的三纲领，并对此加以比较分析，以便进

---

① Christian Wolff, *Oratio de Sinarum Philosophia Practica,* übersetzt, eingeleitet und herausgegeben von Michael Albrecht, Hamburg, F. Meiner, 1985, n. 85.

一步明确沃尔夫对"至善"的解释。

2 明德

首先看看《大学》的"明德"。

> 大学之道,在明明德,在亲民,在止于至善。

对此处"大学之道"的解释自古以来早已汗牛充栋。让我们来看看柏应理和卫方济对此处的翻译。

> 〔大学之道〕是人们理应知晓并学习的、既定的伟大原理。〔明明德〕在于磨砺上天赐予的理性本性(rationalis natura a coelo indita)——理性本性犹如明镜一般,其目的在于清除不正当欲求(appetitus)的污迹,使〔大学之道〕回归本来的光辉(pristina claritas)。(《中国哲学家孔子》"第四章《大学》的译文")

> 大人理应专注的学说之道和理法在于如下三件事情。一是〔在于〕恢复自己的理性能力〔功能〕的原始光辉〔明明德〕(In reparanda rationalis suae facultatis primitive claritate)。(《中华帝国六经·大学章句·第一章》)

另外,卫方济紧接着如次引用了张居正的注释。

> 注释者〔张居正〕附言道:"因为正如模糊不清的金属制的镜子,其光辉经过研磨又能再生一样,理性能力〔功能〕的原始光辉会因生来的资质(ingenua indoles)不同而受到遮蔽,或因人世的欲望变得丑陋。即便如此,在遵循源源不断的自然〔本性〕之光(naturale lumen)的引导下,只要生活能向着勤奋的努力迈进就会再生。"(《中华帝国六经·大学章句·第一章》)

前文的卫方济和柏应理二人最终都是以次文中的张居正《大学直解》为依据的。

> 明德,是人心虚灵不昧,以具众理而应万事的本体。但有生以后为气禀所拘,物欲所蔽,则有时而昏。故必加学问之功以充开气禀之拘。克去物欲

之蔽，使心之本体依旧光明，譬如镜子昏了，磨得还明一般。（《大学直解》第一章）

两者虽然参考的文本相同，但却有着微妙的区别。柏应理明确指出"明德"的源泉是天，而卫方济却没有提及。此外，柏应理认为修养"明德"的主体是普通人，而卫方济则认为是"大人"。只是两人都认为"明德"是指"具有原始光辉的理性本性"或"理性能力〔功能〕的原始光辉"，将其理解为人生来就被赋予的根源性的判断能力，即与所谓"自然之光"相对应的作用。可以说，两人都是以张居正的"明德，是人心虚灵不昧，以具众理而应万事之本体"为基础，但正如前文所述，"明德"历经宋明理学之后，融聚了各种各样的特性。柏应理和卫方济在宋明理学的背景之下，从张居正的"明德"中发现了与他们的ratio相对应的内容。而且，可以说两人强调他们的这种解释——"明德"="理性"——是人类"共通"的，这一点深刻影响了沃尔夫。补充一点，柏应理和卫方济都吸收了张居正以"镜子"作比的方法，认为"明明德"是指恢复因非本意的欲望而昏微暗淡的理性本性之光辉，回归理性本性的意思。他们认为人的理性才是原初的、根本的。沃尔夫也应该看到了这一点。

3 亲民

如前所述，关于位居"三纲领"第二位的"在亲民"中"亲民"的读法众说纷纭，是应该按字面读作"亲"，还是应该读成"新"尚未有定论。不过，朱熹《大学章句》采纳了程颐（伊川）的观点，认为"亲民"指革新人民的意思，张居正也是以此为依据。柏应理和卫方济两位传教士的理解如次。首先来看看柏应理的翻译。

其次，〔亲民〕即通过表率（实例）和激励的作用，使民众得以再生更新。（《中国哲学家孔子》"第四章《大学》的译文"）

接下来是卫方济的翻译。

〔在于〕革新人民（In renovandis populis）。注释者附言道："譬如，再生了自己的理性能力〔功能〕的原始光辉的人应该努力，时而通过言语，时而通过示范〔实例〕，时而通过学识，使其他所有人同样能恢复自己的理性能力〔功能〕的原始光辉，将罪过的暗影赶出自己的内心，抛弃多年来倒行逆施的生活，成为新生之人。恰如满是泥浆的衣服在洗过之后觉得又变〔漂亮〕了一般。（《中华帝国六经·大学章句·第一章》）

卫方济所言之处，正如张居正的如次注释。

我既自明其明德，又当推以及人，鼓舞作兴，使之革去旧染之污，亦有以明其明德。譬如衣服浣了，洗得重新一般。（《大学直解》第一章）

首先，柏应理认为"亲民"即使民众得到再生、革新，这显然与朱子学的解释立场一致。但是，柏应理作为基督教徒显然更易接纳"亲近于民"的解释。正如本书第一部分所述，柏应理作了补充说明，暗示了读成"亲民"的可能性。沃尔夫应是阅读过该补充说明，但他继承了"新"的解释而非"亲"的解释。沃尔夫认可的解释应该是以人类本性在时空上的无限发展和充实丰富为目标的。

卫方济明显认同"革新人民"的观点。在解释之际，完全以张居正的注释为依据，主张必须洗却沾染上的恶习，以恢复理性光辉原本的状态。此时值得注意的是，卫方济认为恢复理性本性之光辉的人应成为先导，努力使他人的原本性得到重生。卫方济将最先发挥理性的人作为主语，并使之普遍化。在实现理性本性方面的先觉者应启蒙（或照明）在运用理性方面落后的同胞们。可以说，卫方济正是将中国哲学的积极面传授给了沃尔夫。

4　止于至善

接下来，笔者将讨论沃尔夫认为的中国哲学解释中具有重要意义的"止至善"。如前所述，沃尔夫认为"不可否认卫方济的翻译应当优先于柏应理的翻译"。沃尔夫明确主张卫方济的解释要优于柏应理的解释。那么，卫方济的解释更优先的原因何在？为弄清这个问题，就要探讨两人译文的具体情况。

柏应理的译文如下。

最后止步于最高善（summum bonum），并保持这一状态。

据此，解释者们理解了正确理性与一切行为的高度一致（summa actionum

omnium cum recta ratione conformitas）。（《中国哲学家孔子》"第四章
《大学》的译文"）

卫方济的译文如次。

　　〔在于〕止步于至高的完善〔完美性〕和善性〔至善〕（In sistendo in
summa perfectione ac bonitate）。注释者附言道："〔这〕就像是终于挣扎
着找到归途的旅人一样。人不管是自己的再生还是他人的复原，都应当为了
原始理性能力〔功能〕的光辉而竭尽全力，在到达最终的、至高无上的完
成〔完美性〕（summa perfectio）的顶点之前都不应当停下脚步（non debet
……sistere）。"（《中华帝国六经・大学章句・第一章》）

张居正的注释如次。

　　务使己德无一毫之不明，民德无一人之不新。到那极好的去处方才住了。
譬如赴家的一般，必要走到家里才住。这才是学之成处，所以大学之道在止
于至善。（《大学直解》第一章）

柏应理将"至善"译作一切善的目的，即令人想起神的"最高善"。另一
方面，卫方济却将其译为"至高的完善"和"善性"。这种情况下，沃尔夫并不
喜欢柏应理"最高善"的译词，该译词会让人联想到神的完美性。于是，他在此
特意借用了柏应理补充说明中的词语——"解释者们理解了正确理性与一切行为
的高度一致"，并将"最高善"重新解释为理性与行为的动态协调。进而，他又
将此视作"人可达成的最高善"，并将其解释为与人的"幸福"结合的"持续的
喜悦"。

另一方面，卫方济将《大学》原文的部分解释为"止"，但在说明时却采用
了张居正的注释——"到那极好的去处方才住了"，以此强调应当以"完善"为
目标持续发展的方向性。张居正说道："务使己德无一毫之不明，民德无一人之
不新。到那极好的去处方才住了。譬如赴家的一般，必要走到家里才住"。这虽
然一方面是轻描淡写地阐述达成目的的可能性，另一方面可以理解成"不那样的

话，就不能说做到了"——如前所述，宋明理学中多见这种积极能动的解释①。
卫方济将此理解为以"完美性"为目标"不可停下步履"——即"不断持续地向
前进"的意思进行翻译。

沃尔夫重视"完美性"，更重视由此而来的，朝着自我与他者更进一步的完
善所付出的持续不断的努力。从这一视点来看，沃尔夫的这一理解——认为必须
每天革新从《大学》的修己治人至平天下所做出的持续努力和提升的过程——与
其哲学姿态相符②。沃尔夫认为，贯穿自他和主客的充实与扩充、发展与展开的
过程应当是无限持续的，而绝非到达某处之后便完结。他认为，从理论上看宇宙
这一运动体是不可能停止的。如此，朝着"完美性"前进的努力也是不可能停止
的。③

沃尔夫通过中国哲学坚信，正确理性与行为相符，人才能完善。而且人的行
动不单要努力符合理性（理法），更要不懈地努力使小宇宙的自然运动与大宇宙
的自然运动保持一致。《中国人实践哲学演讲》的"深远的智慧"中的"⑪与一
切行为相关的完善〔完美性〕的观念"及其自注讨论了形成人的条件——"教育"。

> 中国人将自己的一切学问之根据与特定的目的关联，这时绝不会放弃干
> 目的有益的东西，我觉得这是值得大加赞赏的。还有更值得我称赞的是，中

---

① 张居正在《张文忠公全集》中重视人的不断提升，并批判朱熹对"止至善"的解释停滞不前。参阅：
　　堀豊「思想家としての張居正」（『日本文化研究所報告』第二五集，1993）。

② 在『人間の幸福促進の為の人間の行為についての合理的な考察』（その二）」第 41 节中，沃尔夫说
　　道："共同最高善必须优先于个人的个别利益。因而根据这一想法，自己的利益不可能优先于神之
　　荣光和共同最高善。"在第 42 节中，沃尔夫又说道："我们的本性及状态的完美性与利己主义截然
　　不同。对此，我不打算在此进行详述。只是我觉得必须提醒大家注意如次事项，并在今后将其论证
　　得清清楚楚，明明白白。即在推进共同最高善的基础上，神之荣光包含在我们的本性的完美性之中。
　　……不尽力推进神之荣光和共同最高善的人拥有对完美性的极低阶段的悟性和意志。"柳原正治在『ヴォ
　　ルフの国際法理論』（有斐閣，1998）「第二章第一節　国際法（ユース・ゲンティウム）概念」
　　中，阐述了沃尔夫发展了他独特的自然法论和国际法论。沃尔夫的自然法论、国际法论和整个实践
　　哲学体系的基础在于"完美性（Vollkomenheit，perfectio）"，应该使自他的状态更加完善，而不应
　　更加不完善，至高的完美性是神所固有的东西，而人所能达到的至高的善"至福"指的是不受妨害，
　　向着更高的完美性不断前进，一切法和国家都是由这一完美性的原理演绎而来。

③ 小仓贞秀在『ヴォルフとカント』（『広島大学文学部紀要』第二八巻二号，1968）中指出，沃尔夫
　　认为哲学家在现世通过自然的各种力量获得人的最高善。

国人将一切学问之根据与人生关联，这时绝不会放弃可获得幸福的东西。在中国最鼎盛时期，只要自己的才智〔之理〕允许，并且生活状况需要，就随处可见刻苦钻研之人。其理由正在于此。（《中国人实践哲学演讲》"中国的教育课程值得称颂"）

中国最鼎盛的时代人们都向着完善（完美性）这一目标，所有人民都勤于修习学问。正如笔者在第二章中所做的考察，虽然是以朱熹《大学章句》序言中介绍的关于古代学制的学说为依据，但关于中国教育课程的最高理念，沃尔夫做了如次论述。

〔中国人的〕一切努力都是以自身的形成、家族、王国和帝国的正确管理为对象。在《中国之智慧》第二编〔《中庸》〕第 74 页，根据孔子的判断，一切存在者都是完美的，不完美的话就称不上存在者（ens omne sit perfectum nec absque perfectione ens dici mereatur）。因此，人还是必须要有成为完美之人应该有的行为（hominem quoque tandem id agere debere, ut fiat perfectus）。于是，在第一编第一页〔《中国哲学家孔子》"第四章《大学》的译文"〕中，铭记着除达到至高的完善〔完美性〕外，绝不可停止脚步（non subsistendum esse）的文字。①

此处沃尔夫的发言认为，根据《中庸》的观点，一切存在者都是完美的，不完美的人不是存在者。而且沃尔夫强烈主张道，与此紧密相关的是，人这一自觉的存在者将《大学》的"止于至善"视作当为，要成为完善之人就绝不要止步不前——沃尔夫的"止"（subsistere）一词是在卫方济所用译词（sistere）前附加了加强词意的接头词 sub，变成了"绝不可停止脚步"的意思——不断地使行为继续。沃尔夫前半部分的观点，其中之一是源于《中庸》"诚者，物之终始。不诚无物。是故君子诚之为贵"一文的解释。附带说一下，对此柏应理认为"这一真实且坚定的完善〔完美性〕（vera solidaque perfectio），即完善〔完美性〕是万物之目的（finis），是开端〔原理〕（principium）〔诚者，物之终始〕。如果

---

① Christian Wolff, *Oratio de Sinarum Philosophia Practica,* übersetzt, eingeleitet und herausgegeben von Michael Albrecht, Hamburg, F. Meiner, 1985, n. 108.

事物缺乏这一真实的坚定理由〔根据〕（ratio），即完善〔完美性〕，事物（res）就不存在了吧。……基于这一原因，智者（sapiens）和有德之人（probus vir）〔君子〕赞许这一真实且坚定的完善〔完美性〕是最大的"（《中国哲学家孔子》"第五章《中庸》的译文"）。柏应理将"诚"理解为"真实且坚定的完善〔完美性〕"，并认为这既是万物的动力因，也是目的因。但是，可以说这一翻译是强调事物存在的理由（理法）是在时间轴上统括万物开始至终结的原理。从柏应理的翻译可知，这种 ratio 的完美性对可设想到一切的存在者来说具有普遍性。沃尔夫立足于柏应理的翻译，认为一切具有 ratio（理由和理性）特性的东西都是现实性的存在者，现实性的存在者又都是具有 ratio 特性的。

5　步入完成之过程的实例

接下来，在《中国人实践哲学演讲》"深远的智慧"中的"⑫感官欲求与理性〔欲求〕的自发的调和〔一致〕"中，沃尔夫进一步说明了孔子的真实人生具体体现了以不断提升和发展为主旨的中国哲学之理念。沃尔夫不赞成限制理智，他进而又认为也不应该对德性加以限制。他补充道："主张限制追求善的本性之力的人也摆脱不了霸道鲁莽之行径的玷辱"（《中国人实践哲学演讲》"是否应当对德性设限"），以此说明阻碍德性发展的不合理性。

> 孔子为我们说明这件事提供了极为优秀的事例。他在不懈地致力于哲学之德（virtus philosophica）之时，仅使用了自然的各种力量（naturae vires）。因为哲学家〔孔子〕具有诚实的精神，他在同一个地方坦率地表示，虽然自己确实无法抵达最终目标（meta），但已经在自己的整个人生中取得了更大的进步。①

这里强调的是，孔子不懈的努力正是以"哲学之德"为方向的。其所使用的是自然本性之力，即只有人的自然之光、理性。而且，沃尔夫又注意到，孔子十分谦虚地坦白自己虽然没能抵达最终的目标，但已经尽可能努力向上发展了。关于这一点，沃尔夫列举了孔子述述自己人生各个阶段所达之处的文字，即我们熟

---

① Christian Wolff, *Oratio de Sinarum Philosophia Practica,* übersetzt, eingeleitet und herausgegeben von Michael Albrecht, Hamburg, F. Meiner, 1985, n. 80.

知的《论语·为政》"子曰，吾十有五而志于学，三十而立，四十而不惑，五十而知天命，六十而耳顺，七十而从心所欲，不逾矩"一文，并做了如次论述。

　　换言之，孔子——在《中国之智慧》第三编〔柏应理译《论语》〕第一部第10页——关于在致力于实践哲学之努力上取得的这些〔进步〕，做了如次论述。他说道："十五岁时，作为端绪我专心致志于领会古代人的言行，彻底学习他们的原理。三十岁时，努力着手修习德性和智慧，到达自己的灵魂不因任何外在事物而偏离〔的状态〕。四十岁时，不管出现何种质疑——此前我会因此而常感惴惴不安，我都会在要直面质疑之际，获得可识别内在高贵性〔伦理性〕（intrinseca honestas）的精神上的敏锐。五十岁时，我洞察了存于一切事物本性之中的内在高贵性〔伦理性〕的理由〔根据〕（rationes honestatis intrinsecae in naturaris rerum obvias perspexit）。六十岁时，无论感官欲求如何拒绝，我的耳朵很容易听取各种意见且有利于依照理性行事。七十岁时，欲求终于与自然法〔则〕（lex naturalis）相一致，我认识到自己深思熟虑和胜利（victoria）的成果。"①

沃尔夫认为，孔子倾其一生的目的就是"实践哲学"。十五岁便开始钻研，五十岁时"洞察了存于一切事物本性之中的内在高贵性〔伦理性〕的理由〔根据〕"（这让人联想起《大学》中的"格物"），而且六十岁时，使感官欲求服从理性会变得轻松。七十岁时，这种欲求达到了与客观自然法一致的境界，并根据理性获得最终成果，而沃尔夫在其中发现了人类"胜利"的样子。

另外，沃尔夫通过柏应理的翻译领会了《论语》这一词语的意思。

　　孔子说明了随着年龄增长而相应地在通往哲学的努力上（philosophiae studium）所取得的进步，并坦率地做了如次论述："我在十五岁的时候，马上就想着要彻底学习伟人们的制度（instituta）或者哲学（philosophia）。到了三十岁，我就自立了〔而立〕。因为我热切期望拥有这样的根基（radices），即极力坚守着手修习德性和智慧的努力，并到达了我的心〔魂〕不因我所处

① Christian Wolff, *Oratio de Sinarum Philosophia Practica,* übersetzt, eingeleitet und herausgegeben von Michael Albrecht, Hamburg, F. Meiner, 1985, n. 80.

的任何外在事情而偏离的状态。到了四十岁，我就已经不会犹豫踌躇了〔不惑〕。即疑虑烟消云散。因为我洞察了一切事物的自然〔本性〕的适当性（connaturales rerum convenientia），并认识到了内在于完善和不完善的个别事情的东西。到了五十岁，我就领悟到了天的意志和命令（coeli providentia et mandatum），以及天授予各个事物的本性、力量、理性〔理法〕（a coelo indita natura, vis, ratio）〔知天命〕。于是，我本人想仔细品味这一本性的完善〔完美性〕和精致，继而又探求其起源，最后领悟其原因。六十岁时，我的耳朵变得容易听取意见且有利于理解〔耳顺〕。即我的心〔魂〕受到理智认识之力（vis intelligendi）和长期的不懈努力与考验的武装，熟悉至高的规定和规律（precepta et disciplinae），变得极其敏锐，能够简单明了地知晓他人所论争之事，以及我自己所研读之事。经过七十年之久的深思熟虑和胜利（victoria），对于自己的利益，即便是依着我心所追求之物（quod cor meum appetebat），我也不会僭越准则（regula），或者逾越美德〔伦理性〕（honestas）和正确理性（recta ratio）的界限——相对于此〔伦理性和正确理性〕，我的欲求（appetitus）——既无追求的努力也无追逐的辛劳——已然处于从属地位。"（《中国哲学家孔子》"第六章《论语》的译文"）

可以说，沃尔夫的文章整体上对应着柏应理的翻译。从这一翻译来看，他强调"天"的内容是"理性"。作为参考，现引用卫方济的翻译如次，译词上沃尔夫与卫方济迥然不同，显然他是采用了柏应理对该部分的翻译。

年迈的孔子就自己做了如次记述："在十五岁那年，我即决定要专心致力于与智慧有关的各种学问（sapienntiae disciplinae）〔志学〕。到了三十岁，我已在这些〔各种学问〕上面有所建树，所以世间发生何事都无法令我的心〔魂〕偏离计划好的事情〔而立〕。四十岁时，我已能毫不犹豫地洞察一切伦理学（honestatis scientia）及各种事物之自然〔本性〕的原因〔不惑〕。五十岁时，我已经掌握了天之法〔则〕（Caeli lex）及其令人叹为观止的运行（cursus）〔知天命〕。到了六十岁，通过长期的惯例我已熟知与智慧有关的各种学问，因而一旦如此我就能轻易洞察这些〔各种学问〕。正如我能够毫不苦恼地掌握耳朵听到的任何事情一般。到了七十岁，终于即使我按照心的冲动（impulsus）行事，在任何事情上我都不会违背高贵〔伦理性〕之法〔则〕（honestatis leges）了。"（《中华帝国六经·论语·为政》）

但是，柏应理、卫方济二人的翻译实际上仍然都是以张居正的注释为依据。现举示张居正的注释如次。

> 孔子自序其从少至老进学的次第说道，我从十五岁的时节，就有志于圣贤大学之道。凡致知力行之事，修己治人之方，都着实用功，至忘寝食。盖念念在此而为之不厌矣。到三十的时节，学既有得，自家把捉得定，世间外物都摇动我不得。盖守之固而无所事志矣。进而至于四十，则于事物当然之理，表里精粗了然明白，无所疑惑。盖见之明而无所事守矣。进而至于五十，则于天所赋的性命之理，有以充其精微，探其本原，而知乎所以然之故矣。又进而至于六十，则涵养愈久而智能通微，闻人之言方入乎耳，而所言之理，即契于心。随感随悟，无有违逆而不通者矣。又进而至于七十，则工夫愈熟而行能入妙。凡有所为，随其心之所欲，不待检点，无所持循，而自然不越于规矩、法度之外。盖庶几乎浑化而无迹者矣。（《论语直解·为政》）

张居正的解释十分地秩序井然。例如，他认为"学"的内容是"圣贤大学之道"；"知天命"是指"天所赋的性命之理，有以充其精微，探其本源，而知乎所以然之故"；"耳顺"是指"智能通微，……所言之理，即契于心。随感随悟，无有违逆"；"从心所欲不逾矩"是指"随其心之所欲，……自然不越于规矩、法度之外"等。柏应理、卫方济等人认为这是古希腊罗马或斯多葛派之人的理性本性的观点，与时代思潮相对应。同时，他们一边咀嚼玩味一边翻译，使之不与基督宗教之道德律抵触。经过翻译之后，这就成了西欧的用语了。不过，尽管是西欧的用语，但其中实际上包含了中国哲学的概念内容、背后的体系。换言之，则指在既有的西欧用语中，发生了以往所没有的意义上的扩展。抑或接受与以往的理性迥然不同的相貌也是必然的。沃尔夫自然从正面直接吸收了这一用语，甚至认为其中横亘着他所设想的普遍性。

沃尔夫认为，孔子的哲学正好与自己的理想相协调，而孔子的"胜利"，即受理性触发的自律，或以理智的完善为目标前进的"胜利"，不仅是孔子一人的，更与全人类的"胜利"有关。沃尔夫如次说道。

> 对我而言，从〔我的博士论文〕《普遍的实践哲学》——精准地符合孔子的告白——的原理出发，给予明确的理由〔根据〕是极为容易的。但是，这里不是适宜的场所，因此我将这些留待至更合适的机会。然而，正如由理智向意志推导似乎存在错误一样，通过其他某种方法消除疑义才合适。这是因为一个人的理智的完善〔完美性〕会令其他许多潜心培养理智的人们感到高兴。而且，我们将他者发现的东西作为原理加以利用，并能模仿这些发现的技巧（artificia heuristica）。相对于此，说到意志的完善〔完美性〕，他者的德性看似对我们并没有同等的帮助。因为修炼基于动机的意志和德性依靠的是方法，只要我们不注意这一点就会产生前述想法。对于同时明白自由行动之动机及他人使用后顺利获得成功的方法和手段的人来说，因为德性的修炼是依据自己与他人的〔经验〕，所以会比必须知道的情况更简单。此外，通过其他方法补充说明伦理实践的实例是有用的。这是我在其他场合下提示过的内容，但在此无法用只言片语进行解释说明。[①]

沃尔夫认可与《大学》"致知→诚意"一样的"理智"至"意志"的方向性〔主知论、理智主义、唯智主义〕，并论述说孔子的原理与自己学位论文中的原理如出一辙。继而沃尔夫又论述道，道德实践中的他者的自由意志、动机和手段作为范例都是有效的。这从此前的上下文关系来看，中国历史上的具体事例也会成为其贵重可贵的范例。通过孔子的实践，沃尔夫认为理智和德性都是人类普遍共有的东西，进而十分可能获得进一步的发展提升。

6　中国哲学的最终目的

在《中国人实践哲学演讲》中，沃尔夫反复阐述改善自我与他者这一至高的"完善〔完美性〕"不可停滞不前。

> 然而，中国人自己特别严格地命令道，致力于改善自我和他者时，若

---

① Christian Wolff, *Oratio de Sinarum Philosophia Practica,* übersetzt, eingeleitet und herausgegeben von Michael Albrecht, Hamburg, F. Meiner, 1985, n. 80.

非至高的完善〔完美性〕（summa perfectio），便绝不可停滞不前——因为实现至高的完善是不可能的——可以说为了自己和他者每日都能提升到更高层次，应该不懈地向前迈进。因此，中国人将自己的一切行为与终极〔最终〕目标（finis ultimus）——自我与他者的至高完善（summa sui aliorumque perfectio）相结合。我很早之前就曾论证过，在这一指导方针之中，与其说包含了一切自然法（jus naturale）的要点，不如说包含了我们行为中能受赞赏的一切，无论其谓何名。（《中国人实践哲学演讲》"中国的终极〔最终〕目标"）

沃尔夫认为，中国人以分阶段无限持续地朝自他的完善前进为终极〔最终〕目标，这一思想之中必定存在"自然法的要点"。在此处的自注中，沃尔夫阐述道，"自然法"的源泉是指自然本性的倾向性（前提条件）与明确度高的理性或意志相协调。他论述道，当意志由普遍性目的——各种特殊目的以此为目标——决定之时，前述调和方才能实现①。虽然沃尔夫的理性主义观点极为明确，但他在自注中却提及了"神"。他阐述道，这一终极〔最终〕目标具体彰显了神的完美性，既然如此，万物的本质和自然法的根据都下属于神，这是人的自由行动受到限制的原因。人必须通过限制基于自己的自由意志的行动使神的荣光闪耀。作为结论，沃尔夫认为"在更深入地观察自然法之源泉时，我领悟到人的完善〔完美性〕离不开神的荣光的照明。缺乏神的荣光就无法实现人的完善"②。也就是说，就连如此推崇"理性"的沃尔夫最终都无法否定"神"。然而，如前所述，据沃尔夫说，中国在不知道"神"的情况下，验证了人的完善。如此一来，沃尔夫也承认没有神亦可实现完善。那么，其自注中提及的"神"或许是披着神的面纱的"天意、摄理"，又或可将其理解为"天意、摄理"的别称。笔者认为，沃尔夫的观点如此理解也是可以的。

接着，沃尔夫论述道，他未能理解"博爱的羁绊"〔姐妹的羁绊〕（sororium vinculum）——以人类状态的完善为目标，中国人互相论证的一切行为。关于这

---

① Christian Wolff, *Oratio de Sinarum Philosophia Practica,* übersetzt, eingeleitet und herausgegeben von Michael Albrecht, Hamburg, F. Meiner, 1985, n. 161.

② Ibid.

一概念，沃尔夫在自注中论述道，"博爱的羁绊"是一种自然法的原理，指的是所有对自由行为的约束相互关联并与自然（本能行为）结合，借此世界本身的完善〔完美性〕不断增强。他认为从普遍原理中可以推导出所有人对他者的义务（omnium officia erga alios），继而甚至能推演出对没有灵魂的事物自身（res inanimatae）的义务。① 沃尔夫认为要认识这一宇宙论式的"博爱的羁绊"，就必须要具备对完美性的清晰观念，以及宇宙论、自然神学的专业知识②，但中国人在这点上尚未到达认识宇宙的最高阶段的地步。总而言之，沃尔夫全面赞赏中国哲学，并非将此作为依据，而是揭示出中国哲学也存在弱点。不过，沃尔夫实际上暗示了这样一种可能性，即这一至高的理念在中国这一具体的国家尽管模糊不清，但事实上是存在的。正如次文所述。

> 中国人认为人宛如宇宙的一部分，为使万物在宇宙中相协调〔一致〕（consensus），他们敦促制定了行动规则。针对这一〔万物的〕和谐，〔中国人〕要求小宇宙与大宇宙在行动的自由裁定中协调一致。〔另外，中国人〕为了实现小宇宙与大宇宙的协调一致，要求外在行为与内在〔行为〕相协调。同样，针对内在行为，他们要求感官欲求与理性欲求（appetitus sensitives et rationalis）相协调。因此，〔这〕是要求感情（affectus）与理性（ratio）相协调。③

第五节　沃尔夫所见中国哲学之宇宙构造论

1　作为动态统一体的宇宙

沃尔夫认为，中国人的人类观和宇宙观与欧洲传统的"大宇宙与小宇宙的照应"类似。也就是说，沃尔夫认为中国的宇宙观与自己的宇宙观有共通之处。而且，在"⑬作为道德〔伦理〕之原理的心〔魂〕的上位部分与下位部分之间严密的区别"

---

①　Christian Wolff, *Oratio de Sinarum Philosophia Practica,* übersetzt, eingeleitet und herausgegeben von Michael Albrecht, Hamburg, F. Meiner, 1985, n. 165.

②　Ibid.

③　Ibid., n. 167.

中，沃尔夫最终将目光转向了大宇宙走向和谐之过程的出发点〔小宇宙（人）〕。他赞同通过洞察〔眺望〕（perspicere）万物分有之理由〔根据〕（ratio），可以培养出见之于《大学》译文的理性（ratio）的观点。① 他认为，个人的心的作用不会仅仅止步于主观满足及与道德律的偶然一致，而是必定会成为外在行动，与客观标准保持一致。内外行为一致的每个人必须根据自由意志行动，以便为与自己共存的他者谋求福利。这就是关涉整个宇宙成长的小宇宙存在的理由。这之所以可能，是因为作为小宇宙的人的完善与作为大宇宙的世界的完善，通过自然法这一一般的、普遍的理由〔根据〕相互关联。② 换言之，根据这一观点，可以认为大宇宙是一个动态统一体，它通过全面发挥自他的可能性，不断地放大完美性。

2　道德（伦理）的原理——心〔魂〕的上位·下位

在《中国人实践哲学演讲》中，关于人的道德实践，沃尔夫论述道，心〔魂〕的作用并非一直相同，有时也会有不同。

> 对德性而言，心〔魂〕（anima）的上位〔高级〕部分（pars superior）和下位〔低级〕部分（pars inferior）之间的区别是最重要的问题。尽管这一区别并非充分得到理智的认知，也尚未得到清楚的解释，但是几位古代的人已对此有所觉察。与下位部分相关的是感觉（sensus）、想象力（imaginatio）及感情（affectus），也就是存在于我们知觉的混乱之中的，或依存于混乱的〔知觉的〕东西。另一方面，与上位部分相关的是理智（intellectus）（通常被称作纯粹〔理智〕，以消除因解说的不确定性而造成的词语的两义性）、理性（ratio）及自由意志（libera voluntas）。一言以蔽之，即在知觉中发现的明确者，或源自明确者〔之知觉〕的东西。（《中国人实践哲学演讲》"道德实践的伟大原理"）

首先，沃尔夫对心〔魂〕做了机能分类，即分成上位部分和下位部分，并认为这是道德实践的重要区别。而且，魂的下位部分指混乱的知觉，即相当于感觉、

---

① Christian Wolff, *Oratio de Sinarum Philosophia Practica,* übersetzt, eingeleitet und herausgegeben von Michael Albrecht, Hamburg, F. Meiner, 1985, n. 58.

② Ibid., n. 84.

想象力和感情。而上位部分是指明确的知觉，即相当于纯粹理智、理性和自由意志。沃尔夫认为，在这一点上，两种机能都是直接知觉和纯粹直观的明暗，即分级。虽说是上位和下位，但绝非将其两极分化。对此，沃尔夫在自注中解释如次。

> 中国人明示了心〔魂〕的上位部分和下位部分间的区别。要说到认识构成这些的名词，在孔子之前的最早的帝王尧舜——孔子尤其认为他们是自己应当遵照跟随的人——已经明示了伦理〔道德〕的伟大原理（magnis principium morum）。即他们将"心"叫做一般的欲求（appetitus in genere），比如他们认为感官欲求（appetitus sensitivus）是"人的心〔人心〕"（cor rationis），而另一方面又将理性欲求（appertitus rationalis）称为"理性的心〔道心〕（cor rationis）"。而且他们认为伦理道德的实践归结为感官欲求回归理性欲求。请参见《中国之智慧》第二篇〔《中庸》的译文〕第41页。另外，孔子的一切言行明显都与之相当。这尤其可从与致力于德性的自身的进步相关的哲学性告白中得知。①

沃尔夫这种用上位（高级）和下位（低级）区别灵魂机能的方法显然是根据卫方济和柏应理翻译的《中庸》而来。只是《中庸》原文中并无灵魂的上位和下位这样的直接表现。正如笔者在第二部分所述，在朱熹的《中庸章句》序文中这一说法（即"人心"和"道心"的说法）才得以明确。沃尔夫也是以此为基础进行解释的。在此，笔者再次引用朱熹原文如次。

> 中庸何为而作也？子思子忧道学之失其传而作也。盖自上古圣神继天立极，而道统之传有自来矣。其见于经，则"允执厥中"者，尧之所以授舜也；"人心惟危，道心惟微，惟精惟一，允执厥中"者，舜之所以授禹也。尧之一言，至矣，尽矣！而舜复益之以三言者，则所以明夫尧之一言，必如是而后可庶几也。盖尝论之：心之虚灵知觉，一而已矣，而以为有人心、道心之异者，则以其或生于形气之私，或原于性命之正，而所以为知觉者不同，是以或危殆而不安，或微妙而难见耳。然人莫不有是形，故虽上智不能无人心，

---

① Christian Wolff, *Oratio de Sinarum Philosophia Practica,* übersetzt, eingeleitet und herausgegeben von Michael Albrecht, Hamburg, F. Meiner, 1985, n. 88.

亦莫不有是性，故虽下愚不能无道心。（《中庸章句·序》）

柏应理因为对朱熹持批判态度，所以在翻译《中庸》之际并没有附上朱熹的序文。然而，在解说《中庸》这一资料时，柏应理悄然穿插了《尚书·大禹谟》的"人心""道心"学说，而这正是朱熹在阐述"人心""道心"学说之际所依据之处。换言之，我们可从此处间接地看出柏应理在翻译时引入了朱熹。

关于此处，我们用简化了的张阁老〔张居正〕（Cham colaus）的话语进行说明吧。在《书经》（*Xu kim*）第二篇第十页论述如次："对人而言，心（Cor）是唯一（unicum）的。只要是由私人感情〔形气之私〕引导的这个〔心〕叫做'人心'（Gin sin），即人的心（hominis cor）。因正确之法的命令〔义理之正〕（rectae legis dictamen）发动之时，则名为'道心'（Tao-sin），即理性的心（rationis cor）。人的心或意志（voluntas）容易因某些对象而变动，容易被左右、被歪曲，属于危险之物（res）。另一方面，符合善（bonum）和德性之规范（virtutis norma）的同样的心或意志，却是卓越深远的。因此，有必要通过对心进行严格的检查，不断将其从悄然进入的不正当的私人感情中净化出来，使正确的心远离不正当的心。这么一来，就能彻底抛弃属于人情的、私人的东西，从而注视〔心〕使之在各种事情上趋于同一，并努力将那个心的正确之法确立为对汝之人格而言的唯一的主人〔一身之主〕。如斯，需努力不因不足或过剩而远离这个法则。尤其是要坚定诚实地保持中庸。因此，整个世界之正确的管理所依据的根基和基础，是一个心的正确性和规范（unius cordis retitudo et norma）。"（《中国哲学家孔子》"第五章《中庸》的译文"）

上文中，柏应理说明了心的主导部分和从属部分在机能上的差异。这一说明——比如认为只要有理性之心引导，人心和意志就能正确地存在一样——直接影响了沃尔夫。另外，柏应理的翻译还解说了各种概念的详细内容，而这些概念单从《大禹谟》的原文中是看不到的，因为他的翻译依据了张居正《书经直解》的解说。现列示原文如次。

人只是一个心。但其发于形气之私的，叫做人心。发于义理之正的，叫做道心。如耳欲听声音，目欲视美色，又如顺着意的便喜，逆着意的便怒，这都是人心。此心一发，若无义理以节制之，便流于邪恶而不可止。岂不危哉。如当听而听，当视而视，当喜而喜，当怒而怒。各中其节，这便是道心。这道心，人皆有之。但为私欲所蔽，才觉发见，又昏昧了，所以微妙而难见耳。人心道心二者杂于方寸之间，若不知辨别，则危者愈危，微者愈微。天理之公，卒无以胜夫人欲之私矣。所以治心者，要于吾心念虑萌动的时节，就精以察之，看是人心，看是道心，分别明白，不使混杂。既精察了，就要克去了人心，专一守着道心，使常为一身之主，而不为私欲所摇夺。夫既察之精，而又守之一，则方寸之间纯是天理，凡百事为自然合着正当的道理，无有太过不及之差，而信能执其中矣。盖天下之治，皆本于心。（《书经直解·大禹谟》）

总之，柏应理的翻译间接地使用了《书经》和张居正的注释，并将宋学的构图导入其中，而后又为沃尔夫所用。

总而言之，沃尔夫对中国哲学的容受不是直接源于"五经"等古代典籍，而是通过他倾向的宋学或宋明理学。《尚书·大禹谟》的"人心惟危，道心惟微，惟精惟一，允执厥中"十六个字即所谓"十六字心诀、心传"——即以"天理"为基础的心智作用"道心"可引导易受"人欲"诱惑的心智作用——正是宋明理学所宣扬的话语。众所周知，清代阎若璩在《尚书古文疏证》中对此进行过论证，认为"古文尚书"本身即为伪书，并以此为依据批判主张"人心道心"学说的朱子学。沃尔夫原本不可能知道这一中国方面的背景经过。他只是通过传教士的翻译，了解到"世界最古老的哲学"中存在进一步发展自己学说的思想，并以此为手段进行了《中国人实践哲学演讲》，宣明自己一直思考的问题。可以想见，他必定是欣喜万分。

小　结

克里斯蒂安·沃尔夫在《中国人实践哲学演讲》出版之际写下了序文。序文中写道，他自己自小就对知识充满好奇心，渴望得到认识真理的方法，并一直考虑将数学的方法论运用于哲学之中。他认为规定自然的运动与道德行为的原理是相同的。另外，他认为作为小宇宙的人的自由行为与大宇宙相同，并有助于大宇宙的完善。他发现，通过研究中国古典，自己的观点竟与孔子的实践哲学相同。

如前所述，他研究中国哲学的资料首先是卫方济的《中华帝国六经》。不过严格而言，他与卫方济相遇是在给《印度与中国数学和物理学的观测》一书撰写书评之际，该书评要比《中华帝国六经》的出版早一年。笔者认为，从他对理数相关学术的偏好可知，在沃尔夫看来，对卫方济和中国的印象最初是在数学、物理学方面。当他以这样一种视角通读了《中华帝国六经》时，其中表现出的中国哲学正是具有理性和根据的整合性哲学。抑或可以说，他试图这样去解读该书。而且，卫方济的翻译具有令欲解读出首尾一贯性的人感到满足的内容。因为卫方济从礼仪之争这一政治状况中跳出，认为作为传教对象的中国人具有与欧洲相同的理性本性，并试图将其介绍给欧洲。卫方济是主张自然法思想的弗朗西斯科·苏亚雷斯（Francisco Suarez）著作集的初期编纂人。想到这里，卫方济翻译的方向就显而易见了。而且，在翻译之际，对他而言十分合适且确定了其翻译方向的，自然是从朱熹至张居正的宋明理学的发展。沃尔夫对中国哲学的解释首先通过卫方济与宋明理学建立了联系。

在此基础上，沃尔夫与柏应理《中国哲学家孔子》的邂逅进一步深化了他的中国哲学观。《中国哲学家孔子》主张中国哲学有神论学说，而此时的沃尔夫在阅读该书时，意欲彻底将该书与基督宗教分离。沃尔夫对柏应理试图从中国哲学有神论视角阐发的内容感到索然无味，并对其视而不见。沃尔夫更感兴趣的，是中国哲学在世界史层面的古老程度与有德圣贤及其学说的联系，以及没有"神"出现的中国哲学对自我理性本性的革新，还有研究清楚作为革新条件的事物之理法。或者认为万物本性自"天"而出，认识到这一点的人要参与他者和万物的化育的观点。

对沃尔夫而言，作为推动他的哲学前进的助推器，卫方济和柏应理的翻译都具有极高的性能。沃尔夫将居住在地球背面的、未曾谋面的圣贤们视作朋友、同志。越是异质的他者，就越能在其学说中找出相似点。越是如此，其论点的可靠性和盖然性就越高，越能保障自身哲学的可靠性和盖然性。

通过在中国宋明理学中积累的注释群，沃尔夫获得了这样一种概念，即中国哲学中的理性引发了人的形成和完善。沃尔夫甚至冒着被逐出哈勒的危险，曾欲极力主张的是中国哲学中的理性——但这正是沃尔夫自己的理性——的哲学的观点。

长眠着沃尔夫的市营墓地

该墓地在第二次世界大战中遭受过轰炸，因而不确定准确的地点（笔者摄）

终　章

本书讨论了宋学对西欧近代理性之形成产生的巨大影响。

近代理性是纯粹在欧洲发现、孕育而来的理念——这是西方哲学史的基本前提。欧洲理性自古希腊开始，历经了中世和近世的发展，而自 19 世纪至 20 世纪，近代的理性与自然科学携手共进直至顶峰。到了现代，由于理性的激化，甚至构想出了超越理性的知、理性的超克这类哲学行为。但是，笔者认为，目前看来这种行为最终仍旧是在近代理性的基础之上进行的。尽管如此，至少在这两百年的时间里，西欧的近代理性贯穿了地球上的一切文化和地理屏障，获得了具有普遍性的地位。从近代理性的视角看西欧时，非西欧的文化从属于西欧文化，或者处于以西欧为目标的正在发展中的地位。另外，从此立场来看时，一般认为在历史上，东方对西欧的影响仅限于十分狭义的方面，比如中国风、日本主义等美学的、趣味性的文化。

尽管如此，欧洲人自己也认识到，虽然是在有条件的、狭义的方面，在西欧理性的血脉之中确实混有非西欧的东西。如犹太教、诺斯替主义、新柏拉图主义、伊斯兰教、赫耳墨斯神智学等。在这其中，亚洲的文化又是如何呢？是完全不被接纳，抑或是虽被接纳了，但却与其他东方思想相同，只是有限地为西方思想增添光彩和趣味而已呢？

欧洲启蒙主义时代实际上是一个欧洲输入、接纳和消化东亚思想的时代。此时消化的东西，已化为欧洲的血肉，浸透其中，故而欧洲人自己都未能察觉。在大航海时代，自东西方沟通以降，东亚思想经基督宗教传教士之手传播至西欧。西欧的理性接受了东亚思想，并从中找出了客观反照自我之普遍性的镜子，并借用其影响扩充了自己的理性，开始形成与以往截然不同的新的理性形象。

我们可通过把梳一个个具体的文献资料，使这一思想传播和容受的真实情况清晰化。为了探寻这一轨迹，本书主要运用了三种资料，即柏应理的《中国哲学家孔子》、卫方济的《中华帝国六经》和沃尔夫的《中国人实践哲学演讲》。

柏应理秉持自利玛窦开始的将儒家思想引入基督宗教的立场，但对宋明理学的看法又十分矛盾。在《中国哲学家孔子》中，柏应理对欧洲隐瞒了不利于传教的观点。而另一方面他渐进地强调了与人类的理性能力有关的见解。然而，与柏应理周全的考虑背道而驰的是，这些见解本身就具有在欧洲被单独抽取出来的可能性。

卫方济曾是礼仪之争的当事人，但他深知单方面地以基督宗教的价值观裁决儒家思想必然毫无结果。同时，他精通彼时十分先进的苏亚雷斯的自然法思想。他在宋明理学的儒家思想中，看到了与当时重视人性的欧洲思潮具有相通性的内容，并从这一视角出发完成了四书的翻译。此外，在他翻译的《中华帝国六经》中，我们甚至能看到他跨越基督宗教教徒身份的主张，如《孟子》译文所表现出的对理性本性的无限宣扬和革命思想等。四书贯彻了朱熹的意志，提示出了宋学的理念，如人在世界中的高级定位、人通过天赋的能力明晰事理、自他的完善或天下的安定、人与宇宙万物的调和及不断的完善。对欧洲而言，朱熹以后的宋明理学思想的发展包含了崭新的构思，甚至包含了能成为替换欧洲以往的思考框架的契机。

沃尔夫在得到这一柏应理和卫方济传入的中国哲学之后，于《中国人实践哲学演讲》中旁征博引，强烈宣扬中国哲学的意义和价值。沃尔夫在该书中，经常坦白说在中国哲学中发现了自己的理想的实例。而且，从沃尔夫对中国哲学的解释中，我们能看到比柏应理和卫方济更彻底、更普遍的人类理性的能力，以及在世界中这一能力的可能性之大。传教士们从儒家古典中抽取的东西，经过沃尔夫这一哲学家的筛选，方才出现这样的情况。

在本书中，笔者对宋明理学家的论说——这些论说使欧洲人接受儒家思想成为可能——进行了展开，同时不厌其烦地、全方位地提示出相关资料，论述了欧洲人输送和容受儒家思想的实际情况。因为这一问题与其说是应该列举并细致分析某种特定言论，或从某种范畴加以解释和指明价值意义的问题，倒不如说是通过资料本身就会自动浮现其脉络的问题。

从历史上看，沃尔夫的哲学事实上曾经风靡启蒙时代的欧洲。假设沃尔夫从中国哲学——实际上是宋学——中找到了他理想的具体事例，那就等于说欧洲启蒙之理想的一端已事先存在于中国哲学之中了。可以说宋学的重要本质在此时传入了欧洲，而欧洲的知识体系脱离基督宗教的背景，使新理性得以加速发展，其契机就是宋学。

虽然基因被重组了，但拥有基因的主体一般是不会知道的。其后，在西方这种儒家思想的影响完全成了西方自己的东西，继而由此独立进行扩张和革新。在法国，百科全书派继承了关于人的理性本性的学说，甚至影响到法国革命。在德国，这些学说从启蒙专制主义、形式上的理性发展到绝对精神的思想。理性一气呵成地进行着自我增殖。近代正是理性扩充的过程。特别值得一提的是，理性通过与数学和自然科学的知识结合，脱离了一切地域上的特殊性，成为具有普遍性的东西，席卷全球。

19世纪以降，亚洲也吸收了这种西方的近代理性，并试图使自己的思考模式与之相适应。在采用欧美文化，主动废弃和忘却固有文化的过程中，亚洲肯定品尝到了自我丧失的感觉，这也是必然的。只是实际上针对西欧文化，亚洲从一开始就存在自我认同感的意识。幕府末期和明治时期的"和魂洋才"论，以及清朝末期的"中体西用"论皆是如此。虽然这些理论获得了一定的支持，在当时起到了恢复亚洲人自信和自觉的作用，但是实际上这种运动却最终被西欧列强政治、经济或物理上的强大力量压倒、征服。另外，福泽谕吉提倡的"脱亚入欧"等理论，促进了由亚洲人自己主导的自我欧化，在其中发挥了巨大作用。

在历史上，明治时代的日本人和清代中国人持有的对西欧理性的感觉曾被视作悯笑的对象。然而，通过本书的研究可知，他们的感觉或许有十分正确的地方，难道不是吗？在日本，明治时代的知识分子——如留学英国的中村正直、留学荷兰的西周、津田真道，以及留学法国的中江兆民等人——在吸收西欧思想之际，当时所使用的框架正是宋明理学的框架。尤其是留学德国的井上哲次郎，他根据儒学——特别是宋明理学的词汇翻译西欧哲学的用语，如"理性""良知""知觉""形而上""形而下""范畴""演绎"等[①]。在中国，明清时期的学者们用格物穷理、格物致知、格致等名称称呼实证科学，朱子学的思维成了实证科学思考的受体[②]。这些难道不是因为他们在近代西欧的概念中看到了与自己相关的东西的身影，或遇到了似曾相识的东西吗？这难道不是他们百转千回之后，再次与"理""性"——发于宋明理学，西传至欧洲，且成熟于欧洲——相遇的结果吗？

　　在本书中，笔者选取了显示亚洲，尤其是中国的血液输送至西方的文献，并对此加以考察研究。换言之，即讨论了思想输出的"发货单"。笔者认为，与其说近代理性是纯粹地在欧洲培养起来的，倒不如说没有东西方血液的交流是绝不能成立的。笔者深信，这一点值得我们今后更深入地思考。

---

①　明治时代的知识分子感受到了西方哲学与宋学的类似之处，并将宋学中的用语用作译词。关于这一点参阅：三浦国雄「翻訳語と中国思想—『哲学字彙』を読む」（『人文研究』四七（三），1995）。此外，与三浦国雄相同，末木文美士分析讨论了明治时代的思想家运用东方哲学（主要指佛教）的框架接受和吸收西方哲学，参阅：末木文美士『明治思想家論』（トランスビュー，2004）。

②　参阅：吾妻重二『朱子学の新研究』（創文社，2004）「第二部第三篇第二章 格物窮理のゆくえ」。

参考文献

【中文文献】

包遵彭，李定一，吴相湘编撰：《中国近代史论丛第一辑》，正中书局，1956

蔡方鹿：《宋明理学心性论（修订版）》，巴蜀书社，2009

陈翊林：《张居正评传》，中华书局，1934

崔维孝：《明清之际西班牙方济会在华传教研究（1579—1732）》，中华书局，2006

德礼贤：《中国天主教传教史》，商务印书馆，1934

邓志峰：《王学与晚明的师道复兴运动》，社会科学文献出版社，2004

樊树志：《张居正与万历皇帝》，中华书局，2008

傅小凡，卓克华：《闽南理学的源流与发展》，福建人民出版社，2007

龚笃清撰：《明代科举图鉴》，岳麓书社，2007

龚　杰：《王艮评传》，南京大学出版社，2001

龚鹏程：《晚明思潮》，商务印书馆，2005

顾卫民：《中国与罗马教廷关系史略》，东方出版社，2000

（明）韩霖：《<铎书>校注》，孙尚扬、肖清和等校注，华夏出版社，2008

何其敏：《中国明代宗教史》，人民出版社，1994

侯外庐，邱汉生，张岂之主编《宋明理学史 上卷/下卷》，人民出版社，1987

胡阳，李长铎：《莱布尼茨二进制与伏羲八卦图考》，上海人民出版社，2006

嵇文甫：《晚明思想史论》，河南大学出版社，2008

雷立柏：《汉语神学术语辞典》，宗教文化出版社，2007

利玛窦等撰：《天主教东传文献》，台湾学生书局，1965

李元庆：《明代理学大师——薛瑄》，山西高校联合出版社，1993

林国标：《清初朱子学研究——对一种经世理学的解读》，湖南人民出版社，
　2004

林中泽：《晚明中西性伦理的遭遇——以利玛窦＜天主实义＞和庞迪我＜七克＞
　为中心》，广东教育出版社，2003

罗光：《教廷与中国使节史》，传记文学出版社，1983

罗宗强：《明代后期士人心态研究》，南开大学出版社，2006

蒙培元：《理学的演变 从朱熹到王夫之戴震》，福建人民出版社，1984

蒙培元：《理学范畴系统》，人民出版社，1989

沈福伟：《中西文化交流史》，上海人民出版社，1985

史革新：《清代理学史 上卷》，广东教育出版社，2007

孙　江：《十字架与龙》，浙江人民出版社，1990

孙尚扬：《明末天主教与儒学的交流和冲突》，文津出版社，1992

孙小礼：《莱布尼茨与中国文化》，首都师范大学出版社，2006

王尔敏：《中国文献西译书目》，台湾商务印书馆，1975

王国良：《明清时期儒学核心价值的转换》，安徽大学出版社，2002

王素美：《许衡的理学思想与文学》，人民出版社，2007

王云五：《明代政治思想》，台湾商务印书馆，1969

王云五主编：《张文忠公全集（八册）》，台湾商务印书馆，1968

吴孟雪：《明清时期——欧洲人眼中的中国》，中华书局，2000

吴相湘主编：《天主教东传文献续篇（全三册）》，学生书局，1966

徐明德：《论明清时期的对外交流与边治》，浙江大学出版社，2006

徐苏铭等：《理》，中国人民大学出版社，1991

许苏民：《李贽评传》，南京大学出版社，2006

杨　菁：《清初理学思想研究》，理仁书局，2008

余三乐：《早期西方传教士与北京》，北京出版社，2001

查洪德：《理学背景下的元代文论与诗文》，中华书局，2005

张国刚，吴莉苇：《明清传教士与欧洲汉学》，中国社会科学出版社，2001

张居正：《书经直解》，《四库全书存目丛书·经部 第五十册》，齐鲁书社，
　　1997

张居正：《易经直解》（筑波大学图书馆藏，史大成序，1660，宫城隆哲训点，
　　1697，和刻本）

张居正撰：《四书直解》，《四书集注阐微直解》，《四库未收书辑刊》第二辑
　　第一二册，北京出版社，2000

张　铠：《庞迪我与中国——耶稣会"适应"策略研究》，北京图书出版社，
　　1997

张西平：《中国与欧洲早期宗教和哲学交流史》，东方出版社，2001

张西平：《传教士汉学研究》，大象出版社，2005

张西平：《跟随利玛窦到中国》，五洲传播出版社，2006

张晓林：《天主实义与中国学统——文化互动与诠释》，学林出版社，2005

张学智：《明代哲学史》，北京大学出版社，2000

钟鸣旦等编：《徐家汇藏书楼明清天主教文献（五册）》，方济出版社，1996

周炽成：《复性收摄——高攀龙思想研究》，人民出版社，2007

朱东润：《张居正大传（第 2 版）》，湖北人民出版社，1981

朱仁夫等：《儒学国际传播》，中国社会科学出版社，2004

【日文文献】

赤木昭三・赤木富美子：『サロンの思想史』，名古屋大学出版会，2004

浅野裕一：『孔子神話』，岩波書店，1997

浅見雅一：「中国におけるイエズス会士の任官問題」，『史学』第六五（四），
　　1996

浅見雅一：「アントニオ・デ・ゴヴェアの中国史研究について」，『史学』第
　　六八（三／四），1999

浅見雅一：「＜研究報告＞イエズス会日本関係史料の編纂について―イエズス

会歴史研究所と東京大学史料編纂所」，『東京大学史料編纂所研究紀要』第
　　一二号，2002

浅見雅一：「ザビエルの見た日本人の霊魂観（特集・ザビエル生誕五〇〇年）」，
　　『ソフィア—西洋文化ならびに東西文化交流の研究』第五四（四）（通号
　　二一六），2005

麻生義輝：『近世日本哲学史—幕末から明治維新の啓蒙思想』，書肆心水，
　　2008

吾妻重二：『朱子学の新研究』，創文社，2004

吾妻重二・黄俊傑：『東アジア世界と儒教』，東方書店，2005

安倍力：「徐光啓の天主教理解について」，『中国哲学論集』通号二五，1999

阿部泰記：「湯顕祖の戯曲観—情の重視」，『小樽商科大学人文研究』第五九
　　巻，1979

荒木見悟：『明代思想研究』，創文社，1978

荒木見悟：『明末宗教思想研究』，創文社，1979

荒木見悟：『陽明学の展開と仏教』，研文出版，1984

荒木見悟：『陽明学の位相』，研文出版，1992

荒木見悟：『中国心学の鼓動と仏教』，中国書店，1995

安大玉：『明末西洋科学東伝史——『天学初函』器編の研究』，知泉書館，
　　2007

安藤孝行：『存在の忘却—近世の存在概念』，行路社、1986

筏津安恕：『私法理論のパラダイム転換と契約理論の再編—ヴォルフ・カン
　　ト・サヴィニー』，昭和堂，2001

五十嵐正一：「張居正の教育政策について（一）」，『新潟大学部紀要』第八
　　巻第一号，1967

井川義次：「イントルチェッタ『中国の哲学者孔子』に関する一考察」，『中
　　国文化論叢』第一二号，1992

井川義次：「ロンゴバルディとイントルチェッタ——中国哲学解釈をめぐる
　　二つの道」，『哲学・思想論叢』第一一号，1993

井川義次：「張居正の『中庸』解釈——「鬼神」を中心に」，『筑波哲学』第

五号，1994

井川義次：「張居正の「天」――『論語直解』を中心に」，『筑波哲学』第六号，1995

井川義次：「十七世紀イエズス会士の『易』解釈――『中国の哲学者孔子』の「謙」卦をめぐる有神論性の主張」，『日本中国学会報』第四八集，1996

井川義次：「十七世紀西洋人による『論語』理解」，『人間科学』第八号，2001

井川義次：「ヨーロッパ人による「孝」の解釈」，『漢意とは何か――大久保隆郎教授退官記念論集』，東方書店，2001

井川義次：「ヨーロッパ人による『孟子』の初訳について――ノエル著『中華帝国の六古典』における儒教解釈」，『人間科学』第一〇号，2002

井川義次：「ノエル訳『大学』における性理学の解釈一「大学章句序」と「補伝」を中心に」，『人間科学』第一一号，2003

井川義次：「理性と天命一ノエル訳『中庸』と朱子『中庸章句』」，『人間科学』第一二号，2003

井川義次：「ヨーロッパ人による初めての中国初等教育に関する情報の紹介――朱子編『小学』とノエルの翻訳」，『人間科学』第一三号，2004

井川義次：「天道与死――諾埃爾訳《論語》中的徳的至上性」，『人間科学』第一七号，2006

井川義次・安次嶺勲：「一七世紀イエズス会士の伝える仏教情報――仏教側の視点から」，『人間科学』第一八号，2006

井川義次：「十八世紀ヨーロッパ人による「孝」の理解――ノエル訳『孝経』を巡って」，『琉大アジア研究』第六号，2007

井川義次：「宋明理学における鬼神論と『中国の哲学者孔子』」，『比較文化研究』第四号，2008

井川義次：「明徳と理性――宋明理学の展開と『中国の哲学者孔子』」，平成十六年度～平成十九年度科学研究費補助金（基盤研究（B）研究成果報告書，2008

池澤優：『「孝」思想の宗教学的研究――古代中国における祖先崇拝の思想』，

東京大学出版会，2002

池澤優：「「孝」の文化的意義」，渡邉義浩編『兩漢の儒教と政治権力』，汲古書院，2005

石川文康：『カント入門』，筑摩書房，1995

石川文康：『カント　第三の思考——法廷モデルと無限判断』，名古屋大学出版会，1996

石川文康：『カントはこう考えた』，筑摩書房，2009

石川文康：『良心論』，名古屋大学出版会，2001

石川文康：「ドイツ啓蒙の異世界理解——特にヴォルフの中国哲学評価とカントの場合——ヨーロッパ的認知カテゴリーの挑戦」，『「一つの世界」の成立とその条件』，国際高等研究所，2008

石田幹之助：『石田幹之助著作集』全四巻，六興出版，1985—1986

板野長八：『儒教成立史の研究』，岩波書店，1995

市来津由彦：「朱熹祭祀感格説における「理」」，『集刊　東洋学』第七五号，1996

市来津由彦：『朱熹門人集団形成の研究』，創文社，2002

市来津由彦：「陳淳序論——「朱子学」形成の視点から」，『東洋古典学研究』第一五集，2003

伊藤俊太郎：『比較文明と日本』，中央公論社，1990

伊東貴之：『思想としての中国近世』，東京大学出版会，2005

伊藤利男：「啓蒙主義者クリスチアン・ヴォルフの自叙伝」，『九州ドイツ文学』第八号、九州大学独文学会，1994

伊原弘・小島毅：『知識人の諸相』，勉誠出版，2002

今西春秋・八木よし子：「「康熙帝の典礼問題裁決上諭に関する略報告」について」，『ビブリア』第二三号、天理図書館，1962

彌永信美：「仏教と「古代神学」——ギヨーム・ポステルの仏教理解を中心として」，新田大作編『中国思想研究論集——欧米思想よりの照射』，雄山閣，1986

岩崎允胤：「西周と近代的諸学の体系的摂取」，『東アジア研究』第通号

　　二八，2000

岩間一雄：『中国政治思想史研究』，未來社，1990

上田弘毅：「羅近渓における天——自然と修養」，『集刊　東洋学』第六八号，
　　1992

上田弘毅：「羅近渓に於ける修証的立場」，『集刊　東洋学』第七二号，1994

内田浩明：「存在論としてのカントの超越論的哲学——ヴォルフ以来の存在論
　　との比較考察を通じて」，『立命館哲学』第一五号，2004

江上波夫：『東洋学系譜』，大修館書店，1992

江上波夫：『東洋学系譜』第二集，大修館書店，1994

王家驊：『日本の近代化と儒教』，農山漁村文化協会，1998

大久保隆郎教授退官記念論集刊行会：『漢意とは何か——大久保隆郎教授退官
　　記念論集』，東方書店，2001

岡崎勝世：「キリスト教的世界史から科学的世界史へ——ドイツ啓蒙主義歴史
　　学研究」，勁草書房，2000

岡田武彦：『宋明哲学序説』，文言社，1977

岡本さえ：「「気」―中国思想の一争点」，『東洋文化』六七，1989

岡本さえ：『近世中国の比較思想——異文化との邂逅』，東京大学出版会，
　　2000

岡本さえ：『イエズス会と中国知識人』，山川出版社，2008

小岸昭：『中国・開封のユダヤ人』，人文書院，2007

小倉貞秀：「ヴォルフとカント」，『広島大学文学部紀要』第二八巻二号，
　　1968

小路口聡：「王龍渓の「根本知」をめぐる考察——あるいは、「生」の哲学と
　　しての良知心学」，『陽明学』第一八号，2006

小路口聡：「『即今自立』の哲学——陸九淵心学再考」，研文出版，2007

織田晶子：「ヴォルフと啓蒙主義」，『中央大学大学院研究年報』三三，文学
　　研究篇，2003

小田部胤久：「ヴォルフとドイツ啓蒙主義の暁」，『哲学の歴史　七巻』，中
　　央公論新社，2007

小野和子：『明清時代の政治と生活』，京都大学人文科学研究所，1983

尾原悟：『イエズス会コレジヨの講義要綱　I』，教文館，1997

垣内景子：『「心」と「理」をめぐる朱熹思想構造の研究』，汲古書院，2005

何群雄：『中国語文法学事始——『馬氏文通』に至るまでの在華宣教師の著書を中心に』，三元社，2000

茅野良男：『ドイツ観念論と日本』，ミネルヴァ書房，1994

川勝義雄・礪波護：『中国貴族制社会の研究』，京都大学人文科学研究所，1987

川名公平・矢沢利彦・平川祐弘訳：『マッテーオ・リッチ中国キリスト教布教史』，岩波書店，1982

神崎繁：「魂の位置——十七世紀・東アジアにおけるアリストテレス『魂論』の受容と変容（シンポジウム　宗教と中国国家）」，『中国——社会と文化』第一九号，2004

神崎繁：『魂（アニマ）への態度——古代から現代まで』，岩波書店，2006

菊地章太：『フランス東洋学ことはじめ』，研文出版，2007

木下鉄矢：『朱熹再読』，研文出版，1999

木下鉄矢：『朱子——〈はたらき〉と〈つとめ〉の哲学』，岩波書店，2009

姜在彦：『西洋と朝鮮——異文化との出会いと格闘の歴史』，朝日新聞社，2008

栗山義久：「丁韙良『天道遡原』にみるキリスト教思想と儒教思想の融合——利瑪竇『天主実義』との比較を通じて」，『南山大学図書館紀要』第七号，2001

黒坂満輝：「王夫之「人性論」——「読四書大全説」を中心にして」，『福井大学教育地域科学部紀要』第I部人文科学、国語学・国文学・中国学編，通号三九，1991

桑原武夫：『フランス百科全書の研究』，岩波書店，1954

小泉仰：『西周と欧米思想との出会い』，三嶺書店，1989

小泉義之：『完全性と無限性——スアレス研究ノート』，『宇都宮大学教育学部紀要』第一部四三（一），1993

呉瑞：「高攀龍の格物説」，『九州中国学会報』第四四巻，2006

高晃公：『魯迅の政治思想』，日本経済評論社，2007

小島毅：「朱子の克己復礼解釈」，『宋代の規範と習俗』，汲古書院，1995

小島毅：『宋学の形成と展開』，創文社，1999

後藤末雄：『儒教大観』，第一書房，1935

後藤末雄：『中国思想のフランス西漸　1・2』，平凡社，1969

後藤基巳：『明清思想とキリスト教』，研文出版，1979

小崛桂一郎：『日本に於ける理性の伝統』，中央公論新社，2007

五来欣造：『儒教の独逸政治思想に及ばせる影響』，早稲田大学出版部，1927

近藤智彦：「運命論と決定論——ストア派・ライプニッツ・ラプラス」，『創
　　文』第五〇〇号，2007

佐伯好郎：『支那基督教の研究』，春秋社松柏館、四冊（東方文化学院研究報
　　告），1943、1944

坂出祥伸：『東西シノロジー事情』，東方書店，1994

坂元正義：『日本キリシタンの聖と俗』，名著刊行会，1981

佐久間勤：「ペドロ・ゴメスの『神学要綱』における聖書理論——その著者と
　　源泉資料の分析結果の報告」，『カトリック研究』通号六五，1996

櫻井俊郎：「万暦初政の経筵日講と『歴代帝鑑図説』」，『大阪府立大學紀要
　　人文社會科学』第四九号，2001

佐藤隆則：「陳淳の学問と思想」，『漢学会誌』、第二九号，1990

佐藤実：『劉智の自然学——中国イスラーム思想の思想研究序説』，汲古書院，
　　2008

佐藤錬太郎：「林兆恩『四書標摘正義』」，松川健二編，『論語の思想史』汲
　　古書院号，1994

佐野公治：『四書学史の研究』，創文社，1988

佐野公治：「明代における上帝・鬼神・霊魂観」，『中国研究集刊』辰号、総
　　第一三号，1993

沢井繁男：『魔術と錬金術』，筑摩書房，2000

鹿野治助：『ストア哲学の研究』，創文社，1967

柴田篤：「明末天主教思想研究序説——「西学凡」の天学概念をめぐって」，
　　『福岡教育大学紀要』第二分冊社会科編，通号三五，1985

柴田篤：「明末天主教の霊魂観——中国思想と対話をめぐって」，『東方学』
　　通号七六，1988

柴田篤：「陰陽の霊としての鬼神——朱子鬼神論の序章」，『哲学年報』第五
　　〇号，1991

柴田篤：「天主教と朱子学——「天主実義」第二篇を中心として」，『哲学年
　　報』第五二号，1993

柴田篤：「『天主実義』の研究（一）——序説と首篇現代語訳」，『哲学年報』
　　第五四号，1995

柴田篤：「良知霊字攷——王龍渓を中心にして」，『陽明学』第一二号，2000

柴田篤：『『天主実義』とその思想的影響に関する研究』，平成一五年度～
　　平成一七年度科学研究費補助金（基盤研究（C）（2））研究成果報告書，
　　2006

芝多豊彦：『ドイツにおける神秘的・敬虔的思想の諸相——神学的・言語的考
　　察』，関西大学出版部，2007

徐水生：『近代日本の知識人と中国哲学——日本の近代化における中国哲学の
　　影響』，阿川修三・佐藤一樹訳、東方書店，2008

上智大学中世思想研究所『中世思想原典集成二〇——近世のスコラ学』，平凡
　　社，2000

辛賢：「「象」の淵源——「言」と「意」の狭間」，『大阪大学大学院文学研
　　究科紀要』第四八巻，2008

末木文美士：『明治思想家論』，トランスビュー，2004

菅沢龍文：「カントの道徳形而上学とビォルフ論理学について」，『論理学年
　　報』第三九号，1990

菅沢龍文：「カントとCh．ビォルフにおける最高善」，『法政大学教養部紀
　　要』第八二号，1992

菅沢龍文：「カントとビォルフの実践哲学における神概念」，『法政大学文学
　　部紀要』第四〇号，1994

高田時雄：『東洋学の系譜』欧米編，大修館書店，1996

高田時雄：『梵蒂岡図書館所蔵漢籍目録補編』，東洋学文献センター叢刊、第
　　七冊，京都大学人文科学研究所附属東洋学文献センター，1997

高橋裕史：『イエズス会の世界戦略』，講談社，2006

高柳俊一：「中国と啓蒙期の英文字――イエズス会員による中国紹介記の影響」，
　　『ソフィア――西洋文化ならびに東西文化交流の研究』第八（一），1959

高柳信夫：『中国における「近代知」の生成』，東方書店，2007

滝野邦雄：「李光地の評価問題について」，『経済理論』通号二三四，1990

滝野邦雄：「康熙帝の朱子学（上）」，『経済理論』第二六八号，1995

滝野邦雄：「李光地の眼から見た陸龍其と于成龍」，『経済理論』第三〇四号，
　　2001

滝野邦雄：『李光地と徐乾学――康熙朝前期における党争』，白桃書房，2004

田口啓子：「Ｆ・スアレスにおける実存と本質の区別について」，『中世思想
　　研究』通号一四，1972

田口啓子：「Ｆ・スアレスの人間観についての覚え書」，『清泉女子大学紀要』
　　第三二号，1984

田口啓子：「Ｆ・スアレスの人間観についての覚え書（その二）――神への自然
　　的欲求をめぐって」，『清泉女子大学紀要』第三三号，1985

田口啓子：『スアレス形而上学の研究』，南窓社，1977

田口啓子：「霊魂不死の論証をめぐって――Ｆ・スアレスの人間観についての
　　覚え書（その三）」，『清泉女子大学紀要』第三五号，1987

田口茂：「諸モナドの「脱モナド的」視点――フッサールとライプニッツのモ
　　ナドロジーにおける「思惟の影」をめぐって（日本現象学会第二六回研究発
　　表大会の報告）――（シンポジウム　モナドロジーと現象学）」，『現象学
　　年報』通号二一，2005

武田雅哉：『蒼頡たちの宴』，筑摩書房，1994

谷川多佳子：『デカルト研究』，岩波書店，1995

張聖厳：『明末中国仏教の研究』，山喜房佛書林，1975

陳来：「中国における宋明理学研究の方法、視点とその趨向（特集〔日本思想

史学会〕平成一二年度大会シンポジウム　東アジアの儒教──二一世紀の思想史研究）」，『日本思想史学』第三三号，2001

土田健次郎：『道学の形成』，創文社，2002

鶴成久章：「高攀龍の「格物」説について」，『集刊　東洋学』第六八号，1992

鶴成久章：「明代の科挙制度と朱子学──体制教学化がもたらした学びの内実（シンポジウム　科挙からみた東アジア──科挙社会と科挙文化）」，『中国──社会と文化』第二二号，2007

天理大学出版部：『康熙帝典礼問題裁決報告』（ラテン語、漢文、満州語），天理図書館善本叢書，第一二期、ヴァリア篇Ⅲ，1977

中尾友則：「高攀龍の理気論──東林党の歴史的性格をめぐって」，『社会思想史研究』⑥、北樹出版社，1982

長尾龍一：『西洋思想家のアジア』，信山社出版，1998

中川久定：『啓蒙の世紀の光りのもとで』，岩波書店，1994

中川久定・ヨヘン・シュローバハ：『十八世紀における他者イメージ』，河合教育研究所，2006

中川久定：『「一つの世界」の成立とその条件』，国際高等研究所，2008

中島隆博：「自-発の限界──朱子学の脱構築のために」，『中国哲学研究』通号九，1995

中島隆博：「理もまた異なる──ライプニッツと王夫之を繋ぐもの」，『立命館文學』通号五六三，2000

中島隆博：『残響の中国哲学』，東京大学出版会，2007

中純夫：「張居正と講学」，『富山大学教養部紀要』第二五巻第一号，1992

中純夫：「心と矩──顧成における朱子学と陽明学」，『中国思想研究』第二〇号，1997

中野美代子：『カスティリオーネの庭』，文藝春秋，1997

難波征男：「『明儒学案』における慎独の展開」，『福岡女学院大学大学院人文科学研究科紀要』創刊号，2004

西尾朗：「英国における中国の映像──主として一七世紀前半までの文学作品

　にあらわれた中国に対する英国の関心について」，『関西学院大学社会学部
　　紀要』通号九・一〇，1964

西尾朗：「英国における中国の映像　二——フランス・イエズス会と一八世紀
　　英文学」，『関西学院大学社会学部紀要』通号九・二三，1971

新田大作：『中国思想研究論集——欧米思想よりの照射』，雄山閣，1986

野間文史：「魏了翁「春秋左伝要義」について」，『廣島大學文學部紀要』五三（特
　　輯号一），1993

野見山温：『露清外交の研究』，酒井書店，1977

橋本高勝：『中国思想の流れ——明清・近現代　下』，晃洋書房，2006

檜垣良成：『カント理論哲学形成の研究——「実在性」概念を中心として』，
　　溪水社，1998

平川祐弘：『マテオ・リッチ伝』全三巻，平凡社，1997

廣川洋一：『古代感情論——プラトンからストア派まで』，岩波書店，2000

廣松渉・坂部恵・加藤尚武：『講座ドイツ観念論』第一巻，弘文社，1990

福井文雅：『欧米の東洋研究と比較論』，隆文館，1992

福井文雅：『ヨーロッパの東方学と般若心経研究の歴史』，五曜書房，2008

福島仁：「「新編天主実録」とその改訂に関する資料の諸問題」，『名古屋大
　　學文学部研究論集』通号九九，1987

福島仁：『ヨーロッパ人による最初の理気論』，『中国社会と文化』四，1989

福田殖：「張南軒に関する二、三の考察」，『文学論輯』第二三号，1976

福田殖：「朱子の死生観について　続——鬼神の理は即ち是れ此の心の理なり」，
　　『文学論輯』通号三八，1993

福田殖：「元代の経学者許衡」，『九州中国学会報』第三七巻，1999

堀池信夫：「『理』と『気』とモナド」，『ライプニッツ著作集　一〇』付録
　　「発見術への栞　6」，工作舎，1991

堀池信夫：『中国哲学とヨーロッパの哲学者　上・下』，明治書院，1996、
　　2002

堀池信夫：「『儒教実義』の思想」，『中国文化』第五六号，1998

堀池信夫：「王玄覧の肖像」，『新しい漢字漢文教育』第三八号，2004

堀池信夫：「前漢における孝の転回と国家」，渡邉義浩編『兩漢の儒教と政治権力』，汲古書院，2005

堀池信夫：「従神到理性併超越理性」，『年度学術（THEORIA）二〇〇五』，中国人民大学出版社，2005

堀池信夫：「中国文化西洋起源説と西洋文化中国起源説──フィギュアリストと清朝の学者たち」，『十八世紀における他者イメージ』，河合教育研究所，2006

堀池信夫：「『省迷眞原』初探──最初期の中國イスラーム哲學と道教的思惟」，『東方宗教』第一一一号，2008

堀豊：「思想家としての張居正」，『日本文化研究所報告』第二五号，1993

卞崇道：『日本近代思想のアジア的意義』，農山漁村文化協会，1998

本田済：「真徳秀について」，『集刊　東方学』第九〇輯，1995

前川亨：「真徳秀の政治思想」，『駒澤大学禅研究所年報』第五号，1994

松川健二：『論語の思想史』，汲古書院，1994

松川健二：『宋明の論語』，汲古書院，2000

松田毅：「二つの迷宮とモナド──ライプニッツとフッサール、交差する二つのモナドロジ」（日本現象学会第二六回研究発表大会報告）─（シンポジウム　モナドロジーと現象学）」，『現象学年報』通号二一，2005

松田宏一郎：『江戸の知識から明治の政治へ』，ぺりかん社，2008

馬淵昌也：「王廷相思想における規範と人間──人性論・修養論を中心に」，『集刊　東方学』通号七三，1987

馬淵昌也：「先後日本における王畿とその思想に関する研究と回顧」，『陽明学』第一〇号，1998

真鍋正昭：「真西山の思想について」，『九州大学中国哲学論集』第一二号，1986

三浦國雄：「翻訳語と中国思想──『哲学字彙』を読む」，『人文研究』四七（三），1995

三浦國雄：『朱子と気と身体』，平凡社，1997

三浦秀一：『中国心学の稜線』，研文出版，2003

水田英美：『トマス・アクィナスの知性論』，創文社，1998

村岡哲：『フリードリッヒ大王研究』，培風館，1944

村上勝三：『真理の探究』，知泉書館，2005

御子柴善之・檜垣良成：『理学への問い』，晃洋書房，2007

溝口雄三：「いわゆる東林派人士の思想——前近代における中国思想の展開（上）」，『東洋文化研究所紀要』第七五冊，1978

溝口雄三：『中国前近代の屈折と展開』，東京大学出版会，1980

溝口雄三：「天理観の成立について」，『集刊　東方学』通号八六，1993

武藤長藏：『聖トマス原著 Summa Theologica の漢譯「超性學要」に就いて』，森山書店，1933

矢沢利彦：『イエズス会士中国書簡集』全六巻，平凡社，1970—1974

矢沢利彦：『中国とキリスト教——礼問題』，近藤出版社，1972

八島雅彦：「レフ・トレストイの人間観と朱子学——「明徳」から「天命」へ」，『言語文化研究』第八，1990

安田二郎：『中国近世思想研究』，筑摩書房，1976

柳原正治：『ヴォルフの国際法理論』，有斐閣，1998

柳父章：『ゴッドと上帝——歴史の中の翻訳者』，筑摩書房，1986

山井　湧：『明清思想史の研究』，東京大学出版会，1980

山内　進：『新ストア主義の国家論』，千倉書房，1985

山内芳文：『ドイツ近代教育概念成立史研究』，亜紀書房，1994

山下龍二：『儒教と日本』，研文社，2003

山田利明：『中国学の歩み——二十世紀のシノロジー』，大修館書店，1999

山田弘明：「イエズス会「学事規程」とデカルト（特集・知のネットワーク）」，『創文』第四八六号，2006

山本道雄：「ヴォルフの哲学方法論についてのノート——『ドイツ語論理学』を中心に」，『神戸大学文学部紀要』一九号，1992

山本道雄：「クリスティアン・ヴォルフの論理学思想について——「ラテン語論理学」の概念論、判断論、真理論を中心に」，『文化學年報』第一四号，1995

山本道雄：『カントとその時代』，晃洋書房，2008

容肇祖：『明代思想史』，北海道中国哲学会訳、北海道中国哲学会，1965

容肇祖：『明代思想史』，荒木見悟・秋吉久紀夫訳、北九州中国書店，1996

横田輝俊：「楊慎の詩論」，『廣島大學文學部紀要』通号二〇，1962

横手裕：「劉名瑞と趙避塵——近代北京の内丹家について」，『東洋史研究』六一（一），2002

横手裕：「禅と道教——柳華陽の場合（禅研究の現在）」，『思想』第九六〇号，2004

横手裕：「道教思想史研究をめぐって」，『中国——社会と文化』，2007

横手裕：「中国道教の展開」，山川出版社，2008

吉田忠：『イエズス会士関係著訳書の基礎的研究』，昭和六二年度科学研究費補助金（総合研究A）研究成果報告書，1988

吉田寅：「「天主実義」と「天道溯原」——中国キリスト教の代表的伝道文書について」，『駒澤史学』通号四五，1993

吉田寅：『中国キリスト教伝道文書の研究——『天道溯原』の研究・訳注』，汲古書院，1993

吉田金一：『ロシアの東方進出とネルチンスク条約』，近代中国研究センター，1984

吉田公平：「胡敬斎の思想」，『集刊　東洋学』第二一号，1969

吉田公平：「朱子の『中庸章句』について」，『中国古典研究』第四八号，2003

利瑪竇：『天主実義』，後藤基巳訳、明徳出版社，1971

利瑪竇：『天主実義』，柴田篤訳、平凡社，2004

鷲野正明：「『文章指南』は帰有光の著作に非ず——呂祖謙『古文関鍵』との比較から」，国士館大学文学部人文学会紀要』第三四号，2001

渡辺信一郎：「『孝経』の国家観」，川勝義雄・礪波護編『中国貴族制社会の研究』京都大学人文科学研究所，1987

渡辺宏：「バチカン図書館所蔵耶蘇会士中国刊行書目」，『アジア・アフリカ文化研究所研究年報』通号三〇，1995

渡辺宏：「バチカン図書館所蔵耶蘇会士中国刊行書目ノート　続」，『アジ
　　ア・アフリカ文化研究所研究年報』通号三一，1996.

渡邉義浩：『兩漢の儒教と政治権力』，汲古書院，2005

渡邉義浩：『兩漢儒教の新研究』，汲古書院，2008

【其他外文文献】

Alfons, Vath S.J. *Johann Adam Schall von Bell S.J.: Missionar in China, kaiserlicher Astronom und Ratgeber am Hofe von Peking 1592—1666. Ein Lebens und Zeitbild* (Unter Mitwirkung von Louis Van Hee S.J., neue Auflage mit einem Nachtrag und Index) , Institut Monumenta Serica, 1991.

Biller, Gerhard. *Wolff nach Kant: Eine Bibliographie*, Georg Olms Verlag, 2004.

Chan, Wing-tsit. *Neo-Confucian Terms Explained: The Pei-Hsi Tzu-I*, New York, 1986.

Ching, Julia. and Willard G. Oxtoby (ed.). *Discovering China: European Interpretations in the Enlightenment*, University of Rochester Press, 1992.

Ching, Julia. and Willard G. Oxtoby. *Moral Enlightenment: Leibniz and Wolff on China*, Steyler Verlag, 1992.

Collani, Claudia. *P. Joachim Bouvet S.J. Sein Leben und Werk*, Institut Monumenta Serica, 1985.

Gernet, Jacques. *Chine et christianisme: la première confrontation*, Gallimard, 1991.

Heyndrickx, Jerome (ed.). *Philippe Couplet, S.J. (1623—1693) : The Man who brought China to Europe*, Steyler Verlag, 1990.

Horiike, Nobuo. "La Thèse de l'Origine occidentale de la Civilisation chinoise et la Thèse de l'Origine chinoise de la Civilisation occidentale: les Figuristes et Savants de la Chine des Qing", *L'Image de l'autre vue d'Asie et d'Europe*, Honoré Champion *Deutsche Denker über China*. Frankfurt/M.: Insel, 1985.

Igawa, Yoshitsugu. "Christian Wolff and Neo-Confucianism: Relating with Ratio in Chinese Philosophy", *Studies in philosophy,* No. 33, 2008.

Intorcetta, Prosper. Philippe Couplet et al. *Confucius Sinarum Philosophus*, Paris, 1687.

Jensen, Lionel. *Manufacturing Confucianism: Chinese Traditions and Universal*

Civilization, Duke University Press, 1997.

Lach, Donald Frederick. "The Sinophilism of Christian Wolff (1679—1754)", *Journal of the History of Ideas*, vol. 14, 1953.

Larrimore, Mark. "On Christian Wolff's Oratio de Sinarum philosophia practica", *Journal of Religious Ethics*, Vol. 28, No. 2, 2000.

Lee, Eun-Jeung. *"Anti-Europa": Die Geschichte der Rezeption des Konfuzianismus und der konfuzianischen Gesellschaft seit der frühen Aufklärung Eine ideengeschichtliche Untersuchung unter besonderer ksichtigung der deutschen Entwicklung,* Lit-Verlag, Münster, 2003.

Lee, Thomas H. C. (ed.). *China and Europe: Images and Influences in Sixteenth to Eighteenth Centuries*, Chinese University Press, 1991.

Legge, James. *The Notions of the Chinese Concerning God and Spirits*, Hong Kong, Hong Kong Register Office, 1852.

Legge, James. trans. *The Chinese Classics*, 5 vols. SMC publishing, 1995.

Li, Wenchao, Hans Poser. *Das neueste über China: G.W. Leibnizens Novissima Sinica von 1697: Internationales Symposium, Berlin 4. Bis. 7. Oktober 1997*, Franz Steiner Verlag, 2000.

Lo, Kuang (ed.). *International Symposium on Chinese-Western Cultural Interchange in Commemoration of the 400th Anniversary of the Arrival of Matteo Ricci, S. J. in China*, Taipei, Taiwan, 1983.

Longobardi, Nicolas. *Traité sur quelques points de la religion des Chinois*. (G.W. Leibniz, L. Dutens ed., *Opera Omnia*, Genève, 1769, Tom. IV, pp.89—144).

Lundb. "Chief Grand Secretary Chang Chü-cheng and the Early China Jesuits", *China Mission Studies (1550—1800) , Bulletin III*, 1981.

Lundb. "The first Europian Translations of Chinese Historical and Philosophical Works", *China and Europe*: *Images and Influences in Sixteenth to Eighteenth Centuries*, Edited by Thomas H. C. Lee, Chinese U. Press, Hong Kong, 1991.

Malek, Roman (ed.). *Western Learning and Christianity in China: The Contribution and Impact of Johann Adam Schall von Bell, S.J. (1592—1666) ,* Institut Monumenta

Serica, 1998.

Malek, Roman, Zingerle, Arnold (Hrsg.). *Martino Martini S.J. (1614—1661) und die Chinamission im 17. Jahrhundert*, Institut Monumenta Serica, 2000.

Mungello, David E. *Leibniz and Confucianism: The Search for Accord*, University of Hawaii Press, 1977.

Mungello, David E. 'The Jesuits' Use of Chang Chü-cheng's Commentary in Their Translation of the Confucian Four Books (1687) ', *China Mission Studies (1550—1800) Bulletin III*, 1981.

Mungello, David E. 'The First Complete Translation of the Confucian Four Books in the West', *International Symposium on Chinese-Western Cultural Interchange in Commemoration of the 400th Anniversary of the Arrival of Matteo Ricci, S. J. in China*, Taipei, Taiwan, 1983.

Mungello, David E. *Curious Land*, The University of Hawaii Press, Honolulu, 1985.

Mungello, David E. 'The seventeenth-century Jesuit translation-project of the Confucian Four Books', *East Meets West: The Jesuits in China, 1582—1773*, Ed. by Charles E. Ronan, S.J. Loyola University Press, Chicago, 1988.

Mungello, David E. (ed.). *The Chinese Rites Controversy: Its History and Meaning*, Institut Monumenta Serica, 1994.

Mungello, David E. *The Great Encounter of China and the West, 1500—1800*, Rowman & Littlefield, 2005.

Noël, Francisco. *Observationes Mathematicae et Physicae in India et China factae ab anno 1684 usque ad annum 1708*, Pragae, 1711. *Christian Wolff Gesammelte Werke*, 2. Abt., Lateinische schriften: Bd. 38.1—38. 5, G. Olms, 2001.

Noël, Francisco. *Sinensis Imperii Libri Classici Sex*, Pragae, 1711.

Noel, Golvers. *The Astronomia Europaea of Ferdinand Verbiest, S.J. Dillingen, 1687. Text, Translation, Notes and Commentaries*, Institut Monumenta Serica, 1993.

Van Norden, Bryan W. *Confucius and the Analects: New Essays*, Oxford University Press, 2002.

Paccioni, Jean-Paul. *Cet esprit de profondeur: Christian Wolff l'ontologie et la métaphysique*, Vrin, 2006.

Perkins, Franklin. *Leibniz and China: A Commerce of Light*, Cambridge University Press, 2004.

Pfister, Louis. *Notices biographiques et bibliographiques sur les jésuites de l'ancienne mission de Chine 1552—1773*, Imprimerie de la Mission Catholique, Chang-hai, 1932—1934.

Pinot, Virgile. *La Chine et la formation de l'esprit philosophique en France, 1640—1740*, Paris, 1932, Slatkine Reprints, Genève, 1971.

Régis, Jean Baptiste. *Y-king, antiquissimus Sinarum liber quem ex latina interpretatione*, Stuttgartiae, 1834.

Reichwein, Adolf. *China and Europe-Intellectual and Artistic Contacts in the Eighteenth Century*, Read Books, 2007.

Sainte Marie, Antoine. *Traité sur quelques points importans de la mission de la Chine*, Paris, 1701.

Spaltin, Christopher. "Matteo Ricci's Use of Epictetus' Encheiridion", *Gregorianum*, 56, 1975.

Takata, Tokio. *Inventaire sommaire des manuscrits et imprimés chinois de la Bibliothèque vaticane: a posthumous work by Paul Pelliot*, Kyoto: Istituto italiano di cultura, Scuola di studi sull'Asia orientale, 1995.

Witek, John W. S.J. (ed.). *Ferdinand Verbiest S.J. (1623—1688) : Jesuit Missionary Scientist, Engineer and Diplomat*, Institut Monumenta Serica, 1994.

Wolff, Christian. *Oratio de Sinarum philosophia practica*, übersetzt, eingeleitet und herausgegeben von Michael Albrecht, Hamburg, F. Meiner, 1985.

Wolff, Christian. *Real Happiness of a People Under a Philosophical King*, Kessinger Publishing, 2003.

Wuttke, Heinrich. "Christian Wolffs eigene Lebensbeschreibung, herausgegeben mit einer Abhandlung über Wolff", G. Olms, 1982.

后　记

本书的问世源于机缘巧合。笔者的故乡——多摩——地处立川、福生两处美军基地之间，曾有来自朝鲜半岛的归化人在此地开垦，写有蛊惑性梵文的塔形木牌林立于台密宗的寺庙，深红色的不倒翁售卖于供奉诸神的神社前，通往横滨的狭长丝路贯通于此，向着欧美诸国延伸开去。或许是生于斯长于斯的缘故，笔者对异质多元的文化产生了浓厚兴趣。此外，筑波大学汇聚了来自各国的留学生和研究人员，他们在此昂首阔步，意气风发。又有冲绳一地，文化的辐辏与颉颃并存。诸多这些因缘汇聚，为本书的构思提供了帮助。

笔者自幼小之年起，仅仅是无意识地享受文化融合的成果。但是，从某个时期起，我便不再满足于只做一个无意识的享受者。不加批判的雷同、自我贬低已是我所厌恶之事，何况单方面地将偏见和价值观强加与他者或异己者，抑或压制、漠视和定罪等，更令我在精神上无法忍受。多元化事物各自有着自己固有的价值、本质、内在脉络、相互关联、作用与反作用，而我却对此一无所知，因而忐忑不安，如坐针毡。

诸如五来欣造的『儒教の独逸政治思想に及ぼせる影響』（早稻田大学出版部，1927）、后藤末雄的『中国思想のフランス西漸（1・2）』（平凡社，1969）、堀池信夫的『中国哲学とヨーロッパの哲学者上・下』（明治书院，1996、2002）等各种文献，燃点了笔者的前述思绪。

　　首先，五来欣造独自完成了一项实证性研究，他通过第一手资料论述了融入德国哲学的中国哲学的实际情况。五来欣造关于沃尔夫的演讲的研究最先触动了笔者。后藤末雄的研究是一项领先世界的伟业，他考察了耶稣会士带回欧洲的中国信息及其对法国启蒙思想的具体的影响关系。此两本著作均出现在第二次世界大战前的日本。但是，如此扎实且庞大的研究却在二战后的数十年间中断了。这对学术界来说可谓损失巨大。不过，堀池信夫的『中国哲学とヨーロッパの哲学者上・下』力挽狂澜，结束了学界在此方面的停滞状态，其内容也超越了前人的研究。笔者的研究基础因此而确立，并确定了研究方向。笔者的研究聚焦于堀池信夫著作的宏大示意图中的一次历史性转机，并做了持续的深入挖掘。

　　我探索东西方思想交涉实情的过程中，沃尔夫教会了我公平对待他人的姿态。沃尔夫是一位没有偏见的世界主义者，只要发现他人的思想具有普遍性，他便会不惜生命褒扬其真正的价值（因为时间关系无法在本书中反映出来，最近笔者开始认为沃尔夫崇尚中国哲学的迹象最早出现在他的处女作《普遍的实践哲学》（1703）。这一基本构想一直持续到他临终前，令人想起了传教士翻译的《大学》的构图。可能性之一或许是因为沃尔夫在其学术成形的早期就接触过柏应理的翻译，抑或是介绍柏应理翻译的二次文献。检验这一观点自然需要实证性调查，我十分期待有新的研究出现。如果这一推测成立的话，中国哲学对欧洲启蒙的影响要提前至更早的时期了吧。东方哲学倡导与他人共存共进的理性观点，而非自我毁灭式的增生。从中我能真切感受到东方的芳香。〔参看井川义次：「理性の共振——ヴォルフと宋明理学の親和性」（『多元的世界観の共存とその条件』，国際高等研究所，2010）〕

　　细思想来，我曾为求一安稳之所而一味彷徨过。对老庄思想、天台本觉思想、明代李贽的童心说、刹那生灭思想、苏菲神秘主义等东方哲学的向往，促使我下决心从事研究工作。我一进大学就受到了广松涉、新学院派等的洗礼，并认识到了东方哲学的普适价值和爆炸性潜力。而另一方面，我曾设想过，通过与西方哲学的对峙，东方哲学的言论或许会更加清晰明朗。

　　然而，鉴于客观的学术状况，这种经历竟是盲人瞎马。一切学问皆有其体系和方法，不懂这点而进行比较研究，都是无根之草，空中楼阁。我陷入了精神的空中陷阱。但就在此时，笔者幸得堀池信夫先生知遇，先生严苛的学术教诲充实了德薄才疏的我。先生的学术构想在欧美价值观和西方哲学的参照系统下，重新发现了遭受贬损的中国哲学的内在整合性和合理性，并试图从其中寻找普遍性，以及打破以往闭塞境况的可能性，先生的这种学术态度至今未变。于私而言，若无先生的知遇之恩，我或许终归是一根废柴，一无是处。对我而言，先生是我的"知己"。正所谓教而不倦，在我的研究缺乏严密性时，先生总是厉声训斥，而在我历经痛苦，曙光显现时，先生同样会为我感到欣喜，给予我激励。记得有一次，我与先生就第一篇论文激烈讨论至深夜，可不曾想在第二天清早，我在住处的邮箱里竟发现了老师为我通宵修改，布满红字的初稿。直至今日，不管是夏天的酷暑，还是冬日的严寒，老师总是躬身示教，一心将他对学术的态度言传身教于我。先生之恩情深似海，不可名状，小生无以为报。

本书的成书也与我结交的各界朋友密不可分。流通经济大学经济学院副教授目黑彻郎是笔者的挚友，四十余年来，与笔者时而唇枪舌剑，时而一同高声朗吟。加藤诚史是笔者筑波大学的同窗，曾与笔者一同初次赴中国短期留学。西川宏昌先生、滨崎盛康先生、小柳正弘先生、田中朋弘先生、久高将晃先生、石崎博志先生、安次岭勋先生及其他诸位先生，在琉球大学时始终对笔者关照有加，并给予笔者知识方面的激励，在此谨致谢忱！在马克斯·康德谟著作的翻译工作等各方面，笔者屡次受到关西大学名誉教授坂出祥伸先生的点拨和指导。无论公私，师出同门的菅本大二、辛贤、松崎哲之诸氏都给予了笔者诸多支持。受冲绳海风的影响，存有本书底稿的软盘无法打开，因而不得不通过文字识别软件（OCR）进行选印，却又出现了可怕的乱码。幸得同门今井裕一氏的帮助，尽心竭力地为笔者修正错字，笔者方才渡过难关。在文字处理等方面，笔者还受到了筑波大学研究生院博士生和久希的协助。同时，非常感谢筑波大学助教土井裕人先生、教务助理马场智理先生、清水洋贵先生在处理笔者博士论文相关事务方面所提供的大力支持！另外，本书使用的各位儒家学者的画像是筑波大学图书馆所接管的江户幕府昌平坂学问所（汤岛孔庙）藏品，经筑波大学日本美术史研究室重新修复之后，又回赠给了汤岛孔庙［《筑波大学附属图书馆特别展览 江户前期的汤岛圣堂——依据筑波大学资料的复原研究成果公展》展示图鉴（筑波大学日本美术史研究室、筑波大学附属图书馆，2005 年）］。该项目负责人守屋正彦先生和汤岛孔庙方面欣然同意笔者在书中使用相关图片，对此表示衷心感谢！

此外，本研究离不开在京都国际高等研究所进行研究发表，及发表期间与各专业诸多先生的相识、启发。石川文康先生欣然允诺担任笔者博士论文副审查人，并从对康德与沃尔夫哲学的关联、中国哲学对沃尔夫哲学形成的影响和关涉的实证研究方面，认可笔者之研究的意义，并赐予许多中肯的建议。中川久定先生寄来鼓励的信件，激励笔者开展研究。这都再度点燃了笔者时而将要崩塌的自信，实在是不胜感激！

本书是在笔者 2009 年向筑波大学研究生院人文社会科学研究系提出的申请博士学位的论文的基础上修改而成。笔者在经历了故乡长期不稳定的外聘教师生活后，于琉球大学谋得新职，后又转入筑波大学任职，并通过彻底修改这期间的一系列论文，写作了新的文章。而后笔者对该文章进行了大幅度修订增补，最后形成了本书。在此，衷心向主审堀池信夫先生，副审石川文康先生、丸山宏先生、谷川多佳子先生、稀代麻也子先生致以诚挚的感谢！

母亲伊多子在父亲离世后至今，单凭一双纤弱的手将我和妹妹乡美抚养成人。妻子由纪子为本书的完稿呕心沥血，在汉语资料的解读和文件的整理等各个方面给予援手，儿子诚之则是与本书的写作一同成长起来的。借此机会，我最后想向赋予我生命的父亲井川义雄和母亲伊多子表示发自肺腑的感谢，向我的妻儿献上我全身心的爱与谢意！

责任编辑人文书院井上裕美女士为本书劳心劳力，不辞辛苦，认真细致地阅读了晦涩难懂的书稿，并给予了贴切的校正。笔者曾与井上裕美女士在东京、京都等地因三国志的故事投缘，相谈甚欢，此事令笔者令至今难以忘怀。在此，谨对井上裕美女士表示衷心的感谢。

此外，本书的出版受到了平成二十一年度科学研究费补助金（研究成果公开促进费）的资助。

2009 年 11 月

井川义次